本著受国家社科项目（项目编号：10BYY084）资助

当代美国修辞批评的理论与范式研究

邓志勇 著

中国社会科学出版社

图书在版编目(CIP)数据

当代美国修辞批评的理论与范式研究/邓志勇著.—北京：中国社会科学出版社，2015.10

ISBN 978-7-5161-6697-0

Ⅰ.①当… Ⅱ.①邓… Ⅲ.①修辞学—研究—美国 Ⅳ.①H315

中国版本图书馆CIP数据核字(2015)第170462号

出版人 赵剑英
责任编辑 周晓慧
责任校对 无 介
责任印制 戴 宽

出 版 中国社会科学出版社
社 址 北京鼓楼西大街甲158号
邮 编 100720
网 址 http://www.csspw.cn
发 行 部 010-84083685
门 市 部 010-84029450
经 销 新华书店及其他书店

印刷装订 三河市君旺印务有限公司
版 次 2015年10月第1版
印 次 2015年10月第1次印刷

开 本 710×1000 1/16
印 张 23.25
插 页 2
字 数 395千字
定 价 86.00元

Preface

Professor Deng Zhiyong has for some years been in the forefront of expanding rhetorical studies in Asia generally, and the People's Republic of China specifically. By traveling to other countries and by bringing international scholars to Shanghai, he has forged global alliances toward the study of rhetoric, argument, persuasion, and the theories of Kenneth Burke.

In this volume of Contemporary American Rhetorical Criticism, Professor Deng completes a national research project of some duration. The book covers ten critical paradigms of research in rhetorical theory and criticism: neo-Aristotelian criticism, psychological criticism, Burke's dramatistic criticism, fantasy theme criticism, social movement criticism, narrative criticism, feministic criticism, generic criticism, metaphor criticism, and ideological criticism. For each of these important schools of thought he defines the critical approach and then discusses its social and theoretical background. He explores all the theories on which each depends, and uncovers the underlying philosophical assumptions of each paradigm. Professor Deng then sketches out a diagram for the operation of each model, and finally, presents a sample analysis as an illustration of the model. In every case, Professor Deng brings the eye and mind of a Chinese scholar to his analysis. In this way he is not merely repeating work done elsewhere but is offering a fresh and important insight, from a Chinese perspective, into the long tradition of rhetorical theory and criticism in the West.

This valuable work is the first ever systematic exploration in China of contemporary American rhetorical criticism. It will continue Professor Deng's project of forging international alliances in the study of rhetoric. This will be of value not only for Asian scholars but also for those in the United States and in Europe.

Barry Brummett, Charles Sapp Centennial Professor in Communication and Chair, Department of Communication Studies, the University of Texas at Austin

Aug. 25, 2014

目　　录

第一章　修辞与修辞学

第一节　关于英语术语“rhetoric”

英语术语“rhetoric”似乎在汉语中很难找到完全准确的对应表达。从构词上看，“rhetoric”包括“rhetor”和“-ic”两部分，前者意为言说者或修辞教师，后者意为技巧、艺术、学问。事实上，“rhetoric”既可以指一种符号活动或行为，也可以指一门学问或艺术。当指一种活动或行为时，它对应的汉语表达相当于“修辞”；而当指一门学问或艺术时，则相当于汉语的“修辞学”。在汉语里，“修辞”既可指一种具体的修辞活动，也可以指修辞的学问即修辞学。①

说起“rhetoric”，各种五花八门的概念和说法不免会涌入人们的脑海。在2400多年的曲折历史中，“rhetoric”这个术语已经累积了众多意义：口若悬河或滔滔不绝的演说、空洞无物的夸夸其谈、花言巧语、华丽的言语、蛊惑人心的言辞、调节社会关系、辞格、劝说、写作、符号使用，等等。② 根据《牛津英语大词典》，“rhetoric”有两个基本的含义：一是有效或有说服力的讲话或书面语，尤其是使用辞格或其他写作技巧的讲话或书面语；二是具有劝说或印象深刻的，但通常被认为是缺乏诚意或

---

① 中国修辞学家王希杰在其《汉语修辞学》中指出，在给修辞和修辞学下定义时，要区分三个不同的概念：修辞活动、修辞和修辞学。修辞活动就是交际活动，是运用语言表达思想感情的一种活动；修辞活动中的规律即修辞，而修辞学则是研究提高表达效果的规律的科学（参见何伟棠主编《王希杰修辞学论文集》，广东高等教育出版社2000年版，第34页）。在西方修辞学中，“rhetoric”同样可指修辞行为/活动、修辞规律和修辞学。为了叙述方便，本书将“rhetoric”翻译为“修辞”，可指上述三者，而不做特别区分，除非有必要。需要指出的是，西方修辞学与汉语修辞学的内涵有很大的差异。

② Erika Lindemann, *A Rhetoric for Writing Teachers* (New York: Oxford University Press, 1982), p. 35.

实质意义的语言。可见，“rhetoric”有褒义和贬义之分。为何“rhetoric”会如此多义？还是先从它的词源谈起吧。

英语术语“rhetoric”来自希腊文“eirein”（意为“说”），与另一个术语“rhetorikos”（意为“说话者”或“演讲者”）相关联。[①] 据考证，修辞学在17世纪初被赋予了贬义色彩，1642年，有人“谴责修辞学，认为它是谎言之母”[②]。为什么修辞学具有如此坏名声？一个重要的原因是伦理道德层面的问题。对修辞的道德鞭策，可以追溯到柏拉图：他认为修辞学歪曲、隐瞒了真理，且修辞学给邪念以诱人的东西。在柏拉图看来，修辞学是有缺陷的艺术。首先，修辞学扎根于一个错误的本体论之中，仅满足于针对看似真实、看似美好的东西，而不去探讨实际上它到底是什么；其次，从知识上看修辞学也有不足，因为它试图传递对普通意见的掌握而不是对知识的把握；第三，作为一个实用政治的工具，修辞学使用语言资源把那些“比较脆弱的理由变得更强”，并且把权力的获取作为一个目的，而不顾心灵的健康与否。[③] 总而言之，柏拉图反对修辞学的主要原因是他认为修辞学依赖外表，痴迷于意见，在语言上投机，只不过是给听众带来快乐和满足的小技、一种夸夸其谈而已，一种靠听众的无知而影响人的思维的邪恶力量；修辞学不是艺术，而是一种添油加醋似的烹饪术。

值得庆幸的是，柏拉图的学生亚里士多德（Aristotle，394—322 B. C.）为修辞学正了名，为修辞学挽回了一点颜面。亚里士多德认为，对肆无忌惮或油嘴滑舌的人的邪恶语言的使用，不能由修辞学来负责。他将修辞学与逻辑、辩证法联系起来，给予修辞学一个科学的学科定位，并明确指出了修辞学的四个功能[④]，对其导师对修辞学的贬损与鞭打也算是一个巧妙的回应。从捍卫修辞学的声誉来说，亚里士多德功不可没。所以，从历史上来说，“rhetoric”也有褒义色彩，此时，它表示一种有用的工具，其本身无所谓好坏，是一个中性的概念。“一个骗子可以用修辞来

---

① James A. Herrick, *The History and Theory of Rhetoric*: *An Introduction* (Boston: Allyn and Bacon, 1998), p. 7.

② Peter Dixon, *Rhetoric* (London: Methuen & Co. Ltd., 1971), p. 64.

③ Dilip Parmeshwar Gaonkar, "Introduction: Contingency and Probability," In Walter Jost & Wendy Olmsted (eds.), *A Companion to Rhetoric and Rhetorical Criticism* (Blackwell Publishing, 2004), pp. 5-21.

④ Aristotle, *Rhetoric*, trans. W. Rhys Roberts (New York: Randon House, 1954), pp. 22-23.

欺骗人；一个道德高尚的人则可用它来使真理和正义获得胜利”[①]。人们可以使用修辞来调解社会关系，促进社会和谐，获得幸福生活。

然而不幸的是，中世纪修辞学被阉割到了“体无完肤”之境地，被等同于辞格，等同于诸如花哨、华丽词语的雕虫小技，这种状态延续了很长时间。时至今日，“rhetoric”这个词的多个贬义色彩仍难以抹去，时不时会出现在人们的言语之中。

至于修辞对人类社会的积极作用，赫里克（Herrick）认为，人们的社会生活取决于使用符号交流思想的能力，如果劝说是社会组织的核心，如果修辞艺术包括对劝说的研究，那么社团中的生活本身就含有修辞性的特征。换言之，人类生活离不开修辞。[②] 其实，修辞对人的作用早在两千多年前人们就有比较深刻的认知，比如，古典修辞学家伊苏格拉底（Isocrates）就指出：

> 在其他能力方面，我们并不比其他类别的生命体更强，我们在速度、力量及其他资源方面要逊色；但是，正因为我们有能力彼此劝说并讲清楚我们需要什么，我们不仅逃脱了野兽的生活，而且还集聚在一起并创建城市、制定法律、发明艺术；而且，一般说来，凡人所设立的机构，无不是靠言说帮助我们建立起来的。正由于此，才能制定法律，界定何为正义、何为非正义、何为卑鄙、何为高尚；如果没有这些法令，我们无法彼此生活在一起。也正是通过这，我们才能驳斥卑劣颂扬美好，能够教育无知者，颂扬明智者。[③]

人类的文明史见证了修辞不可或缺的功能。在当代，修辞学不可或缺的作用尤其深入人心，西方发生的修辞学转向就是最好的例证。

---

① Erika Lindemann, *A Rhetoric for Writing Teachers* , p. 35.

② James A. Herrick, *The History and Theory of Rhetoric*: *An Introduction*, p. 6.

③ 转引自 William Benoit, “Isocrates and Aristotle on Rhetoric,” *The Rhetoric Society of America*, 20 (1990): 254. 也可参见 Isocrates, *Antidosis*, trans. by G. Norlin (Cambridge, MA: Harvard University Press, 1956), pp. 251-252.

第二节 修辞学发展历程简述

修辞学是西方最古老的学科之一。早在前7世纪古希腊人就学会了如何巧妙地演讲以达到劝说的效果。荷马史诗《伊利亚特》(*Iliad*)中精心布局的演讲证明了修辞学早期的发展。[①] 修辞学最早大约于前476年由希腊西西里岛上西拉丘斯(Cyracuse)的克拉克斯(Corax)创设,后被其学生蒂西亚斯(Tisias)传入希腊本土。克拉克斯设计了一整套针对法庭财产纠纷而进行论辩的方法,其基本理念是"一般的/普遍的或然性原理"(doctrine of general probability)[②]。他创设所谓的修辞艺术,目的是帮助普通人在法庭上进行财产的申辩[③],不过,那是非常原始的、粗放式的,从学科的意义上说还算不上真正的"学"。克拉克斯对修辞学的主要贡献在于他提出法庭演讲由引言(proem)、叙事(narration)、论题(arguments)(包括证明和反驳)几个部分组成,这个结构后来成了修辞学的重要部分。此外,一些有着雄辩口才、被称为"智者"(sophists)的人,如普罗泰戈拉(Protagoras,481—411B. C.)等[④],对修辞学的发展也做出了贡献。他们招收学生传授演讲技巧,并认为:对某一特定场合下的真情(truth)没有把握,每个人都有权利表达个人观点,而且"在每个问题上有两种相对的言说"[⑤]。普罗泰戈拉的基本哲学理念在其著名的断言——人是万物的尺度中作了表达。这个观点后来遭到了包括柏拉图在内的很多人的批判。不过,从修辞学的建构来说,普罗泰戈拉对有关重要概念的形成起到了积极的作用,这一点不容否定。

---

① James J. Murphy, *A Synoptic History of Classical Rhetoric* (Hermagoras Press, 1983), p. 3.

② Ibid., p. 6.

③ 当时暴君统治被推翻,先前被暴君掠夺的财产的归宿由于没有实证只能靠法庭来判决,民众纷纷涌入法庭,依靠论辩讨回自己的财物。

④ Protagoras(普罗泰戈拉)是古典时期最著名的智者派,他的名言"人是万物的尺度"至今仍有着重大影响。在早期,"sophists"指那些有智慧的人,故译为"智者",但后来因为一些利益熏心的人以牟取金钱为目的招收并培训学员进行演讲,用花言巧语去打动人,而罔顾事实甚至颠倒黑白,这样的人后来被称为"诡辩家",故术语"sophists"后来被染上了浓厚的贬义色彩。现在,该词一般以贬义出现。

⑤ James J. Murphy, "The Age of Codification: The Hermagoras and the Pseudo-Ciceronian Phetorica ad Herennium," In James J. Murphy (ed.), *A Synoptic History of Classical Rhetoric* (Hermagoras Press, 1983), p. 9.

虽然修辞学的实践早在亚里士多德之前几个世纪就流行开来，但作为一门学问、一种知识体系的修辞学还没有真正建立起来。很多从事修辞实践的人虽然精通演讲劝说，但对这种活动的系统化的认识还不够，对其认知还没有上升到理论层面，也没有留下重要的理论阐释。历史上，修辞学的奠基之作是亚里士多德的《修辞学》（*Rhetoric*）。这是他对修辞行为进行深入思考，全面而系统地总结、概括修辞学原理所获得的结晶，也是西方文明史上迄今最重要的学术著作之一。

亚里士多德是柏拉图的学生，也即苏格拉底学生的学生。亚里士多德在导师柏拉图开办的学院中学习多年并深受其影响，不过，对柏拉图的修辞观，亚里士多德是不敢苟同的。柏拉图在其两部对话录《高尔吉斯》（*Gorgias*）和《费德鲁斯》（*Phaedrus*）中对修辞学进行了无情的嘲弄和攻击，将修辞学贬为蛊惑人心的小伎俩，充其量只是烹饪术的对应物，对真理没有实质性作用。对柏拉图这种诋毁修辞学的态度，亚里士多德在其《修辞学》开篇之处明确宣称，“修辞学是辩证法的对应物”。从此，修辞学有了一个学科上的“家”，与逻辑并驾齐驱，获得了独立学科的尊严。与柏拉图不同，亚里士多德认为，建立在或然性基础上的修辞学是一门真正的学问、一种可以教授的知识体系，是人们追求幸福、追求美好生活、追求社会和谐的途径。他说：

> 修辞学有用，因为（1）真实的和正义的事物自然就能战胜与其相反的事物（即非真实、非正义的事物），这样，法官的裁决如果不是它应该的那样，那失败肯定是由言说者自己的原因所造成的，因此就受到了相应的谴责。（2）在一些听众面前，即使有最准确的知识也不能使我们说的话容易令人信服。因为建立在知识基础之上的论题暗示了教育，但有些人是不能被教育的。……（3）再说，我们一定要能在一个问题的对立面上使用劝说，就像使用缜密的推理一样，不是为了我们在实际中两方面都使用（因为我们不能使人相信错误的东西），而是为了能清楚地看到事实到底是什么，并且如果别人的辩论不公平，我们可以把他驳倒。没有别的艺术从正反两方面得出结论，只有辩证法和修辞学可以如此。……（4）当使用理性的演说比使用肋骨（即身体的力量）更具有人的典型特征时，如果坚持认为一个人应该为自己不能够用肋骨来捍卫自己，而不是为自己用演讲和理由

来捍卫自己而感到惭愧，这是古怪和滑稽的事。①

亚里士多德的话至少表明：（1）修辞学能够在肯定性缺乏的情况下使事物显得“真实”、“正义”，因而有助于说服听众，并产生相对真理；（2）在晓之以理作用不大的情况下，动之以情还是可能的；（3）修辞学能够帮助人们明辨是非，捍卫公平与正义；（4）修辞学可以帮助人们捍卫或保护自己。

亚里士多德的修辞学考察在特定场合下可能的劝说手段的寻求，这不仅突出强调了修辞学注重寻求劝说手段所做的努力而非劝说成功与否的结果，而且也表明修辞学从道德上说是不偏不倚的。② 亚氏的修辞学体系包括三种修辞情景下的修辞，即法学修辞（forensic rhetoric）、宣德修辞（epideictict rhetoric）、议政修辞（deliberative rhetoric），以及三种劝说证据，即人格诉诸（ethos）、理性诉诸（logos）和情感诉诸（pathos）。③ 法学修辞、宣德修辞及议政修辞分别产生于法庭、典礼/礼仪和议会这三种修辞情景，涉及的分别是过去、现在和将来的事物。亚氏修辞学的三分类开创了体裁研究之先河。基于“人是理性的动物、政治的动物”这个哲学思想，亚里士多德将修辞三段论（enthymeme）置于其修辞学的核心位置，视其为三种诉诸之源。④ 亚里士多德对修辞三段论情有独钟，不仅反映了他的理性主义色彩，也体现了他对时兴的一些修辞手册只注重煽情而不注重内容实质，片面追求言辞的雕虫小技而忽视对劝说之本的错误倾向的不满。亚里士多德指出：

---

① Aristotle, *Rhetoric*, pp. 22-23.

② Edward P. J. Corbett & Robert Connors, *Classical Rhetoric for the Modern Student* (2nd ed) (New York : Oxford University Press, 1971), p. 493.

③ 理性诉诸的英文表达是 logos，在古典时期该词的意义包括“话语”、“理由”和“论辩”。参见 Stephen Halliwell, “ Philosophical Rhetoric or Rhetorical Philosophy: The Strange Case of Isocrates,” in Rrenda Deen Schildgen (ed.), *The Rhetoric Canon* (Detriot: Wayne State University, 1997), pp. 107-126.

④ 关于三种诉诸之间的关系，西方修辞学界存在不少争议。笔者认为，亚里士多德虽然意识到人格诉诸和情感诉诸可能不在修辞三段论里运作，但那种修辞是一种诡辩派似的做法，不是理性的、值得提倡的行为。关于亚里士多德三种证据之间的关系及其运作机理，请参见拙著《修辞理论与修辞哲学——关于肯尼思·伯克的研究》（学林出版社 2001 年版）第九章“伯克修辞学与亚里士多德修辞学的比较（下）”中的有关论述。

> 现在对修辞学著书立说者建立的只是修辞学很小的一部分。劝说方式是这门艺术的真正组成部分，其他的只不过是次要的罢了。但这些书的作者对修辞劝说之实质的修辞三段论只字不提，仅仅谈论非本质的东西。激发偏见、怜悯、愤怒等类似的情感与本质事实毫无关系，只不过是对案件审理者一种个人诉诸而已。[①]

在亚里士多德看来，劝说的实质是证据；证据的核心是修辞三段论；修辞三段论的实质是前提（premise）。[②] 修辞三段论的前提是从能体现豁然性或迹象的话题（topoi）中建构的；话题分一般话题或普通话题及特殊话题，前者其实是指普遍的逻辑推理模式，后者指与当下修辞主题相关的材料。[③] 尽管亚里士多德修辞学聚焦理性诉诸，注重修辞三段论，但他并不忽视人格和情感在修辞中的劝说作用，于是在《修辞学》中花了大量的笔墨对听众及其心理进行详细的分析，这在西方修辞史上绝无仅有。可以说，亚氏对听众心理的分析，开创了心理学的先河。

亚里士多德的《修辞学》大致按照演讲步骤安排，他对文体风格的论述不得不提及。他认为，文体风格应该是朴素自然的，其基本要求是正确、清晰、庄重、得体。他的文体风格观与前四五世纪的智者派/诡辩派，甚至与其后几个世纪的西塞罗传统派的文体风格观存在着显著差异。[④] 对现代修辞学来说，他的观点仍具有积极的意义。

亚里士多德以《修辞学》奠定了其在西方修辞学中的泰斗地位，但是在他那个时代，他的竞争对手、著名智者派人物伊苏格拉底（Isocrates）比他的名声还大，不仅因为伊苏格拉底寿命更长，而且因为他培养出来的著名演说家更多。[⑤] 由于伊苏格拉底编写的《修辞术》（*Art of Rhetoric*）失传，人们只能从其现存的作品中推测他的理论。他对修辞

---

① Aristotle, *Rhetoric*, pp. 21-22.

② 修辞三段论（enthymeme）是一种非正式的逻辑推理形式，类似逻辑中的演绎推理，其表现形态多样，短则一个句子，长则一段甚至一篇文章，有时大前提省略，有时小前提省略，有时结论省略，故常被认为是一种省略三段论（truncated syllogism）。

③ 话题（topos，复数 topoi）是亚里士多德修辞学中的一个重要概念，通俗地说，它是指论题的建构材料存在的地方。

④ Erika Lindemann, *A Rhetoric for Writing Teachers*, p. 40.

⑤ Edward P. J. Corbett & Robert Connors, *Classical Rhetoric for the Modern Student*, p. 596.

学的主要贡献在于发展了一种艺术性的散文风格。他将古典时期最著名的智者派代表高尔吉斯（Gorgias）那种矫揉造作的风格进行了改编，将臃肿浮夸的成分剔除，将需要精化的精化，最终为书面和口头言说铸造了一种优雅风格。此外，他对圆周句（periodic sentence）的建构、对修辞教育的一些重要理念、对后世的修辞学者也产生了不小的影响。①

尽管当时伊苏格拉底的名望要胜于亚里士多德，但从长远来说，从修辞学的体系建构来看，亚里士多德不愧为西方修辞史上最重要的人物。事实上，“亚里士多德成了后来所有修辞理论的源头”②。

罗马时期、希腊化时期的修辞思想在包括西塞罗（Cicero）和昆体良（Quintilian）等在内的罗马人那里得到了传承和发扬，修辞学因此也在理论体系和形态上达到了古典修辞学的顶峰。③ 古典修辞学最重要的发展就在于对修辞的法典化（codification）和体系化（schematization）。④“跟希腊修辞比起来，罗马修辞更注重理论的系统性，更加强调修辞理论与修辞教育的融合”⑤。

在修辞学领域的拓展和对修辞学的系统化方面，一部不能不提及的罗马修辞学著作是出自一个佚名作者的《献给赫仁尼姆的修辞学》（*Rhetorica Ad Herennium*）。该著大约作于前 86 年至前 82 年之间，直到 5 世纪末还一直被误以为是西塞罗所著。这是迄今尚存的最早的拉丁文修辞学巨著，也是最早论述散文体（prose style）的拉丁文著作。该书在早期没什么名声，但到中世纪和文艺复兴时期却广为流传，曾一度是都铎王朝（1485—1603）修辞学大复兴时英语文法学校的基础读物。该手册分为四册，第一册主要简述演讲的种类及结构、修辞学的五个部分（也即俗称的“五艺”）、修辞能力、争议点（stasis）等问题；第二册讨论法学演讲；第三册讨论议政和宣德演讲以及布局（arrangement）及发表（deliv-

---

① Edward P. J. Corbett & Robert Connors, *Classical Rhetoric for the Modern Student*, p. 597.

② Ibid., p. 493.

③ 修辞学界一般将 18 世纪之前的修辞学称为古典修辞学。期间，修辞学的重地分别为古希腊的雅典、意大利的罗马及英国。在西方修辞史上，前 500—前 200 年为古希腊时期，前 200—400 年为罗马时期，400—1400 年为中世纪，1400—1700 年为文艺复兴时期，1700—1825 年为启蒙时期，1900 年至今为当代时期。参见 James A. Harrick, *The History and Theory of Rhetoric: An Introduction*, p. 3

④ James J. Murphy, *A Synoptic History of Classical Rhetoric*, p. 77.

⑤ 刘亚猛：《西方修辞学史》，外语教学与研究出版社 2008 年版，第 81 页。

ery)；第四册讨论风格，如风格的层次、特质、辞格等。该著的一个最重要特点是在西方修辞史上首次完整地表述了修辞学的五个部分：觅材、布局、风格、记忆、发表。[①] 从现存史料看，在包括亚里士多德《修辞学》在内的古希腊修辞学论著中，记忆从来没有被纳入修辞学之中，因为它只被认为是人与生俱来的能力，不需要后天的培养。可《献给赫仁尼姆的修辞学》却认为记忆可以通过艺术和方法得到提高，对言说者的演讲劝说发挥了积极的作用，因此将之作为与觅材等平起平坐的部分而纳入修辞学体系之中，视其为“主意的宝库、修辞学所有部门的监护者”[②]。记忆分为自然记忆（natural memory）和人工记忆（artificial memory）两种，前者可通过训练得到加强，后者则可通过背景和图像得到加强。该修辞手册指出：

> 有两种记忆：一种记忆是天生的，一种记忆是来自技艺的结果。天生的记忆是内存于大脑的，和思想一样同时产生的。技艺性记忆是那种通过训练和系统培育而得到提高的记忆。正如其他任何事情一样，天生的长处通常与后天所学相得益彰，技艺反过来加强、发展天生的优势。记忆也一样：一个人天生的记忆——倘若他有特别好的记忆——也常常与这种技艺性记忆一样相得益彰。技艺性记忆通过系统培育的方法也可维持和促进这种天生的记忆。因此，天生的记忆若要变得特别强，就必须通过培育的方法得到提高。从另外一个方面看，这种通过培育的记忆也需要天生的能力。[③]

技艺性记忆涉及背景和图像的方法。所谓背景是指完全地、突出地被自然或者人为方式分开的景象，这样，人们就能够通过天生的记忆很容易地把握它。简而言之，通过背景的衬托，使人们要识辨和记忆的东西更加明显，从而更加容易记住。图像法是指通过对事物的相似性的体现来促进

---

① “觅材”又称“创造”、“发明”，其内涵其实相当于“觅材取材”；“布局”的内涵与“组织结构”相当。

② James J. Murphy, “The Age of Codification: The Hermagoras and the Pseudo-Ciceronian Rhetorica and Herennium,” In James J. Murphy (ed.), *A Synoptic History of Classical Rhetoric*, p. 88.

③ 转引自 James J. Murphy, “The Age of Codification: The Hermagoras and the Pseudo – Ciceronian *Rhetorica ad Herennium*,” In James J. Murphy (ed.), *A Synoptic History of Classical Rhetoric*, p. 87.

记忆。通俗地说，就是要通过使用视觉上的模拟系统，把象征物体和图像放置于轮廓清晰可见的背景或景象之中，从而有助于对它的记忆。“背景与图像”的技艺性记忆在现代的认知心理学及认知语言学中可以找到理据。

《献给赫仁尼姆的修辞学》不仅开创性地完善了传统修辞学的“五艺”，对其中的记忆进行了史无前例的论述，还对语体风格及辞格进行了全面的总结和梳理。语体风格分高、中、低三种，每一种都应具有风味、写作技巧和独特性特点；语体风格的重要建筑材料——辞格——分为语言格（figures of speech）和思想格（figures of thought）两大类，前者包括45个，后者包括19个。[①]《献给赫仁尼姆的修辞学》的译者哈里·卡普兰（Harry Caplan）指出，该修辞手册是“尚存的最早将语体风格划分为三种、最早正式探讨辞格”的著作[②]，也是尚存的对觅材和记忆进行最完整论述的拉丁文著作。

《献给赫仁尼姆的修辞学》曾误与西塞罗联系在一起，一个重要的原因是它在内容上与西塞罗的著作相似。西塞罗是声誉仅次于亚里士多德的古典修辞学家。他本人不仅口才好，而且才华横溢，是受人崇拜的修辞学教师，20岁就发表了《论觅材》（*De Inventione*），后来又在前55年推出《论言说者》（*De Oratore*），9年后（即前46年）又发表了《布鲁特斯》（Brutus）和《言说者》。从所涉及的内容可以看出，西塞罗的修辞学已经涉及了不少亚里士多德没有谈论过，或仅提及过但没有详细论述的问题。西塞罗对修辞学的主要贡献或许是拓展了修辞学的范围。亚里士多德认为，修辞学没有固有的主题，但西塞罗却认为一个完美的演说家应该通晓很多话题。[③]为了创造论题，他就必须具有广博的知识，因此，在西塞罗的体系中，修辞的学习成了一门文科课程。西塞罗本属于伊苏格拉底一派，但是他却兼容并蓄地取各家之长，继承和拓展了亚里士多德的修辞思想，形成了自己的修辞学体系（鉴于西塞罗的修辞学

① 转引自 James J. Murphy，“The Age of Codification：The Hermagoras and the Pseudo-Ciceronian Rhetorica ad Herennium，” In James J. Murphy（ed.），*A Synoptic History of Classical Rhetoric*，pp. 87-89.

② 转引自 Edward P. J. Corbett & Robert Connors，*Classical Rhetoric for the Modern Student*，p. 600.

③ Ibid.，p. 601.

体系与前文介绍的《献给赫仁尼姆的修辞学》相似，此处不再作详细介绍）。

与西塞罗常联系在一起的另一位著名古典修辞学家是昆体良。昆体良的主要著作是《论言说者的教育》（*Institutio Oratoria*），这是一部关于修辞教育的鸿著，共有 12 卷，从修辞学习的前期教育到修辞学的特征、目标与范围，从演讲本身到修辞学的五个部分以及演说者的要求等，都有论述。特别值得一提的是，昆体良强调了先前修辞学家暗示过但没有详论的问题，如演说者的标准问题。在他看来，一个好演说家，应该是“善于言说的好人”，演说者不仅要在智力上提高，更应在德性上受到教育，从而有所提高①，修辞是对人全身心的教育，目的是培养聪明、具有道德的国家领导人。② 演说的各个方面都能折射出演说者的人格特性，所以要使其言说有影响力，就有必要对言说者进行多方面的教育。昆体良用拉丁文根据伊苏格拉底、亚里士多德以及西塞罗的传统对修辞学进行了全面陈述。和西塞罗一样，昆体良也属于伊苏格拉底派，他们关于修辞教育的思想对英国和美国的修辞教育产生了深远影响。昆体良的修辞观表明修辞学对人、对社会的重要性。

进入中世纪，西方修辞学没有取得多少理论上的发展。受 2 世纪智者运动的影响，修辞学不再是一门实用性的艺术，而只是一种学术性的实践，与文法、逻辑一起成为文科本科学位的三门主课之一，修辞学的范围也主要是一种对书信写作以及准备和发表布道的研究。可想而知，修辞学理论没有取得多少进展，如果要说有什么值得可圈可点的话，那就是奥古斯丁（St. Augustine，354—430）对宗教修辞学的开创，当然，若追本溯源的话，这种宗教修辞学的种子其实在宣德修辞学中就已经孕育了。“如果修辞学用一个单一的主题——语体风格或文学或话语——来界定的话，那么它在中世纪没有历史。”③

中世纪修辞学是转型时期的修辞学，之前主要的修辞学书籍都是用希腊文或拉丁文撰写的。随着文艺复兴运动从意大利转入法国，然后又进入英国，人们对古典修辞学的兴趣开始高涨起来，到了都铎王朝时修辞学就

① Edward P. J. Corbett & Robert Connors, *Classical Rhetoric for the Modern Student*, pp. 601-602.

② Peter Dixon, *Rhetoric*, p. 18.

③ Richard Mckeon 语，转引自 Edward P. J. Corbett & Robert Connors, *Classical Rhetoric for the Modern Student*, p. 604.

成为文法学院和大学的一门主干课程。尽管，这时学校的修辞学教学基本上是亚里士多德的体系，但在早期英国修辞教育里最受追崇的是拉丁修辞学家，尤其是西塞罗、昆体良以及《献给赫仁尼姆的修辞学》的佚名作者[①]，这种状况一直持续到16世纪20年代。后来，随着英国人自尊心的增强和本土意识的高涨，以英语书写的修辞学书籍开始出现，主要分三类：一是传统派，即讲授完整的修辞体系，关注觅材、布局、风格、记忆和发表这五个组成部分；二是拉米斯派，即将觅材和布局划为逻辑，只将风格和发表保留在修辞学之中；三是辞格派，即将修辞学等同于对辞格的研究，将辞格分为结构类辞格和意义类辞格。在这三者中，占主导地位的是拉米斯派，它对修辞学的肢解造成了严重的后果，使修辞学长期难以振兴。第一部英文版的修辞学教材是伦纳德·考克斯（Leonard Cox）的《修辞艺术或技巧》（*Arte or Crafte of Rhetorike*）（1530），但广为流传的第一部英文修辞学书是托马斯·威尔森（Thomas Wilson）于1553年出版的《修辞艺术》（*The Arte of Rhetorique*）。16世纪早期，拉米斯（Peter Ramus）将传统修辞学的五个部分进行重新布局，更准确地说是肢解，对修辞学的发展带来了负面影响。如果要说这种做法有什么值得肯定的话，那就是对语体风格研究的促进。

到了17世纪，由于对科学精神的崇尚日益深入人心，那种西塞罗主义——对演讲词语的绚丽多彩的追崇——被一股科学的清风所驱散，取而代之的是对清新、简朴、通俗、易懂的语体风格的热情。在这方面起关键作用的是培根（Francis Bacon，1561—1626）。他虽没有系统论述修辞学的著作，但却引导了修辞学的走向。培根关于修辞学理论的论述见其著作《学术的进展》（*The Advancement of Learning*）。他认为，修辞学的职责和范围是“将理性施加于想象以便更好地影响人的意愿”。他的定义包括三个要素：理性、想象、意愿，这意味着修辞者若想更好地说服、影响听众，就必须要使话语体现理性和想象的有机统一。显然，培根的修辞观强调了科学理性，因为他认为想象应服从理性（subservient to reason），而修辞，正如逻辑服从理解一样，应服从想象。基于这种科学精神和理性主义色彩浓烈的修辞观，培根就语体风格与主题适切、简单词汇的使用、愉悦

① Richard Mckeon 语，转引自 Edward P. J. Corbett & Robert Connors，*Classical Rhetoric for the Modern Student*，p. 608.

感的营造提出了见解，认为“如果一个人对几个人说同样一个事情，他应该对他们每一个人使用不同的词语”[①]。培根把语体风格与内容有机统一起来，这是对西塞罗修辞学传统的那种不论什么主题都使用华丽语体风格的一种反拨，对英国的文人和修辞学家产生了深远的影响，为文学史上那种清新的散文风格的风靡打下了理论基础。此外，培根将逻辑与修辞、想象与理性作为独立的官能分离开来，也为后来学界对想象与理性作为不同的领域和独立的官能进行培养的探讨奠定了基础。不过，培根将逻辑与修辞学分开，走上了与拉米斯一样的道路，其负面影响也值得深思。

18 世纪，修辞学不仅作为学术性的课程在学校学位课程里占据重要的位置，也被视为是一门实用性的学问，与日益流行的演讲实践相得益彰。尽管 18 世纪修辞学仍然坚持古典修辞学的传统，但同时也在积极创新。两个值得修辞学历史铭记的人物是坎布尔（George Campbell，1709—1796）和布莱尔（Hugh Blair，1718—1800）。坎布尔的著作《修辞哲学》（*The Philosophy of Rhetoric*）（1776）被评论家乔治·塞恩茨伯里（George Saintsbury）认为是“18 世纪产生的新修辞学最重要的论著”[②]。坎布尔指出，雄辩术是“使话语适合其目的的艺术或才能”[③]，它的目的不仅仅是劝说，因为言说的目的可以包括“启发理解、激发愉悦和想象、引动情感、影响意愿”[④]。另外，坎布尔一反亚里士多德将修辞学视为辩证法（逻辑）的衍生物/分支（offshoot of dialectic）的观点，认为逻辑只是修辞学的一个工具而已。他的修辞观为拓展修辞学的疆域做了理论上的准备，其关于修辞的目的的观点隐约折射了培根的修辞观。坎布尔的修辞学著作从出版到 19 世纪 70 年代一直是美国大学经常使用的书籍，多次再版。与此同时，布莱尔于 1783 年出版的由 47 篇讲稿组成的《修辞与美文讲稿》（*Lectures on Rhetoric and Belles-Lettres*）也广受欢迎，一个重要的原因是该书内容全面，不仅涉及美文学，还涉及品味、美感、崇高等文学批评的重要概念；不仅涉及语体风格、辞格、演讲、诗歌，还涉及古今修辞学理

---

① 转引自 Edward P. J. Corbett & Robert Connors, *Classical Rhetoric for the Modern Student*, p. 614.

② Ibid. , p. 623.

③ 坎布尔用“雄辩术”代替“修辞学”。

④ 转引 Edward P. J. Corbett & Robert Connors, *Classical Rhetoric for the Modern Student*, p. 623.

论。[①] 布莱尔最大的贡献是关于语体风格的观点。他认为，所谓的“崇高体”（sublime style）通常不是好的语体风格，那种认为任何装饰点缀都能增加崇高感的观点是错误的，语体风格最重要的标准是清晰（perspicuity），其基本要素是纯粹（purity）、得体（propriety）、准确（precision）[②]。

在十七八世纪，西方修辞学界总括起来有三种主要流派：一是认知性修辞学；二是美文学修辞学；三是演讲修辞学。认知性修辞学是指用现代心理学的新研究成果，比如对理解、记忆、想象、激情、意愿等心理维度的研究发现，重新考察修辞学的研究方法，坎布尔和惠特利（Richard Whately）是该派的主要代表。当时，官能心理学试图用人脑的五个官能——理解、记忆、想象、激情、意志——去解释人的行为。究其原因，该派深受17世纪培根的影响。[③] 坎布尔的修辞学显然是基于对人的心理官能的理解：修辞是“启迪理解，愉悦想象，激发情感，或者影响意愿”[④]。与坎布尔不同的是，惠特利将修辞学聚焦于论辩，指出：“发现合适的论题证明某个观点，并将这些论题材料巧妙地组织安排，这是修辞学的当务之急和合适的范畴。”[⑤] 该定义使人立刻想起亚里士多德的修辞学定义。可见，认知性修辞学实质上是根据人们对人之官能的理解而把古典修辞学理论与时兴的心理学相结合的一种流派。

美文学修辞学（belletristic rhetoric），或曰美文学运动，是指对文学之美学特征的欣赏，而不是对其信息价值的关注。美文学修辞学主要研究口头话语、书面语以及话语评论，其主要代表人物是布莱尔。他认为，当一种感官的愉悦与理智相伴时，就可获得理想的滋味（taste），这种观点的积极一面是密切了修辞学与文学及批评之间的关系，为当代的文学及修辞批评打下了基础。[⑥] 在现代修辞学流派中，演讲修辞学应该说是历史最

---

① 转引自 Edward P. J. Corbett & Robert Connors, *Classical Rhetoric for the Modern Student*, p. 624.

② W. Ross Winterowd, “The Main Trends,” In Edward, V., Stackpoole, S. J. & W. Ross Winterowd (eds.), *The Relevance of Rhetoric* (Boston: Allyn and Bacon, 1966), pp. 26–27.

③ 见上文关于培根的介绍。

④ 坎布尔的修辞定义原文见 George Campbell, *The Philosophy of Rhetoric*, ed. Lloyd F. Bitzer (Carbondale, Southern Illinois University Press, 1963), p. 1.

⑤ 转引自 Sonja K. Foss et al., *Contemporary Perspectives on Rhetoric*, 3rd ed. (Waveland Press, 2002), p. 11.

⑥ Ibid.

悠久的。演讲修辞学的复兴一扫在古典时期后所受的冷遇，在18世纪将古典修辞学的五艺之最后一艺即发表发展到了顶峰，其直接针对的是当时演讲者的口才差强人意。与认知修辞学相似的是，演讲修辞学也试图更科学地理解人的官能，并将演讲效果与人的官能联系起来，这对演讲的实证研究起到积极的向导作用。

根据修辞史学家通常的划分，20世纪之后的修辞学属于当代修辞学，其中一个重要的原因不仅是此后修辞学大本营从以英国为主的欧洲大陆转移到美国，而且因为此后的修辞学在理论形态上与之前大不一样。综合而言，文艺复兴后至19世纪初的几个世纪里，修辞学有如下三条路径：第一条路径是科学视野，它强调觅材的重要性，主张清晰的语体风格，主要代表人物是培根和坎布尔，提出了人的大脑的四个功能：理解、想象、情感和意志，并依此划分话语的功能类型，建立了修辞学与心理学、雄辩艺术与其在听众身上的影响的重要联系。第二个路径则强调发表，持这种视野的人是那些演说家，他们认为很长时间里修辞学主要关注书写的文字，忽视了演讲，因此期望通过聚焦发表来振兴古典修辞学，推动公众演讲的发展。不过由于公众演讲的失落，以演讲为路径的修辞学研究也江河日下。第三个路径与其说关注公众演讲，还不如说是关注文学文本，聚焦具体风格，包括多种语体观。①

到了19世纪，西方修辞学的主战场已经从英国转移到美国。此时，修辞学已失去了往日的风光，取而代之的是写作，而写作关注的则主要是书面语言，即写作过程的产品——作文，修辞学与演讲的命脉被割断，原先有关写作的理论研究也已经被模仿和实践所取代。以写作为核心的修辞学的目的是提高学生的实用写作能力，聚焦点在四种文章的写作上：记叙文、描写文、议论文、辩论文。要说修辞学在19世纪有什么比较突出的成果，那就是在写作领域里关于段落的见解。贝恩（Alexander Bain，1818—1903）是写作修辞学的代表人物，其《英语写作与修辞学》（*English Composition and Rhetoric*）（1866）提出的段落概念成为其后写作教学的金科玉律。在贝恩等学者的影响下，写作修辞学的基本模式被建立起来，其重要概念包括主题句、段落的各种展开方式（来源于古典修辞学的话题）、统一、连贯、强调。

① Erika Lindemann, *A Rhetoric for Writing Teachers*, pp. 40-46.

由于修辞学被沦为写作教学，而且随着社会上对语言使用规范性的要求不断高涨，上述的写作修辞学书籍最终也被写作手册所代替，修辞学衰落到如此境地，以致理查兹（I. A. Richards）在其《修辞哲学》（*Philosophy of Rhetoric*）中哀叹修辞学是“不幸的人在大学一年级必须修完的英语课程中最枯燥乏味、最无用的那部分”[①]。

20 世纪 30 年代，理查兹对修辞学的衰落极度不满，因此试图寻求一种能拯救修辞学的途径，那就是创立其所谓的“新修辞学”（New Rhetoric）。理查兹是一个哲学家、文艺理论家，曾与英国哲学家奥格登（Ogden）于 1923 年出版《意义之意义》（*The Meaning of Meaning*）。理查兹的语言哲学背景毫无疑问影响了他探究修辞学的路径，这从其修辞学的代表作《修辞哲学》中可见一斑。他的主要兴趣在于探讨“任何类型的话语是如何在听众那里产生理解的”[②]。具体说，他是从词汇意义的发生机制入手探讨人际间的交流和理解的。修辞涉及修辞者、听众、话题及语境，对这几个要素及其关系的最高概括是修辞哲学问题。理查兹将修辞学视为哲学学科，将之定义为“对意义的研究”、“对误解及其解决方法的研究”[③]，显然与修辞哲学紧密相关，更准确地说，那是一种元修辞学理论。修辞的一个核心哲学问题是意义问题，因为意义是修辞运作的关键所在。修辞是修辞者与听众互动的过程，其终极目的显然是促进人际间的相互理解，建立和谐的社会关系。理查兹采取修辞学研究的意义路径，应该说抓住了修辞运作的关键，也体现了修辞学促进人际理解的终极目标。不过，理查兹的新修辞学，也即修辞哲学，却没有真正触及修辞哲学的另一个关键问题，一个或许是修辞学最高的哲学概括——语言的本体论问题，这使得他的新修辞学并没有摆脱现代主义观念的束缚，对当代修辞学振兴的作用有限。理查兹虽然认为意义受语境的制约和影响，虽然意识到语境因素应该介入理解的过程，但是却没能再往前迈一步，认识到语言本身的修辞性和意义的不稳定性。

值得庆幸的是，在理查兹之后，由肯尼思·伯克开创的“新修辞学”

---

① I. A. Richards, *The Philosophy of Rhetoric* (London: Oxford University Press, 1936), p. 106.

② 转引自 Edward P. J. Corbett & Robert Connors, *Classical Rhetoric for the Modern Student*, p. 628.

③ I. A. Richards, *The Philosophy of Rhetoric*, p. 7.

为西方修辞学带来了巨变。伯克是一位思想超前的哲学家、文艺理论家，也是公认的当代修辞学泰斗[①]，其“新修辞学”与其说是修辞学理论，不如说是修辞哲学。

伯克将其修辞学理论建立在戏剧主义（dramatism）基础之上，认为人类行为是戏剧行为，也即象征行动。作为人类行为最一般、最典型、最重要的行为，语言是戏剧。这就是伯克关于语言的本体论哲学观，据此，他认为：“哪里有劝说，哪里就有修辞；哪里有意义，哪里就有劝说。”[②]与传统修辞学相比，伯克的“新修辞学”的确不愧为“新”，不仅因为其修辞学范围将所有人类行为一网打尽，也因为其修辞学核心术语是“同一”，是“诱发合作”，而不是“劝说”——“劝说”使人联想到那种针锋相对、火药味浓厚的旧修辞学。正如理查兹所说：“旧修辞学是争论的产物……它是关于词语战斗的理论，并且一直受好斗的冲动所支配。”[③]

伯克是一个多产的文人、深邃的思想家，其代表作是《动机语法》（*A Grammar of Motives*）（1945）和《动机修辞学》（*A Rhetoric of Motives*）[④]，前者探讨文本的内在特征，运用戏剧主义理论和五位一体（pentad）的方法去发现动机；后者阐述修辞的“同一”策略。伯克对修辞学的最大贡献是关于人类的动机、人类关系的研究，体现在其创立的著名的戏剧主义理论之中，标志是《动机语法》。他把自己建构的体系称为戏剧主义，将一切人类关系及行为视为戏剧。伯克认为，世界上存在两种彼此相关的戏剧：一种是涉及物体和语言行为的真正意义上的戏剧；另一种是完全的象征行动的戏剧。第一种戏剧离开第二种就不能存在，但第二种却有可能离开第一种，而且这种戏剧也是研究第一种戏剧的资源。人类关系的戏剧以语言（即象征）使用开始，也以语言的使用结束。在论证人类

① 关于修辞学泰斗伯克的研究，请参见拙著《修辞理论与修辞哲学——关于修辞学泰斗肯尼思·伯克的研究》，学林出版社 2011 年版。

② Kenneth Burke, *A Rhetoric of Motives* (Berkeley: University of California Press, 1950), p. 172.

③ I. A. Richards, *The Philosophy of Rhetoric* (London: Oxford University Press, 1936), p. 24.

④ 《动机语法》是伯克根据语言三分类（语法、修辞和诗学）而写的三部曲中的第一部，该书探讨文本的内在特征，运用戏剧主义理论和“五位一体”（pentad）的方法去发现动机。第二部是《动机修辞学》，探讨修辞的“同一”策略。伯克的其他著作有《反论》（*Counter-Statement*）（1931）、《对待历史的态度》（*Attitudes Toward to History*）（1937）、《文学形式的哲学》（*The Philosophy of Literary Form*）（1941）、《宗教修辞学》（*The Rhetoric of Religion*）（1961）和《作为象征行动的语言》（*Language as Symbolic Action*）（1966）。

戏剧的“语法”——戏剧要素的组构规律——的基础上，伯克进而考察了作为戏剧的修辞行为的策略。他颇有见地地指出：“要说服一个人，你只有用他那样的言辞说话，用他那样的手势、语调、语序、形象、态度、思想等，把你的方法与他的同一起来。”[①] 这是伯克修辞学的核心术语“同一”的最通俗、最直白的表述。

伯克是西方修辞学从低谷走向繁荣的重要里程碑。他不仅拓展了修辞学的疆域，将之延伸到所有人类关系及其行为上，而且把修辞学与社会学更加紧密地联系起来；不仅将传统修辞学的“劝说”引向“同一”，而且就学科来说，他将修辞学建立在一个厚实的语言哲学基础上，为后现代的人文社会学科中的修辞学转向打下了坚实的基础。在《文学传记词典》(*The Dictionary of Literary Biography*）中，伯克则被称为“20 世纪文学与文化思想家中在理论上最具挑战精神、最具个性、最深邃的人”。伯克的研究被人称为“Burkology”（“伯克学”），由此可见其独创性及学术影响力。[②]

如果说当代修辞学走向了繁荣昌盛，那就必须在论辩理论上有所体现，因为从历史上来说，修辞学的两个核心概念是论辩与劝说。虽然修辞学今非昔比，但万变不离其宗，不管修辞学以什么形态出现，但“劝说/影响”却是百变不离“宗”的，而“劝说/影响”蕴含了论辩的实质。虽然伯克用“同一”取代“劝说”，但它仍蕴含了论辩的实质，只不过方式不同而已。[③] 无独有偶，除了伯克立志建立新修辞学之外，比利时学者钱穆·佩雷尔曼（Chaim Perelman）也提出了新修辞学的蓝图，其核心是论辩。佩雷尔曼是法学和哲学双博士，这个教育背景使他从对正义的研究中发现人们是如何就价值进行说理的。他对哲学不能解释说理以及欧洲当时的第二次世界大战所导致的物理性的和道德性的破坏颇感不满。他认为，发现正义与形式逻辑具有不可调和的矛盾，于是转向人们说理的其他方式，也即对正义与论辩进行研究。从这方面看，他的论辩研究是对后现代社会欧洲出现的系统化的、全面的暴力和没有节制的分裂现象的一个直接反应。1958 年，他与露西·泰特克（Lucie Tyteca）合著的《新修辞

① Kenneth Burke, *A Rhetoric of Motives* , p. 55.

② 关于伯克的理论体系及其影响，本书关于戏剧主义修辞批评的讨论中将有详述。

③ 伯克的戏剧五要素之间的关系体现了一种实用论辩的逻辑，比如“场景—行动”这对关系，就意味着有了某种场景，做某事是理所当然的、自然的。

学——关于论辩的研究》法文版出版，1969 年其英译版（*The New Rhetoric*：*A Treaty on Argumentation*）出版。[①] 作者认为，传统修辞学（此处即指衰落期的、以语体风格为核心的修辞学）强调语体风格而忽视理性，因此需要建立一种新的修辞学。何为新修辞学？它就是“关于旨在某种方面改变现状的一种论辩的理论”[②]。可见，佩雷尔曼的新修辞学是一种行事的学问，特别是建构和改变社会现实、社会条件和社会关系的学问。他认为，因为人的言说一般与价值有关，这就需要一种关于论辩的理论来对价值、事实、政策等做出理性的评价。作者对论辩与展示/演示（demonstration）进行了区分，论辩与“合理性事物”（the reasonable）相对应，是针对人的，而展示/演示与“理性事物”（the rational）相对应，且不是针对人的；即是说，论辩是以人为中心的活动，而演示或形式逻辑是根据基本上不与人相关联的系统来进行的活动。[③] 基于这样的理解，听众无疑是区分逻辑与论辩的核心概念。因此，作者将之视为一切修辞论辩的出发点和落脚点，并将之分为具体听众与普世听众，前者包括修辞者试图影响的在场及不在场的个人或群体，后者包括所有人类，至少是所有那些有能力的、讲理的人。普世受众对修辞者来说有两种作用：一是帮助修辞者选择论题及其建构材料；二是为修辞者提供一个区分论题好坏的参照。普世受众这个概念意味着论辩的质量取决于接受修辞者论点的受众，一个好的论辩不在于它可能获得某个具体的或特定的听众/受众的信奉，而在于它能够获得普世受众的信奉。佩雷尔曼关于听众的观点不仅成为其扩大修辞学范围的一个理论支点，也成为揭示修辞互动的一种理论。佩雷尔曼认为：“论辩的目的不是像演示那样证明从前提获得结论是真实的，而是要把（受众）对前提的信奉转移到对结论的信奉上来。”[④] 这个观点与伯克

---

① 该著虽是两人合作的成果，但其理论框架及论证来自第一作者 Perelman，第二作者 Olbrechts-Tyteca 主要负责语料整理与分析，故西方修辞学界一般将该著对修辞学的贡献归于 Perelman. 另外，Perelman 本人曾于 1982 年出版《修辞学的范畴》（*The Realm of Rhetoric*），对《新修辞学——关于论辩的研究》的主要思想进行了概述。

② Claim Perelman & L. Olbrechts-Tyteca, *The New Rhetoric*: *Treatise on Argumetation* (Notre Dame: University of Notre Dame Press, 1969), pp. 153-154.

③ Sonja K. Foss et al., *Contemporary Perspectives on Rhetoric*, pp. 86-89.

④ 转引自 Sonja K. Foss et al., *Contemporary Perspectives on Rhetoric*, p. 90.

对修辞的“同一”的运作原理具有相通性。① 至于论辩的技巧，他提出了一种亚里士多德似的修辞三段论，名曰“类逻辑的论题”（quasi-logical arguments）。显然，佩雷尔曼以论辩为核心的新修辞学，是“对修辞学传统的继承和发扬，又具有鲜明的时代特征”②，“使论辩作为一门文科学科的再生成为可能，其对修辞学的最大贡献在于使价值说理从逻辑证明的墓地之中获得再生”③。

对论辩修辞做出突出贡献的另一位学者是英国哲学家图尔明（Stephen Toulmin）。④ 从直观和操作的层面看，他关于实用论辩的理论对修辞学的贡献比佩雷尔曼更大。图尔明对理论论辩一统天下的局面不满，认为它对日常生活是不适用的，因为形式逻辑来源于数学领域，其典型形式是三段论，也即一种从两个前提中推导出绝对知识的推理形式⑤，这种形式逻辑假定了论题不随其主题的变化而变化。图尔明认为，论辩分两种：一种是实质性的论辩；另一种是分析性的论辩，前者根据内容来评价，后者根据形式来评价。在实质性论辩中，蕴含了论题从资料/事实（data）到结论（claim）的跳跃；在分析性论辩中，没有这样的推理步骤，因为论题的结论其实已经蕴含在其前提之中了，这样的论题是将主张基于不变的、普世的原则之上，这与实质性的论辩大相径庭。在实质性的论辩中，主张是建立在具体的修辞情景之上，而不是在抽象的普世原则之上的。⑥ 传统上，人们把这两种论辩混为一谈，实际上也就用形式逻辑绑架了实用辩论逻辑，使得现代性缺乏人性。基于对这两种论辩的区分与洞察，图尔明“不仅描绘了社会从绝对道德原则的专制下获得解放的种种途径，而

---

① 参见拙著《修辞理论与修辞哲学——关于修辞学泰斗肯尼思·伯克的研究》有关章节。Perelman 的观点也暗示了修辞运作的基本原理即“锚”的现象。

② 刘亚猛：《西方修辞历史》，第 322 页。

③ David D. Dunlap 语，转引自 Sonja K. Foss et al. *Contemporary Perspectives on Rhetoric*, p. 106.

④ 图尔明 1922 年生于英国，1948 年在剑桥大学获得博士学位，其教师中包括著名哲学家维特根斯坦。1955—1959 年任 University of Leeds 大学哲学系教授和系主任，其后主要在美国的大学执教，包括纽约大学、斯坦福大学、哥伦比亚大学、密歇根州立大学、加州大学 Santa Cruz 分校、芝加哥大学、西北大学、南加州大学等著名学府。

⑤ 参见 Sonja K. Foss et al. , *Contemporary Perspectives on Rhetoric*, pp. 121-124.

⑥ 图尔明引入了“论辩领域”这一概念，用以阐释论辩依领域的变化而变化，所以不可能有一种永恒的、普世的标准，换言之，论辩得出的结论不是绝对的，而只是在一领域、特定情景下才站得住脚的。

且也用历史性的术语描述了他所希望的这种解放会导致现代性的人性化"①。图尔明从哲学角度思考论辩，并为实用论辩勾勒出过程轨迹，形象、直观地揭示了论辩过程的每一个步骤，同时也揭示了论题的评判标准。他在哲学领域对论辩所作的研究，成为新修辞学大潮中的一股重要力量，为修辞学的振兴与发展做出了巨大贡献，突出表现为他密切了修辞学与哲学的关系，极大地拓展了修辞学的疆域，使得修辞学与日常的论辩紧密相连。图尔明研究论辩的初衷其实并非要振兴修辞学，但其成果却在使现代性人性化的同时为修辞学的发展注入了强劲的动力，成了修辞学史上不可多得的论辩理论。

在20世纪振兴修辞学的历程中，不得不提及一个从知识生产与建构的角度考察修辞学功能的派别，那就是罗伯特·司各特（Robert Scott）的认知修辞学。从理论渊源上看，司各特受益于图尔明关于论辩的洞见。图尔明对论辩的真知灼见将人们的目光引向了修辞学与哲学的关系，更准确地说，引向了论辩与知识的生产。传统的修辞学与哲学的关系是：修辞学服务于哲学，因为修辞学本身不能生成知识，只能发现和传播知识。1967年，司各特发表了修辞史上具有里程碑意义的文章《论修辞学的认知性》②，一反传统上认为修辞学是通过论辩传输真理的观点，认为修辞是通过论辩生产真理的过程，真理是建构的产物、认知的产物。正如奥曼（Ohmann）所指出的那样，"真理不是一团被装饰、掩饰，然后再完好地传递的物质"，而是"通过修辞所建构的一团变化的复杂体"③。在修辞与现实的关系上，认知修辞学家们认为："从来没有经验与语言的分离，不管这种经验是否涉及主题及主体，或者主题与物质世界……修辞涉及所有人类行为……只有当物质、社会及个人这三者之间互动，通过中介的语言才会出现真理。"④ 司各特认为，没有论辩能生产绝对性力量的结论，因为所有的论辩必须依靠我们过去的经验来获得其证据或支持（从认知语

① 转引自 Sonja K. Foss et al., *Contemporary Perspectives on Rhetoric*, p. 140.

② Robert Scott, "On Viewing Rhetoric as Epistemic," *Central States Speech Journal*, 18 (1967): 9-17.

③ 转引自 Michael G. Moran & Michelle Ballif, "Introduction," In Michael G. Moran and Michelle Ballif (eds.), *Twenty-century Rhetorics and Rhetoricians: Critical Studies and Resources* (Greenwood Press, Westport, Connecticut, 2000), p. xxi.

④ James A. Berlin, *Rhetoric and Reality: Writing Instruction in American Colleges, 1900-1985.* (Carbondale: Southern Illinois University Press, 1987), p. 17.

言学的角度看，司各特关于认知修辞学的观点是站得住脚的)。他的认知修辞学理论的哲学基础是：不存在一种先前就已经存在的、授权的真理(a priori and enabling truth)，真理只有通过人们的合作性的探讨才能产生。司各特的观点很快得到了不少学者的响应。比如，巴里·布鲁梅特(Barry Brummett) 也认为，理想的真理观忽视了这样的事实，即人类与真理没有直接的接触，人是生活在一个意义凸显的世界里并受之制约的，即使科学家也不能直接观察到自然，而是靠观察的媒介，如显微镜、录音设施等，这些媒介设施会带来限制，导致具有偏见的视角。[①] 巴里·布鲁梅特指出，“发现真理、检验真理从来不能独立于人，而是通过人来进行的”[②]，所以，知识与现实的生产是一个典型的集体性的或主体间性的过程，而不是某个人自我决定什么是真理就是真理的过程。认知修辞学的理论对整个修辞学学科发展的意义，在于自柏拉图以来最直接、最明确地指出了修辞学与知识生成的关系，揭示了修辞学在人类社会发展中所发挥的不可或缺的作用，为当代社会发生的修辞学转向、为修辞性的意识渐入人心发挥了重要的驱动作用。

此外，俄国哲学家、文艺理论家巴赫金（Mikhail Bakhtin，1895—1975）对当代修辞学的理论建构也做出了重要贡献，尤其是在修辞行为的互动性方面。传统修辞学将视野限制在公众演讲上，尤其是法庭、议会、典礼上的演讲，而将劝说看成是言说者针对听众的单向行为。巴赫金的言谈理论却说明了人类言语行为的对话性，不管这种言语行为是对话（dialogue）还是其他形式，这就把修辞置身于更广阔的领域里，涉及所有言语行为。一个很明显的结果是：写作研究领域汲取巴赫金的言谈理论，将写作过程看成写作者与读者交际的互动过程，一种旨在影响其行为的修辞活动。[③] 这样，修辞学的疆域在言语行为的对话性基础上得到拓展。

当代修辞学的蓬勃发展是众多学者共同努力的结果。除了上述几位人物之外，当然还有劳埃德·比彻尔（Lloyd Bitzer)、沃尔特·费希尔(Walter Fisher)、迈克尔·麦吉（Michael C. McGee）等著名学者，他们

① John Lucaites et al. (eds.), *Contemporary Rhetorical Theory*: *A Reader* (New York: Guilford Press, 1999), pp. 128-129.

② 转引自 John Lucaites et al. (eds.), *Contemporary Rhetorical Theory*: *A Reader* , p. 129.

③ James P. Zappen, “ Mikhail Bakhtin,” In Michael G. Moran & Michelle Ballif (eds.), *Twenty-century Rhetorics and Rhetoricians*: *Critical Studies and Resource*, pp. 8-9.

对修辞情景、修辞与理性的关系、社会变革中的话语作用等重大问题做出了理论阐释，成为当代修辞学领域的经典之作。

综合而言，当代修辞学有几大特征。从理论形态上看，当代修辞学在继承传统的基础上与时俱进，不断汲取其他学科的理论和方法论的营养，不断开创新的天地，形成了百家争鸣、百花齐放的理论格局，它们各自从不同的视角审视修辞行为，建构自己的理论。总体而言，西方修辞学秉承一种大修辞观，认为修辞是调节社会关系的行为，修辞与交际为伴，与意义同在。从美国的修辞学研究部门来看，修辞学呈现出一种多层次、多部门交叉交融的研究态势。修辞学研究的重地主要包括传播学系、英语系、演讲系，有的大学还设立了专门的修辞学系（如加州大学伯克利分校），不过这些部门的修辞学研究侧重点不同。传播系的修辞学研究侧重传播领域的修辞行为分析与批评，包括影视、新闻、广告等领域；英语系的修辞学研究则更倾向于写作修辞（所以，有的英语系下设写作与修辞学学位授予点），演讲系的修辞学研究则主要聚焦于演讲。除了上述几个部门外，其他部门也有对修辞学进行研究的，比如哲学系、社会学系等，其研究重点主要是与其领域相关的修辞学问题。从与其他学科的关系来看，当代美国修辞学已经显现了一种高度的跨学科特点，比如所谓的经济修辞、科学修辞以及人文社会科学领域出现的修辞学转向便是很好的体现。最后，从修辞学所涉及的修辞者、听众/读者、话语这三个基本要素及其相互关系来看，当代修辞学呈现了一个关注机构修辞的倾向。传统修辞学主要聚焦于个体修辞者，忽视机构或群体修辞者，现在这种现象有所改变，越来越多的人意识到机构或群体在社会行为中的作用。所谓机构修辞者，小至一个团队、一个公司、一个组织、一个学会，大至一个国家或国际组织体（如欧盟、东盟、上合组织、联合国等），这是当代修辞学疆域拓展的重要表现。在国际关系中，这些机构/组织是一个不折不扣的“集体修辞者”（collective rhetor），它在与其他组织、其他国家的交往中，发出自己集体的声音，处理与外界的关系，应对来自外部的压力和挑战。机构修辞的异军突起，与当代国际经济一体化息息相关。在地球村里，不断有全球性的问题需要共同应对，这就要求各国之间、各国际组织之间、国际组织与其成员国之间协调关系予以应对。

美国著名修辞学者莫兰和巴利夫（Moran & Ballif）下述话语或许基本上总结了20世纪以来的修辞学现状：

20 世纪可以被描述为一个修辞学的世纪。在世纪之初，尽管修辞学具有丰富而悠久的传统，但缺乏学术活力，但半个世纪后，修辞学成了一个关键概念、关键术语，不仅在英语系、言语交际系（speech communication）这两个属于自己的学科之中，而且几乎在每一个社会学科里也是如此。20 世纪目睹了语言学转向，如在日常语言学哲学和语言学、言语行为理论、符号学、阐释学、新实用主义、论辩理论以及文学研究、文化研究、人类学，甚至所谓的“硬科学”之中。曾经在几个世纪里饱受非议的修辞学，现在发现自己成了众多学科关注的焦点，比如科学家库恩（Thomas Kuhn）和费耶阿本德（Paul Feyerabend）探讨科学方法的修辞性，哲学家德里达（Jacques Derrida）和福柯（Michel Foucault）探讨形而上学传统的修辞性就是证据。①

总而言之，当代修辞学涉及任何语言的使用，“修辞的功能是调节思想以适应人，调节人以适应思想”②。修辞学是关于象征行为的学科。

第三节　古今修辞学定义与当代修辞学的基本特征

从古至今，修辞学定义五花八门，折射了不同的修辞观和研究路径。古典修辞学的奠基人亚里士多德认为，修辞学是辩证法的对应物，并将其定义为“发现任何特定场合下可能的劝说手段的官能”③。亚氏的定义显然表明：（1）修辞的目的是说服他人；（2）在一个特定的场合下，任何有利于劝说的东西，都可以纳入修辞学的范围；（3）修辞学重在寻求。不过在亚氏时代，所谓的“任何特定场合”主要是指法学论辩、议政论辩以及典礼演说这三种修辞情景。亚氏的修辞学定义折射了以亚里士多德修辞理论为基础的古典修辞学重在对劝说手段的寻求或建构。

---

① Michael G. Moran & Michelle Ballif (eds.), *Twenty-century Rhetorics and Rhetoricians: Critical Studies and Resources*, p. xii.

② Walter R. Fisher (ed.), *Rhetoric: A Tradition in Transition* (Ann Arbor: Michigan University Press, 1974), p. 211.

③ Aristotle, *Rhetoric*, p. 24.

当代修辞学泰斗伯克将修辞定义为：

> 修辞的基本功能是人用话语在他人身上形成观点或诱发行动……修辞是根基于语言本身的一个基本功能之上……是用作为符号手段的语言在那些本性上能对符号做出反应的动物身上诱发合作的行为。①

伯克的修辞定义有几个重要含义：第一，人是使用象征/符号的动物；第二，修辞是一种象征行为；第三，修辞立足于语言基本功能之上；第四，修辞是诱发合作的行为。人有别于其他动物，这种区别就在于人会使用符号，尤其是语言。如果修辞立足于语言功能，那么修辞与语言使用不可分开；如果人性的基本特征是符号的运用，而作为符号的语言与修辞不可分开，那么修辞几乎无所不在，人可以说是修辞的动物；如果合作是诱发的话，那么修辞意味着自由和选择。伯克的修辞学定义折射出一种社会学意义的修辞观，它以"同一"为核心。

新修辞学的主要倡导者理查兹分别从学科性质、研究对象及目的几个方面对修辞学进行了定义：修辞学是"一门哲学性学科，其目的是旨在掌握语言使用基本规律……是对误解及其补救的研究"②。理查兹认为，修辞学不应该是一门与其他学科不相关，或处于其他学科边缘的学科，相反，它在知识领域中处于核心地位，也就是说，其他学科都以修辞学为基础，因为任何其他学科都离不开词语的理解，离不开语言使用的基本规律。他的修辞学定义包含这样的信息：修辞学关注言语交际；修辞学与哲学之间关系密切，连接它们的桥梁乃语义问题。理查兹的修辞观是一种微观的修辞观，是从词语的语义作用机制的角度建构的修辞观，或更准确地说是一种认知语义学理论。与伯克相比，理查兹的修辞观对当代修辞学的影响要小得多。

著名比利时论辩修辞学家佩雷尔曼建立了一种新修辞学，并将修辞学视为论辩学。佩雷尔曼本人对论辩的定义是："论辩是对话语技巧的研究，这些话语技巧使我们能够诱发或增加人们对向其提出的论题的遵

① Kenneth Burke, *A Rhetoric of Motives* , pp. 42-43.

② I. A. Richards, *The Philopophy of Rhetoric* , pp. 3, 7.

守。”[1] 他所说的“argumentation”（论辩）其实是一个宽泛的概念，而不仅仅是那种针锋相对、唇枪舌剑式的论辩，正如其所称：“argumentation”是指“discourse”（话语）。在他的眼里，论辩是一种以言行事的行为，这与言语行为理论具有某种相通性。佩雷尔曼的修辞观表明：修辞就是论辩，其目的是对现实的某种改变。所谓“改变”，不仅是指物质世界的改变，更重要的是思想、态度、价值、情感等方面的变化。从这个意义上说，佩雷尔曼的修辞观与伯克的修辞观在本质上是相通的，因为伯克的“诱发合作”也意味着听众的心理状态发生了朝修辞者所期望的方向的某种变化。

著名修辞史学家乔治·肯尼迪（George Kennedy）将修辞学定义为“使用包括语言在内的符号系统向他人传递思想与情感内涵的能量，以期影响其决定和行为”。该定义至少包含这几个方面的信息：（1）修辞互动的媒介是符号，尤其是语言；（2）修辞的目的是影响他人；（3）修辞涉及修辞者及其期望影响的听众；（4）符号系统与思想及情感紧密关联。该定义表明，不管我们如何与其他人表达情感和思想，只要我们带有影响别人的目的，我们都在使用修辞。[2] 乔治·肯尼迪的修辞学定义与伯克的并没有两样，因为他所说的“以期影响其（听众）决定和行为”与伯克的“诱发合作”的内涵相同。

比较以上古今修辞（学）定义，我们不难发现，当代修辞学与古典修辞学有着血缘关系，虽然它们对“修辞学”的表述有所不同。当代修辞学强调“诱发行为”或“影响”，而古典修辞学凸显“劝说”及其寻求，但“诱发行为”/“影响”与“劝说”本质上是相通的。当然，古今修辞学也存在着巨大的差异。

首先，古典修辞学主要针对三种修辞情景下的演讲，而当代修辞学却针对一切象征行为，包括图画、音乐甚至建筑。其次，由于研究对象的缘故，古典修辞学将修辞过程视为演讲过程，涉及觅材、布局、风格、记忆、发表这五个步骤，并将觅材置于突出地位，而当代修辞学却将修辞过程视为任何象征行为的过程，并没有明确地勾勒出具体的、线性的步骤。在修辞的功能上，传统修辞学认为修辞学是演讲劝说的学问，这种劝说是

① Chaim Perelman, L. Olbrechts-Tyteca, *The New Rhetoric*: *Treatise on Argumentation* , p. 4.

② James A. Herrick, *The History and Theory to Rhetoric*: *An Introduction*, p. 5.

演讲者个人对听众的作用，而当代修辞学认为修辞的功能是调节社会关系（这可从语言的修辞性中得到印证），劝说只是修辞的一种目的。

从修辞者与听众的构成来看，古典修辞学关注的是个体修辞者对群体听众之间的修辞行为，而当代修辞学不仅关注个体对个体、个体对群体的修辞互动，还关注群体对个体及群体、机构对个体及群体，甚至文化、意识形态对个体及群体的修辞影响。从修辞者与听众的关系来看，传统修辞学研究的劝说其实更多的是一种比较赤裸的劝说，似乎暗示着修辞者与听者之间存在一种对抗关系，或至少是一种劝与被劝的主动与被动的关系。以往的修辞学家，早至亚里士多德，近至十八九世纪的布莱尔和惠特利，都把辩论和演说的策略与技巧作为修辞学的研究对象。在他们看来，修辞者要通过雄辩的口才来扫除其行为、思想和判断上所遇到的阻碍或抵抗。换言之，修辞者从某种程度上是要把自己的主观意志强加于人。传统修辞学往往把劝的对象看作消极被动的，劝的过程是一个单向过程。正如理查兹所说："旧修辞学是争论的产物；……它是关于词语战斗的理论并且一直受好斗的冲动所支配。"① 而当代修辞学认为，劝说对象是主动的，他或他们参与话语建构，劝说的结果是双方相互作用的结果，因此劝说过程是一双向过程，其结果是双方都接受的。因为劝的对象参与话语建构，所以劝说是一个自然而然的过程，从某种程度上说，劝说对象是自己劝自己的过程。当代修辞学蕴含了修辞者与听众/读者之间合作的、平等的关系，这在伯克的"同一"概念中表明得尤其明显。

从理论形态上来看，古典修辞学理论相对比较单一，亚氏的理论占统治地位，西塞罗也只不过是在亚氏的基础上进行一些内涵上的扩充与细化，而当代修辞学则更加多元化，呈现出百家争鸣、百花齐放的格局。从学科的性质上来看，当代修辞学更像社会学意义上的学科、阐释性的学科，哲学意味浓厚，而古典修辞学更像实用性的学科，其工具性、技巧性意味浓厚，以致有人认为我们从亚里士多德那里得到的只不过是"一本演讲技能手册和辩论指南"②。即使西塞罗也一样，他对修辞实践的兴趣要远大于对修辞理论的兴趣。即使惠特利时代的修辞学也逃不出"技巧

① I. A. Richards, *The Philosophy of Rhetoric* , p. 24.

② Maurice Natanson, "The Limits of Rhetoric," *Quarterly Journal of Speech*, 4 (1955): 133-139.

论”的藩篱。正如理查兹一针见血地指出的那样，惠特利本人只是为我们收集了一套安排有序的规则，供我们在各种论辩情景中使用。[①] 从与其他学科的关系上看，当代修辞学的跨学科性非常明显，汲取了大量其他学科的理论与方法，而古典修辞学的跨学科性相对要小，这是因为在古典修辞学时期缺乏具有真正现代意义的学科。

任何一种思潮、理论的产生都有其社会历史背景。到20世纪，传统修辞学理论已越来越不适应时代的潮流，不能解释语言使用的问题。对传统修辞学的不满，促使修辞家们寻找更有说服力的修辞学。到21世纪初，随着语言学、社会学、人类学、心理学、认知学、交际学等学科的突飞猛进，研究成果迭出，为“新修辞学”的萌发和成长提供了催化剂和营养。在这种情况下，学者们在汲取传统修辞学理论精华的同时，运用各人文学科的新发现、新理论，从不同的侧面研究修辞问题，使当代修辞学的跨学科性日益凸显。

在对写作及其教学的看法上，当代修辞学也显露出与传统修辞学不同之处。写作是一种交际活动，一种修辞互动，也是对修辞理论的具体运用，因此对写作及其教学的看法往往能折射出修辞学观点。传统修辞学认为，写作过程是表达已有观点及论辩材料的过程，因此写作教学主要是教学生掌握各种语篇、语体的规约或范式。但当代修辞学认为，写作在很大程度上是一个发现过程，也就是说，写作材料不少是在写作过程中发现的，因此写作教学不仅要教语篇、语体的各种规约或范式，还要培养学生的创造能力和修辞的敏感性，使其在写作过程中知道如何发现、探讨思想。例如，19世纪的修辞学家——约翰·杰南（John Genung）（1892）认为，实用修辞研究要把我们称之为创造的一切行为拒之门外。在他看来，某些修辞能力尽管实实在在，大有裨益，但如何使用这些能力却是无法教授的。既然创造力是无法传教的，实用修辞学就只能涉及话语的规约，修辞学其实就是关于优秀文章的结构和常规的知识体系。与此相反，修辞学者罗曼（Rohman）认为，写作是一个创造性的发现过程，修辞学不仅要涉及写作的技巧，还要探讨导致创造性发现的思维结构，“学生必须学习导致创造性发现的思维结构，因为除了创造思维外，没有什么

① I. A. Richards, *The Philosophy of Rhetoric*, p. 7.

‘内容’可写”①。罗曼关于写作及其教学的观点在当代修辞学家中是很有代表性的。以往的写作及其教学研究只注重成品，忽视写作的过程；随着“新修辞学”的逐步盛行，人们开始把眼光转向写作过程本身，而不只是写作的结果即作文，从多种角度研究写作过程的各种心理活动。总之，写作及其教学研究的变化与修辞学观念的变化是息息相关的；当代新修辞学强调写作的过程性、创造性以及写作者与读者之间的合作性。

综观当代西方（美国）修辞学界，虽然修辞学研究因人而异，“但都主要聚焦于复杂社会中的语言使用，有的聚焦语义……有的关注伦理……还有的关注修辞的认识作用……有的探讨语言对政治、社会关系的影响，把修辞视为社会变化的工具”②。当代修辞学继承了古典修辞学的理论精华，并发展了能够阐释当代人类行为的理论。

第四节　中西修辞学的差异——定义中的管见

鉴于中西修辞学差别巨大，为了后续对修辞批评理论与方法的探讨，这里有必要阐释中西修辞学的差别所在。中西修辞学的巨大差异在修辞定义中有清晰的反映。中国公认的修辞学奠基人陈望道先生在《修辞学发凡》中说：“修辞不过是调整语词使达意传情能够适切的一种方法。”③为了避免误解，他也指出：“修辞以适应题旨情景为第一义，不应是仅仅语辞的修饰，更不应是离开情境的修饰。”根据陈望道先生的观点，修辞学分积极修辞和消极修辞。前者又叫做超常修辞、艺术修辞，主要对象是辞格和辞趣；后者主要是处理文章的明确、通顺、平匀和稳密等问题，与语法相关联。陈望道先生的修辞学定义以及《修辞学发凡》一书的内容表明，词语的使用，尤其是辞格，是修辞学的主要内容。

著名汉语修辞学家张弓先生在其《现代汉语修辞学》中给修辞学下了这样的定义：“修辞是为了有效地表达意旨，交流思想而适应现实语

---

① D. Gordon Rohman, “Pre-writing: The Stages of Discovery in the Writing Process,” *College Composition and Communication*, 16 (1965): 107.

② Erika Lindemann, *A Rhetoric for Writing Teachers*, p. 40.

③ 陈望道：《修辞学发凡》（1997 年新 2 版），第 282 页。关于消极修辞见该书第 53—66 页；关于积极修辞见该书第 70—239 页；关于文体的修辞见该书第 256—277 页。

境，利用民族语言各因素以美化语言。”① 关于该定义，修辞学家黎锦熙（1963）提供了一点注解：他在为张弓《现代汉语修辞学》所写的序言中说道：“修辞学本身要独立说明什么？毫无疑问，就是各种各样的修辞方式了。他（张弓）这儿所说的‘修辞方式’，即指修辞格。”张弓的修辞学定义关注辞格对言语表达的作用，具有浓厚的审美色彩。中国另一位修辞学家王希杰认为：“修辞活动就是同义手段的选择的活动，修辞学就是同义手段的选择之学。……修辞的目的就是美，对语言美的自觉地追求就是修辞。”②

汉语修辞学的定义不胜枚举，总括起来大致可分为：文辞调整说、文辞美辞说、辞格中心说、语言材料选择说等派别。不管哪个派别，都有一个重要的相似之处，那就是对辞格、词语，对艺术表现手法的特别关注。修辞学往往与语辞的使用、语言的表达技巧等同。

汉语修辞学定义最直观地反映了汉语修辞学对修辞的认知。对英汉修辞学定义略加比较便能发现，西方修辞学在众多方面与汉语修辞学存在着差异。首先，它们在出发点和立足点方面略有偏差。西方修辞学的出发点和落脚点在劝说听众/读者。当然，这并不是说它忽视对语言的表达，而是说它首先以说服或影响听众/读者为考量，其次依此确定表达内容及方式，最后又回到听众/读者身上，看修辞的效果。就汉语主流修辞学学说而言，它的出发点和落脚点在语词，调整说、辞格说、美辞说、选择说鲜明地表明了这一点。当然，这并不意味着汉语修辞学不关注听/读者，若问如何确定语词、如何美化语言时，则需参照语境（上下文及听/读者等因素）。翻一翻国内出版的修辞学书籍，很少花较多笔墨论述、分析听/读者的。这是一个明显的差异表现。

其次，中西修辞学的差异也表现在西方修辞学范围宽泛，汉语修辞学范围相对较窄上，尤其表现在对辞格的处理上。西方修辞学的研究对象为影响他人的象征/符号行为，而影响他人也是语言的基本功能，也就是说，西方修辞学是建立在语言基本功能之上的，所以，凡是有利于影响他人行为的行为（语言的和非语言的），都可以（当然未必一定要）纳入修辞学研究范围之内。与西方修辞学形成巨大反差的是，汉语修辞学特别关注语

① 张弓：《现代汉语修辞学》，天津人民出版社 1963 年版，第 1 页。

② 参见王希杰《修辞学导论》，浙江教育出版社 2000 年版，第 63、596 页。

辞，有的修辞学著作甚至只探讨辞格。

就话语生成来看，西方修辞学更关注觅材取材的研究，所以在写作学或演讲的教材里，常常可以看到关于“Invention”（觅材）的论述，这是中西修辞学差异最明显的一个例证。尽管西方修辞学已今非昔比，但当代关于写作与演讲的教材里，关于觅材的理论研究也有不少，比如著名修辞学家卡尔·沃利斯（Karl Wallace）就在传统的修辞学理论的基础上提出了一个觅材理论［他的理论以修辞三角为依据，提出了涉及修辞者、听/读者和语篇建构的话题系统（topoi system）］。再比如，美国匹兹堡卡尼基·梅隆大学（Carnegie Mellon University）的著名修辞学者理查德·杨（Richard Young）等人提出的名为“particle-wave-field model”（微子—波—场模式）（该模式的灵感来自于法位学）堪称觅材研究的重要理论成果。[①] 相比较而言，汉语修辞学鲜有关于觅材的论述，更缺乏对觅材的系统理论。

最后，中西修辞学的差异表现在对修辞功能的认知上。在西方修辞学中，修辞以影响他人为目的，所以其论辩性色彩浓厚（“论辩”并非仅指唇枪舌剑似的争辩，它可指任何有逻辑性的话语），而汉语修辞学注重美辞，其审美性色彩浓厚。李秀明、缪俊在对复旦大学首届修辞学沙龙的综述中写道：

> 长期以来，修辞被视为一种加强表达效果，表情达意时锦上添花的手段，游离于语言的基本功能之外。修辞学则成为一门“效果之学”，由此也把自身放逐于语言本体研究之外。……这已经成为今天限制修辞学发展的一大瓶颈。[②]

中西修辞学的巨大差异，毫无疑问与各自的修辞传统、语言系统本身的特点密切相关。在汉语里，修辞的“辞”，在古代可指语辞或文辞；修辞在古代最早是指修饰、整理诉讼用辞的本领，最初主要指口语表达的技

---

① W. Ross Winterowd (ed.), *Contemporary Rhetoric: A Conceptual Background with Readings* (New York: Harcourt Brace Jovanovich, 1975), pp. 123-141.

② 转引自李秀明、缪俊《“修辞学的转向”——复旦大学首届修辞学沙龙综述》,《修辞学习》2006 年第 1 期。

巧，发展到后来，修辞主要是指修饰文辞。[1] 据张弓先生的观点，在中国春秋和战国时期，修辞原本以劝说人们为目的（这一点与古希腊修辞相同），但是到了汉朝的时候，汉语修辞却转而以语篇为中心，口头话语逐渐没有人研究了。[2] 由于以语篇为中心，修辞旨在欣赏，其材料也主要来自诗词和散文，这样一来，辞格研究就成了修辞学的重头戏，修辞学往往更关注名家、名篇、名句，体现了对最美、最特殊例子的崇拜和迷信。这样，修辞学的范围也就变得狭窄了。从另一个方面来看，汉字的特点也正好吻合了这种修辞的审美情趣。汉语是意合语言，象形性明显，这使中国人特别喜欢汉字游戏文化，也产生了丰富多彩的修辞手法，为大量的辞格、富有审美情趣的言语表达的产生创造了必要的物质基础，修辞学成为一门强调审美情趣、起着修身养性功能的艺术也就不足为奇了。对审美情趣的情有独钟，也为修辞学本身带来了负面影响。对审美情趣的格外关注容易造成修辞与社会功能剥离或脱节的现象，至少会模糊或弱化修辞对社会不可或缺的作用。有的汉语修辞学家甚至认为，修辞学应该把范围限定在所谓的积极修辞学中，消极修辞学应该由语法来管。“有的修辞书更是全部以辞格为纲。这类观点对修辞学产生了较大影响……”[3] 因此，“修辞格从来就是修辞学的一个中心课题”[4]，尽管在 70 年代末 80 年代初人们曾呼吁冲破修辞学的辞格中心论，走出修辞格的狭小牢笼，但至今来看，修辞学的范围仍然比较窄。即使不赞成辞格中心说、美辞说的修辞学家也仍然花大量笔墨在辞格上。

或许，正如王希杰先生所说：“真正主张修辞学就是美辞学的人似乎并不多。”但是，在无意识和潜意识中，把修辞学定位为美辞学的人还是不少的。即使理论上并不主张美辞之学的人，在做修辞学研究的时候，往往也不自觉地倾向于美辞观念。“社会上一般来说也是把修辞学看作为美辞之学。”[5] 辞格说、美辞说带来了严重后果：把修辞定义为美化语言，就必然会大大缩小修辞学的范围。比如把修辞研究局限于各种经典的文艺作品上，那么，那些语言朴实无华的公文事务语体就会被排斥在外；如把

---

① 路小所：《现代修辞学》，云南人民出版社 1994 年版，第 5 页。
② 张弓：《中国修辞学》，南开华英书局 1926 年版。
③ 转引自宗廷虎《中国现代修辞学史》，浙江教育出版社 1990 年版，第 388 页。
④ 何伟棠：《王希杰修辞学论集》，广东高等教育出版社 2000 年版，第 11 页。
⑤ 转引自何伟棠《王希杰修辞学论集》，第 68 页。

修辞研究局限于各种修辞格或美辞，那么，其他大量常见的有实用价值的语言现象就被忽视了；如重视了名人名篇中的修辞现象，那么，普通人的口语和书面语的修辞现象就被忽视了。汉语修辞学对辞格、美辞的过度关注，不仅阻碍了对段落、篇章修辞的研究，以致到了80年代它们的研究才逐步得以展开和深入，这和西方修辞学相比落后了许多，更阻碍了修辞学与其他学科的交流，阻碍了修辞学成为高度跨学科性的、人类行为的阐释性学科。

从跨学科性来说，西方修辞学的跨学科性比汉语修辞学更加突出。由于西方修辞学根基于影响他人，所以它与社会生活几乎密不可分，以致凡是实际影响他人的行为都可以纳入修辞学范畴之中。结果，语言学、交际学、社会学、心理学、符号学、认知学等，只要与修辞行为所涉及的要素及其相互关系有关，都可和修辞学进行交叉研究。其实早在17世纪，培根就把人的官能和修辞学联系起来进行了研究，他认为，哲学与理性相关，历史与记忆相关，文学与想象相关。20世纪西方修辞学界出现的百花齐放的壮观景象更说明了西方修辞学的开放性、跨学科性（关于修辞学的跨学科性，下节将详论）。由于汉语修辞学的基点在于文辞，因此与人类学、政治学、心理学、哲学等学科的联系较西方修辞学要小，其跨学科研究也就显得比较滞后。对此，在复旦大学首届修辞学沙龙上李熙宗先生指出：

> 如果固守以往的“修辞”观念，许多新现的问题就无法纳入修辞学研究，而修辞学也将与当代强调学科间交叉渗透的大趋势背道而驰，在闭门造车的窘境中越陷越深。①

汉语修辞学的跨学科研究相对滞后，在一定程度上削弱了修辞学对人类行为的阐释力度。对人类行为的阐释，毫无疑问要涉及多门不同学科的理论知识。从交际的动态过程来说，交际涉及信息交流的编码、发送传递、接收、解码这几个次过程。辞格说、加工说、调整说、美辞说、选择说显然只注意到了交际的部分过程，而不是全部，因此很难阐释人们的社

① 转引自李秀明、缪俊《“修辞学的转向”——在复旦大学首届修辞学沙龙综述》，《修辞学习》2006年第1期。

会交往行为。对此，张会森先生指出，修辞应该放眼探索交际的全过程，而不能像以往那样只研究信息的表达。[①]“修辞现象固然由语言因素组成，但同时它又包含审美因素、心理因素、社会因素等众多成分，不能仅仅研究前者而忽视后者，修辞研究应该是静态与动态的结合……”要阐释人们的交际行为，就必须有更高层次的概括。正如王希杰先生所说，为了提高汉语修辞学的科学品位，就必须从哲学的高度进行思考，把对于修辞活动中的具体问题的研究成果升华到哲学的高度。[②]

目前汉语修辞学流行的修辞定义还会遇到这样的问题：“调整说”似乎假定先有现存的词语等待人们去调整；“加工说”则表明已有词语等待人们去加工、润色，就像人们加工一个工件、润色一幅画一样；“选择说”则表明一个特定的思想有不同的形式外壳。“调整、加工、润色、选择”似乎蕴含了一个前提：先有个光秃秃的思想内容在那儿，然后再用美好的形式外壳包装一下。这似乎有点二元论色彩。事实上，这种先思想、后语言形式的修辞模式是不存在的，因为形式与内容不可分。

当代中西修辞学存在的巨大差异有其重要的原因。众所周知，现代汉语修辞学是20世纪二三十年代才登上学科舞台的。[③]它在向西方学习、借鉴以建构自己的体系时，正值西方修辞学处于低谷期，所以汉语修辞学从西方借鉴的是“夕阳产业”，后来又没有发生变革，而与此同时，西方修辞学在20世纪30年代开始发生巨大的变革，随着“新修辞学”的崛起，修辞哲学的影响越来越大，当代西方修辞学无论从修辞哲学还是修辞理论上都今非昔比。

不过，有一点值得欣慰的是，中国修辞学近些年来也发生了积极的变化。为了纠正汉语修辞学因聚焦语辞而将视野局限于语言表达的问题，国内已经开始出现“大修辞观”，其代表人物是著名学者谭学纯先生；也有“语用修辞观”，其主要代表是著名学者胡范铸先生。随着人们对当代汉语修辞学存在问题的认识的不断深入，随着学科交叉的日益推进，随着中西修辞交流的不断深入，上述两种修辞学流派的影响将会更大。

---

① 张会森：《修辞学通论》，上海教育出版社2002年版，第3页。

② 参见何伟棠《王希杰修辞学论集》，第15页。

③ 对语辞的关注自古就有，但修辞学作为学科是在20世纪30年代才产生的。

第五节 修辞学的主体间性

作为“辩证法的对应物”以及“诱发合作”的学问，修辞学具有主体间性的特征。既然修辞学的基础是或然性，它针对的当然是“可辩性”。“可辩性”意味着修辞者对修辞对象的揣测，意味着一个施加重要影响但又可能隐身于具体修辞场景之外的他者。修辞学研究针对的是他者的话语。[①] 无论古今人们如何界定修辞学，一个永恒的主题是，修辞旨在影响他人。“影响他人”意味着修辞者在某种程度上或某个方面获得了听众的赞同、默契或合作，这是修辞学主体间性的重要表现。

从修辞的运作来看，修辞学的主体间性表现为：在修辞过程的每一个时刻，意义的产生是修辞者与听众参与、协商的结果。修辞者在建构话语的时候必须揣测听众的心理，并依据这种揣测做出恰当的回应，而后，再揣测听众可能会对其修辞话语做出何种反应。然后再揣测，再作反应，直至修辞过程结束。可见，在修辞学看来，意义不是外在之物，也不是内在于个人头脑里的东西，而是修辞者与听众互动的产物，是主体间性的东西。

传统修辞学的核心概念——修辞三段论也体现了修辞学的主体间性。修辞三段论是建立在或然性基础上的，其前提是或然性的、可辩的，从其得出的结论只是推测性的。这意味着修辞三段论的结论与其前提之间没有必然的蕴涵与被蕴涵关系，或者说，它们之间是一种由此及彼、由已知通往未知的关系。修辞三段论一般体现了作者和读者之间的共同点，这个共同点或是信念，或是价值，或是态度，等等。这包括两层意义：第一，修辞三段论中的前提所表达的一般是修辞者和听众共知的或观点一致的地方；第二，修辞三段论中的结论往往体现了作者与读者相同或相似的观点、态度、信念等。在修辞三段论中通常有一个部分省略，或大前提，或小前提或结论被省略。被省略的部分通常承载了交际双方的共同点，因为是共同点，所以它无需完全表达，只要论题建构合理，听众自然不经提示就能补充省略或暗含的部分。从这个意义上说，修辞三段论是连接交际双方的心理桥梁。由于在修辞三段论中有某个前提或结论被省略或暗含，听众实际上参与了论题的建构：他提供前提或根据所给前提推出结论。因此

---

① Kenneth Burke, *A Rhetoric of Motives*, p. 45.

可以说，修辞者与听众共创论题，换言之，修辞话语是主体间性的产物。

第六节　修辞学的说服与自我说服及自由

修辞学的或然性之基础和修辞学的目的显然都蕴涵了一个重要论题，即人是说服与被说服的动物。古典修辞学认为，说服开始于人们的doxa（一般意见），而不是绝对的真理或某个颠扑不破的事实，否则就没有论辩的必要。

西方修辞学的“劝说”意味着有必要劝说别人。道理很简单：人与人之间是需要合作的，否则社会就不能正常运转。劝说是社会人必须做的事情。但是，人为什么会被说服？为什么听众听/看了修辞者的话语后会被说服去做某事？我们设想一下：假如我作了演讲，然后你按照我的意愿去做了某事。在这个事件中，我没有强迫你，但你为什么会按我的意愿去行事？这里涉及的因素比较复杂。说服意味着态度的某种变化，或加强，或减弱，或改变原先的态度。由于修辞者没有直接作用于听众，修辞听众的行为与其说是修辞者所致，不如说是听众本人心理因素所致，即听众说服自己要那样做。这也就是美国修辞学泰斗伯克所说修辞是用符号诱发合作行为的原因。修辞听众之所以愿意改变自己的观点、态度去认同修辞者，就是因为其价值观或情感所致。在修辞过程中，听众决不是被动地“被施加影响”，而是根据自己的价值观体系，根据自己的情感、需要，对当前的修辞情景作出判断。因为人们的情感、价值、需要总是与语言分不开的[①]，所以修辞者的话语可以指向与听众的情感、价值、需要相关的事物，从而使古典修辞学所崇尚的人品诉诸、逻辑诉诸和情感诉诸得以实现。[②]

就修辞是“修辞者诱发听众合作”的行为而言，修辞是一个涉及修辞双方自由的行为，即修辞行为是一个自由的选择行为，是一个修辞主体的自主性的选择过程。没有自由，就没有修辞。正如著名修辞学者格里马尔迪（Grimaldi）所指出的那样，“修辞如亚里士多德所理解的那样，不

① Gerard Hauser, *An Introduction to Rhetorical Theory* (Harper & Row, Publishers, Inc., 1986), pp. 108-114, 143-146.

② 亚里士多德认为，人品诉诸来源于听众对修辞者的人格的判断；逻辑诉诸来源于话语的逻辑性或理性；情感诉诸来源于听众的情感。

是如艺术家造一个物件一样制造劝说……而是在他人心理产生一种态度、一种认为提议有理的感觉，从而使听众自己做出决定。修辞的艺术或技术就是察觉并提出那些可能使人做出明确决定的证据”[①]。就日常的人际交流几乎无不是自由的选择行为而言，修辞几乎无所不在，无处不有。作为社会人，就必须相互交往，而要交往就必须进行选择。可以说，选择伴随着人的一生；人每次与他人交往，都必须进行选择。选择不仅意味着对修辞听众的选择，也意味着对修辞内容和形式的选择。人的一生是用象征行为选择性地对外界进行反应的一生，是修辞活动的一生。正如修辞学家亨利·琼斯通（Henry Jonestone）所说“谁放弃了修辞谁就放弃了他的人性特征……做人就必须实施修辞。”[②]

选择与伦理是息息相关的。选择 A 不选择 B，意味着修辞者具有价值、伦理的趋向。古典修辞学家普罗泰戈拉认为，修辞学具有将无力的论题变得更有力的威力，而且在某一问题的正反两个方面都进行论辩，能使最无力的论题变得更加有力。从表面上看来，这似乎是一种不讲道理的行为，但其实蕴含了价值趋向：如果你选正方，说明你不赞成反方，反之亦然。这说明，修辞学本身是中性的，但修辞行为是伦理性的；不管为哪一方面论辩，都要顾及其论题可能遇到的反论，因此其论辩不是非理性的。如果你将无力的论题变得有力，你同时必须考虑有人会提出反论，因此你必须使你的言说听起来有理，这就意味着你必须从价值、伦理方面思考问题。

第七节 修辞学的跨学科性

自从笛卡尔将代数与几何学交叉而发明解析几何以来，跨学科研究越来越受人们的关注。现在，学科之间的相互影响、相互交叉与渗透是一个常态，“跨学科”已是学者们嘴边的热门话题。就人文社会科学而言，“跨学科性”不可避免，对修辞学来说尤其如此。与其他人文社会科学相比，修辞学的跨学科性有其独特性。

---

① 转引自 Arthur Walzer，“Aristotle's Rhetoric, Dialogism, and Contemporary Research in Composition,” *Rhetoric Review*, 16 (1997): 56.

② 转引自 Don M. Burks (ed.), *Rhetoric, Philosophy and Literature: An Exploration* (West Lafayette: Purdue University Press, 1978), pp. 57-59.

一 修辞学跨学科性的理据

修辞学的跨学科性是由其本质所决定的。当代修辞学主流修辞观认为，修辞是使用词语（或符号）在他人身上形成观点或诱发行为，“修辞”几乎“与诸如‘语言’、‘交际’和‘劝说’大致同义”①。

顺着“修辞是使用符号去诱发合作”的理念，修辞学的跨学科性特点不难看出。由于修辞学涉及修辞者、听众/读者、话语、情景及其相互关系，它的对象不仅仅是语言层面的问题，还涉及心理因素、社会因素、文化因素等，不仅涉及语言符号，还涉及非语言符号，因为非语言符号在特定的情景下也可能诱发人的行为。正因为此，修辞学也被称为阐释性的科学（hermeneutic science）。作为一种阐释性的学科，用最精炼的话说，它试图解释：谁在什么情况下怎样？对谁做了什么？为什么做了它？效果如何？可见，修辞学对人类修辞行为的全面、深入阐释不可避免要涉及众多学科。

修辞学的跨学科特征不仅意味着修辞学可以凭借其学科研究对象之特殊性的特点，潇洒地将触角伸展到其他学科之中，并在其他学科母体的营养滋润下茁壮成长，也意味着任何其他学科，不管是人文社会科学还是自然科学，都不能离开修辞学。

二 修辞学跨学科性的印证

修辞学的跨学科性在美国加州大学伯克利分校（University of California Berkeley）修辞学系的介绍中得到了最好的诠释。该系自称是“一个跨学科及多学科的系部”，一个“在人文社会科学领域中的跨学科研究及教学的重镇”，在这里，“对各种形式的话语之功能的共同兴趣把师生联系在一起”，修辞学系除了“研究从古至今的修辞传统之外”，“还从事诸如政治理论、性别、法律、媒体、哲学、文学等众多不同领域的理论、历史和文化方面的阐释和批评研究”②。修辞学的跨学科性在20世纪出现的“新修辞学”中得到了很好的反映。“新修辞学”的学者们把心理学、人类学、语言学、社会学、哲学、逻辑学等研究成果运用于其修辞理论建构

① David Fleming, “Rhetoric as a Course of Action,” *College English*, 1 (1987): 169.

② 该修辞学系网页介绍见 http://rhetoric.berkeley.edu/index2.php。

之中，以期阐释人类的行为。与其说“新修辞学”是修辞理论，不如说是修辞哲学，是哲学与修辞学交叉融合的结果，这或许就是为什么格拉西大胆宣称“修辞学即哲学”（Rhetoric as Philosophy）的一个缘故。①

当代修辞学的跨学科性在美国修辞学会2010年及2012年主办的两届修辞学研讨会令人眼花缭乱的话题中可见一斑：身体修辞（the rhetoric of the body）、战争修辞（the rhetoric of war）、沉默修辞（the rhetoric of silence）、视觉修辞（visual rhetoric）、政治修辞（the rhetoric of politics）、数码修辞（digital rhetoric）、环境修辞（the rhetoric of environment）、国家安全修辞（rhetoric of national security）、恐怖修辞（rhetoric of terror），等等。可谓哪里有人类行为，哪里就有修辞；修辞不仅是指言说，它还包括“诗歌、小说、电视节目、电影、艺术、建筑、喜剧、音乐、舞蹈、广告、公众游行、服装等形式”②。

修辞学的跨学科特征，其实并不难理解。亚里士多德认为：“修辞学是在任何特定场合下寻求可能的劝说手段的功能”③。假使我们将“任何特定场合”从亚氏所说的三种主要场合（即法庭、议会、礼仪）扩展到其他任何符号使用的场合，那么修辞学的跨学科性就显而易见了。所以，作为一种具有跨学科性的学科，“修辞学研究涉及符号及符号系统影响人的信念、价值、态度及行为的过程，包括所有人类交际行为……这些研究是哲学性的、历史性的、批评性的、实证性的、创造性的或教学型的”④。

---

① 常与“新修辞学”相联系的著名修辞学家是理查兹（I. A. Richards）、伯克（Kenneth Burke）、韦弗（Richard M. Weaver）、图尔明（Stephen Toulmin）、佩雷尔曼（Chaim Perelman）、福柯（Michel Foucault）、格拉西（Ernesto Grassi）等。

② Sonja K. Foss, *Rhetorical Criticism: Exploration & Practice* (Long Grove, Illinois: Waveland Press, 2004), p. 5.

③ Aristotle, *Rhetoric*, p. 24.

④ 引自 Douglas Ehninger et al., “Report of the Committee on the Scope of Rhetoric and the Place of Rhetorical Studies in Higher Education,” In Lloyd Bitzer & Edwin Black (eds.), *The Prospect of Rhetoric: Report of the National Development Project* (Englewood Cliffs, NJ: Prentice-Hall, 1971), pp. 208-219. 相比而言，汉语修辞学与西方修辞学存在着比较显著的差异。正如汉语修辞学奠基人陈望道先生所说：“修辞不过是调整语词使达意传情能够适切的一种方法。”汉语修辞学特别关注语词的使用，尤其是辞格的使用及其美学效果。当然，现在中国也出现了一种大修辞观，但要在修辞学中占绝对主导地位，恐怕还有待时日。

三 修辞学“跨”学科之途径

修辞学“跨”其他学科之途径主要有三：一是修辞学触及一切人类符号行为；二是修辞过程成为知识的生产过程；三是修辞学引入其他学科的知识或方法。

(一) 修辞学触及一切人类符号行为：人类行为的修辞性

修辞学既然是关于任何符号使用以期影响人的学问，它就不受任何学科所限。任何符号的使用，无论在什么场合，最基本的目的就是要使人理解。理解，在修辞学看来也是修辞性的一种体现，因为它体现了言说者诱发听众像其那样所思所想所行的一种意图。理查兹在其《修辞哲学》中将修辞学定义为对意义及误解的研究，表明修辞学最基本的使命是促进人际的理解，而理解是修辞者与听众在心灵上的交融。

任何人类的符号行为都承载着修辞动机，因为人是价值的动物。人的道德化意味着人具有价值取向，意味着人类的符号行为必定反映其价值。正如价值修辞学家韦弗（Richard Weaver）所指出的那样，语言是说教性的。哲学家哈贝马斯认为，任何语言都有认知、交往和表达这三个方面，发挥着呈现某种关于外部世界的事实、建立某种人际关系以及表达言说者某种主观意图三种不同的语用修辞学功能①，这与功能语言学家韩礼德（Halliday）的三大语言元功能——概念功能、人际功能、语篇功能——有不谋而合之处。语言，不管是什么体裁，不管为什么目的，都具有修辞性，都以种种形式影响听众。

有人说，修辞学是一种“寄生”性学科，这既有道理也没道理。说它有道理，是因为修辞学的研究对象——诱发合作的符号行为——必须属于某个领域、某个学科，从这点上看，它是寄生于其他学科的母体之中的；说它没有道理，是因为修辞学并非没有研究对象，只不过因为其研究对象是任何旨在影响人的符号使用的行为，故它广袤无边、飘忽不定。修辞学研究对象的“不确定性”，看似一个“缺陷”，实则为其优越性之体现，因为它使修辞学学科成为真正意义上的超级学科，一种具有高度跨学科性的学科，一种构造性的学科。当代修辞学的跨学科性在西方时髦的所谓“电影修辞学”、“科学修辞学”、“社会科学中的修辞学转向”、“经济

---

① 参见姚大志《现代之后》，东方出版社 2000 年版，第 431 页。

修辞学”、“医学修辞学”、“宗教修辞学”、“小说修辞学”、“认知修辞学”、“社会运动修辞学”、“意识形态修辞学”、“音乐修辞学”等众多话题中表现得淋漓尽致。本德和韦尔贝利（Bender & Wellbery）指出：“……修辞性并非局限于具体的机构类型……修辞性不允许一种自身不是修辞的解释性元话语。修辞学不再是某个教条和实践的名称，也不是文化记忆的一种形式，它变成了有点像我们存在的条件了。”① 一言以蔽之，修辞是人类赖以生存的行为，一切人类行为都是修辞性的，因此都是修辞学的研究对象。

（二）修辞过程生产知识：学科内部的诱发合作与知识生产

修辞学“跨”其他学科的第二个途径是知识建构，也即其他学科的知识是通过修辞过程才得以建构的。知识不是像发现一块石头那样被“发现”的，而是社会性符号的建构物。著名科学哲学家库恩（Thomas Kuhn）（1962）在其《科学革命的结构》中指出，科学知识的发展不是通过发现新的事实，而是通过社团成员的论辩。当科学家发现某个现象并根据某种阐释框架去解释它因而获得某种见解时，他必须将其展示给科学共同体成员，并说服他们接受其见解；只有当其见解被作为“真”而广为接受时，才成为“知识”——或者更准确地说——人们达成了某种“共识”。可见，知识的生成过程是人们对被认为是“真”的“信念”的证明过程，是修辞者劝说、影响他人，使其接受他的观点的修辞过程。

知识的修辞性生产过程始终伴随着充满主观意志的“范式”的影响。库恩认为，没有永恒的、绝对的共识，因为科学的发展道路表明，当一个范式发展到一定阶段后会出现危机，最终被新的范式所取代，科学知识如此螺旋式上升。但是，“一旦第一个观察自然的范式被找到”，就没有离开范式的研究。② 所谓“范式”，是指“被接受的模式”③，通俗地说，就是被大多数人接受的“意见”或“信念”，这种共同体的共享“信念”为其成员提供了一种把握研究对象的概念框架、一套理论和方法论信条、

① 转引自 David Fleming, “Rhetoric as a Course of Action,” *College English*, 1 (1998): 175 – 176.

② Thomas Kuhn, *The Structure of Scientific Revolution* (The University of Chicago Press, 1962), p. 23.

③ 库恩指出，那些把研究建立在共享范式上的人在科学实践中遵守相同的法则。这种对法则的遵守及其导致的共识是常规科学的先决条件，也是某一具体的研究传统产生和延续的前提条件。参见 Thomas S. Kuhn, *The Structure of Scientific Revolution*, p. 11.

一个可提供仿效的解题范例，也决定了其成员的某种形而上学的信念和价值标准。[①] 拒绝一个范式，同时又不用另一个范式去替代它，这是拒绝科学本身[②]。范式对科学家来说，就如语言对人一样。人一旦来到这个世上，就在这个语言的世界里生活，不可能逃离它。倘若发生范式变化，就意味着用另外的框架去审视事物。库恩的科学范式理论表明，人们所获的知识既是摒弃先前标准的信念或过程，同时也是用其他的东西替代先前范式中某些组成部分所造成的结果[③]，换言之，科学家在科学活动中始终受到某种范式的影响。

既然科学家不能摆脱范式，既然"范式"本身不是客观公正的，那么科学家根据某种范式获得的"知识"也不是客观的。一个范式一旦建立起来，就走进共同体的教材、讲座以及实验室里，而正是通过这些教材和讲座以及实验室操练，共同体成员学习他们的"行当"，可想而知，那种被大多数人接受的"意见"会以种种方式"引导"科学活动，包括"事实的收集"（fact-gathering activities）和论证，这样得出的"知识"不可能不带有修辞色彩，不可能是百分之百的客观。[④] 由于"范式"的影响，共同体成员论证某个观点或主张时，他选择的所谓"客观"证据，其实已经受其观点或主张的影响了，由此得出的结论或者"知识"只是与其意见一脉相承的"意见"。换言之，科学知识的生产始终浸染了修辞色彩。

（三）修辞学引入其他学科的理论、知识或方法：修辞学理论与方法的多元性

修辞学与其他学科之"跨"的第三个途径是引入其他学科的理论、知识或方法。修辞学，因为是探究诱发合作行为的学科，故必须涉及这样一系列问题：修辞者如何针对听众去寻求可说服的手段？为什么人要去说服他人？人的本质特征是什么？为什么人是可说服的？如何知道听众被说服了？如果听众的态度发生了变化，有什么可证明这种变化是因话语所致？这种影响是否可以测量得到？如何解释这种变化发生的原因？对于这样一连串的问题，人们不得不运用社会学、人类学、心理学、哲学、语言学、伦理学、统计学等学科知识和方法去寻求合理的解释。从更高的概括

① 冯契、徐孝通：《外国哲学大辞典》，上海辞书出版社 2000 年版，第 483 页。

② Thomas S. Kuhn, *The Structure of Scientific Revolution*, p. 79.

③ Ibid., p. 66.

④ Ibid., pp. 43, 47.

层次上说，修辞学必须使用哲学理论来解释、概括人类使用符号去诱发合作的行为。

修辞是影响人的符号/象征行为。作为一门学问，修辞学为了更有效地阐释人类的符号行为，就必须不拘一格地借鉴、吸收、融合各种可以利用的理论资源和方法资源去建构本学科的理论和方法，证明或提高其理论体系的解释力和有效性，否则就不能满足社会发展的需要，不能有效地服务人类。这一点在20世纪科技的突飞猛进和社会的巨大变革背景下表现得尤为明显。比如，西方修辞学领域的戏剧主义修辞学和实用论辩模式的创立就是两个典型例子。所谓戏剧主义修辞学，是指伯克创立的、把修辞学根基于将人视为修辞动物（man as rhetorical animal），将语言视为戏剧（language as drama）的哲学观基础上的修辞学理论。伯克认为，要解决社会弊端，一个关键的问题是人的行为动机。如果知道人们的行为动机，知道人们的修辞运作，就能更好地处理人际关系，社会也就会因此更加和谐，生活也就会更加幸福美满。[①] 为了这个目标，伯克孜孜不倦地寻求对人类行为分析的系统方法——戏剧主义方法。伯克在继承传统修辞学之核心的基础上汲取社会学、人类学、哲学、符号学、心理学等学科的思想，建构了戏剧主义的修辞学体系，不仅阐释人的符号/象征行为的动机，也阐释了符号行为的修辞运作原理，为人类获得普遍的“同一”与和谐做出了突出的贡献。

图尔明的论辩修辞理论也是在汲取其他学科，尤其是逻辑学、哲学、论辩学的营养之基础上建构起来的。早在剑桥大学求学时，受哲学家维特根斯坦的影响，图尔明就开始对哲学的理性进行研究。他一直思考这样一个问题：逻辑在形式化方向上能走多远而仍然不失其评价实际论辩问题的能力？作为一个哲学家，他的本来目的并非试图创立一种论辩的修辞模式，也并非要复兴修辞学，而是质疑、考问哲学界过度依靠形式逻辑并将之视为论辩的唯一仲裁的做法，抨击哲学推理依靠所谓理想的、绝对的东西。[②] 长期以来，逻辑学一直朝着背离具体领域的论辩

① 参见拙著《修辞理论与修辞哲学——关于修辞学泰斗肯尼思·伯克的研究》第五、七章。

② Lisa L. Hill, “Stephen Toulmin,” in Michael G. Moran & Michelle Ballif (eds.), *Twenty-century Rhetorics and Rhetoricians: Critical Studies and Resources*, pp. 331-333.

及其评价，往一种抽象化、形式化、数学化、纯理论化的方向发展①，对这样的倾向，图尔明十分不满，因为在论辩中，领域决定了领域里的主张被支持的方式，证据的标准是随领域的变化而变化的。在图尔明看来，逻辑关注的不是人们的推理方式，其主要任务应该是一种回顾性的（retrospective）、起辩护作用的（justificatory），也就是说，尔后提出的论题能够证明所得出的结论是可接受的、站得住脚的。② 据此，图尔明打破了哲学与修辞学的隔阂，从修辞学的角度审视哲学中的形式逻辑问题，在具体语境下考察论辩及其理性，最终建构了一种适用于日常论辩的“逻辑”或者模式，并很快以一种论辩修辞形式、一种语篇发展的修辞模式而被修辞学研究者广泛接受和应用，成为20世纪“新修辞学”最重要的分支理论之一。

可以毫不夸张地说，跨学科的理论与研究方法在修辞学研究中已经是“家常便饭”，尤其是社会学、统计学、心理学的方法更是在修辞学研究中大显身手。譬如，以20世纪早期行为主义心理学者为领头羊的学者们所发展起来的人类行为研究的科学方法（包括定量研究法），以及社会心理学的理论，尤其是对态度变化的研究成果，往往成为修辞学者评价与阐释修辞行为的有用工具。众所周知，动机问题是修辞学中的一个重要课题，对人类行为的归因与阐释是修辞研究的重要内容。修辞学研究者在阐释人类行为动机时青睐马斯洛的需要层次理论（hierarchy of needs）以及罗克奇的价值观序列理论（theory of value sequence）③，而在阐释态度变化的运作方面则广泛运用诸如认知协调理论（cognitive congruity theory）、信息集合理论（information integration theory）等其他学科的理论。④ 尽管这些理论存在着种种不足，但毕竟对修辞行为有一定的解释力。

就传统修辞学的三种诉诸（人格诉诸、理性诉诸和情感诉诸）来说，修辞学者为了阐释和验证它们的发生机制和效果，进行了大量的实证研

① Stephen Toulmin, *The Uses of Argument* (Cambridge: Cambridge University Press, 1958), p. 2.

② Ibid., p. 6.

③ 罗克奇（Milton Rokeach）认为，人的行为主要受其保持正面形象的愿望所驱动，因此，价值与人的行为息息相关，是价值观引起了人的行为。价值分为终极价值和工具价值（参见 Sarah Trenholm, *Human Communication Theory*, Prentice-Hall, 1986, pp. 124-129）。

④ 态度的变化蕴含在修辞学的核心词语“劝说”之中，劝说意味着态度的某种变化，如产生、加强或者改变。所以，对态度变化的考察与分析是修辞学研究的重要内容。

究，譬如，麦格罗斯凯和邓纳姆（McCroskey & Dunham）就使用认知协调理论和统计学方法对人格诉诸进行了实证研究。[①] 安德森和克莱文杰（Andersen & Clevenger）比较详细地概述了不少使用心理学、社会学、教育学等学科理论和方法的相关探讨。[②]

从修辞论辩的过程来看，作为修辞者的论辩者为了证明其观点和主张，往往旁征博引，不仅使用修辞学理论，而且也运用其他学科的资源，体现了两千多年前亚里士多德所说的运用“一切可获得的手段”为其劝说听众服务的真谛。以美国总统竞选演讲为例。为了劝说广大民众投票，竞选人会组织竞选班子为其起草竞选演讲做足“功课”，包括使用各种形式的问卷调查、统计等科学方法以获得有关听众的态度、需要、情感等方面的信息，从而确定和选择“可获得的劝说手段”。在当今的机构修辞（institutional rhetoric）中[③]，跨学科理论与方法的运用已经司空见惯。

第八节　结语

修辞是使用符号手段诱发合作或影响人的行为，修辞与人同在，修辞性是人的基本特征。修辞学是关于使用符号手段，尤其是语言手段去说服或影响人的学科，是人类最古老的学科之一。在其曲折的悠久历史中，它曾经饱受非议，有时被等同于“诡辩术”，有时又被等同于一堆机械的辞格，也有时被视为枯燥的作文法。随着新修辞学在20世纪的兴起，修辞被赋予了新的丰富内涵，修辞学也因此成了一门超级学科，一门浸入其他学科血脉之中但不易被意识到的学科。20世纪发生的修辞学转向，如一阵春风吹进了人们的心田，唤醒了人们心底的修辞意识。人是修辞的动物，修辞是人赖以生存的方式。

---

① J. C. McCroskey & R. E. Dunham, “Ethos: A Confounding Element in Communication Research,” *Speech Monographs*, 32 (1966): 456-463.

② 参见K. Anderson & T. Clevenger, “A Summary of Experimental Research in Ethos,” *Speech Monographs*, 30 (1963): 59-78.

③ 本书所说的“机构修辞”，是指某个集体、机构、组织，大至一个国家，小至一个公司，运用符号手段尤其是语言与外界互动的行为，包括建构自己的形象或推销自己的产品或服务并影响听众等的修辞行为。传统上，修辞学往往聚焦个体的言说者，很少关注集体或机构的修辞行为，但如今集体/机构/组织的行为已经成为修辞学的一个重要研究领域。这也是修辞学转向的一个重要表现。

第二章　修辞批评:定义、历史与一般方法

第一节　“批评”的概念

西方古典修辞学的奠基人亚里士多德认为，所有的人本质上是求知的。无独有偶，当代修辞学的两位著名修辞学家也对人进行了高度的哲学概括：伯克认为，人本质上是修辞的动物；费希尔（Walter Fisher）认为，人本质上是讲故事的人。这些至理名言从不同的角度揭示了人对外界的批评性之本质特征。

就批评来说，人本质上是批评家（Men are, by nature, critics）。不管有意无意，人对其周围的事物都会进行批评。“这部电影好看，那部不好看”，这是在进行批评；“这篇文章表明作者试图……因为他……”这也是批评；“这栋房子体现了我国传统建筑风格”，这也是一种批评；“我要这本书，不要那本”，这种选择也蕴含了批评。由此看来，对于“批评”，人们并不陌生；其实，人们每天都在进行批评，只不过形式不同罢了。

“批评”通常与“找碴儿、找毛病”，与“尖锐、刻薄、负面的评论”相联系。但在修辞批评里，所谓“批评”，并不是一种贬义的概念，如“因为某人行为不端而受到‘批评’”，而是与“评价”、“判断”几乎同义的术语。哲学家杜威曾说：“批评……不是找错误，不是指出坏的东西予以纠正。批评是在价值区别过程当中作评判。”[①] 作为阐释和评价的过程，批评最终并非只是为了宣称观点，“批评的冲动不以摧毁为目的，而是以建立理解为目标”[②]。著名修辞学家埃德温·布莱克（Edwin Black）

---

① 转引自 James R. Andrews, *The Practice of Rhetorical Criticism* (Macmillan Publishing Company, 1983), p. 7.

② Ibid., p. 4.

在其《修辞批评：方法研究》（*Rhetorical Criticism*：*A Study in Method*）也指出，批评家的职责是清楚地观察事物，并将观察到的东西记录下来对其进行公正地评判[①]，可见，在修辞批评里，"批评"是一种对事物的观察和评价的行为。这里所说的"事物"当然是修辞产品或行为，因此，"批评是一门学科，其目的是通过对人的行为和产品进行观察和评价，以期理解人本身"[②]。

第二节　修辞批评的含义及历史

一　修辞批评的含义

"修辞批评"，顾名思义，是对修辞话语的批评。所谓"修辞话语"，根据上一章对修辞学的阐释，是指旨在劝说或影响他人的话语。"劝说性"并不意味着话语真正劝说成功，而是指话语具有劝说的意愿、目的。所以，布莱克将"修辞话语"定义为"旨在影响人的口头或书写的话语，该话语是否实际上影响了人，并不影响它为修辞性话语"[③]。"不管什么情况，修辞话语是具有目的的话语，其目的是从听众那里得到回应。"[④]

说到修辞批评，人们很自然会联想到文学批评。其实，修辞批评与文学批评存在着一些差异。从视角上看，修辞批评是从修辞学的角度，用修辞学的词汇对修辞话语进行的批评，文学批评则从文学的角度，用文学理论的词汇对文学作品进行的批评；从对象上看，尽管修辞批评也可对文学作品如小说、戏剧、电影等进行批评，但它更侧重对具有现实目的的话语进行批评，并聚焦其修辞运作机制，因此与社会现实联系得更紧密，而文学批评的对象主要是文学作品，且多聚焦其内部运作。从批评的目的上看，修辞批评是要揭示修辞者如何使用话语或其他符号去影响听众，提高人们对话语劝说的影响的理解，而文学批评则要揭示文学作品的"永恒的美"。修辞学家试图影响生活，而诗人则旨在描绘生活；修辞是以听众

---

① Edwin Black, *Rhetorical Criticism*: *A Study in Method* (New York: Macmillan Company, 1965/1978), pp. 4-5.

② Ibid., p. 9.

③ Ibid., p. 15.

④ James R. Andrews, *The Practice of Rhetorical Criticism*, p. 7.

为中心的（audience-centered），诗学是以主题为中心的（subject-centered），修辞者针对的是理解、信念和行为，而诗人针对的是对思想和精神的激发。[①] 以上各家对修辞批评与文学批评的界定，基本上抓住了问题的实质。由于学科之间的交叉影响，修辞批评与文学批评也并非井水不犯河水，而是经常呈现理论、视角和方法上的相互借鉴。譬如叙事理论及女性主义理论不仅用于文学批评，也常用于修辞批评，只不过描写的词汇和侧重点不同而已。

“修辞批评是对社会生活本身的批评”[②]，其功能是显而易见的。修辞批评首先具有阐释事件、情景及言说者的功能。[③] 批评者通过对修辞行为的考察，解释为什么在某个情景下会发生那种事，为什么修辞者实施那样的修辞行为。其次，修辞批评具有帮助人们理解当代事件的功能，拓展人们的研究领域，因为批评者需要评估修辞行为的目的及其技巧。此外，修辞批评不仅有助于修辞理论的发展和完善，有助于修辞学元知识的形成，而且有助于人们了解修辞的运作，提高修辞的效果，增强人们的修辞敏感性。总而言之，修辞批评是对旨在劝说/影响人的语言或符号的分析与评论。

二 修辞批评的历史

对主要通过语言符号去影响人的行为的批评，几个世纪以来时有学者关注，但作为修辞学学科的一个分支，修辞批评的兴起还是 20 世纪 20 年代的事情。在 20 世纪 20 年代初，就有美国学者霍伊特 · H. 哈德森（Hoyt H. Hudson）对修辞批评者的任务提出了建议，认为批评者应关注听众、诉诸方式、动机、情感、言说者的个性特征及其名声，如果言说的劝说有效果的话，即言说者的语言风格、言说时的体态也是要考虑的重要因素。[④] 他还区分了修辞与诗学，认为修辞者关注的是话语影响听众，而诗人关注的则是话语产生的愉悦，不过他只将演讲及书写的或口头的劝说性话语视为修辞产品。哈德森的文章反映了当时以美或修辞的文学价值为

① G. P. Mohrmann et al., *Explorations in Rhetorical Criticism*, p. 8.

② Roderick P. Hart, & M. D. Suzanne, *Modern Rhetorical Criticism*, 3rd ed. (Boston: Pearson Education, 2005), p. 25.

③ James R. Andrew, *The Practice of Rhetorical Criticism*, pp. 9-13.

④ G. P. Mohrmann et al., *Explorations in Rhetorical Criticism*, p. 2.

导向的批评向以关注效果评估为导向的一种转向。

1925 年，著名修辞学家赫伯特·威切恩斯（Herbert A. Wichelns）发表了《演讲的文学批评》，为修辞批评定下了基调，指明了方向，开创了修辞批评作为修辞学学科的分支，成为 20 世纪修辞及公众演讲研究中最重要的文章。[①] 该文界定了文学批评和修辞批评，详尽阐释了修辞批评的基本原理和方法，标志着修辞批评传统范式阶段的开始。其实，威切恩斯也是在总结前人的研究成果基础上建构修辞批评的理论与方法的，可谓当时该领域里之集大成者。在回顾前一个世纪的批评研究后，他得出结论：所有优秀批评者都认为演讲既是艺术也是创造历史的力量，有时还是文学的一个分支，并且认为对文体风格的研究与其说是为其本身，倒不如说是为了考察其在特定修辞情景下的效果。这个发现表明了这样一个倾向：人们越来越关注演讲对社会所产生的影响，即是说，批评者们已经逐渐将目光从文学审美角度转向从修辞学角度考察演讲，从审美价值转向实际影响。所以威切恩斯认为，修辞批评不是聚焦修辞话语的永恒美，而是关注效果。根据这种认识，演讲是对特定听众的交际活动，因此对它的批评就应该是对演讲者向听众传递信息的方法的分析和评价。[②] 威切恩斯对修辞批评的主要贡献是明确提出修辞批评者在对言说者及其话语进行批评时需要考察的问题，比如，言说者的个性特征及其在公众中的形象，听众，言说者的主要思想、动机、话题、论据、话语的组织结构、言语表达方法、发表、语体风格以及话语对听众及时代的影响，等等。若将上述要讨论的方面与传统修辞学做对照，人们不难发现，威切恩斯所勾勒出的修辞批评是一种以传统修辞学理论为指导的批评模式，或曰“新亚里士多德修辞批评”。

所以，在传统批评范式里，修辞批评者以亚里士多德修辞学理论为基石、以传统的“五艺”为程序蓝本进行批评，其对象主要是个人发表的政治演讲，也就是说，那些政治名人为了政治需要而进行的公众演说。在威切恩斯创立修辞批评学说后的 10 年里，修辞批评文章像雨后春笋一样

---

① 该文载 A. M. Drummond & Hunt Evert (eds.), *Studies in Rhetoric and Public Speaking in Honor of James A. Winans* (New York: The Century Co., 1925). 参见 G. P. Mohrmann et al., *Explorations in Rhetorical Criticism*, 1973, p. 3.

② G. P. Mohrmann, et al. (ed.), *Explorations in Rhetorical Criticism*, p. 5.

冒出来，总数达120多篇。[①]

威切恩斯开创的传统修辞批评范式一统天下达40余年，尽管在四五十年代有不少修辞批评文章问世，但理论上却无多大进展，选材和方法也比较僵化。威切恩斯所勾画的批评模式仍然是批评家们遵循的金科玉律。正如霍勒斯·G. 拉斯科普夫（Horace G. Rahskopf）所说："修辞批评因此要问言说者在特定的听众那里引起了怎样的反应，在多大程度上这样的反应是其希望的。"[②] 修辞批评者应该研究言说者使用什么方法，为什么使用这样的方法，如何使用这样的方式以及这样的方法对言说的影响有多大。拉斯科普夫这里所说的基本上仍然是威切恩斯的模式。

不过，在40年代，也就是威切恩斯具有里程碑意义的文章发表将近20年后，已经出现了一些要求对修辞批评方法论进行改革的呼声。1943年，《美国公众演讲的历史与批评》出版，编者将其定调为"研究美国公众演讲对历史进程的影响"，认为并非只有一种批评模式，也不是只有哪种批评模式好，因为"最好的学者并非都坚持相同的批评理念，有的人喜欢用亚里士多德模式，有的则喜欢在亚里士多德模式基础上发挥，有的甚至另辟蹊径"[③]。不过，该书收入的文章在批评方法上大多没有什么突破，批评者们主要使用古典修辞学的理论。

对当下修辞批评实践中方法古板单一的现象，有学者言辞犀利地指出，将亚里士多德那套东西像教条一样用于当代的话语批评不很妥当，修辞批评者"主要的、不可推卸的责任是阐释、赞扬、评价；指出言说者哪里出了纰漏，哪里抓住了要害；有时候当有人鼓掌称赞时，修辞批评者要谨慎地说出意见来，而当其他人不予理会时，他要大加赞赏"[④]。1954年，有人对修辞批评聚焦效果的做法提出了批评，认为修辞批评不应该把目光投向对演讲效果的评价上，除非其效果能够帮助我们判断演讲本身的质量，修辞严格地说并不关注演说的效果，而是关注其质量，而这种质量可以不通过实际效果来确定。[⑤]

美国的社会政治形势与修辞批评的发展息息相关。关于修辞批评的对

---

① G. P. Mohrmann et al., *Explorations in Rhetorical Criticism*, p. 6.

② Ibid., p. 7.

③ Ibid.

④ Ibid., p. 9.

⑤ Ibid., p. 11.

象与方法的讨论一直存在。20世纪20年代初，就有人提出修辞批评要关注社会运动。比如，克兰德尔（Crandell）在其1947年的论文《公众演讲领域社会控制研究的方法论之开始》中指出，传统的修辞批评方法，即以传统修辞学理论，尤其是亚里士多德修辞理论为蓝本的批评方法，不适应对多个演讲者、多个不同演讲的批评，因此他勾画了一套问题框架，据称能适合所有种类的劝说性话语，包括新闻报道、宣传单、歌曲等。① 但是，对社会运动各种话语的修辞批评，真正始于著名修辞学家利兰·格里芬（Leland M. Griffin）发表的题为《社会运动的修辞学》（The Rhetoric of Social Movement）的文章之后。② 格里芬指出，批评家也可以对多个修辞者、多个演讲、多种听/读者、多种场合进行评论。1958年，他发表了姊妹篇《反泥水运动的修辞结构》（The Rhetorical Structure of the Anti-masonic Movement），使社会运动批评走向成熟。③ 著名修辞学家赫伯特·W. 西蒙斯（Herbert W. Simons）认为，社会运动批评应该以理论为基础，于是根据社会学原理提出了一个所谓"领导者中心"（Leader-centered）的批评模式，大大地促进了社会运动修辞批评的研究。20世纪六七十年代，美国大学里诸如抗议等的学生运动风起云涌，为社会运动修辞批评提供了丰富的素材，更加激发了社会运动修辞批评研究。

就在社会运动修辞批评走上修辞批评舞台的时候，修辞学领域出现了20世纪最重要的两部理论著作，那就是美国修辞学泰斗肯尼思·伯克的《动机语法》和《动机修辞学》。④ 1952年，修辞学家玛丽·奥库穆思（Marie Hocumuth）开始介绍伯克的修辞思想，有关伯克理论在修辞批评实践中运用的文章随之在美国修辞学重要期刊《言语季刊》和其他杂志或论文集中陆续出现，促进了戏剧主义批评范式的兴起。

戏剧主义修辞批评范式主要以伯克语言戏剧性理论为基础，其核心思想是：语言是象征行为，语言和社会现实之间有惊人的戏剧性。所谓象征

---

① Judson Crandell, "The Beginning of a Methology for Social Control Studies in Public Address," *Quarterly Journal of Speech*, 78 (1947): 36-39.

② Leland M. Griffin, "The Rhetoric of Social Movement," *Quarterly Journal of Speech* , 38 (1952): 184-188.

③ 参见 Martin J. Medhurst, ed. , *Landmark Essays on American Public Address* (Anaheim, California: Hermagoras Press, 1993), pp. xxiv-xxv.

④ 1941年，伯克曾发表文章"The Rhetoric of Hitler's Battle," *The Southern Review*, 5 (1935): 1-21，这是修辞批评领域早期的著名文章。

行动，是指符号化过程中所实施的行动，戏剧主义的体系可以用五个要素来体现，俗称戏剧主义“五位一体”，这是1955—1965年10年中“最完整的体系”[①]。1971年，戴维·林（David Ling）运用伯克理论对美国参议员肯尼迪的一篇讲话进行了戏剧主义批评，成为修辞批评领域的经典之作，影响深远。

1965年，威切恩斯指导的博士生布莱克出版了修辞批评史上具有里程碑意义的专著《修辞批评：方法研究》。布莱克分析了当时修辞批评理论与方法的一些弊端，并提出了自己的真知灼见，为后期的修辞批评理论与方法论的探讨起到了有力的推动作用。[②] 可以说，该著标志着传统修辞批评范式的衰弱和多元修辞批评范式共存的繁荣时代的开始。

布莱克的著作发表后，坚持修辞批评多元化的观点已深入人心。比如马克·S. 克林（Mark S. Klyn）于1968年指出：

> 修辞批评……只意味着对修辞产品——或从形式上来说根本不是“修辞”但却可以从这个角度上加以清晰地阐释的产品——的一种知性的写作（intelligent writing），不管使用什么方法，只要批评者可以驾驭就行。修辞批评并不意味着一种规定性的写作方式、一种判断类别的结构，甚至也不意味着判断评判的必要。[③]

叙事修辞学家沃尔特·费希尔（Walter Fisher）也反对传统上那种不管什么修辞情景都使用单一标准的批评模式。罗伯特·P. 沃兰特（Robert P. Warrant）同样也指出：“没有一种单一的、正确的修辞批评方法，没有完全的修辞批评，只有不同的批评视角，如果这些方法有效的话，也只是给人不同的洞察而已。”[④] 对修辞批评方法多元化的呼声也伴随着对修辞批评目的的多元化主张，促使修辞批评进一步向多元化发展。

进入70年代后，美国修辞批评的多元化突出地表现在批评研究的跨学科性上。修辞批评学者不仅较以往更加关注当代修辞学理论，更加关注多个修辞者（或群体修辞者），批评的对象更加多样化，批评的方法也更

---

① G. P. Mohrmann et al. (ed.), *Explorations in Rhetorical Criticism*, p. 17.

② 参见 Martin J. Medhurst (ed.), *Landmark Essays on Public Address*, pp. xxxiii, 205.

③ 转引自 G. P. Mohrmann et al., *Explorations in Rhetorical Criticism*, p. 23.

④ Ibid.

加开放，比如心理修辞批评、社会运动修辞批评就是多元化的结果。与此同时，修辞批评也汲取了行为科学、社会科学、文化研究等学科领域的理论和方法。1970 年，全美修辞发展大会取得这样的共识：修辞批评可以运用于任何人类的行为、过程、产品，因为它们都可以导致态度的形成、加强或改变。这样的看法远远超越了以往任何传统修辞学范围，使得修辞批评的对象也越来越广，以致非语言现象也纳入了修辞批评范围之中。之后，修辞批评因此也从演讲转向了交际（或传播），最终的可喜局面是百花齐放、百家争鸣的繁荣景象。①

从总的发展来看，修辞批评经历了由传统范式即所谓的新亚里士多德范式一统天下的阶段到多元范式共存的阶段。在多元范式共存阶段，心理修辞批评、戏剧主义批评、社会运动修辞批评产生较早，隐喻修辞批评、意识形态批评等产生较晚。② 多元范式共存的修辞批评阶段有几个显著的特点。第一，多种理论争奇斗艳。修辞批评者往往根据某种理论或从某一角度对修辞现象进行评论。自从 20 世纪五六十年代以来，美国修辞学领域接二连三地涌现出了影响深远的众多修辞学理论，为修辞批评创造了理论基础。第二，批评对象宽广。与传统批评范式不同，多元范式共存阶段的批评已延伸到非语言的修辞现象，几乎涵盖所有人类行为，甚至涉及美术作品、迪斯尼主题公园等。第三，批评的跨学科性，主要表现在两个方面：首先，修辞批评所依靠的理论大多是跨学科性的；其次，由于西方的修辞学转向和泛修辞化倾向，其他学科也视修辞学为认识世界的工具，并且一切人类行为被赋予了修辞的色彩，所以出现了修辞学与其他学科相交织的状况。修辞批评的跨学科是必然的结果。

---

① 参见 Carl R. Burghcardt (ed.), *Readings in Rhetorical Criticism* (State College, Penn.: Strata Publishing Company, 1995); Roderick P. Hart, *Modern Rhetorical Criticism* (Needham Heights, Massachusetts: Allyn & Bacon, 1997); Bernard L. Brock et al., *Methods of Rhetorical Criticism: A Twenty-Century Perspective* (Detroit: Wayne State University Press, 1990).

② 在修辞批评范式的分类上，学者们大多对戏剧主义修辞批评的分类意见比较一致，将伯克的“五位一体”修辞批评、幻想主题修辞批评和叙事修辞批评划为戏剧主义修辞批评一类，但对女性主义修辞批评、体裁修辞批评及意识形态修辞批评的分类分歧比较大，有的学者，如 Bernard L. Brock et al.（1990）将女性主义修辞批评、体裁修辞批评、社会运动修辞批评划为社会学批评一类，而 Karyn Rybacki & Donald Rybacki（1991）将心理修辞批评、女性主义修辞批评、社会运动修辞批评、意识形态修辞批评划分为文化修辞批评一类。

第三节 修辞批评涉及的几个基本要素

如前文所述，修辞旨在影响人的行为，因此，对修辞行为的分析与评论必须涉及修辞者、听众或读者、修辞行为尤其是修辞话语。此外，修辞批评还必须涉及修辞场合，因为任何人类行为都是在一定的修辞场合之中发生的。

首先，修辞批评者需要考察修辞者。在对单一修辞者的修辞行为的批评中，修辞者当然是一个人，此时，对修辞者的考察涉及这样一些重要问题：修辞者的个性特征、心理状态、价值观念、信仰、态度、需要、修辞动机，等等。在多个修辞者或群体修辞者中，修辞者可能是一群人、一个团体、一个机构、一个阶级、一个党派、一个组织甚至一个国家。比如，在国际交往中，修辞者可能是一个国家，其代言人是国家领导人或对外机构的发言人，换言之，虽然修辞者是某个人，但他代表了一个国家，是国家授权其对外进行修辞活动的。又如在 2011 年美国“占领华尔街”运动中，修辞者是那些占领华尔街的人，这是群体修辞者，当然这个群体修辞者有其领导者或者代言人，他的行为代表了群体利益，即“占领华尔街”运动参与者的利益。又如在广告修辞中，修辞者是广告者，而广告者可能是一个设计者，也可能是共同合作设计广告的几个人，其修辞行为操纵在某个厂商或机构手中。在修辞批评中，对修辞者的分析是修辞批评的起点。修辞者之所以实施修辞行为，是因为他认为现状与期待有差距，因此希望改变它。

修辞是针对他者的行为，因此，修辞批评必须考察听众/读者。就像修辞者那样，听众或读者也可能是多样的，甚至比修辞者更加复杂。在一对一的修辞互动中，听众是显而易见的。但有时候听众很复杂：有时修辞者有主要的听众（primary audience）和次要的听众（secondary audience），即是说，修辞者最主要的目的是影响某些人，其次是其他的人；有时听众不仅包括外国人，还包括本国人；有时修辞者的听众不是特定的某个或某些人，而是心目中假想的对象，相当于文学创作中的假想或隐含读者。比如，在海湾战争中，伊拉克总统萨达姆发表电视讲话，其听众非常复杂：直接的听众当然是伊拉克民众，尤其是那些收看电视的伊拉克民众，但也包括那些收看或间接听说演讲的其他国家的人，如萨达姆称为的“阿拉伯兄弟”国家的民众，甚至还有伊拉克的死对头美国及以色列的民众。总之，对听众的分析，是至关重要的一个方面，因为正如著名修辞学者威沃利斯所说：“所有交际的语言都是来源于并针对听众的。”[①] 关于修辞听众的一个潜在的基本假定是他具备被改变的可能性。

修辞批评所涉及的另一个核心要素是修辞行为，尤其是语言行为（或曰话语）。在修辞批评历史的早期，批评的对象是演讲，但在当代修辞批评多元化的批评实践中，所谓的修辞话语，不仅包括公众演讲、劝说性的书写语篇等语言符号形式，也包括诸如影视、图画、音乐、建筑、服装、静坐、手势等承载人类意志的非语言形式。在后现代，一切浸染人类价值的事物都可贴上“话语”的标签，从而被修辞批评家所探究。凡是旨在影响人的行为，不管是语言的还是非语言的，都可以纳入修辞批评范围。著名修辞学家考尔林·科尔斯·坎布尔（Karlyn Kohrs Campbell）认为，修辞话语具有以下几个特征：具有思想内容、旨在解决问题、面向公众、具有现实性、具有诗性。[②] 所谓“具有思想”，是指话语表达了思想，其组织安排的目的是证明结论；所谓“解决问题”，是指改变与理想状态不符的实际情况；所谓“面向公众”，是指话语针对他人，尽管有些重要的修辞话语可能是针对自己的，即那种沉思中的话语或自我劝说的话语，但绝大多数的修辞话语是针对他者的；所谓“具有现实性”，是指话语试图改变人的态度或行为，修辞不仅是为了表述思想，更重要的是要改变或影响人的态度或行为，这个特征与问题解决的特征是一致的；所谓“具有诗性”，与传统的雄辩（eloquence）的概念相似，是指话语具有审美的价值和情感价值，展示了某种习惯性的特征。若把修辞话语从单纯的语言形式扩展到一切符号行为，那么修辞批评的对象即修辞话语一般是指任何具有上述特征的符号/象征行为，有时甚至包括自言自语，因为自言自语可能是自我劝说或无声推理。

任何修辞行为都是在某一个特定的情形下发生的，正如著名修辞学家、修辞情景论创立者劳埃德·比彻尔所说，修辞（行为）是对修辞情

---

① 引自 Thomas Willard & Stuart C. Brown, “The One and the Many: A Brief History of the Distinction,” In Gesa Kirsch & Duane H. Roen (eds.), *A Sense of Audience in Written Communication* (Sage Publications, 1990), p. 46.

② Karlyn Kohrs Campbell, *Critiques of Contemporary Rhetoric* (Wadsworth, California: Wadsworth Publishing Company, 1972), pp. 2-4.

景的应对，从这个角度上看，修辞行为是修辞情景所“呼唤”出来的。[①] 因此，对修辞批评家来说，对修辞行为的分析与评论必须以修辞情景为参照。在语言学领域，一个与“修辞情景”相似的术语是“语境”（context of situation），对“语境”的认识早已有之，可以追溯到19世纪80年代[②]；在20世纪，著名语言学家马琳诺夫斯基（Malinowski），弗斯（J. R. Firth），韩礼德以及海姆斯（Dell Hymes）也先后对“情景”进行过论述。语言学中的“语境”或曰“情景”，概括起来大致包括言语交际者（说者/作者及听者/读者）、媒介、目的、话题、场景。在修辞学领域，迄今对“情景”进行最权威、最系统阐释的学者是比彻尔，他（1968）将修辞行为发生的“情景”定义为“修辞情景”（rhetorical situation），这是由人、事件、物体和关系组成的复合体（complex）。[③] 至于修辞情景的具体要素，不同的人具有不同的看法。不管采用语言学中流行的概念还是修辞学领域流行的概念即比彻尔的修辞情景概念，一个要坚持的基本理念是：对修辞行为的分析与评论必须联系其产生的修辞情景；没有修辞情景就没有修辞行为。根据哈特和多顿（Hart & Daughton）的观点，修辞情景具有以下特征[④]：（1）修辞情景反映了权力（index of power）。这是说，修辞者对听众的选择意味着听众具有某种权力或力量，否则修辞者不会针对其实施修辞行为。（2）修辞情景反映了自我需要（ego needs）。这是说，修辞者对修辞场景的选择有助于其满足自己形象的需要。（3）修辞情景反映了社会阻碍。这是说，在修辞者实现其理想的状态过程中出现了阻力，因此需要修辞者就此进行修辞干预。（4）修辞情景不仅显示了修辞者需要优先解决的问题，也显示了听众需要优先考虑的问题。这是说，在一定的情景下修辞者实施修辞行为，表明修辞者亟待解决什么问题。（5）修辞情景显示出修辞者与听众的关系。这是说，修辞者之所以对听众实施修辞行为，是因为修辞者心里清楚听众必须接受修辞行为（即愿意倾听修辞者的话语），否则现实状况就不能如修辞者所愿得到改变。换言之，

---

① 关于比彻尔的修辞情景定义，见其文章“The Rhetorical Situation,” *Philosophy and Rhetoric*, 1（1968）：1-14.

② Michael Halliday, *Language as a Social Semiotic*（London：Edward Arnold, 1978）, p. 109.

③ 关于比彻尔的修辞情景的含义，后文还有详细论述。

④ Hart & Daughton 原文使用了“speech situation”而不是“rhetorical situation”，一方面可能是因为作者主要关注演讲的修辞批评，另一方面可能是因为在美国凡是演讲都被认为是修辞，“speech”几乎与“rhetoric”等义。

修辞者与听众之间具有某种合作关系。① 这些修辞情景的特征为修辞批评提供了有益的参考。

第四节　修辞批评的标准

修辞批评是对修辞话语的分析与评论，因此它是一种基于修辞话语的客观存在的主观性行为。由于修辞批评的对象及目的因人而异，修辞批评的标准也不尽相同，以下标准可供参考。②

首先是效果标准，这是一个传统的实用主义修辞批评标准。即是说，评判修辞行为的一个标准是看它是否具有劝说听众的效果。修辞不是为了修辞而修辞，而是为了实现某种特定的目的，因此，修辞批评必须考虑这些问题：修辞行为的目的是什么？人们是否如修辞者所期望的那样对修辞行为做出反应？但是，效果标准并不总是可行，有时也并非切合实际，因为修辞并非意味着成功说服、影响他人，况且对修辞行为对听众的实际影响的测量有时难以做到。再者，人的行为的态度或行为的改变是受非常复杂因素影响的。就拿古典修辞学来说，修辞强调的是在特定修辞情景下寻求可说服、影响他人的手段，而非对他人真正的说服或影响的效果。基于这个考虑，效果的标准是一个可选项，其实施视具体情况而定。

其次是艺术性标准，即是说评论修辞行为可以看其是否雄辩，用坎布尔（Campbell）的话说，看其是否具有诗性。③ 倘若以修辞理论为参照，那么修辞行为的艺术性可以根据它是否使用了修辞理论所论及的手段或技巧及其使用的程度如何。修辞批评者需要问：修辞者的语言或符号行为是否比较特殊？在哪些方面具有特色？是否给人丰富的想象？

最后是伦理性标准。这个标准是修辞学以外的参考。由于修辞本身是中性的，但修辞者却可能抱有友善或邪恶的目的，因此修辞的目的是正面的还是负面的，是一个非常重要的评论标准。从修辞批评的实践来看，不少批评者倾向于把伦理性作为评判修辞话语的一个标准。修辞批评者需要考察：修辞行为是否崇尚某种善或公众美德？修辞者是否在影响听众的过

① Roderick P. Hart & M. D. Suzanne, *Modern Rhetorical Criticism*, pp. 43-44.

② 参见 Bernard L. Brock, *Methods of Rhetorical Criticism—A Twentieth-Century Perspective*, pp. 17-19; Roderick P. Hart & Suzanne M. Daughton, *Modern Rhetorical Criticism*, p. 34.

③ Kanlyn Kohrs Campbell, *Critiques of Contemporary Rhetoric* , p. 2.

程中诉诸某种美德或公众认可的价值？不过，伦理性标准有时会与效果原则相背离甚至相冲突：伦理上崇高的修辞话语，其实际效果可能并不理想；相反，伦理卑下的修辞话语却可能效果颇佳；另外，这种冲突或背离还体现为，表面上伦理崇高的修辞话语，其目的却是邪恶的，比如二战时期希特勒发表演讲劝说国民投入法西斯战争，虽然其劝说效果颇佳，但其目的却是邪恶的。

除了以上三个主要标准外，还有四个次要标准：科学性标准、历史性标准、心理标准及政治标准。所谓科学性标准是指修辞话语或行为是否比较真实地反映现实情况，换言之，修辞者的结论是否具有事实依据，修辞者的观点或结论在多大程度上可以被事实证实。科学性标准与伦理标准紧密相关。历史性标准考察修辞行为对社会历史的作用，即是说，修辞批评者需要考察修辞行为所体现的思想或价值对历史发展的影响。历史性标准与实用主义标准紧密相关。心理标准是指修辞话语是否有助于消除修辞者或听众的情感？修辞话语是否激发了听众致力于修辞者所希望的事情？心理标准与艺术标准和效果标准紧密相关。政治标准是指修辞话语是否推进了社会群体的目标或权益？这个标准与伦理和实用主义标准紧密相关。以上四个次要标准可以看作是上述三个主要标准的衍生或具化的标准。①

第五节　修辞批评的一般方法与基本程序

修辞批评，顾名思义是对修辞行为的分析与评价。修辞批评的诸多范式，譬如心理修辞批评、叙事修辞批评、女性主义修辞批评、隐喻修辞批评等，其实就是修辞学与其他学科交叉的结果。从修辞批评的历史来看，绝大多数修辞批评范式都是以传统修辞学本土之外的理论为考察视角，并结合修辞学本土的理论对修辞话语进行分析与评论的。在修辞批评实践中，修辞批评者选择某个或某些学科的理论为考察视角——关于某一潜在现象的一整套连贯的假定或信念——对诱发合作的符号/象征行为进行分析与评论。

比如，20 世纪后期出现的意识形态修辞批评就是学科交叉的典型结果。根据这个模式，修辞批评者不仅以修辞学本土的理论为支点，而且要

① Roderick P. Hart, & M. D. Suzanne, *Modern Rhetorical Criticism*, p. 34.

运用解构主义理论、意识形态理论、功能主义语言学理论（如马丁的评价理论），使用诸如统计、问卷调查等定量分析法去分析、论证、阐释意识形态的修辞运作。又如女性主义修辞批评，就是从女性主义这个视角来考察修辞话语的运作的，也即分析和评论修辞者的话语是如何将女性主义思想巧妙地或潜移默化地传递给听众/受众，使之毫不怀疑、毫无质疑地接受修辞者的观点。[①] 再如叙事修辞批评，也是以修辞学理论为纲，以叙事理论为参照或视角，考察修辞者是如何使用叙事去影响听众，使其接受修辞者的观点或行为。[②]

从研究实践来看，修辞学的批评方法不胜枚举，但总体而言，大致可以概括为“以修辞理论为经，以其他学科理论/方法为纬”。具体来说，根据当代修辞学主流修辞观，始终围绕“修辞是诱发合作的符号行为”这个主轴来进行，在古今修辞学理论的基础上把其他学科的理论/方法作为辅助理论/方法或考察视角，对人类行为尤其是言语修辞行为进行分析、阐释和评论。

修辞批评大致有四个基本步骤：选择修辞话语、分析修辞话语、提出研究问题、撰写批评论文。[③] 修辞与人类行为同在，哪里有意义哪里就有修辞。对修辞批评家来说，面对无数的修辞行为，选择什么修辞行为作为研究对象，这是首先要考虑的问题，要看批评者抱有什么目的以及使用什么批评方法，从什么视角进行修辞批评分析。[④] 有些方法适用性广，有些方法适应性相对较窄。如果修辞者有志于为国家形象修辞做出贡献，就可以选择新闻报道，尤其是有关突发性灾难事件的报道；如果使用语类修辞批评方法[⑤]，批评者就必须寻找相似情景下两篇以上的修辞话语进行批评分析。不管选择什么修辞话语，对修辞批评者来说都应该是有意义的，有趣的。

对修辞话语的分析，毫无疑问是一个核心步骤。至于如何分析修辞话

① 关于女性主义修辞批评，请参见拙文《修辞批评的女性主义范式：理论与操作》，《外语与外语教学》2008 年第 8 期。

② 关于叙事修辞批评，请参见拙文《叙事、叙事范式与叙事理性——关于叙事的修辞学研究》，《当代修辞学》2012 年第 3 期。

③ 参见 Sonja K. Foss, *Rhetorical Criticism: Explorations & Practice*, pp. 12-13.

④ 关于修辞批评视角与方法，下一章将有详述。

⑤ “体裁修辞批评”又称“语类修辞批评”或“类型修辞批评”，英语术语是 Generic Criticism.

语，不同的批评方法和视角，具有不同的批评程序。总的说来，对修辞话语的分析涉及它的内容和形式两大方面，涉及不同的层次，即词汇、句法、语义、语篇、语境等。当然，在具体分析中，不同的方法和视角可能聚焦的层面不一样。比如，采用隐喻修辞批评方法，批评者可能更关注词汇尤其是隐喻的使用，如果采取叙事修辞批评，批评者可能更关注语篇的情节。对论题的分析，是修辞话语分析的一个重要方面，这是一个比较普遍的分析内容，因为在大多数情况下修辞是以理服人的。

提出研究问题，是指批评者对修辞话语或行为进行分析后要提出回答什么问题，这个问题直接体现了批评文章的价值。一般说来，研究问题牵涉修辞者、听众、修辞话语和情景四个方面。① 从写作的角度看，研究问题一般不宜太宽泛、太笼统，但也不要太具体。比如，研究问题"9·11"恐怖袭击后美国总统使用什么修辞策略来安抚民众" 就要比"'9·11'恐怖袭击后美国总统做了什么" 要好，后者比较空泛，显示不出文章的实际意义。

最后一个步骤是撰写修辞批评文章。批评文章一般包括五个部分：引言，即介绍研究对象、研究目的和研究问题；描写修辞话语及其情景，即对修辞话语或修辞产品作一描写和介绍，尤其是突出即将要重点分析的方面，使读者对其来龙去脉有一个整体的了解；交代修辞批评的方法，即告知读者批评者将从什么角度、使用什么具体方法对修辞话语或产品进行研究；汇报研究的发现，即把对修辞话语的探讨及其结果详细展示出来；讨论理论贡献，即讨论本研究所得对修辞理论的启示，具体来说包括对新的概念或概念之间关系的新见解。

第六节　结语

修辞批评是对修辞行为的分析与评价，其方法因批评者和批评对象而异。从修辞批评的发展历程来看，修辞批评的方法总体上显现出一种跨学科特点，即大致可以概括为"以修辞理论为经，以其他学科理论/方法为纬"，大多数修辞批评范式都是以传统修辞学本土之外的理论为考察视角，结合修辞学本土的理论对修辞话语进行批评分析与评论。修辞批评的

① Sonja K. Foss, *Rhetorical Criticism: Exploration & Practice*, p. 14.

诸多范式其实就是修辞学与其他学科交叉的结果。在修辞批评实践中，修辞批评者选择某个或某些学科的理论为考察视角，对修辞行为即诱发合作的符号/象征行为进行分析与评论。

在当代全球化背景下，进行修辞批评研究具有重大的意义。首先，修辞批评研究具有重大的战略意义。在国际交流日益频繁的今天，由于各国社会文化、政治经济、意识形态等方面的差异，中国对外宣传及外交尤其要讲究修辞策略；同时，我们也必须了解西方的修辞运作，揭示国外宣传的修辞策略，从而使广大民众知晓西方报道中所谓的“事实”或“真理”的修辞成因，以为中国在国际交流与对话中争得更多话语权，树立和维护良好的国际形象。因此，对修辞批评进行系统而深入的研究具有战略意义。其次，修辞批评研究具有学科意义。中国（汉语）修辞学界还没有系统的修辞批评研究，更不用说建立修辞批评范式体系了。因此，大力开展修辞批评研究，汲取国外修辞批评理论迫在眉睫。另外，由于中西修辞理念存在巨大差异，主流汉语修辞学仍然局限于以语言技巧为中心的研究，而国外修辞学却把触角延伸到一切语言及非语言符号的使用上。因此，对西方修辞批评研究有助于汉语修辞学学科的建设。最后，修辞批评研究具有教学意义。中国外语教学中的阅读与写作教学方法比较单一，存在“放羊式”现象，教师对批评性阅读的指导不足，以致学生的阅读分析与鉴赏能力没有得到很好的培养，结果，他们的批评性思维能力没有得到应有的提高。修辞批评研究将为师生提供修辞评论的理论、视角和方法，促进学生修辞意识的提高，促进学生整体素质的培养。

第三章　新亚里士多德修辞批评

迄今，修辞批评已经走过了80多年的历史，成了美国修辞学的重要领域。[①] 在修辞批评史上，新亚里士多德模式是最早的批评模式，从修辞批评问世一直到20世纪六七十年代，它曾一统天下，独享其尊。“在20世纪很长时间里，新亚里士多德修辞批评的方法不仅规定性地指导了我们对古典修辞话语的评论，实际上还指导了对几乎所有公共演讲话语的评论。”[②] 不仅如此，新亚里士多德修辞批评对修辞话语的分类甚至还指导了人们判别那些非模拟性的、针对直接听众的公众话语。在著名修辞家布莱克的著作《修辞批评：方法研究》于1965年问世后，新亚里士多德模式一统天下的局面才逐渐被打破，修辞批评界开始迎来了多模式争奇斗艳的景象。尽管新亚里士多德修辞批评的范畴狭窄，但它为公众话语的评论提供了很好的启示，这就是为什么它会风靡很长时间的一个重要原因。修辞学界存在着一种信念，那就是对修辞话语的评论应运用修辞学理论的原则[③]，这也说明新亚里士多德修辞批评不失为一种有用的批评方法。

综观国内修辞学领域，对新亚里士多德批评模式的探讨还不多见，或许这与中国修辞学界对亚里士多德修辞理论比较熟悉，因而认为这种模式缺乏新鲜感或不适应新形势有关。然而，尽管亚氏的修辞理论存在不足（比如它的范围过窄），但其理论体系中的很多重要概念仍然是当今修辞学的核心概念，而且“新亚里士多德修辞批评”的理论基础并非

① 几十年来，修辞批评一直是美国话语传播修辞学研究三个分支领域之一，其他两个是修辞理论、公共演讲。参见 Thomas W. Benson, *Landmark Essays in Rhetorical Criticism* (Davis, CA: Hermagoras Press), pp. 6-7.

② Richard Leo Enos, “Classical Rhetoric and Rhetorical Criticism,” *Rhetoric Review*, 25 (2006): 362.

③ Ibid.

与亚里士多德修辞学完全相同，否则为何冠之“新”？美国著名修辞学者理查德·利奥·伊诺斯（Richard Leo Enos）指出：“修辞批评的基本方法不能被遗忘或忽视，它现在必须与新方法的修辞批评并肩而存。有了一系列的新批评方法，不仅能帮助我们重新考察古典修辞话语，还能拓宽和加深我们对那些因存在于传统批评领域之外而被遗留的修辞现象的鉴赏。”①

第一节　新亚里士多德修辞批评的含义及产生背景

一　新亚里士多德修辞批评的含义

“新亚里士多德修辞批评”是指20世纪20年代中期发展起来的一种修辞批评方法，又称“新亚里士多德主义”。“新亚里士多德修辞主义”这个术语是布莱克首先用来指来源于亚里士多德修辞理论的传统批评方法。顾名思义，该修辞批评方法虽然来源于亚里士多德的《修辞学》，但与其又不完全相同，故布莱克称之为“‘新’亚里士多德主义”。② 简单地说，新亚里士多德修辞批评是以亚里士多德修辞学理论为核心的、对修辞话语进行分析和评论的一种批评模式。至于哪些是修辞话语，布莱克指出：“修辞话语是指那些旨在影响人的口头或书面形式的话语。不管某个话语实际上是否真正影响了人，与其是否具有修辞性无关。”③ 该修辞批评模式之所以谓之“新”，一方面是因为它的支撑理论在亚里士多德理论的基础上有所拓展，不仅包括了亚里士多德之后的古典修辞学理论（如西塞罗理论）的有用成分，也包括了当代学者们对古典理论的重新阐释。从这个意义上说，新亚里士多德修辞批评也可称为新古典主义修辞批评。1925年，威切恩斯首先对修辞批评进行了比较全面的讨论，指出了它的几个基本要素④，成为后来新亚里士多德修辞批评的指路灯。著名修辞学家马里·霍克默思·尼科尔（Marie Hoch-

① Richard Leo Enos, “Classical Rhetoric and Rhetorical Criticism,” *Rhetoric Review*, 25 (2006): 362.

② Edwin Black, *Rhetorical Criticism: A Study in Method*, p. 37.

③ Ibid., p. 15.

④ Herbert Wilchelns勾画的新亚里士多德批评有点不切合实际，因为这种方法要求批评者对与修辞行为相关的所有历史因素和修辞要素进行全面描述和深入分析。

muth Nichol）的文章《林肯的首任总统就职演说的批评》被认为是新亚里士多德修辞批评的代表作。[①] 在文中，她对该演讲进行了历史性的考察，分析了觅材取材、布局谋篇、语体特点、演讲方式和技巧等古典修辞学关注的一些经典要素。

二 新亚里士多德修辞批评产生的背景

新亚里士多德修辞批评有其深厚的历史和学术背景。据理查德·利奥·伊诺斯（Richard Leo Enos）考证，新亚里士多德修辞批评可以追溯到1876 年理查德·克拉豪斯·杰布（Richard Claverhouse Jebb）的著作《从 Antiphon 到 Isaeos 期间的著名演讲家》（*Attic Orators from Antiphon to Isaeos*）。杰布撰写该著作的目的是要对古希腊演讲家的著名演说进行全面系统的阐释。这是一部划时代的著作，不仅为读者提供了修辞学的历史以及修辞学的观念及理论，还提供了基于古典修辞学理论的、对演讲富有说服力的阐释。他认为，对古典的修辞话语的评论，就应该依据古典修辞学的理论即传统修辞学的“五艺”来进行评判。[②] 这种观点在 20 世纪六七十年代仍然比较盛行。这也就是在 20 世纪 70 年代之前修辞批评的对象主要是演讲类的公众话语，而其批评的方法主要是新亚里士多德主义的一个重要原因。“这些对演讲的古典修辞批评占据主导地位，并最终发展成为新亚里士多德修辞批评——一种强调将演讲者、话语、听众及场合作为分析内容的方法。”[③]

在修辞批评作为一门独立学科建立之初，受威切恩斯的影响，修辞批评的方法虽然还没有完全充分地勾勒出来，但受当时西方修辞学复兴的影响，人们重新把目光转向古典修辞学，尤其是亚里士多德的修辞学理论，试图从中获得新的启迪并以此指导修辞批评分析。尽管亚里士多德及其他古典修辞学家没有规划出一套批评体系，但他们的理论却隐含了这种体系。

亚里士多德修辞批评的产生与 20 世纪西方修辞学的复兴和新古典主

---

① 参见 Marie Hochmuth Nichol, “Lincoln’s First Inaugural.” In W. M. Parrish & M. Hochmuth (eds.), *American Speeches* (New York: Longmans, 1954), pp. 21-71.

② 参见 Richard Leo Enos, “Classical Rhetoric and Rhetorical Criticism,” *Rhetoric Review*, 25 (2006): 361-365.

③ Ibid., p. 362.

义的兴起有着密切的联系。西方修辞学自诞生后有过相当长的辉煌历史。从古希腊修辞学奠基人亚里士多德到古罗马的大修辞学家、哲学家西塞罗再到古罗马的修辞学家、修辞教育家昆体良，修辞学发展到了鼎盛时期。到了中世纪，由于宗教政治取代了世俗社会，修辞学的生存环境变得险恶，随后走向衰落，修辞学虽然还是学校教育中三足鼎立的一门学科（其他两门为逻辑与语法），但其研究范围已大不如从前，此时的修辞学主要研究书信写作和布道写作及宣讲。① 西欧的文艺复兴运动，为古典文献的重新发现和研究带来了契机。② 不幸的是，法国学者拉米斯（Petrus Ramus）对修辞学进行了改头换面，将曾是古典修辞学核心部分的觅材和组织剔除出去，认为风格和发表才是修辞学的领地。与此同时，由于印刷业的发展和商业活动的繁荣，文字记录和交流的形式越来越重要和普遍，传统上曾是修辞学研究对象的公众演讲被写作取而代之，成为修辞学的主要对象，修辞学几乎成了写作的代名词，“以演讲为主的修辞学就变得每况愈下了”③，这也进一步促使修辞学在近代的继续衰落。到了20世纪前后，虽然修辞学仍然是西方（英美）大学中一个不可或缺的研究领域，但它与古典时期以研究演讲为核心的修辞学相距甚远。

物极必反。中世纪及近代修辞学的衰落其实也为20世纪以亚里士多德理论为核心的古典修辞学之重新绽放埋下了伏笔。在西方，演讲一直是表达和体现民主的重要方式，而且随着现代传播技术的发展，各种形式的公众辩论与演讲迅速繁荣起来，不仅如此，大学学科的专门化、多样化促

---

① Edward P. J. Corbett & Robert Connors, *Classical Rhetoric for the Modern Student*, p. 603.

② 文艺复兴以强调人的尊严和价值的人文主义作为其核心观念，通过“人道”取代“神道”，为人们“重新发现”和研读古典文献，尤其是亚里士多德、西塞罗关于修辞学的论著带来动力，并催生了众多以英文为语言载体的修辞学著作，也促进了文学作品的创作。然而，文艺复兴时期受重视的修辞学成分不是真正意义上的古典修辞学之核心的 *Invention*（觅材取材），而是言语表达的“风格”。这种对“风格”的情有独钟，被16世纪的法国学者 Petrus Ramus（1515—1572）推向极端，把古典修辞学最重要的组成部分“觅材取材”以及其他两个组成部分“组织结构”划归为逻辑，只将“风格”和“发表”保留在修辞学中。这种对修辞学的“肢解”和“阉割”给修辞学带来重创，使其在随后几个世纪里一蹶不振。参见刘亚猛《西方修辞学史》，外语教学与研究出版社2008年版，第194、225页。

③ 肯尼思·伯克等：《当代西方修辞学：演讲与话语批评》，常昌富译，中国社会科学出版社1998年版，第6页。

进了演讲系、交际系（或曰传播系）的产生。[①] 这一切都呼唤着一种以演讲为主要对象的修辞学，也即新古典主义修辞学或新亚里士多德修辞学的出现。一个很明显的证据是美国康奈尔大学（Cornell University）演讲系在1920—1921 年举办的古典修辞学专题讨论，涉及亚里士多德、西塞罗及昆体良的修辞学著作，促进了古典修辞学的复苏。[②] 修辞批评不仅需要社会历史条件，更需要一种理论。1925 年，威切恩斯发表论文《演讲的文学批评》，全面界定了文学批评与修辞批评。他秉承亚里士多德的修辞观，并提出了对修辞批评的看法：

> 修辞批评必须是分析性的。修辞分析的内容包括作为限制因素的言说者的个性特征，也包括说话者的公众个性特征——不是他是什么，而是他被别人认为是什么。要描写言说者的听众，以及他在听众上使用的观念——他的话题及诉诸的动机，他话语中的证据的特征。……也要关注现存文本与实际说出的话语之间的关系……修辞批评要分析言说者对话语的组织安排及表达方式，不要忽视演讲者准备演讲的习惯和在台上的演讲方式……对“风格”……的关注应该是作为确保言说者能够进入听众心田的多个因素中的一个……最后，还要考察话语对直接听众的效果……在整个修辞批评过程中，都应该视公众人物使用其话语的力量去影响与他同时代的人。[③]

从上述描述中可以看出，威切恩斯所描绘的修辞批评方法虽以亚里士多德修辞学为基石，但也与它有差异，因为这种方法引入了亚里士多德修辞学体系未包含的东西。或许这正是后来布莱克形容的“新”之所在。

① 近代修辞学的中心在英国，但现代修辞学的前沿阵地在美国。进入 20 世纪后，美国高校涌现了演讲系、传播系，甚至还出现了“高校演讲教师协会”（National Association of Academic Teachers of Public Speaking）这样的学术组织。该协会 1950 年改为“美国演讲协会”（Speech Association of America），1970 年又改为“演讲传播协会”（Speech Communication Association），1997 年再改为“全国传播协会”（National Communication Association）。参见肯尼斯·伯克等《当代西方修辞学：演讲与话语批评》，第 30 页。

② Edward P. J. Corbett & Robert Connors, *Classical Rhetoric for the Modern Student*, p. 627.

③ 引自 Herbert A. Wichelns ,“The Literary Criticism of Oratory.” In Alexander M. Drummond (ed.), *Studies in Rhetoric and Public Speaking in Honor of James Albert Winans* , pp. 181-216；该文也载 Thomas W. Benson (ed.), *Landmark Essays in Rhetoricl Criticism*, pp. 1-32.

威切恩斯勾画的方法，与其说是新亚里士多德主义方法，不如说是一种集亚里士多德修辞学与西塞罗的阐释、发展和延伸于一体的修辞批评。

当然，这种方法的“新”之所在还不仅于此。在威切恩斯发表这篇划时代的文章以后的几十年里，古典修辞学理论也不断地得到新的阐释和拓展。在这个方面做出贡献的著名修辞学家是唐纳德·布赖恩特（Donald Bryant）。布赖恩特是20世纪西方修辞学处于转型期的重要修辞学家，他根据当下社会、政治、文化的新特点，对以往的修辞学理论进行了再思考。他在《言语季刊》发表的论文《修辞学：功能与范畴》在亚里士多德修辞学基础上明晰了长期以来修辞学里存在的模糊不清的现象，不仅拓展了修辞学的范围，使其不仅包括以劝说为主要目的的公众演讲，也包括信息性的话语。[①] 这为新亚里士多德修辞批评摆脱亚里士多德修辞学范畴的羁绊，拓展研究对象起到了重要作用。这可谓另一个“新”之所在。

总之，新亚里士多德修辞批评，是在20世纪社会演讲传播新背景下产生的、以古典修辞学理论，尤其是亚里士多德修辞学为基本理论支点，但同时又凝聚了新时代学者们重新阐释的批评模式。对这种修辞批评，福布斯·希尔（Forbes Hill）做了这样的概括：“新亚里士多德批评将言说者的劝说手段与亚里士多德修辞学中提出的全面系统的方法目录进行比较，从而发现说话者是否从该目录中做出了最佳选择以期从特定情景下的听众中获得有利的决定。”[②]

第二节 新亚里士多德修辞批评的理论基础

新亚里士多德修辞批评根基于古典修辞学理论，尤其是亚里士多德修辞学理论。何为古典修辞学？西方修辞学有2400多年的历史，学界所说的“古典修辞学”通常是指19世纪以前的西方传统修辞学，公认的代表人物是古希腊的亚里士多德、古罗马的西塞罗和昆体良。亚里士多德的《修辞学》是西方修辞学的奠基之作；西塞罗主要的修辞学著作包括《论言说者》（*De Oratore*）、《论修辞创造》（*De Inventione*）、《话题》（*Topi-*

① Donald Bryant, "Rhetoric: Its Function and Scope," *Quarterly Journal of Speech*, 39 (1953): 401-424.

② Forbes Hill, " Conventional Wisdom—Traditional Form—The President's Message of November 3, 1969," *Quarterly Journal of Speech*, 58 (1972): 373-386.

ca）和《布鲁特斯》（*Brutus*）；昆体良的主要修辞学力作是《论言说者的教育》（*Institutio Oratoria*）。除了以上主要古典修辞学著作之外，还有一佚名作者的著作《献给赫仁尼姆的修辞学》，这是唯一现存的用拉丁文书写的修辞学著作，也是最早论及散文风格的拉丁文著作①，不过，它主要是一本训练演讲的技术性手册。由于西方修辞学在中世纪及以后的几个世纪中都处于低谷，直到20世纪初才开始复苏，所以，尽管古典修辞学自诞生之日起一直延续到19世纪，但其鼎盛时期却是古罗马时期。就新亚里士多德修辞批评而言，它的主要理论基础乃上述古典修辞学家的理论，尤其是亚里士多德的理论。

亚里士多德的《修辞学》是西方修辞学史上最早系统论述和总结修辞行为的奠基之作，其丰富的思想在后世的修辞学家那里得到了继承和发扬。比如，西塞罗的《论修辞创造》就是亚里士多德《修辞学》中关于如何觅材取材的继承和发扬，事实上，前者是在后者的基础上进行精化和细化的结果；西塞罗关于修辞学的"五艺"也是在亚氏基础上的延伸，亚氏虽然没有明确界定和论述"五艺"，但其萌芽已经隐藏在《修辞学》之中（当然佚名作者的《献给赫仁尼姆的修辞学》也不例外）。昆体良的所谓"好人理论"使人联想到亚氏关于修辞学的人格诉诸②；而其对觅材、谋篇、风格、记忆和发表的论述也使人想起亚氏对修辞的描述。③ 综观古典修辞学的整个画卷不难发现，亚氏之后的修辞学家无外乎都是在对亚氏或明或暗地涉及过的觅材、布局、风格、记忆、发表几个要素的扩展。正如兰·库珀（Lane Cooper）所指出的那样："……不仅西塞罗和昆体良的修辞学，而且中世纪、文艺复兴时期，甚至现代的修辞学，就其精华而言，本质上还是亚里士多德的东西。"④ 丹尼尔·福格蒂神父（Father

---

① Edward P. J. Corbett & Robert Connors, *Classical Rhetoric for the Modern Student*, p. 600.

② 昆体良认为，一个好的言说者是"很会说话的好人"（A good man skilled in speaking），参见 Edward P. J. Corbett & Robert Connors, *Classical Rhetoric for the Modern Student*, p. 602.

③ 昆体良的《论言说者的教育》共分12个部分。第一个部分讨论修辞学研究所需要的前期教育；第二个部分界定了修辞的特征、目的和范围；第三—七部分讨论演讲本身，重点在觅材、取材和篇章布局上；第八—十部分讨论语体风格；第十一部分讨论记忆和演讲发表技巧；第十二部分讨论一个完美的言说者的要求。参见 Edward P. J. Corbett & Robert Connors, *Classical Rhetoric for the Modern Student*, p. 601.

④ 转引自 Edward P. J. Corbett & Robert Connors, *Classical Rhetoric for the Modern Student*, pp. 598 -599.

Daniel Fogarty）也持相似的观点，认为“西塞罗的修辞学不是新理念的综合结晶，它的基本理念乃亚里士多德的理念，只不过它强调了亚氏从其导师柏拉图那里继承下来的实情……”①。

鉴于亚里士多德和西塞罗的修辞学理论，尤其是亚氏的理论是新亚里士多德修辞批评主要的理论基础，下文将对此进行详细讨论。

一　亚里士多德修辞学理论

（一）亚氏的修辞学定义

亚里士多德在其《修辞学》中多处对修辞学进行了定义，其开篇的定义是：“修辞学是辩证法的对应物。”② 这是一个内涵十分丰富的命题。首先，亚里士多德通过这个定义给予修辞学一个学科定位，不仅间接地回应了其导师柏拉图对修辞学的贬损，而且高度概括了修辞学的本质特征。作为柏拉图的弟子，亚里士多德将修辞学定位于一种与辩证法类似的学问，一种理性的、真正的学问，这是对柏拉图的一个回应。另外，亚氏的开篇之言也是对时兴的修辞学手册忽视逻辑在修辞学中的作用，忽视了他所谓的“修辞三段论”以致把修辞学沦为关于“非本质”东西的艺术的一种回应。亚里士多德继承其导师的理性主义思想，把修辞学与辩证法和逻辑联系起来，是在情理之中的。③

亚氏除了给修辞学一个学科定位外，还间接地暗示了他眼中的修辞学的一些重要特征。④ 所谓“辩证法”，是指苏格拉底追求哲学真理的方法，这是一种问答式的求真过程。⑤ 柏拉图所褒扬的辩证法首先是演绎性的分析方法。⑥ 亚里士多德宣称修辞学是辩证法的对应物，暗示它们之间有相似之处。第一，与辩证法一样，修辞学主要依靠演绎性的说理，两者都是

---

① Father Daniel Fogarty, *Roots for a New Rhetoric* (New York: Teachers College Press, Columbia University, 1959), pp. 15-16.

② Arisotle, *Rhetoric*, p. 19.

③ 亚里士多德不仅是修辞学家，而且是一个逻辑学家。他把修辞学与逻辑学联系起来，这也是很自然的。

④ 关于修辞学与古典辩证法的关系，请见拙文《修辞学深刻蕴涵初探——从修辞学与古典辩证法之关系谈起》，《外语研究》2009 年第 5 期。

⑤ Roger Scruton, *A Short History of Modern Philosophy: From Descartes to Wittgenstein*, 2nd ed. (New York: Routledge, 1995) p. 163.

⑥ 关于柏拉图的辩证法，可参见其对话录 *Gorgias* 的网络版（http://classics.mit.edu//Plato/gorgias.html）。

理性的过程。[①] 第二，两者都没有自己的实体，换言之，“修辞学也具有辩证法的普遍性特征”，“不局限于某一专门的主题或特定的人群；它关涉所有人谈论的所有主题”[②]。第三，它们都可从正反两方面加以论证。辩证法用的是一问一答，展示的是问题、矛盾的两方面，而在修辞学里，修辞者必须扮演正反两个角色，证明各自的观点或立场，即修辞学“证明对立面”（proving opposites）。[③] 正如亚里士多德所说：“我们必须能够在一个问题的对立面上运用劝说，这样就能清楚地看到事实是什么，看清楚如果有人论辩不公平，我们就能在我们这一边对他进行反驳”[④]。第四，修辞学与辩证法一样也通常从被人接受的意见出发探讨广泛的问题。这就是在西方修辞哲学看来修辞学是基于或然性的原因。也正是由于这个道理，古希腊哲学家普罗泰戈拉宣称，对任何论题他都可以提出一个反论。说修辞学是辩证法的对应物，也暗示了两者之间存在着差异。比如，“修辞学通常涉及道义上的事情，而辩证法则涉及思辨性的或纯理论性的问题；前者针对普通的听众，而后者则针对受过逻辑训练的听众”[⑤]。从目的上来看，显然两者也不同：修辞学的目的是说服，而辩证法的目的是求知。

亚里士多德在阐述了修辞学的学科属性之后给修辞学下了第二个也是最重要的定义：“修辞学是在任何特定场合下寻求可能的劝说手段的功能”[⑥]。该定义的关键是劝说手段的寻求。根据亚氏《修辞学》所涉及的修辞话语，所谓“在任何特定场合”，并不意味着修辞学广袤无边，而是说修辞学的话语范围局限在法庭、议会和公众礼仪这三种主要场合下。这与当代西方修辞学所认为的一切人类的符号行为都是修辞行为的观点大相径庭。

亚里士多德在论述了修辞学的三种劝说手段之后对修辞学作了一个概括性的表述，他说：“修辞学是辩证法的一个分支（offshoot of dialectic），

① 亚里士多德《修辞学》中将演绎性的修辞三段论视为修辞学的核心，就是一个证明。

② Larry Arnhart, *Aristotle on Political Reasoning* (Dekalb, Illinois: Northern Illinois University Press, 1981), p. 14.

③ Kenneth Burke, *A Rhetoric of Motives*, pp. 52, 60.

④ Aristotle, *Rhetoric*, p. 23.

⑤ Keith V. Erickson (ed.), *Aristotle: The Classical Heritage of Rhetoric*, p. 2.

⑥ Aristotle, *Rhetoric*, p. 24.

也是伦理学的一个分支”①。在他看来，为了劝说他人，修辞者必须首先言辞有理，其次要了解听众的品性，了解情感及其激发的原因。可见，他眼中的修辞学应该强调理性，但也不能忽视情感、伦理价值，这与他所认为的修辞学的核心是修辞三段论这一观点，与其《修辞学》所涉及的修辞三种论据是一致的。

丹尼尔·福格蒂神父（Father D. Fogarty）认为，亚里士多德的《修辞学》写作可以被大致描述为一本训练演讲者的手册②，其结构可以概述如下：

> 首先，言说者必须是一个有品行的人，做到品德上无法挑剔，并且，为了完成他的任务，应该具有情感的、想象的以及逻辑推理的能力。他必须具有一般化的和特殊的知识以应对在议政、礼仪或法庭场合下演讲的需要，这样才能达到目的。他应该了解人的特性，了解人对事物、话语和情景可能做出的各种各样的反应。他应该能够分析特定演讲场合的特定听众的态度。然后，他从大量的话题（topoi）资源里进行演讲话语的建构。他可以挑选、接受和拒绝逻辑论题、情感诉诸、辞格、合适的言语表达、例子等，直到他拥有在这个场合下所能获得的最有力、最动听的劝说元素的聚合体。接下来，就是对演讲话语进行布局，以期使它听起来不仅优雅、巧妙、准确、中肯、风趣而且又有说服力。然后，对演讲话语的细节进行润色，使其表达优美、清晰。最后，可以撰写引言（如果已经起草了，则对其进行润色），使其能够为演讲者或他的主题赢得听众的赞同。③

亚里士多德的《修辞学》共分三册，涉及法庭、议会和典礼这三类修辞情景下的演讲，其内容的先后顺序粗线条地勾画了演讲的准备过程：第一册讨论了演说者及其在演讲劝说过程中的作用；第二册则聚焦于听

---

① Aristotle, *Rhetoric*, p. 25.

② Father Daniel Fogarty, *Roots for a New Rhetoric*, p. 14. 关于亚里士多德的《修辞学》，美国修辞学界存在不同的评价。大多数人认为，它从哲学层次上、从运作原理上论述修辞，也有人认为，它更像一本修辞手册。笔者此处援引 Fogarty 的话，并不表明将亚氏的《修辞学》视为一本平常的手册。另外，亚氏的《修辞学》也存在着一些问题，这一点美国修辞学界是普遍认同的。

③ Father Daniel Fogarty, *Roots for a New Rhetoric*, p. 14.

众，分析人的特征、情感、道德因素之间的关系；最后一册探讨语体风格和演讲词撰写的有关问题。亚氏的修辞学体系有政治演说、法学演说和礼仪演说三个部分，分别由三种演讲的听众所决定，即演讲者、话题和听众，这三类演说的焦点分别是优点、正义、荣誉。① 亚氏的整个修辞学体系大致如图 3.1 所示。

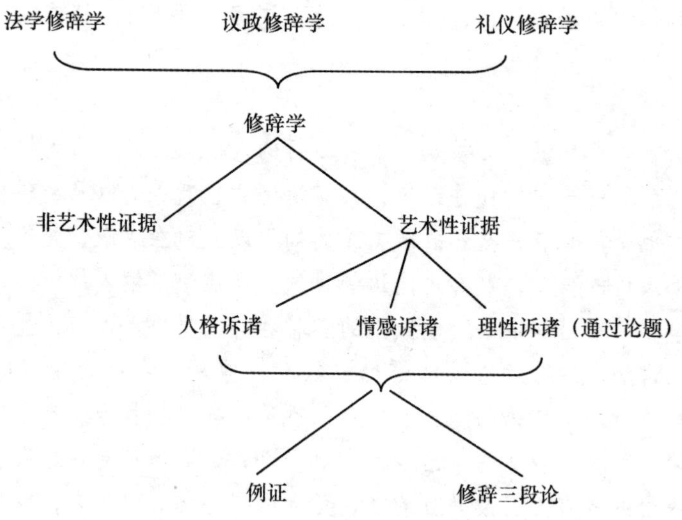

图 3.1　亚里士多德的修辞学体系

资料来源：James H. McBurney, "The Place of the Enthymeme in Rhetorical Theory," In Keith V. Erickson (ed.), *Aristotle: The Classical Heritage of Rhetoric* (The Scarecrow Press, Metuchen, N. J., 1974), pp. 117-141.

（二）修辞学的三种诉诸

根据亚里士多德的观点，修辞学有三种证据（proof），它们所发挥的作用大小及方式不同：第一种取决于言说者的人格特征；第二种取决于将听众置于某种心理框架之中；第三种取决于演讲话语本身的证据。这三种证据就是人们常说的人格诉诸、理性诉诸、情感诉诸。从劝说作用的来源看，三者的关系大致如图 3.2 所示。

① Cicero, *Topica*, XXIII. 91.

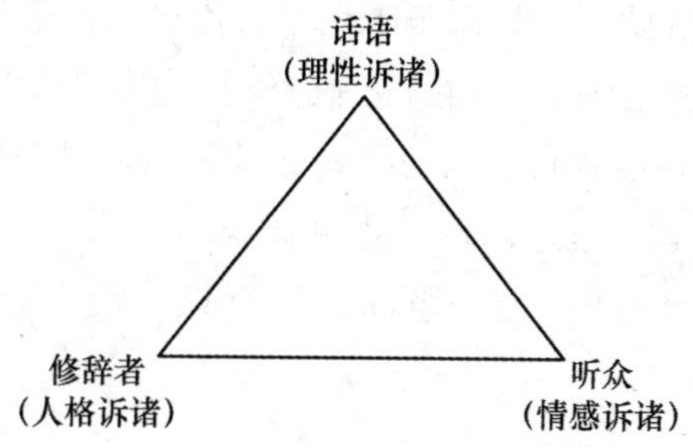

图 3.2　修辞三角与修辞三诉诸

在亚氏的修辞学体系中，这三种修辞诉诸都属于“艺术性”的证据，也即在话语中产生的证据，而不是存在于修辞者话语之外的、先天性的证据，如法庭的证人、刑事案件的工具等。尽管“非艺术性”的证据可以用来证明修辞者话语的真实性、逻辑性、可靠性，但它不是亚里士多德在《修辞学》中所要讨论的，毕竟他认为修辞学讨论的是话语的劝说。

首先，我们来看人格诉诸。亚里士多德认为，当言说者的话语使我们认为他是值得信赖的人时，就容易获得劝说效果。为什么呢？因为，“好人与其他人相比，我们更愿意相信好人”①，尤其是当缺乏肯定性，人们的意见不一致时，更是如此。亚氏特别强调，这种劝说力是靠言说者的话语获取的，而不是凭其讲话之前在听众那里的印象获得。“言说者的人格或许是他拥有的最有效的劝说手段”②。那么，到底如何使听众认为言说者是值得信赖的呢？亚氏的见解是：

> 有三种东西会激发人们对言说者的人格的信任，也就是说有三种诱发我们相信某一事物，而不需要该事物本身的任何证据：好智慧、好品德、友善……任何人如果被认为具有这三种好品质都会激发听众的信任。③

可见，亚氏眼中的人格是来自于与当下话题相关的论题和规劝的，是通过

① Aristotle, *Rhetoric*, p. 25.

② Ibid.

③ Ibid., p. 91.

听众推测出来的，因此也是来源于听众对言说者用话语显露其人格的反应的。“用最简单的形式来说，人格诉诸是我们或许可称为的权威论题，实际上它相当于说‘相信我吧，因为我是那种说话你可以相信的人’。”① 因此，根据亚里士多德的理论，为了劝说听众，修辞者/言说者应该尽量把话说得使听众认为他是一个智慧高、品行佳、待人善的人。请看例子（注意带点部分）：

> It is with reluctance that I rise to express a disapprobation of any one article of the plan, for which we are so much obliged to the honorable gentleman who laid it before us. From its first reading, I have borne a good will to it, and, in general, wished it success. In this particular of salaries to the executive branch, I happen to differ, and, as my opinion may appear new and chimerical, it is only from a persuasion that it is right, and from a sense of duty, that I hazard it. The Committee will judge of my reasons when they have heard them, and their judgment may possibly change mine. I think I see inconvenience in the appointment of salaries; I see none in refusing them, but on the contrary great advantages. (Benjamin Frank lin)

以上是政治家富兰克林在议会讲话的开头部分，其中他就工资这一条款提出了异议，为了劝说听众接受他的观点，富兰克林巧妙地诉诸人格，寥寥数语就把自己塑造成一个有理智、有责任心的人，一个尊重他人、善待他人、体贴他人的君子。这种良好的君子形象为他的劝说打下了坚实的基础。

在古典修辞学家中，对修辞中的人格诉诸给予格外关注的还不止亚里士多德，他的竞争对手伊苏格拉底（Isocrates）对此也有论述。在《自传》（*Antidosis*）中，伊苏格拉底认为，言说者的人品或者说话前的名声甚至比演讲话语内容还重要：

① Michael Halloran, “Aristotle’s Concept of Ethos, or if Not His Somebody Else’s,” *Rhetoric Review*, 1 (1982): 60.

> 想要劝说别人的人不要忽视人格这个问题；相反，他首先要竭力在市民中树立好名声，因为，谁不知道一个有好名声的人说的话不会比一个声名狼藉的人说的话更可信呢？谁不知道用人生建构的辩论不比话语建构的论题更有分量呢？[①]

不过，伊苏格拉底所说的人格与亚里士多德的不同，前者强调言说之前说话者的名声，这种名声是在社会生活中建立起来的；而后者强调言说者说话时用话语塑造的形象。可见，亚里士多德及伊苏格拉底都清晰地意识到修辞人格在劝说听众时的影响力，不过他们的概念不同，但对修辞学来说，两者的观点可以相得益彰。

当代语言学家乔治·E. 尤斯（George E. Yoos）在《哲学与修辞学》杂志（*Philosophy and Rhetoric*）上发表《关于伦理诉诸概念的修正》的论文，对传统修辞学中的人格诉诸提出了异议，并建构了一个现代版的、“真正伦理意义”上的诉诸方式。[②] 他认为，传统上修辞学将“ethos”（人格诉诸）与“ethical appeal”（伦理诉诸）两个概念混在一起，究其原因可能是词源所致。[③] 他指出：“修辞学真正意义上的伦理诉诸应该是诉诸听众自己去决定该诉求是应该接受还是拒绝。它虽然可以增加说话者的人格魅力或可信度，但两者都不是（伦理诉诸）。”[④] 该诉诸方式具有以下四个基本特征要素[⑤]：

---

① 转引自 William Benoit，“Isocrates and Aristotle on Rhetoric，” *Rhetoric Society of America*，20（1990）：257.

② George E. Yoos 提出的“ethical appeal”此处译为“伦理诉诸”而非“人格诉诸”，因为两者在内涵上有较大的差别。Yoos 的伦理诉诸是从伦理学上建构的诉诸方式，而且它是旨在唤起听众关注诉诸本身，而不是像亚里士多德的人格诉诸那样旨在唤起听众关注修辞者的品行。参见 George E. Yoos，“ A Revision of the Concept of Ethical Appeal，” *Philosophy and Rhetoric*，12（1979）：41-58.

③ 在对古典修辞学的阐释中有一种把 ἔθος（仅意为“风俗”或“习惯”）与 ἦθος（意为“习俗”、“性格”、“个性”、“性格或举止的描述”）融合在一起的现象。现代的大多数修辞学者感兴趣的是一个道德上中性意义的 ἔθος. 参见 George E. Yoos，“A Revision of the Concept of Ethical Appeal，” *Philosophy and Rhetoric*，12（1979）：p. 41.

④ 同上书，第 58 页。

⑤ 同上书，第 50 页。

A 因素：展示出说话者试图与听众获得彼此认同。

B 因素：展示说话者认识到听众具有理性的自主权。

C 因素：展示作者认识到听众与自己平等。

D 因素：展示说话者意识到听众的目的对其具有内在价值。

在言语交际伦理中，一个重要的方面是交际双方要彼此认同，没有彼此在一定程度上的认同，交际无法进行。这种认同可以体现为共有的知识、态度、信念等。尤斯伦理诉诸的第一个要素与伯克关于同一既是劝说的出发点又是劝说的终点的说法不谋而合。[①] 该伦理诉诸的第二个要素意味着说话者应该认为其听众有理智做出理性的决定，也就是说要相信听众有智慧做出正确的决定，不要怀疑听众的理智，否则就“毁灭了他为使自己被听众接受而采取的诉求方式的基础”[②]。第三个要素要求讲话者不能盛气凌人，不能鄙视听众。第四个要素要求说话者关注听众的愿望和需求，若不能满足这些愿望和需要，就要证明不能满足的理由。尤斯提出的伦理诉诸与亚里士多德的人格诉诸存在一定的差异，两者的落脚点不一样，但都能为修辞者进行有理性、有说服力的论辩交际打下良好的基础。

尽管亚里士多德意识到人格诉诸可能是最有威力的修辞诉诸手段或证据，但因为他是一个理性主义者、一个逻辑学家，所以他认为修辞者的话语要有理性也就不难理解了，也就是说，言说者应该使用理性诉诸或逻辑诉诸，使听众认为他言之有理，进而相信他、赞同他的观点。

那么理性从哪里来？亚里士多德指出：“任何人试图用证据来劝说他人，事实上都必须使用修辞三段论或例证，除此之外别无他法。”[③] 可见，修辞三段论在亚氏的修辞学理论中占有核心地位。虽然亚里士多德认为例证也是一种修辞证据，但他在《修辞学》中却基本上没有对此做出阐释，因为亚氏在其《前分析篇》（*Prior Analytics*）中认为，可以将依靠例证的归纳简约为三

① 关于伯克的“同一”，参见拙著《修辞理论与修辞哲学——关于修辞学泰斗肯尼思·伯克的研究》中的有关章节。

② George E. Yoos, “A Revision of the Concept of Ethical Appeal,” *Philosophy and Rhetoric*, 12 (1979): 52.

③ Aristotle, *Rhetoric*, p. 26.

段论形式。[①] 故最终亚里士多德认为，修辞三段论才是修辞学的实质。

那么，理性诉诸如何建构呢？首先，我们来看修辞三段论的英文表达“enthymeme”的词源。“enthymeme”的词根是“thymos”，即“heart”，其意为情感和欲望的处所，或那些驱动人们行事之意向的、有时候是无法控制的欲望和愿望的处所。[②] “thymos”也经常被比作激起思想和雄辩的有说服力的话语。与“enthymeme”相关联的动词“enthymeomai”的语义场就包括诸如“铭记在心”、“认真考虑”、“沉思”、“推理”、“总结”、“制定计划”、“生气”等，从这些语义来看，动词“enthymeming”也应该包括人心的推理和策略性意向，用古典术语来说就是“根据情景来觅材”（kairotic inventiveness）。[③] 由此可知，从内涵上来说修辞三段论具有语义及心理运作方面的信息。

威廉·汉密尔顿（William Hamilton）曾辨别了“enthymeme”的17种不同的意思，其中最重要的两种意思是教材里所说的省去命题的三段论和由命题是迹象或可能性构成的三段论（也即亚里士多德似的三段论）。[④] 现在修辞学界一般将“enthymeme”视为省略三段论，也即省略部分可由听众弥补的三段论。[⑤] 比彻尔把修辞三段论定义为“建立在或然性、迹象以及例证基础之上的为了说服他人的三段论”[⑥]。

亚里士多德对修辞三段论的形态结构做了如下描述，我们从中可知其基本特征：

> 言说者的证明是一种enthymeme，一般来说，这也是最有力的劝说形式……enthymeme是一种三段论……我把enthymeme称为修辞三段论……它包括的命题很少，通常比正常三段论要少，因为，如果其

---

① Keith V. Erickson (ed.), *Aristotle*: *The Classical Heritage of Rhetoric*, p. 125.

② Jeffrey Walker, “The Body of Persuasion: A Theory of the Enthymeme,” *College English*, 56 (1994): 46-64.

③ Ibid., p. 49.

④ 参见 Valerie J. Smith, “Aristotle's Classical Enthymeme and the Visual Argumentation of the Twenty-First Century,” *Argumentation and Advocacy*, 43 (2007): 114-123.

⑤ 关于亚里士多德修辞三段论的结构特点及使用，请参见拙文《修辞三段论及其修辞运作模式》，《外国语言文学》2003年第1期。著名修辞学家比彻尔对修辞三段论有过比较权威的论述，参见Bitzer, “Aristotle's Enthymeme Revisited,” *Quarterly Journal of Speech* 45 (1959): 399-408.

⑥ Keith V. Erickson, *Aristotle*: *The Classical Heritage of Rhetoric*, p. 3.

> 中哪个命题是人们熟知的事实时，就没有必要提了，听者自己会添补上的。……显然，组构修辞三段论之基础的命题尽管有些可能是“必要”条件，但大多数只不过是通常为真的值。[①]

根据亚里士多德的论述，修辞三段论的建构材料是豁然性（Probabilities）和迹象（Signs），迹象又分为可靠迹象（infallible sign）和非可靠迹象（fallible sign）[②]（如图3.3所示）。

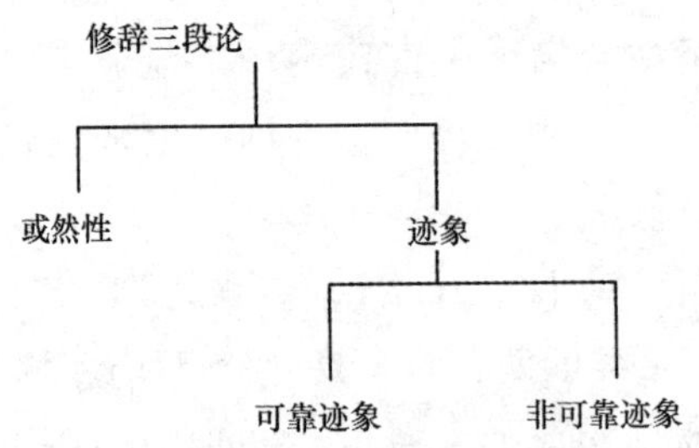

图3.3 修辞三段论的组构成分

修辞学是针对或然性的学问[③]，换言之，在某个特定情景下，如果没有颠扑不破的真理，修辞必定要介入进来。“或然性”是指在一般情况下事物或者命题能够成立或站得住脚，例如，命题“英语专业的学生喜欢英语歌曲”在一般情况下是站得住脚的。“迹象”是指表明事物存在或为真的东西，这是一种象征与被象征的因果关系。依此类推，“可靠迹象”即是那些在一切条件下都表明事物存在或为真的东西，“非可靠迹象”则指那些在一般情况下可能预示或表明事物存在或为真的东西。譬如，烟是火的可靠迹象，有烟必有火；乌云预示着可能但不一定会下雨，因此是“非可靠迹象”。

---

① Aristotle, *Rhetoric*, pp. 26-28.

② Ibid., p. 4.

③ “修辞学是针对或然性的学问”，这一命题与亚里士多德所认为的修辞三段论前提的组构成分“可靠迹象”并不矛盾，因为“可靠迹象”在修辞过程中是作为支撑材料被用于劝说听众接受修辞者的观点的。比如，某人看到房子冒着浓烟，就朝屋子里的人说：“房子着火啦，赶快报警。”这是一个修辞三段论，其大前提是：一般说来，看到房子着火了就要赶快报警；小前提是：这房子冒着浓烟，它着火了；结论是：你应该赶快报警。在这个说服听众报警的修辞三段论中，虽然小前提中的“烟”是火的“可靠迹象”，但大前提“一般说来，看到房子着火了就要赶快报警”却是或然性的，而且结论“应该赶快报警”也是或然性的。

由于人是理性的动物，并具有一般的常识，所以建构修辞三段论的前提（大、小前提）是修辞听众赞同或认可的，这可从亚里士多德的《话题》中得到佐证：他在《话题》开篇之处便告诉人们，他想找到从某一事物一般被人接受的意见（endoxa）出发进行推理的规律。从已知的、被接受或可接受的命题、前提出发进行推理，这是修辞三段论结构的基本特征。[①] 为了使三段论有效，它的前提必须根基于有关社会共同体的信念之中。亚里士多德以奥林匹克冠军多里厄斯（Dorieus）为例作了阐释：如果一个人想要表明多里厄斯（Dorieus）已经赢得了奥林匹克比赛，他不需要说明奥林匹克竞赛的奖品是花冠，因为每个人都知道这一点。在这种情况下，听者自己有能力把未表达的前提弥补出来。[②] 亚氏的例子可以构成这样的修辞三段论：

多里厄斯（Dorieus）头上戴着花冠（小前提）；
多里厄斯赢得了奥林匹克比赛冠军（结论）。

或者：

多里厄斯赢得了奥林匹克比赛冠军，因为他头上戴着花冠。

就修辞三段论常常以非完整的或者说省略的形式出现来说，它体现了语用学家格赖斯的量化准备（maxim of quantity）。修辞三段论的表现形式多样，从一个句子到几个句子，从寥寥数语到洋洋洒洒的万言长篇，都可能构成三段论。比如，“冬天来了，春天还会远吗?”“中国人死都不怕，还怕困难么?”诸如此类耳熟能详的名言都是修辞三段论。

基于“修辞学是发现任何特定场合下的可能的劝说手段的功能”这个观点，亚里士多德在《修辞学》中阐述了修辞三段论与劝说的关系之后，非常详细地探讨了所谓的“话题”（topoi）。[③]“话题”可分内容上的

---

① Aristotle, *Topics*, eBooks@ Adelaide, 2007 (http://ebooks.adelaide.edu.au/a/aristotle/a8t/index.html).

② Aristotle, *Rhetoric*, p. 28.

③ 亚里士多德在《修辞学》中对 topoi 没有做出很清晰的界定，现在修辞学界对该术语有多种理解。

话题（material topoi）和形式上的话题（formal topoi），前者可再细分为特殊话题（special topoi）和一般或普通话题（ general or common topoi）；后者只是论题线（lines of argument）。[①]“普通话题”其实并不是什么“材料上的”话题，而是关于事物之间关系的规律，是思维推理的模式[②]，从命题意义上来说，是“运用于所有知识领域里的或然性的原则”。所谓“特殊话题”，是指某一特殊学科领域里实质上的东西或命题，也即关于当下讨论的具体话题的内容或命题。在修辞活动中，言说者从特殊的或一般的话题中寻求其论题的前提，并且使用话题所提供的命题线以构成修辞三段论。[③] 亚里士多德的话题体现了或然性。

修辞三段论不仅可以由语言符号建构，还可由非语言符号建构，因为修辞三段论的大、小前提以及结论的语义内涵都可以通过符号来表达。在当代修辞学中，非语言符号修辞三段论的运作及其修辞效果已是视觉修辞学（visual rhetoric）的重要研究内容。[④]

修辞的目的是影响听众，不管这个听众是直接的还是想象的，不管是在场的还是不存在场的。对听众的关注，说到底是对听众心理的关注。亚氏认为，修辞学是针对或然性的，认为修辞者要从正反两个方面都能进行论辩，这其实已经为情感诉诸埋下了伏笔。如果事物都是铁板钉钉的，如果人的情感不影响人的行为，那么也就没有情感诉诸的必要了。理性诉诸虽是亚里士多德修辞学的核心，但这并不否认情感诉诸的作用。亚里士多德指出：“当话语激发起听众的情感时，劝说可以通过听众来取得。我们感到高兴和友善时，我们的判断与我们的心所感觉到痛苦和不友善时是不一样的。”[⑤] 可见，情感会影响人的判断和行为。

“情感是指那些如此改变人以致影响其判断的情绪。”[⑥] 人既是理性的

---

① James H. McBurney, “The Place of the Enthymeme in Rhetorical Theory,” In Keith V. Erickson (ed.), *Aristotle: The Classical Heritage of Rhetoric*, p. 126.

② 在古典时期，术语“topos”的词源意义是“place”，可见，亚里士多德使用该术语主要指“论题的处所”，这与其修辞学定义中所说的“寻求”相吻合。西塞罗将话题定义为“论题的地方”，与亚氏的“topos”意义相同。参见 Cicero, *Topica*, I, 8.

③ James H. McBurney, “The Place of the Enthymeme in Rhetorical Theory,” In Keith V. Erickson (ed.), *Aristotle: The Classical Heritage of Rhetoric* , p. 127.

④ 参见 Valerie J. Smith, “Aristotle's Classical Enthymeme and the Visual Argumentation of the Twenty-First Century,” *Argumentation and Advocacy*, 43 (2007): 114-123.

⑤ Aristotle, *Rhetoric*, p. 25.

⑥ Ibid., p. 91.

动物，又是伦理的动物，因此也是情感的动物。亚里士多德在《修辞学》中阐明了情感诉诸的重要性：

> 人们友好与温和时，会想起一种事情；若心情气愤或不友善时，则会想起完全不同的事情，或以不同的强烈程度想起相同的事：当一个友好人士走到他们跟前让其评判时，即使他犯过错，他们也会觉得他没有什么错；如果他们对他不友善，他们对他的看法就会截然相反。①

显然，亚里士多德意识到，在相同的情况下，一个人心情的好坏会影响他的判断，所以修辞学不能忽视情感诉诸的劝说作用。亚里士多德《修辞学》第二册的很大篇幅用来分析各种听众的情感，“勾勒出了西方文化的第一个个性理论”②。情感诉诸如何建构，或者说如何激发听众的情感？这就需要考察什么是情感？它的特点是什么？“情感”是人的心理的一种反应方式，它不是事物，而是对事物的心理反应。可见，人的情感总是针对其他事物的，且总伴有人的判断。比如，“爱”这种情感，必须要有其对象：“爱妈妈”，“爱看书”，等等；而且“爱”一定涉及人的主观判断：爱妈妈，因为妈妈给予我生命；爱看书，因为看书能够学到知识。

对一种情感，应该从三个方面进行分析：一是有某种情感倾向的人的个人情况；二是该情感的对象；三是该情感的理由。也就是说，修辞者若要激发听众的某种情感，就不仅要了解听众本人的情况，如年龄、教育程度、职业、家庭背景等因素，还要了解他的情感到底指向什么事物，了解他为什么会产生这种情感，否则就很难激发他的情感。比如，对“愤怒”这个情感，我们必须了解：（1）愤怒的人到底是什么样的状态；（2）愤怒的人到底经常对谁发怒；（3）他发怒的原因、理由何在。要激发人的愤怒的情感，就必须了解以上三方面的情况，仅了解其一二还不行，否则就无法激发愤怒的情感。③ 一言以蔽之，“控制情感反应取决于正确理解

---

① Aristotle, *Rhetoric*, p. 91.

② James S. Baumlin, & Tita French Baumlin, “Psyche/Losgos: Mapping the Terrains of Mind and Rhetoric,” *College English*, 51 (1989): 248.

③ Aristotle, *Rhetoric*, p. 92.

每种情感的特征、对其有利条件以及对象”①。

从个性心理学角度来说，人的行为的最终决定因素是他的价值观，它决定了人对事物的态度，因此也是决定人的情感的最终根源。所以，若要激发某个人的情感，就必须使用话语把其要激发的这种情感与承载他的价值观的某种事物挂上钩。这种情感的激发机制大致如图 3.4 所示。

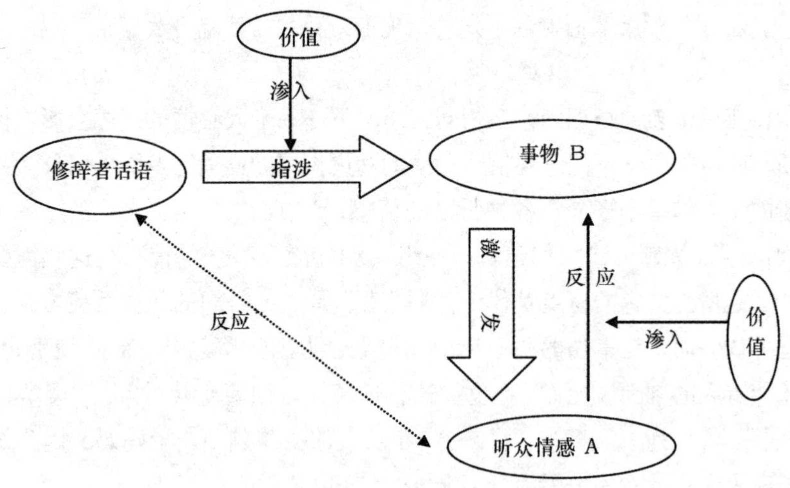

图 3.4　情感诉诸的作用机制

（三）修辞学的三种诉诸与修辞三段论的关系

亚里士多德修辞学的两个核心概念是修辞三段论和劝说的三种手段②，

① William W. Fortenbaugh, “Aristotle's Rhetoric on Emotions,” In Keith V. Erickson (ed.), *Aristotle: The Classical Heritage of Rhetoric*, p. 209.

② 关于修辞三段论与修辞三诉诸的关系，亚里士多德在《修辞学》中没有做出明确界定，现在国外学者对此也看法不一。譬如，著名修辞学者 Thomas Conley 和 William Grimaldi 认为，修辞三段论统摄修辞三诉诸，而修辞学者 William Fortenbaugh 和 Jakob Wisse 则认为，修辞三段论只统摄理性诉诸，也就是说人格诉诸和情感诉诸并不是修辞三段论运作的结果。美国修辞学会前主席 Mike Leff 认为，修辞三段论与修辞三诉诸之关系问题还有很多讨论的空间。在美国著名修辞学家 Barry Brummett 看来，亚里士多德本人并不认为情感诉诸与修辞三段论的关系很紧密。根据笔者的理解，亚里士多德认识到人格诉诸和情感诉诸可能不在修辞三段论之中运作，但他同时也意识到并强调修辞三段论是人格诉诸和情感诉诸的主要来源，因为他是理性主义者并认为修辞三段论是修辞学的实质（以例证构成的归纳最终也可简约为修辞三段论，所以在《修辞学》中，亚里士多德对例证没有进行讨论）。笔者就这个问题专门向美国修辞学会前主席 Mike Leff 以及著名修辞学家 Barry Brummet 咨询过，上述观点是他们在给笔者的邮件中表述的。Mike Leff 不幸于 2010 年 2 月病逝。

两者的关系是：后者是在前者中实施的。其实，两者的关系在亚里士多德《修辞学》中可以得到一定的佐证。亚氏《修辞学》提及了两种证据：一种是艺术性的；另一种是非艺术性的。非艺术性的证据是独立于修辞话语之外的东西，如证人等，所以它不在修辞学讨论之列。也就是说，《修辞学》讨论的只是在话语中实现的证据。修辞三段论是修辞学的实质或核心。《修辞学》第一章对那些煽情而又缺乏理性的话语表示了谴责（这似乎表明亚里士多德意识到情感激发可以不在修辞三段论中运作，如果是这样的话，这种情况则不在修辞学讨论之内）。可见，三种诉诸与修辞三段论并不是同一层面上的东西，而是前者来源于后者，或者说前者在后者中得以实现。威廉·W. 福滕博（William W. Fortenbaugh）一针见血地指出："情感可以被理性的论辩所激发和消除。当演讲者证明危险就要降临时，他就在听众心理上激起了恐惧感……情感远非与理智格格不入，而是顺从理智的，以致演讲者可以陈述理性的论题来激发和抚慰情感……"[①]同理，人格诉诸也源于理性诉诸，因为一个理智的人必须通过理性的话语来体现，一个道德高尚的人必须通过承载人们普遍崇尚的价值的理性话语来体现，一个待人友善的人必须通过象征理性的友好行为的话语来表现。亚里士多德所说的话对此似乎有一点暗示，他说："如果演说的方式使我们认为他值得信赖，就可通过言说者的人格特征来获得劝说效果。"[②] 事实上，在亚氏那里，人格既是言说者的产物，也是听众判断的产物。人格是听众投射到言说者身上的权威和信赖，当然这种投射是由于言说者的话语引发的，但毕竟还是由听众提供的。现以一则广告加以说明：

> Because some things can not be priced by money, we attach more attention to safety...
>
> （汽车安全设施广告）

该广告是一个修辞三段论，其完整的三段论形式是：

---

① William W. Fortenbaugh, "Aristotle's Rhetoric on Emotions," In Keith V. Erickson (ed.), *Aristotle: The Classical Heritage of Rhetoric*, p. 212.

② Aristotle, *Rhetoric*, p. 25.

Some things can not be priced by money. (= Some things are more valuable than money.)

Safety is something that can not be priced by money.

Therefore we attach more attention to safety (than to money).

该修辞三段论出现在广告开头，显然，它并未直接传递任何产品信息，但其修辞作用却不可忽视。以上修辞三段论在诉诸读者方面可谓一箭三雕。首先，它的两个前提展示了近乎公理似的命题，其理性不言而喻，凡有理智的人都会赞同生命重于金钱这一观点。该修辞三段论也向读者传递了有关广告者的人品信息：与那些为金钱铤而走险的亡命之徒不同，他是很有理智的人，而且关心他人的人身安全，因此值得信赖！最后，该修辞三段论会煽动起读者诸如“焦虑”、“害怕”、“期望”等感情：对车祸的担忧、对死亡的恐惧和对人身安全的渴望。亚里士多德说得好：“把听众关于某一事物的意见当作举世公认的真理表述出来，使听众得到满足，他们会赋予该话语好的道德品质。”①

亚里士多德《修辞学》的结构似乎也暗示了三种诉诸与修辞三段论的关系：《修辞学》首先介绍了作为修辞劝说之核心的修辞三段论，其次探讨了建构它所用的话题（topics），最后阐述了修辞三诉诸的运作。② 三种诉诸的目的是劝说听众/读者，它们贯穿于修辞三段论的运作之中，换言之，修辞三段论是这三种诉诸得以体现的形式。

二　修辞学的“五艺”：亚氏理论的拓展与延伸

亚里士多德的修辞学理论被古罗马修辞学家西塞罗继承并发扬光大。西塞罗的修辞学论著在西方中世纪学校中被广泛使用，影响深远。但就其修辞学理论来说，对西塞罗影响最深的是亚里士多德。③ 西塞罗虽然从哲学上说属于伊苏格拉底的信徒，但他却发现亚里士多德的术语、分类以及

① Aristotle, *Rhetoric*, p. 11.

② Erickson 认为，如果修辞三段论只是理性诉诸的来源，人格诉诸及情感诉诸与修辞三段论无关，那就无法理解亚里士多德修辞学的结构了。参见 Keith V. Erickson, *Aristotle: The Classical Heritage of Rhetoric*, p. 129.

③ Sharon Crowley, & Debra Hawhee, *Ancient Rhetorics for Contemporary Students* (New York: Pearson Education, Inc. , 2004), p. 15.

体系有用，故采用亚氏的东西。[①]

西塞罗在其《论觅材》中认为“雄辩术的功能是以适合劝说听众的方式讲话，目的是用话语劝说”[②]，并认同亚里士多德关于修辞学是针对三类场合——礼仪、议政、法学的话语。他说：“我认为，至少，演说者的艺术和功能必须涉及这三个方面的材料……因此在我看来，修辞艺术的材料就是我们说亚里士多德认同的东西。”[③] 可见，无论从功能还是从范围来说，西塞罗的修辞学与亚氏的大同小异。

“五艺”是新亚里士多德修辞批评最重要的理论之一，但在亚氏的《修辞学》中只是蕴含地涉及，没有明确地一一加以论述，不过在西塞罗的论著中却得到了或许是西方修辞学史上最早的权威阐释。西塞罗在其《论觅材》中指出[④]：

> 修辞学的组成部分，正如大多数权威人士所说，是觅材、布局、风格、记忆、讲演。觅材是指发现有效的或看似有效的论题以使人的观点听起来有理。布局是指把这样寻觅到的论题用适当的顺序组织起来。风格是指使用恰当的语言形式表述所发现的材料。记忆是指把内容和表述词语牢记在心。发表是指控制好声音和体态以尽量适应演讲话题的严肃性和风格。

关于觅材，亚里士多德在其《修辞学》中却没有加以很明确的阐述，虽然其修辞学的很大一部分是关于如何觅材以建构论题的。西塞罗对觅材进行了专门讨论，并推出西方修辞史上首部以觅材为题的修辞学著作《论觅材》。他的另一部力作《话题》（*Topica*）则是关于何处觅材的论著。从内容上看，这两部著作是在亚里士多德《修辞学》基础上进行的再阐释、再拓展，本质上乃亚氏的框架。他的觅材在修辞学界被认为只是亚氏关于演讲材料的一个新名称而已，其话题直接来自于亚氏的术语。

---

① James L. Kinneavy, “William Grimaldi—Reinterpreting Aristotle,” In Richard Leo Enos & Lois Peters Agnew (eds.), *Landmark Essays on Aristotelian Rhetoric* (New Jersey: Lawrence Erlbaum Associates, Publishers, 1997), p. 166.

② Cicero, *De Inventione*, trans. H. M. Hubbell (London: Harvard University Press, 2006), p. 15.

③ Ibid., p. 19.

④ Ibid.

至于布局，亚里士多德认为：“演讲有两部分。首先你必须陈述你的观点，然后必须证明它，不能陈述了观点之后不去证明它，也不能没有陈述观点就去证明它，因为任何证明都必须是对某个事物的证明。”[①] 在亚氏看来，演讲话题或内容不同，其组织结构也不一样，有的演讲需要引言，有的演讲需要结尾（epilogue），但不管什么演讲，陈述与论辩都是不可或缺的两个部分。“演讲最多包括引言、陈述、论辩和结尾四个部分。”[②] 在演讲的布局上，西塞罗与亚里士多德的观点没有实质性的差别，只不过他们使用的个别术语和个别成分的必要性稍有区别而已，且对演讲的开头和结尾的修辞功能的看法相似。亚里士多德认为，演讲的开头就如歌曲的序曲，其功能是把听众引入适当的心境之中，使听众更容易接受演讲的内容。西塞罗的看法也是如此。[③] 在西塞罗的布局中，第二个部分是叙述，相当于亚里士多德的陈述部分，其功能是阐述案件，基本要求是简明扼要，语义清晰，听起来有理。[④] 西塞罗关于演讲的第三个组成部分是划分（partition），它有两种形式：一是展示论辩双方的共同点和分歧所在；二是巧妙地展示演讲的内容要点，使听众能抓住要点，知道演讲何时结束。划分的基本要求是言简意赅、全面完整。西塞罗关于演讲的第四个部分是证明或确认（confirmation），即用论题证明观点的部分，其目的是使听众相信并支持这个观点。接下来的部分是反驳（refutation），即对对方观点进行批驳的部分，目的是使对方的观点站不住脚、不值得相信、不应该得到支持。其资源与前一部分的资源相同。[⑤] 关于演讲的最后一个部分是结束语/结尾（peroration），即把演讲过的内容要点放置在一起，使听众一眼便看到演讲内容梗概，加深听众对演讲的印象。这部分通常包括总结要点、激发对对手的愤慨、增加对演讲者的同情心。[⑥] 比照亚里士多德对演讲布局或话语结构的论述，西塞罗的论述要全面、具体得多。就这个方面来说，西塞罗对后世的修辞学，包括当代修辞学尤其是写作学的影响更大。

① Aristotle, *Rhetoric*, p. 199.

② Ibid., p. 200.

③ Cicero, *De Inventione*, p. 41.

④ Ibid., p. 57.

⑤ Ibid., p. 123.

⑥ Ibid., p. 147.

对演讲的风格问题，亚里士多德的《修辞学》进行了比较详细的论述。亚氏认为，做演讲，“必须要研究三个问题：一是劝说手段；二是风格，或使用的语言；三是演讲的各个部分的布局安排”①。亚氏认为，好的语言风格应该具有四个特征（如图 3.5 所示）。

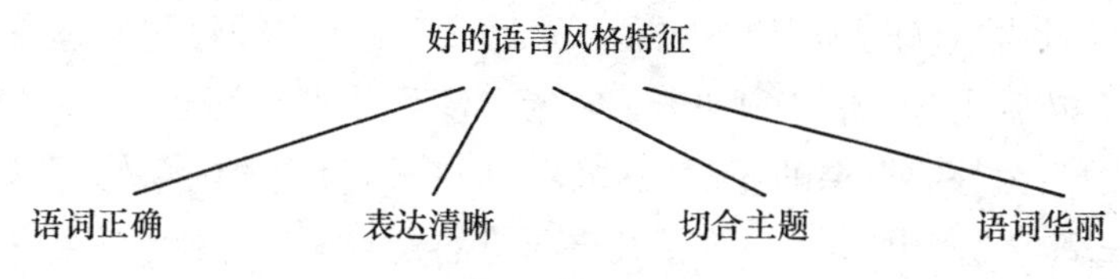

图 3.5　好的语言风格的特征

在亚氏看来，好的语言风格的基础是语言使用的正确性，涉及连接词语的使用及顺序安排、事物的正确称谓、复数的正确使用、正确分类等。此外，语言表达要清晰，切合修辞情景，用词华丽动人。语言的清晰性，意味着毫不含糊，没有模棱两可的现象。对修辞情景的切合不仅要求用词适合当下谈论的话题，也要适合言说者及听众的身份；语词的情感色彩都要适合情景因素。在适合情景的前提下，词语应尽可能华丽，以增添话语的感染力和劝说力。为使语言华丽动人，亚氏建议应描述事物而不是命名，使用辞格尤其是隐喻等表达事物，而不是平淡地表述。

对“五艺”中的记忆，亚里士多德没有提及，后来的修辞学家对之进行了填补。至于谁最先将记忆纳入修辞学五艺之中的，现在似乎还难以确定。西塞罗在《论言说者》中对记忆作了详述。他认为，记忆对演讲者非常重要，“只有那些记忆力强的人才能知道他们需要说什么，说到什么程度，如何说它，说过什么，还有什么有待说”②。但是，从古至今，西方修辞学对记忆的探讨还是不多的，或许因为它只不过是一个边缘性的成分罢了。

对“发表”，亚里士多德给予了一定的关照，因为“它在很大程度上影响演讲的成功与否”③。“发表”主要是演讲者如何灵活处理说话的声音

① Aristotle, *Rhetoric*, p. 164.

② Cicero, *De Oratore*, p. 220.

③ Aristotle, *Rhetoric*, p. 164.

大小、语调、节奏等的问题。在亚氏之前，对“发表”的规律的讨论不多。亚氏认为，因为修辞的一切活动都与外表有关，所以对此应该给予重视。亚氏对“发表”的看法与现代修辞学中的“发表”概念存在着内涵上的差异：在现代修辞学中，“发表”的内涵不仅包括声音上的技巧，更包括体态语言，如手势、脸部表情、姿态等。

自从20世纪新修辞学登上舞台后，以亚里士多德修辞学理论为核心的古典修辞学理论开始受到冲击，它的一些重要理念也随之发生变化，在以“劝说”为核心思想的修辞观被以“同一”为理念的新修辞理念所代替后，修辞学的范围也扩大到了几乎所有的人类交际行为中，传统的三类演讲简直就成了沧海一粟。比如，亚里士多德的人格诉诸只涉及理智、高尚、友善三个要素，但现在它可涉及一切能够有助于修辞者树立良好形象的东西，甚至还可以包括言说之前已经具有的名声（这似乎吸收了伊苏格拉底的人格理论）；亚里士多德的理性诉诸主要依靠修辞三段论，而建构修辞三段论的前提及结论主要是豁然性的东西，但现代修辞学较关注肯定性，关注亚氏修辞学没有关注的“非艺术性的证据”。

对新亚里士多德修辞学批评来说，批评的方式既要以亚里士多德修辞学为核心的传统修辞学为指导，又不能被它所束缚。既然修辞学的对象不再只是议政、法庭和礼仪情景下的演讲，那么修辞批评的对象也就不能被其所限。从“五艺”来说，觅材不再仅仅局限于议政、法庭、礼仪三种修辞情景，布局也已经不局限于演说词的几个部分，其他类型话语的谋篇策略也成为布局考虑的问题。至于风格问题，一些新的概念和手段也可纳入考察范围，比如，风格的量化统计。在“发表”的问题上，除了演讲者的声音，诸如手势、面部表情等体态语言外，连穿着打扮都应该给予关注。

第三节 新亚里士多德修辞批评的基本哲学假定

新亚里士多德修辞批评的理论支撑主要是以亚里士多德修辞学为主的修辞学理论。因为劝说是针对听众或读者的修辞行为，所以新亚里士多德修辞批评的哲学基础有一个基本假定：人是理性的动物，即是说修辞者和听众是理性的。这种理性不仅决定了修辞者认为自己应该言之有理，而且决定了听众一般会对修辞者的理性话语做出理性的应答。就修辞者来说，他应该重视使用类似于逻辑中的演绎推理（也即修辞三段论），从人们普遍认同或共享价值或观念的资源里寻求建构这种推理的大、小前提，引导听众获得豁然性的、理性的结论。即使修辞者要进行人格诉诸，也必须将话说得十分合理，以使听众认为他是理智、高尚、友善的人。倘若他要进行情感诉诸，则要理性地审视当下社会里普遍认同的价值、信念，将之与某个事物联系起来，从而诱发听众的情感，激发他对自己论题的支持。就听众来说，理性始终伴随着修辞过程。如果听众是非理性的，修辞者的理性话语将是“瞎子点灯白费蜡”。虽然说听众的情感会影响其对修辞者话语的反应，但他的情感一定与他对事物的价值、态度相关联，因为任何情感都是针对某一个事物的。所以，听众被修辞者激发的情感也必须经过某种理性的判断而产生。对于修辞者的人格诉诸，听众必须根据其所崇尚的价值观，或者当下社会普遍认同的价值观来判断修辞者是不是——用昆体良的话说——一个好人在说好话，然后，他把自己通过理性判断得出的“好人”形象投射到言说者身上。设想：听众如果不是和修辞者一样是理性的人，即使修辞者说的话显示他是一个好人在说好话，听众也不一定买账，结果可能与修辞者所期望的相去甚远。人的理性特征意味着人是可以被说服的。劝说，按照亚里士多德的观点，就类似于逻辑中的一个演示推理过程。如果修辞者的话语听起来有理，听众就有可能理性地思维，判断修辞者的说理是否符合他的期望，如果符合，则可能被修辞者说服。

与上述“人是理性的动物”的哲学观相关的一个重要问题是修辞学与逻辑的关系问题。新亚里士多德修辞批评走的是一条“理性”的道路，尤其体现在修辞学的主要证据即修辞三段论上。新亚里士多德修辞批评理论在哲学层次上接受修辞学是与逻辑学相似并与之并行的学科。从形式上来看，修辞学在运作上主要依靠修辞三段论，这与逻辑的演绎推理相似但不相同；修辞三段论通常是可以省略的，但逻辑中的演绎三段论却不能省略。修辞学与逻辑学的紧密关系，或许最重要的体现是它们对待知识的态度：修辞学追求可能性的知识（也即意见），而逻辑学追求确定性的知识。修辞三段论的前提所承载的是豁然性的东西，其结论也只能是不确定性的；相反，逻辑学演绎三段论的大前提与小前提是包含和被包含的关系，所以其结论必定是肯定性的。

第三个哲学假定是，修辞是一个伦理的过程。虽然修辞者主要依靠理性诉诸，但情感诉诸和人格诉诸也是重要的劝说手段。修辞者不免会遇到一个伦理问题、一个价值趋向问题，那就是激发听众的情感、塑造良好形象时要有分寸，要在理性的基础上进行，否则就成了亚里士多德在《修辞学》中考问的那些只顾煽情的人，或是像柏拉图所攻击的诡辩派一样的伪君子。从三种诉诸的具体运作来看，伦理的色彩也同样明显。由于亚里士多德修辞学关注的是艺术性的证据，即来源于话语中的证据，而对存在于话语之外的证据不予关注，强调事物的或然性，这就为可能的“诡辩”埋下了伏笔。如果修辞者不顾事实，把反的说成正的，使弱的论题变得更强，那不成了诡辩者吗？此外，在情感诉诸中，修辞者必须了解什么样的情感与什么样的事物相联系，了解情感与价值的关联就是一个明显的伦理价值问题。同理，在人格诉诸中，修辞者必须清楚听众所崇尚的价值趋向，从而使话语说得让听众认为自己是一个好人，也即一个伦理意义上高尚的人。如果听众认为修辞者是一个好人，他就有威信，听众就愿意接受或听从他的观点。① 从修辞者与听众的关系来说，如果修辞者一味地诉诸听众，只顾投其所好，不顾自己的立场，这就丧失了伦理准则。可见，无论从三种诉诸的关系还是从它们的实际使用上，都不免要经伦理的“洗礼”，如亚里士多德所说，“修辞学是伦理学的一个分支”。正是基于这一基本哲学命题，新亚里士多德修辞批评才能成立。一个非常有说服力的例子是希特勒在1941年1月30日的演讲。希特勒是一个纳粹杀人魔，但是他在演讲中却努力进行人格诉诸，把自己塑造成一个仁慈、进步的领导人。②

新亚里士多德修辞批评的另一个基本假定是：人的言说是劝说性的。新亚里士多德修辞批评的对象是人的言说，不管是什么类型的言说，都是针对听众，旨在影响听众的话语。在当代修辞学看来，劝说是一个等级性概念，有的话语劝说性强，有的劝说性弱。比如新闻语篇的劝说性低，而广告性语篇的劝说性高；美国总统针对伊拉克战争演说的劝说性高，而莫言的诺贝尔获奖感言的劝说性就比较低。没有话语的“劝说性”这个基本假定，亚里士多德的修辞体系无法成立，新亚里士多德修辞批评也就无从着手。

---

① Michael Halloran, “Aristotle's Concept of Ethos, or if Not His Somebody Else's,” *Rhetoric Review*, 1 (1982): 60.

② Fred L. Casmir, “An Analysis of Hitler's January 30, 1941 Speech,” *Western Speech*, 30, (1966): 98.

第四节　新亚里士多德修辞批评的基本操作方法和程序

新亚里士多德修辞批评是一种以修辞理论来检验修辞行为的批评，而不像其他有些修辞批评方式那样从修辞学之外的某种角度来分析修辞行为。修辞批评者应该紧紧围绕修辞者如何劝说听众这个核心问题。正如福布斯·希尔（Forbes Hill）所指出的，亚里士多德修辞批评对劝说手段评论的关键是阐述两个相互关联的因素：一是对劝说证据的主干部分即修辞三段论大前提的选择；二是把听众带入那些有利于接受这些前提和结论的各种心境的手段。[①] 他所说的这两个因素其实包含在理性诉诸、人格诉诸和情感诉诸中。对劝说运作的分析是新亚里士多德修辞批评最重要的任务，但要全面、准确、清楚地阐释它，还必须考察修辞行为的全过程，也即考察修辞者的觅材、布局、风格、记忆与发表的策略。这五艺与三种诉诸关系密切相连，不能分开。比如，觅材过程就可能是对各种诉诸材料的寻觅；布局也可能关涉三种诉诸；风格也可能会影响人格诉诸和情感诉诸；发表显然会影响人格诉诸和情感诉诸，言说者的语音语调、音容笑貌会引发听众的情感。

莫尔曼和莱夫（Mohrmann & Leff）指出："修辞批评存在的理由是由特定情景下的具体情况决定的，修辞批评者必须根据这些情况来阐释人格、证据、组织、发表……所有这一切都源于古典（修辞学）理论。"[②] 批评者将对象置身于其具体的修辞情景之中，因为修辞话语是对修辞情景的反应。从内容上来说，新亚里士多德的批评框架是由修辞学的三种诉诸和"五艺"构成的（如图3.6所示）。

新亚里士多德修辞批评的基本步骤与修辞过程相关。由于修辞情景从某种程度上说决定了修辞话语，故修辞批评的出发点是对修辞情景的考察。

---

① Forbes Hill, "Conventional Wisdom—Traditional Form—The President's Message of November 3, 1969," *Quarterly Journal of Speech*, 58 (1972): 378.

② G. P. Mohrmann, & Michael C. Leff, "Lincoln at Cooper Union: A Rationale for Neo-Classical Criticism," *Quarterly Journal of Speech*, 60 (1974): 460.

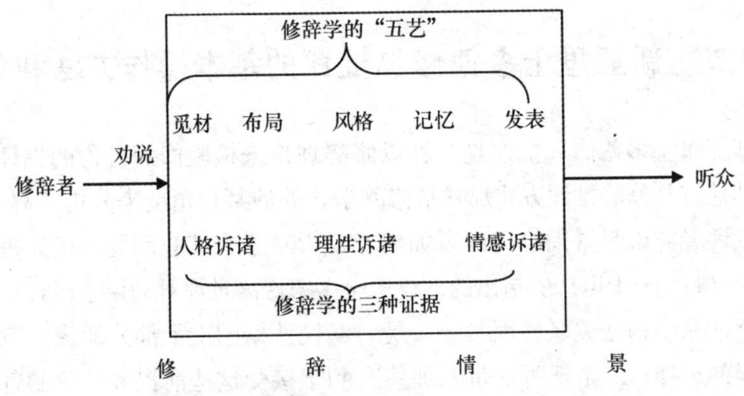

图3.6 新亚里士多德修辞批评的理论框架

修辞批评者根据修辞情景，考察言说者是否发现了特定修辞情景下可获得的劝说手段，但不考察他实际上是否真正成功地说服了听众，因为听众的决定是由很多复杂因素决定的，其中还有偶然因素。① 这个批评的过程大致包括以下几个步骤：（1）对修辞情景的分析；（2）对听众进行分析，考察其构成情况及社会文化背景、心理状态等；（3）分析修辞者在觅材、布局、风格、记忆和发表五个方面的特点，尤其要关注与这“五艺”密切相关的人格诉诸、理性诉诸和情感诉诸。（4）联系修辞情景，尤其是听众因素，依据修辞理论评论修辞者的策略是否妥当。

在修辞情景的分析方面，比彻尔为修辞批评者提供了有力的分析工具。在情景因素中最重要的是听众/读者。修辞者的听众并不是指所有的人，而是他所期望影响的人，这可能是在场的听众或不在场的听众，目标听众或潜在听众。对听众的分析，归根结底还是对其心理状态、价值、需要、态度等的心理特点的分析。听众分析的目的是分析、阐释和评论修辞者在修辞学三种诉诸和“五艺”方面的理据和成败得失。

对劝说方式以及“五艺”的描写与分析，是新亚里士多德修辞批评的核心和关键所在。有些问题值得修辞批评者仔细探讨：修辞者试

① Forbes Hill, “Conventional Wisdom—Traditional Form—The President's Message of November 3, 1969,” *Quarterly Journal of Speech*, 58 (1972): 374.

图塑造什么形象？这些形象与当下的劝说有何关系？修辞者诉诸什么情感，并为此提及什么事物？这种情感与影响对听众有何作用？修辞者如何诉诸理性，也就是说，他如何说理、如何建构修辞三段论？这些修辞三段论的前提及结论体现了什么价值？修辞者选择的话题材料如何与价值相联系？布局与理性诉诸有何联系？言说者如何开头和结尾？整个演讲的逻辑结构如何？是否可以发现宏观的修辞三段论结构？修辞者使用了什么特别的语言表达手段，比如词汇、句法、辞格上的特征？这些语体风格特征与人格诉诸和情感诉诸是否有关系？这些特征对劝说有何作用？言说者的话语在语音、语调、节奏上有何特色？他的脸部表情和手势语言如何？这些是否与劝说有关？需要强调的是，考察修辞者寻求劝说手段的时候，修辞批评者尤其要探究该修辞情景下听众所持有的意见，因为修辞的事务是针对意见的，且修辞需要的是能够针对人们普遍所持的意见，只有了解了听众的普遍意见，修辞批评者才能正确评论修辞者觅材的好坏。

至于对修辞效果的考察和评论，通常可通过不同渠道获得相关信息，如听众的直接反应、掌声、民意调查或问卷调查等，要分析修辞话语的效果与修辞手段的关系。在当代修辞学看来，劝说意味着态度的某种变化，修辞批评者可以引入现代心理学关于态度变化的一些理论，不必墨守古典修辞学的成规。此外，也要对修辞者的伦理价值进行评论。好人和坏人都可以使用修辞手段去劝说、影响听众。那种凭空捏造事实、强词夺理的言说，显然违背了伦理价值，即使言语十分华丽，也应该受到批驳。需要强调的是，对修辞话语或行为效果的评论，不以听众/读者实际上是否被说服为参考（尽管这的确可以作为一个参考项），而是以修辞者在当下修辞情景下所寻求的可能的劝说手段为考量的。

正如著名修辞学家莫尔曼和莱夫所说，“如果要使（修辞）批评不离奇古怪、主观臆断，必须要有某种框架来指导分析”①。基于上述讨论，新亚里士多德修辞批评方法与步骤如图 3.7 所示：

① G. P. Mohrmann, & Michael C. Leff, “Lincoln at Cooper Union: A Rationale for Neo-Classical Criticism,” *Quarterly Journal of Speech*, 60 (1974): 465.

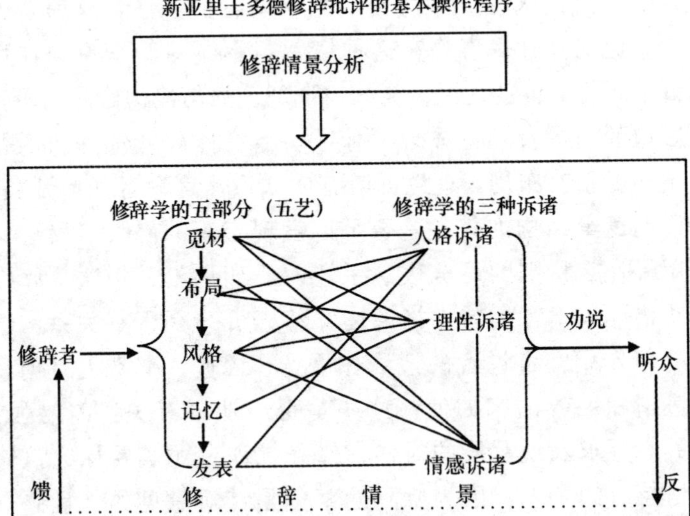

图 3.7　新亚里士多德修辞批评的基本操作方法

第五节　结语

新亚里士多德修辞批评是修辞批评领域最早的一种批评模式，虽然现在修辞批评的方法呈现出多元化，但它仍不失为一种操作简单而实用的方法。为了能更有效地进行话语分析，批评者也不妨将当代修辞学甚至其他学科中的一些相关理论或概念引入修辞批评实践之中。尤其值得一提的是，批评者应根据修辞批评的对象即修辞行为的具体情况来确定分析方法的具体细节，不应太拘泥于上述方法。

第四章　心理修辞批评

人是价值的动物，因此人的情感及行为必有其心理动因。早在两千多年前，亚里士多德就发现人的行为与其个性，与其心理状态存在着某种稳定的因果联系。在修辞学的悠久历史中，不乏对修辞行为与心理之关系的探讨。修辞学中有一个有趣的故事：有一次，一个国王看到一头公牛被牵去屠宰场宰杀以做祭品，顿时对之心生怜悯，随即命令用一只羊去代替公牛做祭品屠宰。他承认之所以这样做是因为他亲眼看见了这头公牛，但看不见那只代替牛被宰的羊。这个故事所说的道理很简单：如果你要激发某人的情感并影响其行为，就要尽可能地使他身临其境，尤其是诉诸他的感官。对修辞批评来说，这个简单的故事却揭示了人的行为与情感之间的重要因果关系，换言之，对人的行为的考察可以以心理为视角。这种启示在奥地利心理学家弗洛伊德的精神分析学说中还可得到进一步的支持。弗洛伊德从人的精神层面、从人的个性特征来阐释人的行为表现，不仅对整个心理学，甚至对文学、修辞学都产生了深远的影响。弗洛伊德心理学说的一个核心思想是人类的心理活动都有其原因，甚至人的梦幻情景都可以在精神层面上进行因果关系的阐释。既然人的行为都有其心理缘由，那么就有理由相信修辞批评者可以从心理的角度去分析、评论人们的修辞行为。在文学领域有一种批评方法叫作心理分析法，同样，在修辞学领域也有一种被称为心理修辞批评的模式。

在美国修辞批评的历史上，心理修辞批评作为一个独立的范式并没有流行很长时间，在现在的修辞批评领域，将心理修辞批评作为独立范式的学者并不多见，但这并不表明这种范式的失宠。事实上，心理修辞批评常常“化整为零”，巧妙地、不知不觉地进入其他修辞批评的范式之中，成为修辞批评者劝说其读者/听众的有用资源。

第一节　心理修辞批评的含义

心理修辞批评是指从心理学角度分析、评论修辞行为的一种模式，著名修辞学家布莱克把心理学研究作为修辞批评的一个新的种类。为何要从心理学角度阐释修辞行为？拉辛和弗伦茨（Rushing & Frentz）认为，根基于心理学的批评能为修辞研究做出三种贡献：研究被掩埋在底下的东西；研究突出的东西；研究认识论的替代性的东西。[①] 心理修辞批评在修辞批评历史上是一个承前启后的重要批评模式。尽管它不再像当年那样风靡修辞学界，但它对修辞学、对修辞批评的推动作用是不容否定的，即使在20世纪末和21世纪的今天，修辞学界仍然有学者撰文对心理学视角的修辞学研究大加褒扬。

第二节　心理修辞批评产生的背景

一　修辞学对修辞传统的反思

心理修辞批评是修辞批评借鉴心理学有关理论和概念的产物。[②] 作为一种修辞批评范式，它的产生有其深刻的修辞学背景和以心理学为主的行为科学的背景。

首先，传统修辞学偏袒修辞者而忽视听众的做法引起了学者的不满和质疑。传统修辞学理论倾向于聚焦修辞者这个观察点，强调对修辞材料的寻觅，而听众则通常被看作一个对象，一个引导修辞者寻觅和创造修辞材料的来源，一个完成修辞者目的的工具或阻碍。[③] 从古典修辞学奠基人亚里士多德到当代的新修辞学家，无不聚焦于修辞者。亚里士多德把修辞学定义为在任何特定的场合下寻求可能的劝说手段的功能，可见，他关注的焦点是修辞者如何根据修辞情景觅材取材。尽管亚里士多德的《修辞学》第二册的很大一部分是讨论听众的，但也只是为了修辞者的创造或觅材，

---

① 参见 Bruce E. Gronbeck，" Rushing，Frentz and the Matter of Psychological Rhetorical Criticism，" *Southern Communication Journal*，71（2006）：159-163.

② Karlyn Kohrs Campbell，*Critiques of Contemporary Rhetoric*，p. 28.

③ William L. Benoit & Mary Jeanette Smythe，"Rhetorical Theory as Message Reception：A Cognitive Response Approach to Rhetorical Theory and Criticism，" *Communication Studies*，54（2003）：96.

说到底，亚里士多德的修辞理论是从修辞者的目的出发的，而不是从听众接受和理解信息的角度建构的。古罗马修辞教育家昆体良也不例外。[①] 他认为，演讲术包括培养演讲者所需要的全部，修辞教育的目的是培养优秀完美的演讲者。在昆体良那里，听众只是演讲者演讲努力的对象。即使到了18世纪，修辞学聚焦修辞者的倾向仍然不变。乔治·坎布尔（George Campbell）指出："演讲，总有某种目的，或某种修辞者希望在听众身上产生的结果。"[②]

即使当代修辞学，包括新修辞学派，也把焦点聚集在修辞者身上。譬如，情景论创立者比彻尔认为，修辞者觅材的核心任务是"引导和使用信息中的限制项，使其反应和当时修辞情景下起作用的其他限制项一起影响听众"[③]。著名修辞学家佩雷尔曼和泰特克（Perelman & Tyteca）说："这个问题只有唯一一种规则，那就是调节演讲以适应听众，不管它的性质如何。"[④] 虽然听众被置于修辞学的显要地位，但它仍然只是修辞者的一个对象，修辞者实现其目的的一个手段、工具[⑤]。即使当代修辞学泰斗伯克也同样把焦点聚集在修辞者身上，这在其修辞学定义中表述得很清楚："修辞的基本功能是人使用话语在其他人身上形成观点或诱发行为。"

如果把修辞看作一个双向的交际活动——言说者说出话语及听话者理解和接受话语——我们就会发现，古往今来的修辞学所关注的焦点是修辞者或言说者，关注其话语的创造和生产，但对交际的另一方（即听众）如何感知、加工和对信息进行反应，却鲜有系统的理论探讨。当然，这不是说传统修辞学忽视听众，而是说它主要聚焦于修辞者如何劝说上，其立足点是修辞者。从理论上说，这不能不说是一个缺陷。一个完整的修辞观必须涵盖听众，将其看作劝说过程的一个潜在的积极参与者，正如贝努瓦和斯迈思（Benoit & Smythe）所说："任何劝说理论，如果不承认听众在

---

① 昆体良（Quintilian）的有关思想，见 http：//en. wikipedia. org/wiki/Institutio_ Oratoria .

② 转引自 William L. Benoit & Mary Jeanette Smythe，"Rhetorical Theory as Message Reception：A Cognitive Response Approach to Rhetorical Theory and Criticism，" *Communication Studies*，54（2003）：97.

③ Lloyd F. Bitzer，"The Rhetorical Situation，" *Philosophy and Rhetoric*，1（1968）：23-34.

④ William Benoit & Mary Jeanette Smythe，"Rhetorical Theory as Message Reception：A Cognitive Response Approach to Rhetorical Theory and Criticism，" *Communication Studies*，54（2003）：98.

⑤ Ibid.，p. 102.

劝说过程中是积极的参与者，最终都不是一种完整的理论。"[①] 这就需要从听众的角度阐释修辞的运作机制。

二 行为学科的启示

广义地讲，行为科学是指研究人甚至动物的行为的学科群，它包括心理学、社会学、社会人类学等。从方法上说，行为科学的典型特征是吸收心理学、社会学、社会人类学的知识，使用实验、观察、调查等类似自然科学的方法来研究人类和动物的行为。作为一种综合性的科学，它于20世纪50年代正式登上科学舞台。狭义地说，行为科学指的是研究人的行为的产生、发展和变化的规律，并预测和控制人的行为的一种综合性学科。

在行为科学中，心理学的发展无疑对修辞批评产生了非常重要的作用。由于修辞批评的一个核心任务是阐释修辞运作的机制，这就必须涉及人的心理和行为。就心理学来说，它的理论为修辞批评提供了重要的借鉴。在行为科学产生之前，心理学研究基本上采用内省的方法。古希腊时期的柏拉图和亚里士多德曾对人的心理进行论述，但主要是哲学层面的思考。柏拉图提出了心灵与身体相分离的唯心论哲学观；亚里士多德在历史上最早论述各种心理现象的著作《灵魂论》及《修辞学》中对此有详细的论述。[②] 但是，在经院哲学占统治地位的很长时期里，一切都蒙上了厚厚的宗教色彩，心理学的理论研究没有任何突破。到了19世纪中叶，随着德国学者冯特创立世界上第一个心理学实验室，心理学引入了自然科学的研究方法，摆脱了以往那种"冥想"的主观方法。虽然冯特的心理学也饱受质疑和批评，但其心理学研究使心理学摆脱了以往的哲学附庸角色，从近代的神学中解脱出来，成为独立的一门科学。弗洛伊德创立精神分析法，触及了前人从未涉及的无意识心理领域，大大拓展了心理学领域，也为修辞学提供了有益的借鉴。

然而，对心理修辞批评而言，最值得关注的是20世纪兴起的行为主义心理学、人本主义心理学以及认知心理学的研究成果。20世纪初，美

① William Benoit & Mary Jeanette Smythe, "Rhetorical Theory as Message Reception: A Cognitive Response Approach to Rhetorical Theory and Criticism." *Communication Studies*, 54 (2003): 102.

② 黄希庭:《心理学导论》，人民教育出版社1991年版，第33页。

国心理学者华生（J. B. Watson）主张观察人的外在行为，并用科学的测定对人所表现出来的行为进行分析研究，开启了行为主义心理学，对现代心理学产生了巨大的影响。不过，华生的行为主义心理学"拒谈'意识'、'心理'或者'心灵'，而只注重那些看得见、听得到和摸得着的东西"。他的行为主义心理学消除了心理学主观性的传统特点，发展了科学的观察方法，使心理学在方法上更加精细和科学。不仅如此，它的一些基本观点和研究方法还渗透到很多人文学科中去。的确，行为主义心理学给予修辞批评的启示是：修辞批评可以采用观察、测定的方法来检测人们受修辞话语影响后所发生的某种心理变化。然而，华生的行为主义心理学广受批评，因为它是一种典型的"刺激—反应"式的机械性观念，且忽视人的主观能动性，忽视人的个体差异性。从20世纪50年代开始，美国心理学界兴起了人本主义运动，强调人的本性及其社会性，反对行为主义心理学中的机械化，把人看作低级动物来进行研究的倾向。人本主义心理学的著名代表人物是需要层次理论的创始人马斯洛，它的一个核心理念是：人是有别于低级动物的、有价值有选择的社会人。这种理论的重要启示是：心理研究要关注人的价值和人格。马斯洛的需要层次理论对人类的动机研究提供了全新的视角和方法，为心理修辞批评提供了理论基础。在方法论上，人本主义心理学主张经验与实验的统一，为人文社会学科的修辞学提供了方法论指导。

与此同时，自20世纪50年代后，由于信息论、控制论、计算机科学等学科的发展，西方心理学冲破了行为主义心理学的简单定式，认知心理学研究随之兴盛起来。认知心理学家"采用信息加工的观点，把人看作是信息加工系统，通常用模型来表示人类心理过程和结构的某些主要方面"①，为修辞学对修辞行为的阐释提供了又一新的视角。

三　修辞学领域心理学趋向的兴起

随着行为科学的发展，修辞学界出现了进行心理学研究的呼声。20世纪初，美国演讲学会的一个研究委员会提出，演讲艺术的心理学是一个丰富的研究领域，并提倡学会成员关注心理学问题。演讲学会的学术刊物《言语季刊》也为学者们进行心理学研究提供平台，在20年间发表的600

① 黄希庭：《心理学导论》，第41页。

多篇文章中，有很大一部分涉及心理学研究。[①] 当时，修辞学领域的心理学研究主要有三个趋向：一是把心理学实验室证明的一些心理学结论运用到演讲研究中；二是运用现代心理学中的假定、概念、解释原则、不同学派的理论，以致几乎所有重要的竞争心理学派别的假定、概念、原则在修辞学领域的心理学研究中都有其代表，比如格式塔心理学的一些结论就运用到演讲研究之中，而心理学中关于欲望的理论则被用来解释修辞学的核心概念"劝说"；还有就是把心理学研究的一些方法借鉴到演讲研究之中。[②] 比如，有研究者运用心理学的方法来测量公众演讲中的修辞听众对修辞话语的反应效果，而有的研究则对修辞诉诸的效果进行实证研究，另有学者对修辞听众的意见（态度）进行测量或实证研究。心理学研究的方法论在修辞学领域的借鉴和运用极大地促进了修辞学的科学性和跨学科性，对心理修辞批评的产生和发展起了很大的推动作用。

在修辞批评领域，一个使修辞批评方法走向多元化的修辞学家不得不提及。在20世纪二三十年代西方（美国）修辞学开始走出低谷的一段时期内，修辞学仍然主要信奉古典修辞学理论，在修辞批评领域，占主导地位的仍然是新亚里士多德批评。这种单一的、单调的批评受到了布莱克（1978）的抨击，他主张修辞批评方法的多元化，甚至提出把心理学研究作为修辞批评的一个新尝试。恰在此时，西方（美国）的行为科学，包括心理学正发生着巨大的变化，各种理论和派别不断涌现，为修辞批评心理学视角的产生创造了条件。这种根基于心理学的修辞批评不仅促使修辞学挖掘被掩埋在底下的东西，拓展修辞学的疆域，也促进了修辞学对显现的现象的研究，深化了修辞学的研究，更为修辞学的认知性阐释提供了理据，使修辞学的哲学功能得到更深入的认识。[③]

第三节　心理修辞批评的理论基础

以上章节所述，其实已经折射出心理修辞批评的基本理论。作为20

① E. Utterback, "An Appraisal of Psychological Research in Speech," *The Journal of Speech*, xxiii (1937): 176.

② 参见 E. Utterback, "An Appraisal of Psychological Research in Speech," *The Journal of Speech*, xxiii (1937): pp. 176-181.

③ Bruce E. Gronbeck, "Rushing, Frentz and the Matter of Psychological Rhetorical Criticism," *Southern Communication Journal*, 71 (2006): 160.

世纪60年代兴起的一种模式，心理修辞批评不可避免地打上了时代的烙印。首先，心理修辞批评是建立在新亚里士多德修辞学基础之上的，或者说，它是从心理学角度解释传统修辞学运作的一种批评方法。传统修辞学的核心是劝说，它所涉及的三个维度是人格诉诸、逻辑诉诸和情感诉诸，这三个维度构成了心理修辞批评的三个维度。根据亚里士多德的论述，修辞者要达到说服听众的目的，就需要从三个方面入手：一是要使自己的话让听众认为自己是一个有智慧、有道德、待人友善的好人，因为人们一般愿意相信好人而不愿相信坏人；二是自己说的话要言之有理，逻辑强，讲事实、摆道理，不强词夺理，因为人是理性的动物、社会的动物；三是自己的话能够激发听众的情感，包括针对自己的情感及对当下话题的情感，因为人们的判断常常受情感的影响。亚里士多德的修辞三诉诸是心理修辞批评的重要理论之一，可以说，心理修辞批评是新亚里士多德修辞批评与心理学交叉的产物。关于新亚里士多德修辞批评的有关理论前一章已有论述，此处不再重复。

其次，心理修辞批评意味着要用心理学理论解释劝说行为，也就是说，心理修辞批评需要将心理学理论作为一种视角去分析、解释劝说行为。因为传统修辞学的核心是劝说，所以从心理上分析和解释劝说行为，关键是要对“劝说”机制做出心理学阐释。

如果说修辞是寻觅劝说手段，那么它涉及大脑运作的这一思维方式。众所周知，言说者的话语应该适合修辞情景。对情景的适切是言语交际是否成功的评判标准。为何适合情景的话语是有效的？言语是人际间的交际，人是心理的社会动物。话语的适切性本质上也是心理现象，因此可以从心理学角度考察。在《费德鲁斯》中，柏拉图宣称修辞者应该根据听众的特点来调适话语：“言说者将话语和人的心灵以及心灵受影响的种种方式分成类别，解释每一种情况的理由并就每种心灵适切的话语提出建议。”①

人的心理现象分三类：心理过程；个性；心理状态（如图4.1所示）。

① Plato, *Phraedrus* (Cambridge: Cambridge University Press, 1952), p. 147.

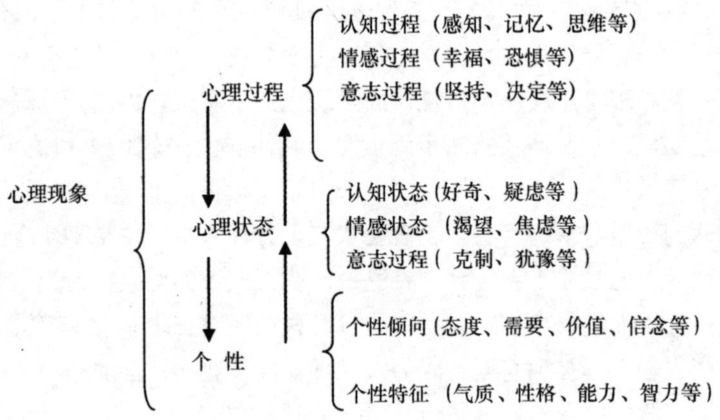

图 4.1　人的心理现象

资料来源：参见郭亨杰、宋月丽《心理学教程》，南京师范大学出版社 1995 年版，第 5 页。

在人的三种心理现象中，处于支配地位的是人的个性，而其中的个性倾向特征，如态度、需要、价值、信念决定了人的行为。就修辞而言，对听众心理现象的分析与阐释，无疑要涉及这些关键要素。在人的个性倾向的诸要素中，起最终决定作用的是价值，换言之，支配人们行为的最终因素是价值；人们根据自己的价值观去判断事物并决定做什么以及怎么做。正如詹姆斯・W. 范德・赞德（James W. Vander Zander）所说，价值可以被定义为“用来评价事物（包括物体、思想、情感、事件）的标准或概念……价值定义了什么是善、什么是美、什么是道德、什么是值得做的东西”①。人的价值与其态度、需要、信念是紧密相关的；人的价值最终决定了人的需要（除了动物性的或本能的需要外），也决定了他对事物的态度和信念。正因为价值对人的行为的最终决定作用，所以它与修辞紧密关联。人是价值的动物，人活在世上，就要根据价值在好与坏之间进行选择，因此就驱动了人的行为。理查德・韦弗（Richard Weaver）认为，高尚的价值对文明文化、对修辞过程起关键作用。② 从修辞运作的层面看，

① James W. Vander Zander, *Sociology: A Systematic Approach*, 2nd ed. (New York: The Ronald Press Company, 1970), p. 57.

② Richard Weaver, "Language Is Sermonic," In R. L. Johannesen et al. (ed.), *Language is Sermonic: Richard M. Weaver on the Nature of Rhetoric* (Baton Rouge: Luisana State University Press, 1970), pp. 7-30.

修辞者诱发听众合作的关键是针对听众的个性倾向性特征，尤其是听众的价值。

在心理学中，“劝说”意味着态度的加强、变化和改变。除了用心理学理论去阐释“劝说”或“态度的变化”之外，还需要用心理学理论来阐释与上述传统修辞学有关的三个维度修辞的运作。从修辞批评的实践来看，比较重要的理论有认识协调理论、信息理论、需要层次理论、激励序列理论，因为这些理论可以较好地解释态度变化或者行为产生的原因。事实上，在心理修辞批评中，凡是有利于阐释修辞行为的心理学理论都可以兼容并蓄地利用。

20 世纪，与劝说相关的心理学研究主要是一致性理论（theory of consistency），弗里茨·海德（Fritz Herder）、西奥多·纽康姆（Theodore Newcomb）、奥斯古德和坦纳鲍姆（Osgood & Tannenbaum）、利昂·弗斯廷格（Leon Festinger）等学者为一致性理论的发展做出了贡献，其中奥斯古德和坦纳鲍姆以及利昂·费斯廷格尤为著名。[①] 实际上，利昂·费斯廷格（Leon Festinger）的理论是心理学历史上最重要的理论之一。根据奥斯古德和坦纳鲍姆（Osgood & Tannenbaum）的观点，劝说有三个基本认知元素：一个是认知者，另外两个是判断的对象（这种判断对象可以是概念或人）。当被判断的对象被关联起来时，会出现一致（或协调）或不一致（或失调）的状况，如果认知者对这两个元素的判断或评价是一致的时，就会出现认知一致性；当对这两个元素的判断或评价不一致时，就会出现不一致（即失调）。一旦出现不一致现象，就有一种求变的压力。[②] 弗斯廷格在汲取他人研究的成果上，提出了自己的模型，虽然它和奥斯古德和坦纳鲍姆的原理基本相同，但它更精细一些。在费斯廷格的认知模型里，认知要素包括态度、感知、知识、行为等。根据他的观点，当把两个认知要素（或许是态度和行为）放在一起时，就有可能出现三种情形：一是无关联（null or irrelevant）；二是一致性（consonant）；三是不一致（dis-

① Fritz Heider（海德）是美国著名社会心理学家、社会心理学归因理论的创始人；Theodore Newcomb（纽康姆）是美国主要的社会心理学家之一、平衡理论的代表人物；Osgood（奥斯古德）（1955）是美国著名社会心理学家、认知一致性理论的代表；Festinger（费斯廷格）是美国著名社会心理学家、认知失调论的代表。

② Stephen W. Littlejohn, *Theories of Human Communication* (Wadsworth Publishing Company, 1983), p. 149.

sonant）（即失调）。“不一致性”是指一个因素不会被预期紧跟另一个因素，这是一种心理上的关系，而不是一种逻辑上的关系。[①] 一旦出现认知上的不一致性，人不仅会有一种压力驱使他去减少或消除这种不一致性，也会尽可能地寻求避免额外的不协调的产生，这样，最终的结果是态度或行为方面的变化。“不一致性”由两个变量决定：认知要素的重要性以及认知要素的数量。如果涉及生死攸关的认知要素，那么“不一致性”的强度就会很大，如果涉及小事情，“不一致性”的强度就相应地要低；如果“不一致性”所涉及的认知要素越多，“不一致性”也就越大；反之“不一致性”就越小。“不一致性”的程度越大，求变的压力或者动力也就越大。根据不协调产生的原因及其特征，消除不协调的办法就比较容易理解了。其一，可以改变某个或几个认知要素[②]；其二，可以在不协调性的某一方中增添新的认知要素；其三，可以贬低不一致关系所涉及的认知要素的重要性；其四，可以寻求一致性信息；其五，可以故意歪曲或错误解释所涉及的信息。

举例来说，假如你是一个吸烟者，你一定听说过或看到过吸烟有害健康的信息。这里有两个认知元素：“吸烟”和“有害健康”，这两个认知要素产生了一种不一致性，并作用于吸烟的你身上，使你产生一种要改变这种不一致性的力量。此时，你有两种最基本的选择：一是戒烟，这样就与另一个认知要素（“有害健康”）协调起来；另一个选择是拒绝认为吸烟有害身体健康，这样也与另一个认知要素“吸烟”（或继续吸烟）协调起来。当然，你也可以通过添加认知要素的方法——香烟过滤嘴——来减少或消除那种不一致性（“通过过滤嘴的作用，有害物可以大大减少”），甚至还可以通过降低不一致性中的某个认知要素的重要性来减少不一致性：“我渴望过更有质量的生活，而不是要有更长的寿命。”

认识一致性理论为我们提供了针对信息源和概念的态度变化（或劝说效果）趋向表（如表4.1所示。）

① Stephen W. Littlejohn, *Theories of Human Communication*, p. 150.

② Ibid.

表4.1　**对信息源的态度变化方向**

	对概念的初始态度是		
	良好的	中性的	不好的
对信息源的初始态度	良好的　+	-	-
	中性的　+	0	-
	不好的　+	+	-

资料来源：参见 James McCroskey（ed.），*An Introduction to Rhetorical Communication*（Prentice-Hall，1968）.

根据表4.1，若听众对修辞者及其言说的话题的态度是良好的，那么听了修辞者的言说之后对修辞者的态度会趋于更好。若听众对修辞者及其言说的话题的态度是中性的，那么在听了修辞者的话语之后对其态度不会发生变化。若听众对修辞者持负面的态度，但对其话题持积极的态度，则听众在听了修辞者的言说之后对他的态度会向积极的一面转化。若听众对修辞者及其话题都持负面的态度，那么听众在听了修辞者的言说之后对修辞者的态度会变得更加负面。

表4.2　**针对概念的态度变化方向**

	针对概念的初始态度		
	良好的	中性的	不好的
针对信息源的初始态度	良好的　+	+	+
	中性的　-	0	+
	不好的　-	-	-

根据表4.2，如果听众对修辞者及其言说的概念的态度是良好的，那么听众在听了修辞者的言说之后对修辞者言说的概念的态度会向积极的方向变化，对修辞者言说的概念会持更加肯定的观点。如果听众对修辞者的态度是中性的，对其言说的概念的态度是良好的，则听众在听了修辞者的言说之后对该概念的态度会朝负面的方向变化，即对修辞者言说内容的态度会变得不如开初那么良好。若听众对修辞者持中性态度，但对其言说的概念持不好的态度，则听众在听了修辞者的言说之后对该概念会向积极的一面转化，即对概念的态度会变得不那么消极。若听众对修辞者持良好的

态度，对其言说的概念持不好的态度，则听众在听了修辞者的话语之后对该言说的概念的态度会朝积极的方向变化，即变得不如先前那么消极。

举例来说。最近关于促进经济增长的措施，国内存在着两种不同的观点：一种观点强调要通过加大投资的方式来促进经济的持续增长，另一个观点则强调用促进国民消费增长的方式来促进经济的持续增长。设想这样的情景：一个演讲者面对不大赞成依靠加大投资来促进经济持续增长的听众发表演讲，如果听众知道该演讲者是国内享有很高威望的经济学家，那么根据认知协调理论，可以预测听众对通过加大投资来促进经济持续发展的不赞成态度或者抵制态度将会有所减弱；同时也可以预测听众对该经济学家的态度可能会发生变化，他们对该经济学家的态度可能会不如起初那样好。现将言说者的身份改变一下：假如演讲者是一个无名小卒，而其听众对通过扩大投资来促进国内经济持续发展持支持或肯定的态度，那么根据认知协调理论，大致可以预测听众对该演讲人的态度会朝好的方向变化，而对通过投资来促进经济的持续发展的态度会变得不如先前那样积极（这个例子其实也解释了古典修辞学人格诉诸的作用原理）。

心理修辞批评的一个核心是从心理学角度去阐释劝说，而劝说意味着态度的变化，因此信息整合理论（information-integration theory）不失为一种有用的阐释框架。事实上，信息整合方法是解释态度变化的相对比较有效的模式。在20世纪六七十年代，西方心理学界对态度及态度的变化进行了卓有成效的研究，发展了不少关于劝说的心理学理论，信息整合理论便是其中之一。根据这个理论，"态度"是劝说理论的一个重要概念。态度通常被定义为对某个事物做出积极或消极行为的一种倾向性。[①] 在信息整合理论中，态度是关于其对象物的信息积累，每一个信息都会被评价。一个人的态度系统受到所接受并集成到系统中的信息的影响。任何信息都有影响人的态度的潜能，但其影响的程度取决于两个变量：一是"价"（valence）；二是"重量"。"价"是指人对信息好坏程度的判断，若信息支持人的信念和态度，那它一般就会被认为是好的；反之是不好的。当然，好坏有等级之分。"重量"是指信息可信度的一种功能，对一个人来说，某个信息的可信度越高，他赋予该信息的重量就越大；反之就越小。

① Stephen W. Littlejohn, *Theories of Human Communication*, p. 41.

“价”反映了信息是如何影响态度的，而“重量”则反映了这种影响的大小。若赋予信息的“重量”很小时，该信息对态度影响的效果就很小，甚至没有效果。①

举例来说。在当今的社会中肥胖症是一个很普遍的健康问题。若某一个女士患了肥胖症，可以预期她希望减肥。她做贸易和从医的两个朋友，分别向她建言通过饮食的方法去减肥，但他们讲述的具体减肥方法不同。根据信息集成理论，我们可以预测该女士会更倾向于听从从医的同学关于通过饮食来减肥的做法，因为从医同学的信息的可信度更高，也就是说，该女士会赋予他的减肥方法更大的“重量”。该女士决定采纳从医同学的建议，不仅因为其建议更可信，也因为该女士渴望拥有苗条的身材，从而对“减肥”持积极的态度，也即她对减肥信息的“价”认定是正面的、积极的。这个例子也说明信息整合理论可以用来阐释人格诉诸对听众的影响。

谈及态度判断，不能不涉及价值，因为人的价值与态度是息息相关的，人的价值观影响人的态度。根据利特尔约翰（Littlejohn）的论述，就美国社会来说，男女具有相同认同度的主要终极性价值依次包括世界和平、家庭安全、自由、幸福、自尊等；具有相当认同度的主要终极性价值依次是智慧、平等、国家安全等。② 男女认同度相同的主要工具性价值依次是：诚实、负责、助人为乐、礼貌等；认同度相当的工具性价值依次是心胸开阔、勇敢等。③

以上的价值排序与20世纪中期的研究结果有较大的吻合度。20世纪60年代，美国学者为了考证价值诉诸的修辞作用，对当时美国社会的价值进行了调查，结果发现，美国社会的价值体系中排序前八位的依次是：个人价值、成就、变化与进步、伦理上平等、机会均等、努力与乐观、效率/实际/实用、拒绝权威。④ 从美国社会的价值体系等级排序里可以看出，美国文化崇尚个性、自由、平等、进步，行事讲实效、讲实际，不唯命是从、不循规蹈矩。这些主要的社会价值及其排序为修辞诉诸指明了方

① Stephen W. Littlejohn, *Theories of Human Communication*, p. 41.

② Ibid., p. 54.

③ 终极性价值是指目标性的价值，而工具性价值是指针对外部世界的、为人处世的价值，它体现了人与社会的某种关系。

④ 参见 Gerard Hauser, *An Introduction to Rhetorical Theory*, p. 77.

向，也为心理修辞批评的分析提供了比较可靠的依据。

以上价值等级排序在一定程度上折射了人的需要。除了认知协调理论、信息整合理论外，在心理修辞批评中，另一个十分有用的理论是需要层次理论。需要层次理论的创立者、美国著名心理学家马斯洛认为，人具有五个层次的需要，从低到高依次是：生理需要、安全需要、爱与归属的需要、尊重的需要、自我实现的需要。

生理需要，如吃、住、穿等，是最原始、最基本、最强烈的需要，形成了推动人们行动的巨大动力。安全需要包括对生命安全、生活安宁、事业稳定的需要。爱与归属的需要意味着人需要与人交往，渴望得到他人的理解和关爱。相比较而言，这种情感的需要比生理和安全的需要更加细腻，更加难以察觉。尊重的需要包括自尊和他尊。人是社会的动物，在社会中渴望获得他人的尊重；人既要尊重他人，也要他人尊重自己。自我实现的需要是最高级别的需要，它与个人的潜能有关，即是说，人希望充分发挥自己的潜能，实现自己的理想和抱负。

马斯洛认为，高一层次的需要产生于对低一层次需要的满足，也就是说，当某一个层次的需要得到满足时，更高一级层次的需要就会产生，低层次需要满足得越充分，高一层次的需要就更加强烈。比如，如果对爱的需要（也即情感的需要）得到5%的满足，那么对尊重的需要就很小，甚至根本就不会产生；若爱的需要满足程度是90%，那么对尊重的需要可能会比较强烈。马斯洛的需要层次理论表明，所有的人，不管什么背景，都有不同层次的需要，他们的行为与对其需要的满足紧密关联。尽管马斯洛的需要层次理论对人之动机的描写还比较粗糙，有时甚至比较牵强，但对修辞批评者评判、阐释人的行为和态度却具有十分重要的意义。比如，对一个穷困潦倒、连温饱问题都没有解决的人进行崇高的理想教育，恐怕不会有什么好效果，因为他关注的首要问题是有东西吃、有地方住；而对一个整日生活在恐惧之中的人，对其大谈人生的价值，恐怕也是白费蜡，因为他的当务之急是安全感。

第四节　心理修辞批评的哲学假定

利特尔约翰指出："作为探讨知识和现实的学问，哲学质疑各行各业在知识生产中使用的基本假定和方法。最近在交际/传播学中进行这种元理论的讨论，形成了传播学理论与研究的一个重要哲学探讨。”① 无论从认知协调理论还是从信息整合理论或是从需要层次理论来探讨修辞行为，其基本哲学假定都是心理修辞批评者不可回避的理论问题。

所有交际学，传播学理论都以对人的基本假定开始。认知协调理论和信息整合理论也一样。在认知协调理论和信息整合理论中，一个基本的哲学假定是：修辞主体的人不是像动物一样对外界的刺激进行机械反应，而是进行主观能动地反映，即对外界的信息进行评判；人是思维性的、阐释性的、意义建构性的人。这里涉及几个常见的哲学问题：（1）人在多大程度上做出真正的选择？（2）交际在多大程度上是情境化的？换言之，行为受普世规律的制约还是决定于情景因素？（3）在多大程度上人是阐释性的？这个问题与意义问题相关联。一种观点认为，人是根据刺激与反应的原则来行事的，也即严格地对环境压力进行反应；另一种观点认为，人是思维性的、解释性的，人创造并使用意义去解释和理解其所处的情景。从心理修辞批评来看，修辞过程不是修辞者强加其意志给听众的过程，也不是一个单向度的过程。说服的来源是心理的判断，是听众对修辞者的信息进行主动的、价值判断的结果。认知协调理论以及信息整合理论都关注信息的加工者，这就潜在地假定了在修辞过程中听众积极地投入其中，因此要对自己的被说服负责。在认知协调理论和信息整合理论中，人的态度的改变是由于其对信息的反应而造成的。② 当然，也不能否定修辞者的信息的影响，因为没有修辞者的信息，就不会发生听众的态度或行为的变化。这就意味着修辞者的信息会引起听众态度的变化，其作用方式不是直接的，而是间接的，它必须借助信息接受者对信息进行思考、判断才能实现。所以，“信息会诱发、煽动、激励、帮助、促进、培养或提高劝说，但归根结底，在接受劝说性信息的过程中所发生的态度变化，是听众的思考所导致的”。③ 其实，修辞批评将修辞视为“使用符号诱发合作”，这也暗含着修辞听众是其态度和行为的决定者；听众自己做出选择，因此应对其态度和行为负责。

就需要层次理论来说，其基本假定是关于人的社会人类学观点，即人的

---

① Stephen W. Littlejohn, *Theories of Human Communication* , p. 18.

② 参见 Stephen W. Littlejohn, *Theories of Human Communication*, p. 133.

③ William Benoit & Mary Jeanette Smythe, “Rhetorical Theory as Message Reception: A Cognitive Response Approach to Rhetorical Theory and Criticism,” *Communication Studies*, 54 (2003): 100.

需要是普遍现象，不管是哪个国家、哪个地区的人，不管他们的社会文化背景如何，都有五个层次的基本需要，并不断地被其驱使。这种需要的普遍性为跨文化间的修辞奠定了基础。另一个假定是，如果人的行为是无止境的，那么就是说，人总是被某一层次的需要所驱动，若该需要得到了满足，另一个需要便会产生并驱使人去行事。从“需要—行为”这个因果关系来看，这里似乎蕴含了这样一个命题：人的一切行为，都是内部心理需要的某种表征，要考察人的行为，考察修辞对行为的影响，就必须把人的需要和行为联系起来加以考虑，否则有失偏颇。从修辞的操作层面来看，需要层次理论意味着修辞者为了激发听众的行为，必须用话语或符号与听众的需要挂上钩，否则修辞者的目的就难以达到。此外，由于人都有情感的需要，修辞者可以使用情感的诉诸方式（如诉诸听众的安全感、爱的情感，诉诸听众的自尊心理以及自我价值的实现，等等）去激发听众的行为，用伯克的话说就是，诱发听众合作，使其如修辞者那样所思、所想、所行。

除了关于修辞主体的人——修辞者与听众——的哲学假定外，还有一个关于修辞话语的重要基本假定，那就是修辞话语是“实用性的”，“因为它试图改变人的符号行为、态度或者行为”①。修辞话语不只是对情感信息的表述和分享，而是试图引发听众对修辞情景相关联的、具体的反应。显然，修辞行为的一个重要特征是说服性。这个基本假定又以另一个社会人类学的基本假定为基础：人是可劝说的。为什么人是可说服的？首先，这是因为人是理性的动物，他能够想象不同的选择并能设想其意义和后果。② 由于人是使用符号的动物，故理性的人可以发现蕴含在语言中的各种选择并从中挑选一种而不是另外一种选择。其次人具有生理和心理的动力和需要，这种动力和需要很容易用外在的力量所激发和引导，从而得到满足。作为一种动物，人具有生存的基本需要，包括衣、食、住、行等。作为社会人，人需要被群体所接纳，需要有一种归宿感。在人类社会文化中，价值的出现使人具有选择的依据，也使人的自尊及在群体中的地位得以建立，人变成了价值的人。不仅修辞者可以激发人的基本驱动力，而且能够引导这些动力，从而使这些驱动力的满足与人的文化价值相一

① Karlyn Kohrs Campbell, *Critiques of Contemporary Rhetoric*, p. 3.

② Ibid., p. 4.

致。最后，人是符号的创造者、使用者和误用者。[①] 人是修辞性的，因为他能察觉、辨识、解释身边的各种刺激，然后赋予这些刺激物以意义并依靠这些意义去决定未来的行为。从这个角度说，劝说是人与其语言互动的结果；人能够被说服，因为他能使用具有意义的语言进行反应。人的动物性与符号性是不能分开的。人变成社会化和文化的人，这是一个符号化的过程。也就是说，人的基本驱动力是通过语言转化为社会的、文化的可接受的驱动力，它不能脱离其符号的来源。通过使用语言与其他人进行互动，人把自己基本的需要转化为社会上可接受的形式并选择文化上可被接受的方式去满足这些需要。[②]

以上是心理修辞批评可能涉及的主要心理学理论或理论解释框架。事实上，没有一种心理学理论能够完全描述、解释修辞行为的整个过程及所有运作原理，所以，在从事批评实践时，批评者还是要注意实用的原则，就如修辞者“寻求一切特定场合下可能的劝说手段”一样，他不必因理论而束缚手脚，而是要寻求一切可能解释劝说运作的心理学理论，从而更有效地说服听众接受自己的观点，毕竟修辞批评者的话语也是修辞话语，如何使听众接受自己的观点，这是批评的基本目标。

第五节 心理修辞批评的操作

一 心理修辞批评的几个维度

心理修辞批评实际上是诞生于亚里士多德修辞批评之后并试图克服其不足的一种批评方法，它对新亚里士多德修辞批评不是完全否定，而是与其交叉和重叠，因而是在它的基础上从心理学视角对修辞行为进行阐释的一种方式。利特尔约翰指出：

> 修辞批评必须是分析性的，修辞研究的系统和规划包括作为制约因素的修辞者的个性特征，也包括这个人的公众特征……这种方法需要对言说者的听众、对他影响听众的主要思想进行描述——话题、诉

① Kenneth Burke, *Language as Symbolic Action: Essays on Life, Literature, and Method* (Berkeley: University of California Press, 1966).

② Ibid., pp. 3-6.

> 诸的动机、论据的特征、对问题的态度等。……修辞批评也不能忽视说话者的布局谋篇、话语组织，不能忽视其准备讲演和台上发表演讲的方式，尽管最后两个元素不如其他的重要。风格——与措辞和句子安排相对应——必须要给予关注，但也只能作为演讲者进入听众心灵的众多因素之一，最后，话语对直接听众的影响也不能被忽视……在整个批评过程中批评演讲者都试图使用其话语的力量来影响同时代的人。①

利特尔约翰的话基本上勾勒出传统修辞学的几个维度，即与心理修辞批评交叉的几个可能维度：修辞者、听众（包括在场的以及不在场的）、修辞者的修辞诉诸（如人格、情感、理性）、修辞话语的组织结构或论题结构、语体风格等。②

心理修辞批评与新亚里士多德修辞批评方法的交叉之处在于修辞者、听众、修辞者的诉诸，尤其是对动机的诉诸。正如坎布尔所说："这种修辞批评方法聚焦于分析听众和说话者，考察修辞者是如何使用语言去激发和引导听众的需要和动机的。它的关键所在是修辞者获得其想要的效果。批评者的最基本的任务是分析和解释这些效果是如何产生的。"③ 心理修辞批评的一个基本标准是效果原则，也即修辞者对诱发听众行为的效果，尤其是说服听众接受其结论并许诺像修辞者那样去行事。任何修辞行为都是在某一个特定情景之中的，因此，对修辞行为的考察，必须关注修辞情景。修辞行为是对修辞情景的反应，是修辞情景"呼唤"出来的。

总之，心理修辞批评涉及修辞者、听众、修辞话语及修辞情景这四个宏观维度。修辞者维度主要是修辞者的人格诉诸。亚里士多德指出："好人与坏人相比，我们更愿意相信好人"④。对听众的分析，主要考察其心理因素，如需要、态度、价值等，因为人的行为是由其价值、态度和需要等因素决定的。对修辞话语的分析，焦点是蕴含的论题以及对听众心理的

---

① Stephen W. Littlejohn, *Theories of Human Communication*, p. 135.

② 传统修辞学包括"五艺"（觅材取材、组织结构、语体风格、记忆、发表）和三种诉诸（人格诉诸、情感诉诸和理性诉诸）。由于从心理学角度阐释修辞的运作，传统修辞学中的"记忆"和"发表"不是关注的焦点。

③ Karlyn Kohrs Campbell, *Critiques of Contemporary Rhetoric*, p. 28.

④ Aristotle, *Rhetoric*, p. 25.

诉诸，换言之，其核心在于修辞者如何使用修辞话语诉诸听众的需要、态度和价值。

二　心理修辞批评的阐释框架

坎布尔指出：“从这个角度（心理修辞批评）来描述修辞行为的理论家把劝说定义为‘信息在发挥其决定性作用的过程中在接受者身上所产生的效果，它与话语发出者期望的目的相关并与之有因果关系’”，[①] 或者“为预定的目的、通过操控人们的动机，试图改变思想和行为的有意识的努力”[②]。上述定义给予心理学修辞批评以重要的启示，那就是要结合信息对人的影响、对态度变化的影响进行分析与阐释。

关于心理修辞批评，一些理论的论述并不意味着修辞批评者必须同时运用多个心理学理论，事实上，批评者可以视具体情况来选择心理学理论作为阐释框架，不管如何，批评的焦点始终围绕着分析和阐释修辞者如何使用话语或符号去激发、引导听众的需要，如何诉诸听众的价值和态度，如何唤起其行为的动机。鉴于此，心理修辞批评的分析和解释框架既可以是上述某种心理学理论，也可以是多种理论的某种有机结合，甚至还可以涉及其他一些能够阐释态度或行为变化的理论。事实上，古典的修辞学理论，如亚里士多德的三种诉诸理论，都可以作为心理修辞批评的辅助性理论阐释工具。下文就心理修辞批评涉及维度可能运用的解释框架作一简要论述。

先来看关于人格诉诸的理论。亚里士多德认为，如果修辞者使听众认为他是一个道德高尚、有智慧、对他人友善的人的话，听众就容易被说服。顺着亚氏的人格建构方法，有五个问题值得修辞批评者思考[③]：（1）修辞者如何将自己与美德相联系？（2）他如何表扬自己和自己的所作所为，同时谴责他人及其行为？（3）修辞者如何把自己塑造为正直的人？（4）修辞者怎样认同听众的经历、价值和态度？（5）修辞者如何舍弃个人偏见和利益？关于人格的建构，还有当代版的理论。奥蒂斯·沃尔特（Otis M. Walter）认为，说话者的人格魅力或许来源于听众所感觉到的一

---

① Karlyn Kohrs Campbell, *Critiques of Contemporary Rhetoric*, p. 28.

② Winston L. Brembeck & William Smiley Howell, *Persuasion: Means of Social Control* (New York: Prentice-Hall, 1952), p. 24.

③ 参见 Karlyn Kohrs Campbell, *Critiques of Contemporary Rhetoric*, p. 30.

种需要或缺陷。① 一般说来，三种需要会导致三种人格魅力。一是“英雄”模式，在这种模式中，听众因面临复杂事情无法作出明智选择而颇感纠结，于是赋予修辞者以“英雄”角色，让他去作抉择。寻求这种角色的修辞者希望加强自己的力量，强调自己当领导的意愿。② 二是所谓的“同一”模式，在这种模式中，听众成员都有一个非常理想化的形象，它虽然可望而不可及，但却可通过赋予与该理想化形象的人物相似的名望来实现这个目标。三是所谓的“执行者/工具”模式，即给予其他人能力和责任来帮助其达到目的。追求这种声望的修辞者会把自己描绘为具有听众缺乏的能力，或者说他在实现目标中起着关键的作用。

对听众分析的焦点是听众的基本需要、价值、态度、信念等心理要素，因为要分析或预测具体的修辞行为，就势必须了解这些心理因素。通常的做法是，将修辞行为的结果或效果与这些心理因素挂钩并解释它们之间的关系，也就是说，批评者使用需要层次理论考察听众如何通过在社会文化中习得的行为举止来满足这些不同层次的需要③。此外，还要对修辞者的论题和证据进行分类和描述，分析语言是如何起作用的，如何激发和引导听众的需要和动机。

在心理修辞批评中，一个激发动机的话语分析模式——激励序列——不失为有用的工具。“激励序列”（motivated sequence）是阿兰·H. 门罗（Alan H. Monroe）在20世纪30年代提出来的描述话语的信息组织序列，之所以称为“激励系列”，是因为话语的顺序是对人产生动机到行事过程的心理写照。④ 这种序列包括五个步骤。第一个步骤是激起兴趣，即试图让听众愿意听言说者的话，并引导他关注内容的主要信息。第二个步骤是激起欲望（即需要），这个步骤要描写、展示某个问题，让听众/读者知道采取行为的必要性。第三个步骤是满足需要，也就是告知听众或信息接受者具体需要做什么并运用言说者提议的解决问题的办法。第四个步骤是想象结果，在这个步骤中说话者应尽量生动地描述如果其提倡的方法被采

① 参见 Karlyn Kohrs Campbell, *Critiques of Contemporary Rhetoric* , p. 30.

② Ibid. , p. 31.

③ Ibid.

④ Barbara Warnic, “Persuasive Communication: Theory and Application,” *Communication*, 10 (1981): 1-10, 14-15; Ehnigher et al. , *Principles and Types of Speech Communication*, 8th ed. (Glenview, Ⅲ: Scott Foresman, 1978).

纳后的情景。第五个步骤是采取行动，即呼吁听众采取修辞者所希望看到的行动。该激励序列之所以有效，是因为这个顺序符合人的心理。现以“劝说人们参加献血协会”的修辞行为为例，修辞者的修辞话语的序列就可以是：

↓	劝说人们参加献血协会 （激发兴趣）倘若你某年某日病危需要输血，或许你无法输到血； （激起欲望）献血动员很难获得各种类型的血以满足偌大地方的血需要量； （满足欲望）献血者协会预计能够保证为本地救助重病患者提供稳定的血源； （想象结果）若没有稳定的血供应，我们这里将会面临很多无谓死亡的危险，但如果有稳定的血供应，急救病人就能得到迅速救治； （采取行动）若你填写我发的献血卡并参加献血协会，你就能为挽救他人生命做出自己的贡献。

自20世纪开始以来，尤其是在演讲学、传播学领域时兴心理学的实证研究以来，很多修辞学理论得到了心理学的实验证明。上述激励序列在诸如广告等劝说性高的修辞话语里被广为使用。激励序列与广告学中的所谓AIDA法则相似。根据AIDA法则，广告的说服功能是通过广告信息刺激受众而实现的，因此一个广告要劝说人们去购买某种产品，必然要经历引起注意（attention）、产生兴趣（interest）、培养欲望（desire）和促成行动（action）这样的过程。① 在上述序列中，前一步骤为后一步骤打基础，相邻步骤构成因果关系。激励序列为心理修辞批评者对修辞行为的描写、分析和阐释提供了新的视角。比如，在20世纪二三十年代，柯林斯（Collins）就发表了关于动机诉诸效果的研究成果，而克诺维（Knower）则使用定量就方法就口头演讲论题对态度变化进行过研究。②

总之，就心理修辞批评的理论阐释框架而言，任何有助于解释修辞行为过程的心理学理论都可以兼收并蓄地利用。

---

① 广告法AIDA是由美国人路易斯于1898年提出的。http://yingyu.100xuexi.com/view/examdata/20120209/54bfe291-97a9-4733-8110-024f8e22437f.html。

② E. Utterback, "An Appraisal of Psychological Research in Speech," *The Journal of Speech*, xxiii, No. 2 (1937): 181.

三 心理修辞批评的基本操作方法

心理修辞是建立在传统修辞学之上的、从心理学角度阐释劝说行为的一种批评方式。宏观地说，首先，修辞者要审视某个或一组修辞话语的独有特征，分析该修辞话语的内部运作以及它与情景的关系；其次，选择或创造一种心理分析框架对修辞的几个维度进行分析；最后，联系修辞情景对修辞者的言说进行评论（包括话语的质量和效果）。根据这个粗线条的程序以及前文所述的批评维度与理论框架，心理修辞批评的基本操作如图4.2所示。

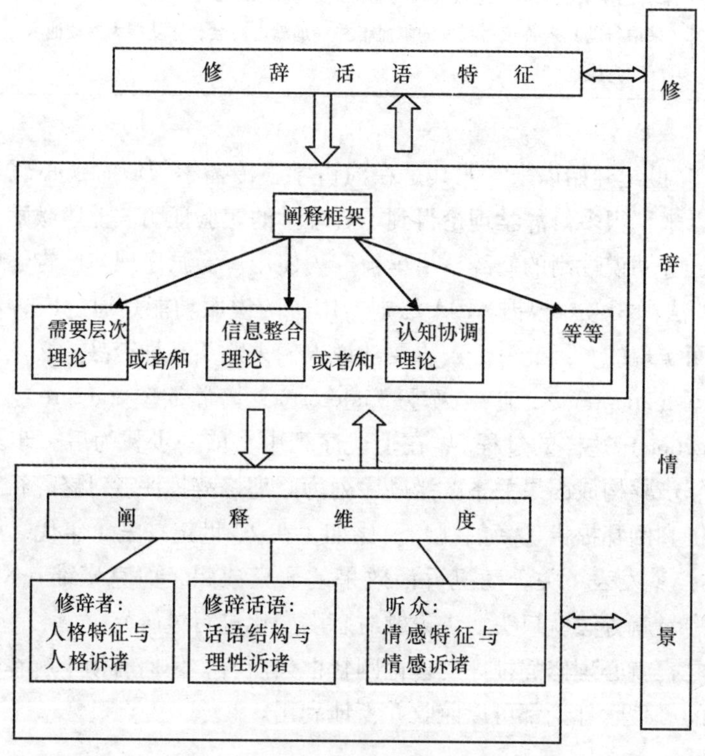

图4.2 心理修辞批评的一般操作方法

第六节　结语

80 多年来，修辞批评一直是西方修辞学研究领域的重头戏，评论性文章简直难以计数。一个值得人们注意的现象是，修辞批评就像一个虚心好学、兼容并蓄的人，既继承了老祖宗的宝贵遗产，又时不时地向其他学科取来真经，使其自身快速地健康成长，呈现出欣欣向荣的景象。心理修辞批评就是修辞学汲取其他学科尤其是心理学科的产物。

心理修辞批评是聚焦于听众对修辞话语的信息处理及其应对方式的批评方法，其理论基础除了传统修辞学理论之外，最重要的是心理学理论，尤其是关于信息处理及动机的心理学理论。通俗地说，心理修辞批评是以修辞理论为基本理论、以心理学理论为视角对修辞行为进行分析与评论的批评模式。由于对修辞行为的分析与评论涉及它的全过程，涉及众多要素，在批评实践中，心理修辞批评并不局限于某一具体的心理学理论，只要有利于对修辞行为的心理学阐释，都可以利用。心理修辞批评与较早的新亚里士多德修辞批评相比，优点是它显现了修辞行为背后所隐藏的东西，而且也似乎更具有科学性。

修辞学与心理学有着天然的联系，因为修辞学自古以来就是与劝说、影响人的行为相关联的。尽管心理修辞批评不如当年那么流行，但其对修辞批评的作用仍不能小视。从功能上来说，心理修辞批评可以为其他修辞批评模式提供科学依据，或者说，它可以作为修辞批评的一种元方法。

第五章　戏剧主义修辞批评

早在20世纪30年代美国修辞学还处于低谷的时候，思想超前的伯克就对现代主义进行了质疑和批判，甚至提出了具有解构意义的认识论方法，在修辞学界引起了很大的反响，引发了对修辞学与哲学之间关系的讨论，为美国修辞学走出低谷，迈上兴旺之道做出了贡献。伯克以“戏剧主义”著称，对此美国著名小说修辞学家韦恩·布思（Wayne Booth）曾这样评论道：“在人类学家、社会学家、心理学家以及修辞学家中，他（伯克）的‘戏剧主义’越来越被认为是至少必须在人们的索引中出现，不管人们是否试图去弄懂伯克。”① 他获得的两个大奖足以证明其学术贡献和影响：文学与批评奖（1975）、国家文学奖（1981）。“伯克广博的知识、犀利的洞察及敏锐的判断为他赢得了20世纪20年代及30年代来自美国文学界众多著名人物的赞誉，而到了四五十年代，他的声誉扩展到了心理学、哲学、人类学等领域，现在他被认为是20世纪最有趣、最重要的文学评论家之一。”② 伯克享有“当代亚里士多德”之美誉，美国定期召开的伯克研讨会以及大学里修辞学系、传播系、英语系等开设的博士、硕士课程“伯克专题研讨”，以及文学、社会学、交际学等不断地从伯克那里汲取营养这一事实，足以说明伯克在修辞学领域的泰斗地位和在相关领域的重大影响。

伯克对修辞学及修辞批评的贡献在于他创立的戏剧主义及以此为基础的戏剧主义“五位一体”批评法，这种方法成为当代美国修辞批评诸多

---

① 美国著名小说修辞学家Wayne Booth之语，转引自Micheal A. Overington, “Kenneth Burke and the Method of Dramatism,” *Theory and Society*, 4 (1977): 131-156.

② R. Wolin, *The Rhetorical Imagination of Kenneth Burke* (Columbia, SC: University of South Carolina Press, 2001), pp. ⅵ-ⅴ.

范式中最受批评家青睐的范式之一。[①] 1941 年一篇题为“The Rhetoric of Hitler's Battle”（希特勒战争的修辞）的修辞批评文章问世，开创了戏剧主义批评之先河，其作者就是当代修辞学泰斗伯克。[②] 1952 年玛丽·霍克默思·尼科尔斯（Marie Hocumuth Nichols）开始介绍伯克的修辞思想，接着，有关伯克的理论在修辞批评实践中运用的文章在《言语季刊》等著名杂志或论文集中陆续登载，对戏剧主义批评的接受、推广和兴旺起到了重要作用。

第一节　戏剧主义修辞批评的含义

一　戏剧与戏剧主义

莎士比亚有一句名言：整个世界是一个舞台。这是一个绝妙的比喻！戏剧是舞台上演出的象征外部真实世界的活动。戏剧既超越现实又模拟现实，因为它不受现实世界的时空限制，同时又代表了在真实世界里可能会发生的事情。舞台上的演员、道具、场景、情节等构成一个模拟外部真实社会的象征性世界。戏剧的基本要素是行动（act）、行动者（agent）、工具（agency）、场景（scene）和目的（purpose），对其之间的关系，剧本作家必须为观众提供一套合理的解释。从心理上来说，戏剧的有效运作取决于观众的心理期待，也就是说，戏剧运作的基础是剧作家能够唤起人们对这些要素之间一致性的期待，如果剧作家提供的解释框架不符合一定社会文化背景中观众的心理期待，那么戏剧就不会成功。

如果把世界视为戏剧舞台，那么现实世界里的人就是演员，人的一举一动、一言一行都有象征意义。对这种象征意义的理解，就像对戏剧的理解一样，必须依靠人们建立在知识、经历之上的心理期待。伯克本人对戏剧主义的标准定义被记载在《国际社会科学大百科全书》中：

> 一种分析的方法和对应的术语批评，其目的是要表明对人类关系之动机的最直接研究是通过对术语系列或簇群及其功能进行有效的探

① 从广义上说，戏剧主义修辞批评还包括 Bormann 的幻想主题批评和 Fisher 的叙事修辞批评。本书所说的戏剧主义修辞批评是伯克创立的修辞批评方法，也即戏剧性“五位一体”批评法。

② Kenneth Burke, “The Rhetoric of Hitler's Battle,” *The Southern Review*, 5 (1939): 1-21.

> 讨。戏剧主义方法蕴涵在关键术语“行动”之中。它是基于这样的观察：有行动的地方必须有行动者，同理，也必须有行动者实施行动的场景。在一个场景中行动，行动者必须使用某种手段或工具。行动之所以是行动，是因为它还涉及目的。①

简而言之，戏剧主义把语言作为行为而不是作为传递信息的手段，因为在人类的活动中，人们是用语言象征自己的问题及行动的，并找到解决这些问题的方法。②

二　戏剧主义修辞批评的基本理念

根据上述戏剧主义的基本含义，所谓戏剧主义修辞批评，是指把语言或象征行动看作戏剧并对其进行评论的一种方法。戏剧主义修辞批评关注这样的问题：对于人们的动机、行动和由语言构成的现实（即象征世界），修辞到底显示了什么？修辞批评家，就像戏剧剧本作家那样，对人们修辞中的戏剧要素进行分析，提出一套合理解释修辞者的动机、行动、象征世界及它们之间关系的框架。简而言之，戏剧主义修辞批评试图阐释和评论人们在何种场合下为何做某事。

伯克创立的戏剧主义修辞批评是一种基于戏剧五要素或曰戏剧性“五位一体”（pentad）的批评方法，也即通过考察修辞者如何组合五个基本戏剧要素并凸显其中某个或某些要素，探讨修辞者话语的动机及影响听众的运作原理。伯克认为，修辞者对修辞情景的反应即对事件进行完整描述，必须涉及行动者、行动、场景、工具、目的这五个要素，对它们的不同搭配显示出修辞者的动机，即如何用语言阐释当前的修辞情景。③ 伯克之所以选择这五个要素是因为“在解释动机时，你必须有一些词来命名行为（即发生了什么事），另外一些词命名场景（即行为发生的背景），还有一些词指明什么人或什么类型的人实施了这一行为，他运用了什么方

---

① D. L. Sills (ed.), *International Encyclopedia of Social Sciences*, Vol. 7 (New York: The Macmillan Company, 1968), p. 446.

② Virginia Holland, *Counterpoint: Kenneth Burke and Aristotle's Theories of Rhetoric* (New York: Philosophical Library, 1959), p. 65.

③ Sonja K. Foss et al. *Contemporary Perspectives on Rhetoric*, pp. 168-170.

法或工具以及行为的目的"[1]。人们运用修辞来表达对处境的理解，建构一种对自己有利的现实，并以此影响别人的观点或行为。对戏剧五要素的不同搭配，是人们出于不同动机构建利己现实的重要方式。

在戏剧五要素分析法中，五要素被称为"五位一体"，其间的关系被称为"关系对子"或"关系比"（ratio）（如图5.1所示）。

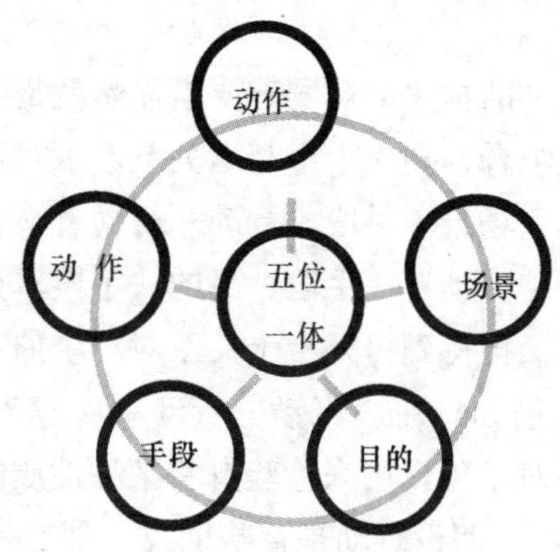

图5.1 戏剧性五位一体

戏剧五要素分析法基于两个重要概念："动机"和"戏剧"。动机是人们对环境作出的象征性反应。在研究人们的行为动机时，伯克提出了"运动—行动"的两分法。[2] 运动（motion）源自人的动物性（animality），是指身体的生长、消化、呼吸、新陈代谢等生理活动，是非象征性的。与运动相对的行动（action）源自人的象征性（symbolicity），它是指人们为达到某种目的而实施的行动，是意志行为，其最重要的表现形式是语言。象征行动将人与动物区分开来，是人的本质特征。[3] 行动的产生需要三个条件。首先，要有自由，即选择。"如果你不能作出选择，你就不是在采取行动，而是在进行物理性的被动移动，就像一个被球杆操纵的台球一样，只是机械性地为迎合其阻力而行动"。[4] 其次，要有目的或意愿。一

① Kenneth Burke, *A Rhetoric of Motives*, p. XV.

② Kenneth Burke, *Language as Symbolic Action: Essays and Life, Literature, and Method*, p. 28.

③ Sonja K. Foss et al., *Contemporary Perspectives on Rhetoric*, p. 166.

④ Kenneth Burke, *Attitudes Toward History* (Boston: Beacon Press, 1961), p. 188.

个人必须愿意做出某种选择，无论是有意识的还是无意识的。[①] 比如，一个人不小心摔下了悬崖，这是运动。但如果这个人自愿跳下了悬崖，这便是行动。最后，行动要有运动。运动可以脱离行动而存在，但行动离不开运动。例如，思考是精神层面上的活动，是象征行动，但它必须基于大脑相应的运动才能实现，换言之，尽管象征性的行动不能简化为非象征性的运动，但前者是建立在后者之上的。作为人之本质特征的象征行动是处处渗透、无处不在的。

既然是对同一事件的描述，戏剧五要素显然就是同一修辞行动的五要素，它们以不同方式组合，构成十个基本关系对子：场景—行动、场景—行动者、场景—目的、场景—手段、行动—行动者、行动—目的、行动—手段、行动者—目的、行动者—手段、目的—手段。如果互换每个关系对子中两因素的位置，又可得到另外十个关系对子。伯克视关系对子间的逻辑关系为因果关系。例如，在“行动—行动者”这对关系中，行动决定了行动者，这个关系对子可以用来检验有着某种性质的行动是如何重塑执行此行动的行动者的。[②] 假设行动是背叛朋友，那么实施该行动的行动者就被重塑成了一个背叛者。相反，在“行动者—行动”这对关系中，行动者决定了行动，也就是说，某个行动的执行是由这个行动者的某种性质决定的。假设行动者是一位严谨的教授，那么一丝不苟的研究是属于符合其身份特征的行动，在深夜里泡吧显然是不符合的。

第二节　戏剧主义修辞批评产生的背景

一　伯克其人及主要论著

本章所述的戏剧主义修辞批评是指伯克创立的一种修辞批评范式。[③] 鉴于伯克是当代最重要的修辞学家，其理论已经成为修辞批评的元语言，此处有必要对其生平及论著做一简述。

伯克于1897年5月5日出生于美国宾夕法尼亚州的匹兹堡市，1916年高中毕业后，投奔到新泽西的亲戚家，然后又在纽约一家银行找了个跑

① Sonja K. Foss et al. *Contemporary Perspectives on Rhetoric*, p. 167

② Ibid., p. 171.

③ 严格地说，除了伯克创立的戏剧主义“五位一体”修辞批评外，戏剧主义修辞批评还包括 Ernest G. Bormann 创立的幻想主题修辞批评及 Walter Fisher 创立的叙事修辞批评。

腿的活干，可3个月后就辞了职，进入俄亥俄州立大学读书，一个学期后又转入了哥伦比亚大学，但最终由于对该校颇感失望而退学。年轻的伯克当时与众多美国著名文人来往密切。1921年，他获得了一份稳定的工作，在名为 *The Dial* 的杂志社工作，从事审稿、撰稿、翻译、音乐评论、编辑等工作。1924年出版小说《白公牛和其他故事》（*The White Oxen and Other Stories*）。此外，还发表了不少散文、诗歌、书评等。1929年，伯克由于为美国文学做出的杰出贡献而被授予“The Dial Award”奖。1931年，伯克出版第一部文学评论著作《反论》（*Counter-Statement*），1932年出版了小说《朝美好生活迈进》（*Towards a Better Life*）。1935年，伯克出版了学术专著《永恒与变化》（*Permanence and Change*），并在美国召开的第一届作家大会上被当选为这个新成立的作家协会的常务理事。1937年，伯克开始在纽约的“社会研究新校”（New School of Social Research）教授文学批评课程，开始了教学生涯。同年出版《对历史的态度》（*Attitudes Toward History*），这是对文学态度作为象征行为进行研究的学术著作。1943—1961年，伯克在本宁顿学院（Bennington College）任教（期间也时有中断）。总之，伯克大多时间是当“吉卜赛”式的学者，曾在芝加哥大学、哈佛大学、西北大学和普林斯顿大学等著名高校执教。1966年本宁顿学院授予他名誉博士学位。

40年代，伯克先后出版了两本重要著作：《文学形式的哲学》（*The Philosophy of Literary Form*）（1941）和《动机语法》（*A Grammar of Motives*）（1945）；前者汇集了伯克在1933—1940年之间撰写的评论性文章；后者是他拟出版的三部曲中的第一部。1950年，伯克三部曲中的第二部即《动机修辞学》（*A Rhetoric of Motives*）出版了。可惜，三部曲中的最后一部《动机的象征》（*A Symbolic of Motives*）没有问世。伯克最后两部重要著作于1961年和1966年先后问世：《宗教修辞学》（*The Rhetoric of Religion*）、《作为象征行动的语言》（*Language as Symbolic Action*），前者标志着伯克的主要兴趣已从诗学转向神学，把神学当作语言运作的一个模式来研究。

伯克的学术影响广而深远。作为文学理论家、批评家，伯克关于文学的观点以及关于文学形式的理论在文艺理论界颇有影响。他的学术生涯以文学创作开始，主要成果是诗歌和小说。之后，伯克转入了文学研究阶段，其主要成果是影响深远的《反论》、《永恒与变化》和《文学形式的哲学》。伯克认为，文学是生活的武器，[1] 这是对当时流行的“为艺术而艺术”观点的一种回应。在伯克看来，文学本身是目的性的，是一种修辞，同时也是作者的自我显示。伯克对文学形式的定义——文学形式是对欲望的激起和满足[2]，以及对语言戏剧的运作过程的描述[3]，即污染—净化—拯救颇有见地，为文学分析和欣赏提供了独特的视角和方法，引发了大量伯克式的文学分析经典之作。[4]

作为一个哲学思想家，伯克的语言戏剧观对语言哲学研究有不少启发，他的观点与当代语言哲学家奥斯丁的言语行为理论可谓殊途同归，但他的语言戏剧观却早奥斯丁几十年。伯克虽然没有像奥斯丁那样把言语行为分成言内行为、言外行为和言后行为，但他却从另外的视角，用有别于他人的一套元语言描述了象征行动的性质、特征和运作。伯克对语言哲学的贡献在菲恩（Feehan）的文章有中肯的评价。[5] 在论述语言与现实的关系方面，与当今人们所崇拜并经常援引的语言哲学家关于语言与社会现实之关系的论述相比，伯克的观点恐怕也要早二三十年。伯克认为，每个人都因为自己的各种背景，包括“训练出来的‘无能’”（trained incapacity），形成了自己的“术语屏”（terministic screen），任何人使用语言去反映现实，都是一种对现实的偏离。[6] 就解构哲学而言，伯克的解构方法也值得借鉴。譬如，伯克提出的“不协调而获的视角”（perspective by incongruity）为人们考察包括语言使用在内的社会现象，提供了一个解构主义的方法论。所谓“不协调而获的视角”是指通过把两个看似不相干甚至相矛盾的术语/概念放置在一起，从而把人们的注意力引向一个真理。采用新观察视角可用来对社会某些方面进行再考察，从而发现以前未能发现的东西，这和解构哲学家福柯的知识考古方法有异曲同工之妙。伯克认

① Kenneth Burke, *Counter-Statement* (Los Altos, California: Hermes Publications, 1931), p. 31.

② Ibid., p. 31.

③ Kenneth Burke, *The Rhetoric of Religion: Studies in Logology* (Berkeley: University of California Press, 1961), pp. 4-5.

④ Greg W. Zacharias, "Young Milton's Equipment for Living: L'Allegro and Il Penseroso," *Milton Studies*, 1988 (24): 3-15; James S. Mullican, "A Burkean Approach to Catch 22," *College Literature*, 8 (1981): 42-52.

⑤ Michael Feehan, "Kenneth Burke's Contribution to a Theory of Language," *Semiotica*, 76 (1989): 245-266.

⑥ Kenneth Burke, *Permanence and Change* (New Republic, Inc., 1935).

为，任何符号的使用只不过是一个视角与另外一个视角为了被人接受以成为现实而进行的竞争。根据这个观点，人们习以为常的“真理”，换用另一个视角来看就可能不是真理。真理是象征行为建构的结果。伯克的观点告诉人们现实是可以建构的，对所谓的“真理”要敢于质疑。伯克的解构哲学观比我们所崇拜的解构哲学家德里达的观点要早几十年，可见伯克思想之超前。①

伯克对社会学的影响也不容忽视。社会学是建立在这样一个基本理念之上的：人的行为既不是随意的、无规律的，也不是神秘的。这个理念成了研究社会秩序的动机原则的先决条件。伯克的戏剧主义哲学观为人们考察人际互动、人际关系提供了有益的视角。伯克对人的定义也为社会学对社会人进行准确的认知提供了有益的参考。② 又如伯克的“同一”理论，为人理解社会中的交往象征行动提供了富有阐释力的框架。就其理论体系而言，伯克的理论是关于人们如何用象征行动彼此互动，从而达到彼此“同一”并和谐共处的理论，这是社会学性质的理论。伯克的“象征行动”与著名社会学家米德的符号互动理论有异曲同工之妙，故有学者把当代修辞学描述为“社会学性的”，因为当代修辞学最主要的代表人物是伯克。现在，伯克关于戏剧主义的论著仍然是社会学家最大的影响来源。③ 伯克与社会学家、社会语言学家海姆斯、高夫曼（Ervin Goffman）、邓肯（Hugh D. Duncan）等都有过密切的交往，并对他们产生了巨大的影响。比如，社会语言学就产生于高夫曼与伯克之间富有成果的学术性交往之中。④ 海姆斯受伯克关于动机研究的启示，并按照伯克的建议去关注“社会规范”。社会学家邓肯的很多书都是关于或者说运用伯克的理论，试图从伯克理论那里发展出一种研究社会的方法和工作模式。⑤

对当代修辞及修辞批评而言，伯克的影响无人能比，他的理论为当代修辞学提供了一套比较完整的修辞学元语言、一套词汇表。他把其修辞学

① James W. Chesebro, *Extensions of the Burkeian System* (University of Alabama Press, 1993).

② Kenneth Burke, *Language as Symbolic Action: Essays on Life, Literature, and Method*, pp. 3-12.

③ http: //kbjournal. org/kenny.

④ Jay Jordan, "Dell Hymes, Kenneth Burke's 'Identification,' and the Birth of Sociolinguistics," *Rhetoric Review*, 2005 (24): 264-279.

⑤ William H. Rueckert (ed.), *Kenneth Burke and Drama of Human Relations* (Berkeley: University of California Press, 1969), p. 260.

理论基于古典修辞学、社会学、心理学、哲学、交际学等学科之上，提出了一整套比较完善的修辞理论体系，其核心是“同一”（identification）。伯克把修辞领域扩大到所有人类行为上，这在当代修辞学领域是一个具有里程碑意义的举动。

伯克对修辞学的巨大贡献，不仅体现在其浩瀚的论著以及所创立的新修辞学中，也体现在其引发的戏剧主义修辞批评热潮之中。自从伯克运用其戏剧主义批评方法对希特勒的演讲进行了经典的论述之后，类似的研究论文像雨后春笋一样冒出来。从百度网搜索“pentadic analysis”（“五位一体”分析），可以查到 843 篇相关文章①，这还不包括可能以“Burkean method”或“Dramatistic criticism”为主题词搜索到的其他相关文献。

从当代西方修辞批评的实践来看，人们不仅使用戏剧主义批评的“五位一体”方法，还从伯克丰富的戏剧主义理论中开发出其他方法，如“词簇分析法”（cluster analysis）、“元语分析法”（logological analysis）、“代表性轶事分析法”（representative anecdote analysis）、“修辞形式分析法”（rhetorical form analysis）等，具体使用因人而异。正如布鲁斯·E. 格伦贝克（Bruce E. Gronbeck）所指出的那样：

> 伯克的诸多论著被誉为智慧和方法之源，因此批评研究在多个方向展开……诸如“图表/祈祷/梦幻”分析（“chart/prayer/dream” analysis）、“同一”研究、“五位一体”分析、“簇—对立”描写（“cluster - agon” description）、“辩证对立”与“动机”的视野、元语探讨（logological investigation）等方法以及同样多的批评方法，其无数研究成果都渗透了伯克的理念。的确，伯克将近五十年耕耘的论著中所蕴含的方法之多难以在此一一进行评述。②

不过，由于这些方法的核心理念乃戏剧主义理论，可以融合在一起，如在五位一体方法中，或作为其补充。

① 参见 http://www.baidu.com/s? word = pentadic + analysis + &tn = 29065018_181_hao_pg&ie = utf - 8。

② Bruce E. Gronbeck, “Dramaturgical Theory and Criticism: The State of the Art (or Science?),” *Western Journal of Speech Communication*, 44 (1980): 315-330.

二　戏剧主义对科学主义、逻辑实证主义、形式逻辑及结构主义意义观的质疑

（一）对科学主义及逻辑实证主义的质疑

在很大程度上，伯克的戏剧主义是针对时兴的科学主义、逻辑实证主义而提出来的，正如他在《反论》的前言中所说："我们选择给它取名为'反论'，是因为就其基本关注点和信念而言，它主张的每一条原则都与时下流行的原则针锋相对……"[①] 伯克对技术主义（technologism）进行了抨击，认为它不仅会污染地球，也以其他方式威胁着人们；技术主义对世界，甚至对技术开发者本人所带来的种种不良后果就说明了这一点。例如，现代科技带来的核武器，其杀伤力之巨大，以致人甚至不敢用它报复别人。[②]

戏剧主义的核心是语言戏剧哲学观，即是说，语言及言语是戏剧。戏剧主义的语言观与科学主义的语言观不同。[③] 科学主义（伯克认为，它把"行动"沦为"运动"）认为，语言的基本功能是命名与定义，强调诸如"那是……或那不是……"[④] 似乎语言行为可以不带任何主观色彩，没有情感价值的作用。伯克对科学主义从命名或定义出发研究语言特征的做法感到不满。所谓的科学定义，由于使用特定语言来反映现实，但由于它是一个术语，本质上它必须是对现实的选择，而且从这个方面来说，它必须也是对现实的一种偏离，任何术语必须把注意力引向某个特定的渠道，而不是其他渠道。[⑤] 比如一本物理学的教科书，把人的注意力指向一个不同于法律或心理学教科书所指的方向。伯克在《动机语法》"定义的矛盾"一节中抨击了科学定义和哲学定义貌似中立的做法，认为所有定义都是具体的人为了服务特定场合而创造的，所以对现实的完美再现是不可能的。为什么？因为"人们在寻求逼真反映现实的词汇时，必须创造对所选择的现实进行描述的词汇，但任何对现实的选择在某种意义上是对现实的偏

---

① Kenneth Burke, *Permanence and Change*: *An Anatomy of Purpose*, p. ⅶ.

② Kenneth Burke, *On Human Nature*: *A Gathering While Everything Flows*, (ed.) William H. Rueckert & Angelo Bonadonna (Berkeley: University of California Press, 2003), p. 1.

③ 关于伯克戏剧主义的语言哲学观，下文将有详细论述。

④ Kenneth Burke, *Language as Symbolic Action*: *Essays on Life*, *Literature*, *and Method*, p. 44.

⑤ Kenneth Burke, *Language as Symbolic Action*, p. 45.

离"[①]。他提醒人们，即使最"科学的"命题也是具体人物与特定场景之间的协商，为了使大多数的探究适合具体场合，探究者必须关注非理性的方面，如情感、美学等，因此科学语言是渗透了伦理价值的。事实上，人的语言本质上不是中立的，人们的话不可能悬置价值判断，因而总是带有价值判断的。正因为此，伯克要用戏剧主义，以语言的态度化或说教性为出发点来研究人的象征行动。伯克对逻辑实证主义同样进行了诘问。逻辑实证主义的一个基本点是所谓的"理性化"，但伯克认为，理性化或理性过程是一个对倾向（orientation）的语言化过程，也就是说，是一个主观色彩浓厚、具有修辞说服性的过程，而不是一个百分之百客观的过程。[②]伯克尤其对实证主义所崇尚的实验室里的实验感到不满，因为经验观察到的东西，不管它是什么，实际上都是通过对环境做出选择，用动物环境模拟人的动机环境而获得的，根本不是关于人的真正的事实，人与动物是有本质区别的。[③]

（二）对形式逻辑的质疑

传统上，由于受理性主义的影响，论辩以三段论逻辑为典型模式，修辞被看作修饰，是给论辩增添情感腔调而已。[④] 对这种传统的论辩观，伯克提出了异议。他在《永恒与变化》"类比论辩"一节中考察了演绎过程，并对传统论辩理论所认为的三段论的前提对结论来说是中性的，是先前选择的观点提出了质疑。他认为，更可能的是，某种初生态（nascent）的结论影响了前提的形成，因为"当写作者给我们一系列逻辑命题，试图表明为什么获得他的结论时，他实际上几乎引发了思维的过程：他提出证据，设想引导一个结论，但是这个结论已经导致了对材料/数据的选择和结构安排。所以，科学演示来源于 demonstrandum（要说明的东西），我们从想到达的地方，计算出到达那里的路径"[⑤]。换言之，逻辑论辩不是在真空中进行的，论辩的主体对整个过程施加了影响。伯克关于论辩的观点也蕴涵在其修辞学的"同一"理论之中。他非常通俗地概括了同一修

---

① Kenneth Burke, *A Grammar of Motives* , p. 59.

② Kenneth Burke, *Permanence and Change*, p. 18.

③ Kenneth Burke, *A Grammar of Motives*, p. 78.

④ 温科学：《二十世纪西方修辞学理论研究》，中国社会科学出版社 2006 年版，第 94—95 页。

⑤ Kenneth Burke, *Permanence and Change*, p. 130.

辞策略的内涵："你要说服一个人，只有用他那样的语言说话，使用相同的方法，使你的手势、语调、顺序、形象、态度、思想与他的不无二致，你才能说服他。"① 伯克的观点得到了修辞学家们的普遍认同，譬如，乔伊特（Jowett）与奥唐奈（O'Donnell）就指出：

> 因为人们不愿意改变自己的态度、信念、价值，因此，要说服他们改变的话，劝说者就必须将它与他们已经相信的东西联系起来。这叫作"锚"，因为它是已经被劝说者接受的，并将会用来锚定新的态度与行为。一个"锚"是变化的起点，因为它代表了潜在被劝说者已经广为接受的东西。②

按照伯克的观点，修辞过程既是论辩过程也是修辞者与听众/读者同一的过程，即寻找共同点的过程，而这个过程的起点或前提条件就是修辞者与听众的共同点，它的终点同样也是双方赞同的，即双方在某方面取得同一。

伯克"同一"运作机制所蕴含的论辩观点表明，在论辩中，前提并非传统论辩所认为的公理，而是具体的听众/读者的信奉（当然，公理也可能是听众所赞同的，但并非永远如此），所以，伯克主张根据听众去建构论辩，因为听众的信奉必须既是论辩的目标又是论辩的起点③。他提醒人们：根基于不言而喻的有效性前提的形式逻辑是不适合大多数日常生活领域的推理的。他明确告诫人们不应该对这样的事实视而不见：

> 我们对基本文化问题的大多数关切就在于一个工作模式不可能建立的领地。……人们一直对科学的客观性大加赞赏，尽管在任何特定的科学中都存在重要的不同分析。……我们通常倾向于忽视这种 Babel of assertions（众说纷纭），说起科学来，好像它是一件事情，而不

① Kenneth Burke, *A Rhetoric of Motives*, p. 55.

② Garth S. Jowett & Victoria O'Donnell, *Propaganda and Persuasion*, 2nd ed. (Newbury Park, CA: Sage Publications, 1992), pp. 22-23.

③ R. L. Johannesen (ed.), *Contemporary Theories of Rhetoric: Selected Readings* (New York: Harper & Row Publishers, 1971), p. 233.

是由一个存在很大分歧的科学家组成的集体。①

他认为，在科学领域，形式逻辑要有效的话，就必须忽视一些基本的冲突现象，但那种忽视辩论者及其兴趣，忽视引发论辩原因的逻辑是不能成为普世逻辑的。可见，伯克关于论辩的观点颠覆了传统逻辑中一统天下的有效性。伯克的论辩观点得到了英国论辩哲学家、修辞学家图尔明实用论辩模式的有力支持。② 图尔明摒弃传统论辩的三段论模式，用一种“实用”模式取而代之，因为传统的三段论模式不符合论辩的实际情况，一方面它没有把论辩的动态过程完整地呈现出来，另一方面它忽视了论辩的语境制约条件。更重要的是，图尔明认为，“真理”是一种社会现象，它取决于一个社区或者团体确定其信奉的标准。③

（三）对结构主义意义观的质疑

伯克的戏剧主义也反对这样的结构主义意义观：意义来源于语言符号之间的差异，而语言的结构是稳定的、固定的，因此意义也是稳定的、固定的。伯克主张用动态的宇宙观、用行为而不是用知识来研究人的现实世界，把语言作为一种行动、一种态度，而不是一种定义的工具。伯克认为，世界好似一个戏院舞台，人是在这个舞台上演戏的演员，其一举一动都是戏剧行为。事实上，一切人类行为（包括语言）及关系都是戏剧，既然如此，它们就是动态的过程，尽管这个过程会呈现出一种戏剧结构（但这种戏剧结构在不同的人看来也有不同的显现形式）。戏剧主义认为，语言是一种说话者与听众之间的协商，它与语境是分不开的，而语境，即人类戏剧的语境是动态的，不断变化的。换言之，意义不是固定不变的。由于伯克把语言（语言系统及言语）看作戏剧，而人类戏剧的产生是由于语言中的否定，所以语言本身不是不偏不倚的，而是浸透了价值观的，即使科学语言也是如此。下面的一个例子很好地表明，伯克的戏剧主义体现了一种视角主义，是对结构主义、逻辑实证主义的颠覆。根据伯克的戏剧主义，对一个事件进行完整的描述，必须涉及行动、行动者、场景、工

① Kenneth Burke, *Permanence and Change*, p. 501.

② 图尔明的论辩模式由三个基本成分构成：主张（claim）、资料或事实（Data）、理由（warrant）。一个充分展开的论题除了包括以上成分外，还有支持（backing）、反证（rebuttal）、限定（qualifier）。

③ 胡曙中：《英汉修辞比较研究》，上海外语教育出版社1993年版，第123页。

具、目的这五个戏剧要素，不同的人对这五个戏剧要素的搭配不一样，因此折射出不同的修辞动机。假如发生了这样一个事件：一个人走进一家便利店，把一块面包往大衣里一塞，钱也不付就溜出店去。[①] 对这个事件，不同的人有不同的看法：

1. 一个对此事件进行报道的人说："我知道他这种人，他是一个罪犯，犯罪是必然的事。只有当这些人远离街道时，我们才会感到安全。"

2. 另一个目睹事件发生的人说："现在失业率这么高，很多人无法养家糊口。他这样做也没什么值得大惊小怪的，总要采取措施来应对由于经济萧条所造成的饥饿。"

3. 第三个目击者说："这是一种偷窃行为，就那么简单、清楚。出来白拿东西，这已经是社会中一种普遍的追求。"

4. 第四个目击者则这样评论道："经济造成贫富两极分化，因此穷人必须应对不平衡问题。偷窃面包只是这种经济形势下一种必然的、不足为奇的应对贫穷的方式。"

对该事件的四种不同的阐释凸显了不同的戏剧要素，它们分别是：行动者、场景、目的、工具，并凸显了这样的戏剧关系对子（在关系对子中，前者决定/导致了后者）：

1. 行动者—行为。

2. 场景—行为。

3. 目的—行为。

4. 工具—行为。

虽然伯克的戏剧主义也承认戏剧的"结构"，即由戏剧五要素组成的结构，但这种"结构"却不是恒定不变的，而是随着阐释者的视角变化而变化的，这是与现代性所崇尚的稳定结构背道而驰的。这里，我们不禁想起哲学家奥格登和理查兹在《意义之意义》中对意义的阐述。同样一条"狗"，对具有不同经历的人有着不同的意义：在受狗攻击过的人那里它是"凶残"的动物，而在无此经历的人那里它可能是"可爱"的宠物。戏剧主义认为，意义不是存在于客体之中的，而是存在于阐释者对事件的互动之中的，这就从核心问题上颠覆了现代主义关于意义的稳定性的观

---

① Bernard L. Brock et al., *Making Sense of Political Ideology*: *The Power of Language in Democracy* (Lanham, Maryland: Rowman & Littlefield Publishers, 2005), p. 84.

点，也是对科学主义、实证主义的一种颠覆。

三 戏剧主义的后现代主义特征

提起“后现代主义”，就必须提及“现代主义”。“现代主义”通常是指欧洲启蒙运动后出现的一种主张主体人中心论以及对理性、终极现实和永恒真理的追求和迷信。作为启蒙的产物，现代主义的一个重要特征是关于客观知识的信念。它试图揭示外在客观世界和内在主观世界的真相，发现关于它们的知识，获得关于它们的永恒真理。[①] 这个特征蕴涵的基本假定是主客体相分离，主体可以驾驭客体，摆脱现实世界的影响和支配，从而获得客观知识，达到永恒真理。显然，现代主义倾向于把知识和真理视为是中立的、客观的、普遍的，认为它们是推动进步和解放的力量。现代主义对客观知识、永恒真理的迷信，蕴涵着一种表象主义的观点，即人的心灵能像镜子一样反映外部世界的本质，从而获得知识、真理。

总体来说，后现代主义是对启蒙的一种反思、质疑和批判。利奥塔曾将“后现代主义”定义为“对元叙事的不信任”[②]，换言之，后现代主义反对启蒙关于“永恒真理”和“人类解放”的迷信。20 世纪上半叶后，一些哲学家开始对启蒙以来的这段历史进行反省，对支撑着启蒙运动的思想方式提出疑问，提出“后现代”以同“现代”相对抗，这些思想家的思想被称为“后现代主义”[③]。作为对现代主义的一种反拨，后现代主义的基本特征可以概括为两点：（1）反对以个人主体为中心，反对主客体二元论；（2）反对追求认识的确定性、明晰性、结构性、普遍性、整体性等，主张关注知识的局限性和非稳定性，认为知识是一种相对的发展历程。[④] 在后现代主义看来，主客体二元论会导致镜像反映论，而镜像反映论最终会导致“客观知识”和“永恒真理”的迷信。所以，后现代主义反对二元对立，采取“视角主义”（Perspectivist）的认知观点，认为所有关于世界的认识性再现都受到历史和语言中介的影响。[⑤] 后现代主义也拒斥统一的、总体化的理论模式，因为它遮蔽了社会领域内的差异性和多元

---

① 姚大志：《现代之后》，第 1—4 页。

② 同上书，第 5 页。

③ 同上书，第 229 页。

④ 冯契、徐孝通：《外国哲学大辞典》，第 316—317 页。

⑤ 同上书，第 50 页。

性，这就容易在政治上导致对个体性的压抑，造成与现代精神相违背的霸权。

在后现代主义中有一个影响深远的学说，那就是20世纪60年代德里达创立的解构主义，其理论基础是这样的语言哲学观：语言是游戏，意义在不断的迟延中。解构主义的关键在于解构“逻各斯中心主义”所坚持的语言符号或文本意义的确定论，故它用“意义链”概念取代结构主义的结构概念，从而摧毁了意义的稳定性和确定性。解构主义反对逻辑实证主义，因为对实证主义的推崇必然会导致对“理性”、“科学”、“进步”的迷信，进而使用理性主义精神建构的哲学体系变成凌驾于科学和现实生活之上的思辨思想，导致与理性精神相背的独断论。①

后现代主义思想在伯克的戏剧主义中得到了回应，并成为推动美国修辞学向前发展的重要动力。在知识、真理、现实的问题上，伯克的戏剧主义表现了鲜明的后现代主义特征。传统上，关于真理的观点主要有符合说（doctrine of correspondence），即认为真理与认识对象相符合。② 在真理符合论的笼罩下，修辞学被沦为哲学的一种补充。根据这种观点，人的首要任务就是发现世界上存在的真理，然后想方设法将它有效地传播并使人相信它，这就需要“修辞糖”（与柏拉图的烹饪术相似）帮助人们把真理的“药”吞下去。所以，对哲学家来说，发现真理是第一位的，交际/传播和劝说是不同的事情。基于语言本体论的戏剧主义认为，一切知识来源于语言，世界上没有客观的真理和客观的现实等待人去发现。伯克并不否认“关于自然的赤裸事实”，但无论那是什么事实，都不是科学本身，不管事实是什么，赤裸的事实本身并不表示任何意义，只有陈述才有意义。在陈述的过程中，人们选择问题并对它进行阐述，这是真正的修辞过程，是构建意义的劝说过程。③ 换言之，知识的产生离不开修辞；知识不是纯客观的，没有客观真理。从定义来看，所谓“知识”通常指一种确证了的、真实的信念，构成知识的要素是“信念”、“真”与“确证”④。由此可见，“知识”之所以成为知识，是因为人们的信念被证明是“真”的。而

① 刘放桐编著：《新编现代西方哲学》，人民出版社2006年版，第4—5页。

② 冯契、徐孝通：《外国哲学大辞典》，第687—688页。

③ Alan G. Gross, *The Rhetoric of Science* (Cambridge, Massachusetts: Harvard University Press, 1990), pp. 3-4.

④ 陈嘉明：《知识与确证：当代知识论引论》，上海人民出版社2003年版，第31页。

这个“被证明”的过程则在语言，用伯克的话说，在语言戏剧中运作的过程，是一个说服他人接受、信奉某个观念的修辞过程；不仅如此，人们的“信念”也必须用浸透价值的语言术语来表示。换言之，知识是来自于修辞运作的。伯克的知识修辞建构论引起了美国修辞学家司各特（1967）对修辞认知性的共鸣。

当然，伯克并不否认“知识”来源的不同途径。总括起来，“知识”有感性来源和理性来源。由于人是符号的动物，人的逻辑思维必定是语言符号性的，思维是语言的功能，所以理性知识也是语言的产物。① 感性的知识来源于感官，而任何“看”和“经历”都是经过语言来实现的，因为人是通过语言来与外界打交道的，并且人对所“看”或“经历”之事物必须进行思考并作出判断，这就说明：来源于感觉的知识归根结底也是语言的产物。

顺着伯克的语言戏剧性哲学观以及修辞生产知识的逻辑，我们就不难理解，为什么伯克会说“现实”是修辞的产物，而不完全是客观的存在之物，永恒的普遍真理是不存在的。语言是修辞性的，不仅意味着语言词汇是渗透着价值的，而且说明语言的使用即言语也是带有意图的，是说服性的。人由于被语言的否定所道德化，在用语言建构现实中总是有目的和兴趣的，而目的、兴趣在人们建构现实、“发现”事物特征的过程中是关键的，因为它们把人的注意力引向某个/某些事物及其特征，而避开其他事物及其特征，看意味着不看。所以伯克一针见血地指出：

> 我们是否能够意识到……我们所说的“现实”绝大多数是由我们的符号系统建构起来的？把我们的书拿掉，我们对历史、自传，甚至对所谓的“实实在在”的事物如海洋与大陆的相关位置又能了解多少呢？今天的“现实”是什么，如果不把关于过去的一簇符号与我们主要通过地图、杂志、报纸等所了解的关于现在的东西相联系……不管我们亲身经历的那一点现实有多么重要，整个“图画”只不过是我们符号的建构物。对这个事实进行深思，就像站在事物边上朝最终的深渊里窥视，直到看到它的深刻蕴涵意义。毫无疑问，这

① H. White & M. Brose, *Representing Kenneth Burke* (Baltimore: The Johns Hopkins University Press, 1982), p. 13.

就是为什么尽管人是使用符号的动物，他仍然坚持相信一种由符号建构起来的天真的现实，而不去认识人的现实观念中符号性所起的作用……词语是连接人与非符号世界的纽带，同样也是把我们与非语言相分离的一种屏幕。①

语言不仅建构了知识和现实，语言及其否定甚至还“创造”了人。伯克在对人的定义中说道：“人是被其创造的工具与自然条件相分离”②的。既然人是通过语言与外界打交道的，而世界的一切一旦经过语言的过滤，它就不再是一个纯物质现实，而是一个“动机”。对现实的发现以及对它的检验永远离不开人，所以，知识的生成和现实的建构是一种典型的集体性或“主体互连性”（intersubjective）过程，而不是个人自己决定发现的事物是否为真、是否正确这样一个简单过程。这说明，所谓的“知识”、“真理”、“现实”都不是什么存在于外界等待人去发现的客观事物，而是通过语言的运作建构起来的。

从修辞的具体运作来看，这个观点也站得住脚。既然真理、知识、现实不是发现的，而是人通过符号的运作即修辞所建构的，既然修辞是针对具体情景中事物的符号运作，那么所谓的“永恒/普遍真理”与修辞的具体场景论在本质上是相互矛盾的。从这个角度说，修辞学本身也具有解构性。按照伯克的理论，知识产生于具体情景下修辞者对听众的诱发合作，产生于他们的“同一”。即使在诱发合作、劝说听众的开初，修辞者与听众是对一个普世价值的认同，但其劝说的最终目标还是针对具体事物的认同。因此，知识的历史性、局限性不容否定。伯克关于语言戏剧材料的论述，有力地证明了这一点。伯克认为，语言戏剧材料来自于人们出生的历史时刻的对话性。他打了一个形象的比喻：

设想你走进一座大厅。你来迟了，你到达时其他人比你早很久就到了，他们在进行激烈讨论，激烈得没法停下来准确地告诉你到底在讨论什么。事实上，他们之间的任何人在来之前讨论就已经开始了，所以没有一个在场的人能为你追溯先前的每一个步骤。你听一会儿，

① Kenneth Burke, *Language as Symbolic Action*, p. 5.

② Ibid., pp. 3-20.

直到认为已经弄明白人们争辩什么的时候才加入辩论中。有人会问你问题，你回答他；一个人来为你辩护，而另一个人则试图反驳你，这使你的论辩对手要么感到尴尬，要么感到满足，这取决于替你辩护的人的水平。然后，你离开了，讨论仍然在激烈进行之中。[①]

语言戏剧的材料来自于“没有终结的对话”，这说明什么？伯克在注释中说道，任何哲学家的宣称都必须根基于这个“没有终结的对话”。从策略上来说，哲学家可以把其作品作为与一些所谓的“铁的事实”（如“我看这个桌子，我看到它……”）的一种偏离。事实上，选择这个“铁的事实”，其真正的基础是当前的谈话状况，并且当讨论的地点改变时，它在“事实的等级”中所占据的位子就会发生变化。[②] 这表明任何所谓的真理都具有历史性，其有效性都与具体历史情景分不开；任何对现实的再现都不是简单的重复，而是充斥了人的主观干预。伯克的例子蕴涵了互文性的观点，是对现代主义所谓的“宏观叙事”的一种颠覆。

根据伯克的戏剧主义理论，修辞的运作与修辞者的术语屏息息相关。修辞不仅具有认知性，也有制约性。因为人是符号的动物，且语言与修辞不能分开，人在语言的家园或“囚牢”中成长，必定会形成与其背景相配的“术语屏”并制约了人的认知。伯克精辟地指出：

我们必须使用术语屏，因为我们不用术语就没法说任何事情；不管我们使用什么术语，这些术语必定形成一个相应的屏，任何这样的屏都将把人的注意力引向某个领域而不是其他领域。在这个领域里，可能还有不同的屏，每个屏都各有引导注意的方法、决定观察的范围，因为这个范围蕴含在特定的词汇之中。[③]

依此推理，人们在用语言、修辞去获知或建构现实的过程中，不可避免地会把主观意志带入其中，所谓的“知识”、“真理”、“现实”不过是修辞的产物，不可能是完全客观的、中性的。因此，人们就要对它们保持

① Kenneth Burke, *The Philosophy of Literary Form*, pp. 110-111.

② Ibid., p. 111.

③ Kenneth Burke, *Language as Symbolic Action*, p. 50.

一定程度的警觉，尤其是要防止它们可能导致的某种“霸权”。这正是后现代主义精神之体现。

第三节 戏剧主义修辞批评的理论基础

一 戏剧主义修辞批评的人性论哲学观

戏剧，自然是指人的戏剧。被视为戏剧形式的人类象征行动显然有其人性论的哲学基础。戏剧主义修辞批评的人性论的基本观点是：人是修辞的动物。这个命题有两个重要含义。首先，人有动物性（animality）。和其他动物一样，人总有欲望，并受之驱使；人的欲望总难以得到满足。其次，人的生存依赖于修辞。修辞不是一种可要可不要的东西，相反，它不仅隐含于所有人类的交际之中，而且显示并制约着人的思维和行动的各个方面。伯克提供了经典的人性论描述：

> 人是
> 使用、创造和滥用符号的动物；
> 否定的发明者；
> 由于其制造的工具而与他的自然环境相隔离；
> 受等级精神的驱使；
> 由于至善而变得迂腐。[①]

这个论断内涵极为深刻。因为人是使用符号的动物，所以人的本质在于符号的使用。因为人是否定的发明者，所以人具有伦理价值观。为什么呢？众所周知，在自然界中是没有否定的：一个苹果就是一个苹果，不可能是其他东西；世界上没有否定的事物，只有当人类有了语言符号，有了否定（“不是”、“不应该”）时，我们才可以说：“那是梨，那不是苹果”；“这好，那不好”，等等。诸如“它不是”和“你不能”等否定形式，不过是人类符号的产物。伦理价值正是通过否定而建立的。[②] 有了伦理价值，就

---

① Kenneth Burke, *Language as Symbolic Action*: *Essays on Life*, *Literature*, *and Method*, pp. 3-16.

② 关于语言中“否定”的道德化功能，详见 Kenneth Burke, *Language as Symbolic Action*, p. 419.

有了对事物的选择，因此也就有了修辞。没有否定，就没有人的性格。没有性格也就没有行动（戏剧主义认为，“行动”是意志行动，它体现了行动者的价值观），因为行动涉及性格，性格涉及选择，选择的形式就在是与不是之中获得完美。由于人创造并使用语言，所以人可以指称、象征世界上的事物，可以和自然条件分开或者疏远（所谓的自然条件是指生物的、感官所感觉到的存在世界）。人能与自然条件分开，这是所谓的“抽象移动”（movement of abstraction）的结果：人首先是从事物移开到词语，从肯定到否定，从意象到思想；其次用词语来考虑事物，用否定来考虑肯定的东西，用词语来考虑意象。这个过程把人与其自然条件分开，直至人的本质的一半即自然性（或动物性）受另一半即符号使用性所支配，结果不仅导致对自然条件的曲解，而且导致对自然脉搏（natural impulse）的曲解甚至否定。①

伯克把人看作符号/语言的动物，避免了语言沦为工具的陷阱。他对哲学家杜威视语言为工具的观点表示反对，因为人可以把工具放置在一边，但对语言却不能随意这样做。人的“符号/语言使用”之特征决定了人是道德化的动物，而人的道德化则决定了人是修辞的动物，用伯克戏剧主义术语来说，语言作为“场景”（相当于“人生活在语言中”这个论断）决定了作为“行动者”的人的本质特征，这个逻辑关系体现在“场景—行动者”（scene-agent ratio）的戏剧关系对子里。

根据戏剧主义人性论，世界是一个等级社会，每一个人都在这个社会里寻找自己的位置，也就是说，每一个人都在试图往上爬，朝着至善或完美攀登，人永远沉浸在对欲望的满足的追求中。人又为什么要至善？对完美的追求——伯克认为是伦理道德上的追求或者攀登——是因抽象化的本能所致，因为超越隐含在符号的使用中，而且语言本身也提供了一套价值等级，人只有登上这个价值台阶才能得到或者接近完美。这就是为什么戏剧是被语言所致，经语言而运作，但又超越语言所限。② 有了等级，就有了隔阂，就有了超越的动机，于是也就有了修辞动机。由此可见，戏剧主义的人性论哲学观的核心乃语言之使用。

---

① William H. Rueckert, *Kenneth Burke and the Drama of Human Relations*, p. 135.

② Ibid., p. 137.

二　戏剧主义修辞批评的语言哲学观

戏剧主义的语言哲学观认为，语言是象征行动，也是戏剧。所谓象征行动，是指符号化过程中所实施的行动。语言的象征性和戏剧性其实并不难理解，因为语言和戏剧一样也是高度形式化的东西，总以某种体裁出现，并且总是针对读者；语言既反映现实世界，同时也具有自身的系统性。通过语言这种媒介，人象征他的问题、行动或提出问题的解决方法。

语言的戏剧性可以归结于两点。首先，语言和戏剧一样都可以反映、曲解甚至超越现实世界。这个观点蕴涵在伯克的格言之中——“由语言所引发，通过语言运作，超越语言”（By and through language, beyond language）。戏剧是指以语言、行动、音乐等形式表述事件的舞台艺术。在舞台上，几名演员就可以代表千军万马，几个步伐就表示翻越了千山万岭，舞台上的矛盾冲突意味着现实世界中的矛盾冲突。可见，戏剧是具有高度象征性的，它可以表达在现实中可能发生的事情却不受现实时空的束缚，因此戏剧可以模仿现实，也可以超越现实。至于语言，任意性和规约性是其重要的特征。语言的任意性意味着语言符号与其所指代的外部世界无必然的对应关系，也就是说，语言可以不受时空的限制去谈论过去、现在和未来，也可以谈论现实中存在或不存在的事物，包括语言本身。同时，语言具有规约性，这意味着语言符号虽是任意的，却不是杂乱无章的，是语言共同体成员共同认可的，是可以用来传递信息并被理解的。[①]。

语言具有戏剧性，还因为语言和戏剧在完整表述外部世界时都必然会涉及行动者、行动、场景、工具、目的这五个基本要素。无论表述何种内容，语言和戏剧都是针对听者/读者，以某种体裁形式出现的象征行动，是高度形式化的东西，而五要素的不同搭配方式也蕴涵着话语者不同的动机、态度、价值观等。话语者就如同舞台上的演员，听者/读者就是台下的观众，通过对五要素的不同搭配方式，话语者表达各自不同的态度，从而引起听者/读者的不同行动。戏剧主义是建立在语言戏剧性哲学观基础之上的。传统的语言学观点是，语言是人类交流的工具。这种语言工具论并不完全正确，因为语言不仅仅是工具，它还是人赖以生存的基础，是人的生存方式。人的本质根基于人给事物命名的能力，也就是说，语言的使

---

① 参见拙文《修辞批评的戏剧主义范式略论》，《修辞学习》2007 年第 2 期。

用是人性的核心。人创造了语言，同时也创造了自己。正因为人有了语言，才有了价值观、动机、行动，才有了修辞、社会乃至人本身。每一个事物都取决于人是如何使用语言的，也取决于语言如何使用人，如果人在有意识的、负责任的行动中使用符号，他其实也被符号所使用；若没有符号，人就不可能成为动机的承载者。这就是戏剧主义的语言本体论观点。

戏剧主义的语言哲学观认为，语言是修辞性的，也就是说，语言是劝说性的。伯克说得好：哪里有劝说，哪里就有修辞；哪里有意义，哪里就有劝说。① 说语言本质上是修辞性的，首先是因为语言的基本功能是诱发合作、调节人与人之间的关系。作为语言创造者的人，早在两千多年前就被亚里士多德描绘为政治的、社会的动物，也就是说，人要生存就必须调节与他人的关系，就必须与他人合作。由于种族、教育程度、宗族、性别、年龄、经济阶层等的不同，人们之间必定存在着某种隔阂。当人们用语言去消除这些方面的差异，从而减少隔阂、促进合作的时候，他们就在使用修辞。因为所有的语言使用都或多或少是为了这个目的，所以，一切语言使用都有修辞的功能。

其次是因为语言的材料带有明显的价值取向。语言的发展史，其实是一部人类精神的文明史，它带有明显的价值取向。我们今天使用的语言是经过长期审美积淀的结果，它渗透了人类的主观意志。语言的材料是词汇，而词汇最直接、最明显地反映了语言使用者的情感色彩。即便我们所熟知的语法结构、语篇模式等，也同样体现了人的精神文化。语言的修辞性也意味着人们的话语带有偏见或显示了价值观。作为修辞动物的人对语言的使用，话语不可能不带有任何偏见。你说 A，实际上就是在回避 B；你选择用 A 表达法，实际上就是拒绝用 B 表达法。在 A、B 之间的选择反映了你的价值取向。所以，对语言的每一次使用，不管是书面的还是口头的，都显示了语言使用者的态度，而态度则体现行动。即使最简单的事实陈述，也隐含了修辞动机。一言以蔽之，一切话语形式都“跳跃着态度”②。

三　戏剧主义修辞批评的修辞观

传统修辞学认为，修辞承载着在任何场合下寻求劝说手段的功能。为

---

① Sonja K. Foss et al., *Contemporary Perspectives on Rhetoric*, p. 161.

② Kenneth Burke, *The Philosophy of Literary Form: Studies on Symbolic Action*, p. 9.

了达到劝说的目的，修辞者可利用三种修辞诉诸方式：人品诉诸、理性诉诸和情感诉诸。与这种传统的修辞观不同，与戏剧主义相配的修辞观认为，修辞是“用话语使他人形成态度或诱发他人的行动”[①]。应该说，在戏剧主义看来，修辞也是劝说，但这种劝说有别于传统修辞学的劝说概念，它是一种广义的劝说，涉及态度的形成、加强或改变。修辞根基于作为符号的语言用于诱发人们的合作。要达到诱发他人行动的目的，修辞者必须使用符号尤其是语言与听者读者取得“同一”，也就是说，修辞者必须与听者读者取得象征性的同一。所谓“同一”，通俗地说，是指与听者读者那样所思、所说、所行。同一根基于“物质”（substance）（“物质”可指具体的物体也可指抽象的事物）。我们形成自我，或者说我们之所以是自己，是通过许多物质的。当两个实体通过共同的思想、态度、物体而在物质方面同一时，他们就“同体”（consubstantiation）了。比如两个艺术家是同体，因为他们具有“艺术家”（Being artists）这个物质。要使 A 与 B 同一，就要使 A 与 B 同体。[②]

同一意味着隔阂。如果人们彼此没有隔阂，那么修辞者就没有必要和他人同一。因为家庭背景、社会经历、教育程度等方面不可能完全相同，人们之间的差异或隔阂在所难免。因此，修辞是不可或缺的，同一也始终是必要的。因为人们用词语可以指涉自然、社会政治、词语和超自然，所以可以在任何层次上与其他物质同一。比如，一个人可以和一栋房子同一，尽管他不是房子，只是因为他住在房子所在的地方；他可以与一个犹太人同一并且和犹太人一样思考，尽管他不是犹太人，因为这个犹太人和他都是美国人；他可以和一个假想的、过着舒适生活的未来人同一，尽管他不是未来人，而是一个生活在不太平但渴望太平世界里的人，因为他感觉到与这样的人同质、同一，渴望假想的人所拥有的和平并受之驱动。

根据伯克的观点，修辞形式（rhetorical form）具有不可忽视的诱发合作的作用。伯克在《反论》中把修辞形式定义为“一种对欲望的激起和满足”[③]。他说：“一个作品，只要它的一个部分使读者产生对另一部分的期望并满足这种期望，就具有形式。”比如在一部小说里，如果作者以某

---

① Kenneth Burke, *A Rhetoric of Motives*, p. 41.

② Ibid., p. 12.

③ Kemeth Burke, *Counter-Statement*, p. 31.

种方式讲述了某个会议，使读者希望目睹该会议，然后再将之展现在读者面前。这就是形式。伯克认为，所有文学都直接来源于社会情景，是人们对人间事物状况的反应。“所有评论性和想象性的话语都是对这些话语产生的情景中问题的回答”，但是“它们并非只是回答，也是策略性的回答、语体化的应答”①。劝说就产生于内容和形式的相互作用。一个修辞作品可以通过其形式诱发读者的紧张或期望。当修辞者在修辞作品里给出了某种解决方案并消除了紧张时，读者就把作品中紧张的消除或解决看作自己紧张的消除或解决。所以，修辞形式使读者/听众全身心地融入作品并跟着修辞者（作者）走，这样，修辞者的劝说或诱发合作的目的就达到了。

伯克的戏剧主义修辞理论在运作上，与传统修辞学理论具有很大的相通性，尤其体现在其核心概念“同一”与修辞三段论中。伯克在论及诗人的修辞策略时所使用的通俗例子比较能说明问题：

> 若人们相信某事物，诗人便可利用该信念获得一种效果。譬如，若人们憎恨背信弃义，诗人则可描述一个叛徒从而唤起他们对其的憎恨心理。若人们赞赏自我牺牲，诗人则描述自我牺牲的一个壮举从而激起他们的敬仰之心。若人们认为地球是宇宙的中心，诗人则可把人的尊严根基于自我中心论……②

用传统修辞学的话说，这是典型的情感诉诸策略。诗人之所以描述一个叛徒，是因为他根据自己的经验或常识判断，通常人们对叛徒怀有厌恶之情，因此在对待“叛徒”的态度和情感上，他与听众具有相同之处，也就是说，他们取得了同一。这种同一是建立在或然性之上的，因为“人们对叛徒怀有厌恶之情”是在一般情况下或绝大多数情况下站得住脚的；在某种特定的情况下可能存在例外，比如，假使那个叛徒是听众的兄弟，其感受可能与一般的人不一样，说不定他还可能怀有同情心理。同理，诗人因为知道自我牺牲精神是社会上一种普遍认同的崇高品德，所以他通过描述自我牺牲的壮举来激发听众的情感并与听众取得同一。但这种

---

① Kenneth Burke, *The Philosophy of Literary Form: Studies on Symbolic Action*, p. 8.

② Kenneth Burke, *Counter-Statement*, p. 161.

同一也是建立在或然性基础上的，因为假使听众是极端自私之小人，或许他会反驳道："为了他人而牺牲自己的利益不值得。"可见，情感诉诸的过程其实也是修辞者与听众同一的过程。

从情感的诉诸来看，诗人描写一个叛徒来达到激发听众情感的目的，这个情感激发的机制是这样的修辞三段论：

（大前提）某某的行为是背叛行为（听众已有的知识、经验）；

（小前提）某某实施了这样的行为（通过描写来展示）；

（结论）某某是一个叛徒（听众根据大、小前提得出的结论）。

诗人通过描写某某的背叛行为，即通过向听众展示"叛徒"的典型迹象，如背信弃义、忘恩负义、数典忘祖等行为，诱导听众得出结论：某某是个叛徒。可见，这个情感诉诸的过程也离不开逻辑或理性的运作，离不开价值观的诉诸。

上述例子表明情感诉诸与同一的关系，正如他所言：

> 亚里士多德曾说，为了夸奖或谴责别人，修辞者应该假定：与任何这些特征（美德的构成成分）相似的特征都和他们是同一的。譬如说，为了激发对一个小心谨慎的人的厌恶，就应该把他描绘成是一个冷酷无情、精于算计的人，如果使一个头脑简单的人显得可爱，就利用他的善良本性。①

伯克的同一不仅体现在传统修辞学的情感诉诸之中，也体现在人格诉诸中。在人格诉诸中，修辞者用自己的话语使听众断定他是一个头脑理智、品德高尚、待人友善的人。理智、道德、友善——这些是受到广泛崇尚的品德或社会价值观。换句话说，修辞者在试图通过人格诉诸来影响听众的时候，其实就是通过话语所承载的听众赞同的伦理道德和价值观来实现的。在这个人格诉诸，也即修辞者与听众同一的过程中，修辞三段论也起着关键作用：

（大前提）某某的行为是理智、道德、友善的表现（作为理性动物的听众所知道的）；

（小前提）某某的话语显示出他理智、道德高尚、友善（听众从修辞

① Kenneth Burke, *A Rhetoric of Motives*, p. 55.

者的话语中获得的“迹象”)；

(结论) 某某是理智、高尚、友善的 (听众根据大、小前提得出的结论)。

同理，伯克的同一也与理性诉诸有交织。修辞者讲事实、摆道理，使听众感知其话语里的逻辑性。这也是一种同一过程，因为正常人对铁的事实、道理一般是会认同的；如果修辞者的话语展示了事物之间的因果关系，听众就比较容易赞同，换言之，理性诉诸是一个修辞者与听众在逻辑理性中寻求同一的过程。理性诉诸毫无疑问依赖逻辑运作，包括演绎式和归纳式推理。在修辞学领域，演绎推理形式就是亚里士多德所说的修辞三段论。①

总而言之，戏剧主义认为，修辞是诱发合作的象征/符号行为，其运作机制是“同一”过程。“诱发合作”与传统修辞学的“劝说”具有很大的相通性。

四 伯克戏剧主义的辩证思想

伯克的戏剧主义蕴含了一种非常机智而深奥的辩证思想。② 伯克在《反论》中认为，“戏剧主义”这个术语把人们的视线引向人类的行动，而不是无灵的运动 (motion)③。他在此著之后的《对待历史的态度》中用了一个非常诙谐幽默的例子表达了他的辩证思想：“头我赢，尾你输。”这是投银币决定事物的一种方式，它所蕴含的意思是：事物本无对还是错，都有正反面，就看你怎样看它，不管是正面还是反面，你都能合理地解释它。④ 下文将从修辞哲学和修辞理论两个层面探讨伯克的修辞辩证法思想，这涉及其理论体系中多个重要概念，如“同一”、“质”、“等级秩序”等核心术语。

---

① 修辞学领域里的演绎推理是基于或然性之上的，它与逻辑学上严格意义的演绎推理有差异；归纳推理根据亚里士多德的论述可以简约为修辞三段论。

② 作为美国公认的修辞学泰斗，伯克的论著浩如烟海，理论体系博大精深，而贯穿其庞大体系的始终有一种深邃的辩证思想。对这种辩证思想的把握成为全面理解伯克戏剧主义理论体系的一把钥匙。鉴于此，本节将对之进行一定程度的阐释。更详细的论述，请参见拙著《修辞理论与修辞哲学——关于修辞学泰斗肯尼思·伯克的研究》中的有关章节。

③ 伯克尤其以戏剧主义闻名，他的修辞学思想也涵概其中。

④ John William Murray, *Kenneth Burke: A Dialogue of Motives* (New York: University Press of America, 2002), p. 153; Kenneth Burke, *Attitudes Toward History*, p. 260.

（一）伯克修辞哲学中的辩证思想

修辞行为涉及三个宏观层面的问题：修辞者、听众和话语。关于这三者及其关系的最高概括就是修辞哲学的内容。

伯克修辞学的人性论蕴含了深刻的辩证思想。他对人的定义表明，人是使用象征（符号）的动物，因此人之本质并非人本身，它是戏剧性的，是象征（或有目的的符号尤其是语言）的使用。正是这个象征的本质使人际间的交流成为可能。

人性论的辩证特征还表现在人既使用象征也滥用象征上。人既可为善而使用象征，也可为恶而使用象征。从使用的角度看，尤其是语言的象征，都具有其使用规则，因此，象征使用者既可能娴熟地使用象征，也可能由于种种原因而误用象征。另外，在使用者的角度看来是正确的象征，在接受者看来却可能是错误的，因为人的认知是有差异的。人性论的这种辩证特征为修辞提供了必要性以及实践的广阔领域。正因为象征因人而异，所以修辞就显得十分必要，若人人都使用相同的象征，交流与沟通就失去了存在的必要性。

伯克对人的定义还表明，人虽然有“使用象征”这个本质特征，但却不能完全摆脱其动物性；人性与动物性同在。因此，人的动物性决定了人和其他动物一样具有难以满足的欲望，这种欲望驱使、影响着人的行为。人的象征本质（即人性）和动物性的辩证统一在伯克的一对重要术语“行动”和“运动”中有清楚的体现。“行动”是指有目的、有意图的意志行为，如演讲、写作等；“运动”是指生理上的或无目的、无意图的行为，如树木的倒下、人的呕吐等。行动与运动的辩证关系是这样的：没有运动就没有行动；有运动未必有行动存在。但若运动需要用语言来表述，也可以说有运动就必须有行动。①

运动在特定的条件下还可以向行动转化，譬如抗日战争期间，站岗的人员一看到鬼子来了就把一棵树放倒，这样就把“鬼子进村”的消息传了出去。“树的倒下”就变成了有目的、有意图的行动。

人的至善也是辩证的，人可能会成为“完美的傻瓜”或“完美的坏

---

① Bryan Crable, “Symbolizing Motion: Burke's Dialectic and Rhetoric of the Body,” *Rhetoric Review*, 2003 (22): 121-137.

蛋”[①]。譬如，在极端情况下，随着人类科学的进步，越来越尖端的武器不断地涌现，从科学的角度看，这的确是人类不断追求完美的结果，是值得人类引以为豪的。但辩证地看，武器越尖端，其破坏性及杀伤力越大，因此给人类带来的灾难也就越重。于是，人的至善可能会导致人的毁灭。第二次世界大战中原子弹的使用以及工业化带来的人类生存环境的不断恶化就是很好的例子。

伯克人性论放射出来的辩证思想的光芒为其修辞理论奠定了哲学基础。它从更高层次上解释了修辞存在的必要性以及修辞的可能性。

伯克的辩证思想在其修辞认识论中也有明显的表现。所谓修辞认识论，是指对修辞学相关各要素的认知方法的概括，它为修辞主体认知世界提供了指导。伯克的“不协调而获的视角”是在尼采影响下形成的修辞认识论，是他的核心探索技巧，是指通过“打破/违背词语在先前链接中的特征”而获得的认知事物的方法。[②] 他的修辞认知方法论得到图式理论的有力支持。根据伯克的论述，对事物的认识应不只局限于一种视角，换言之，对事物的知识不是永远不变的，它可能会依认知主体而异，知识与主体的认知是分不开的。伯克的“不协调而获的视角”所体现的辩证思想在其早期的重要著作《永恒与变化中》有深刻的阐述，从某种程度上说，这种辩证的方法论成了他后期理论的基础。

对修辞学研究者来说，或许更使人惊叹的是伯克关于语言本质的论述中所蕴含的深邃辩证思想。在他看来，语言是辩证的，也就是说，所有符号里面都蕴含着一种双重性，因为我们定义某一事物时必须用其他事物来定义它。[③] 语言的产生就是辩证的开始。首先，语言创造了事物与其质的对应物之间的辩证关系，譬如，将某事物命名为“树”就需要把它与地面和天空区别开来；后来，语言又创造了概念与概念对应物之间的辩证关系，例如，有“自由”这个概念就需要有“受压迫”的概念。可见，语言中概念的产生是一个辩证的过程。伯克关于语言的辩证思想在其《动机语法》中又有进一步论述。伯克认为，语言中的定义是一个合

---

① Kenneth Burke , *On Human Nature: A Gathering While Everything Flows*, p. 221.

② Kenneth Burke, *Permanence and Change*, p. 90.

③ Kenneth Burke, *A Grammar of Motives*, p. 33. Jeffrey W. Murray, *Kenneth Burke: A Dialogue of Motives*, p. 147.

与分的辩证过程，因为要定义某事物就必须用其他事物来定义，即用不是该事物的事物来定义它。[1] 譬如，说某人是基督徒，言下之意是说，他/她反对无神论，不信佛教或道教。可见，每一个术语背后都有一个相反的术语，每一个“动机”背后都有一个相反的动机。[2] 其实，语言基本上是一个否定的行动（act of negation），因为事物的名称不是事物本身。语言的本质要求人们用其他事物来看某个事物，而不是该事物本身。更严格地说，这种辩证不是用某个其他事物来看事物，而是用那个其他事物，即它的语言的对应物。伯克的意思是说，每一个词都有一个对应的东西蕴含在里面。命名某事物总是命名它不是的东西。正如伯克所说：“每一个术语都是辩证的，仅因为它是一个术语而已。”[3]譬如，给“苹果”下个定义：“苹果”是……水果。在该定义中，“水果”却不是“苹果”；反过来说，如果说“‘苹果’是……苹果”，这是不正确的定义，因为它掉进了循环论里。

语言的辩证特征对修辞的运作起了关键作用。修辞意味着自由和选择；修辞的选择来源于对某事物命名时必须用其他事物来命名。试想：如果没有语言的辩证特征，命名某一事物不用别的事物，而用其本身（其实这也不可能做到），那么就只有唯一的选择了——这是没有选择的选择。依此类推，修辞既没有可能也没有必要。语言的辩证特征使修辞对话的双方在自由选择的海洋中各显神通，以期达到心灵的交融。

（二）伯克修辞理论中的辩证思想

伯克修辞理论的核心是“同一”[4]。通俗地说，修辞是调节社会关系的象征行为，是旨在影响、说服他人，消除社会隔阂，促进合作的行为。修辞的动因从哪里来？在伯克的修辞体系中，两个彼此密切关联的因素——“等级秩序”（order）和“分离”——成了修辞动力的源泉（如图 5.2 所示）。

---

① Kenneth Burke, *A Grammar of Motives*, pp. 402-406.

② Ibid., pp. 33-34.

③ Ibid., p. 57.

④ 此处术语“同一”所对应的英语是“identification”，该词在国内汉语修辞学界常被译为“认同”，故伯克的修辞理论又常被称为“认同理论”。不过，笔者认为“认同”并未准确再现英语“identification”的内涵。

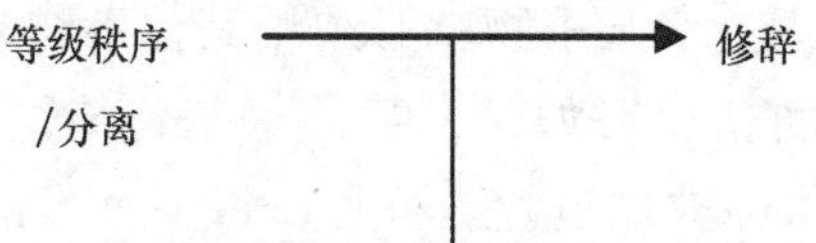

因为谁不想往上爬？因为谁愿意屈居他人之下？

作为社会人，谁不希望/需要与他人交往？谁不希望消除

人际间的隔阂？

图 5.2　修辞动因的源泉

稍加思考则不难发现，伯克的修辞动因中蕴含着这样一对辩证统一体：隔阂与交融，即是说，人们之间存在隔阂，修辞的目的就是弥合这种隔阂，达到心灵的交融；修辞源自隔阂，并且以隔阂为存在条件，因为没有隔阂就没有修辞的必要，因而也就没有修辞的动力。伯克指出，[①]“如果人与人之间不是分离的，那么修辞者就没有必要宣称同一。”修辞旨在消除隔阂、增进了解、促进合作，因此从某种意义上说修辞旨在消解自己在某个方面存在的基础。但是，由于人与人是分离的，即使在某一方面的隔阂消除掉了，在其他方面的隔阂依然存在，或随着形势的发展新的隔阂又会产生。因此，随着旧的隔阂被消除，新的隔阂在不同的方面或更高的层面又会产生，如此循环往复，隔阂引发了修辞，修辞消解着隔阂，社会在修辞的作用下不断前进。隔阂与交融的对立统一始终贯穿着修辞的始终，伯克的这一席话恰当地总结了这样一对辩证关系：“首先探讨‘同一’就要面对分离的种种含义。”[②] 可见，伯克修辞学的动因论蕴含了隔阂与交融（交融体现了同一）这一对辩证关系。

修辞动因的另一个主要方面是：社会中的人都处于各种等级秩序（order）中。伯克认为，人具有追求完美、追求卓越的欲望，这种欲望不断地驱使着人朝着更高的等级秩序迈进，也就是说，人总有一股力量在驱使着他打破现有的等级秩序，建立更高、更理想的等级秩序。等级秩序的建立意味着原先秩序的颠覆，即如伯克所说：“建构就涉及摧毁。”[③] 因此，任何一个秩序的建立都必须对先前的某种秩序加以摧毁。譬如，在校

① Kenneth Burke, *A Rhetoric of Motives*, p. 22.

② Ibid.

③ Kenneth Burke, *On Human Nature: A Gathering While Everything Flows*, p. 114.

园建设一栋房子，这就意味着要打破校园现有的等级秩序，建立一种新的、更令人向往的等级秩序。可见，建构与摧毁成了两个辩证的、相互依存和关联的术语。

在伯克的修辞动因术语“等级秩序”中还蕴含着更多的辩证关系。在追求卓越的历程中，处于较低等级秩序的人希望往上攀登，而处于较高地位的人则害怕坠落到较低的等级秩序之中。在等级秩序中，其实还蕴含着另外两对辩证关系：秩序与无序；遵守与违背。因为秩序必须以无序的存在而存在，没有无序，也就没有秩序。反之亦然。在人类社会中，对某些事物的遵守意味着对其他事物的违背。可见，遵守与违背是辩证的两个方面。正是因为在等级秩序所蕴含的多个辩证关系之中，人才有无限的动力驱使他进行修辞活动，从而达到自己的目的。[①]

戏剧性五要素（或“五位一体”）是伯克动机修辞学的概念[②]，它同样散发着智慧的辩证思想光芒。首先，它体现在这五个戏剧要素处于既分离又统一的辩证关系之中。对某一个事件进行完整描述所涉及的五要素都是“同体”的，因为它们都分享同一修辞行为，换言之，它们是同一修辞行为的几个方面。戏剧性五要素如人的手指：像五个手指各自分离但同时又彼此联系并在手掌中融为一体一样，戏剧性五要素彼此独立但又在“事件”中统一于一体；它们彼此相关，因为其中一个元素蕴含着其他元素。譬如说“犯罪”这个行动就蕴含着犯罪者，因为行动需要执行者；同时它还蕴含着作案地点，因为任何事情都存在于时空之中；依此类推，它还蕴含作案工具、作案对象（即受害者）、作案目的。可见，这些戏剧性要素虽然各指不同的东西，但又分享同样的“质”即犯罪这个事件。其次，戏剧性“五位一体”的辩证关系还体现在五要素之间不是铁板一块地固定不变上，相反，它们是流质性的、可变的，在不同的问题中可以互相转化，具体表现在两个方面：第一，对同一事件，不同的人所凸显的戏剧要素不一样；第二，要素之间的关系可以转化，譬如一个行动者的行动可以变为另一个行动者的场景，某个行动者可以成为别人的工具，或者他也可以成为另一个人场景中的一个部分。正因为戏剧性五要素的流质

---

① Kenneth Burke, *On Human Nature: A Gathering While Everything Flows*, p. 229.

② 在伯克的理论体系中，《动机语法》与《动机修辞学》就像硬币的两个方面，“五位一体”体现了“同一”。

性、可变性，不同的修辞者对同一事件具有不同的阐释框架，从而折射出不同的动机。

戏剧性五要素的辩证统一关系对语言戏剧的运作、对修辞论题的建构、对修辞动机的显现是非常关键的。正因为这五个要素既分离又统一，我们可以从 A 要素跳跃到 B 要素（如从“场景”到“行动”），也就是说，可以建立“场景—行动”这一个关系对子，其意思是说，在该场景下做某个行动是合适的，或者说只要有这种场景就必须有这样一个相应的行动。显然，有了这种辩证的关系，一个事件就可以分离出不同但相关的要素，从而使各要素之间的不同组合成为可能，因此，修辞者可以根据自己对事件的阐释框架组建形成相应的戏剧关系对子，如“场景—行动”、“行动—场景”、“行动者—场景”、“行动—工具”等，这些关系对子代表了语言戏剧的运作过程，体现了修辞论题的逻辑建构，显露了修辞者的动机。

“同一”是伯克“新修辞学”的核心术语，它是一个辩证的、相对的概念。世界上不存在百分之百的同一或纯同一，纯同一中没有冲突。同理，人与人之间也没有完全的分离，在完全的分离中是不存在同一的。伯克指出，两个对手只有在接触的领地中才能展开战斗，没有接触，他们的斗争就无法展开。[①] 对手之间的这种接触领地（area of contact）为他们的交手提供了先决条件，也使他们的交流成为可能。同一与分离构成了对立统一的辩证关系。

同一的实现方式和过程也充满了辩证思想。根据伯克的理论，人与人是不可能相同的，但如果他们情趣相投的话，他们就同一；即使他们的情趣没有交集，但只要他们想象或被说服认为他们的兴趣相同的话，他们仍然同一，一旦他们同一了，他们就同体。“同体”只是一个辩证的概念，因为修辞者与听众在质方面同一的时候，他是与别人而不是与自己同一，但同时仍然保留着自己的独特性，成为动机的个体处所（individual locus of motive）。因此，修辞者既和一个分开的但同时又是有区别的“质”联系在一起，与一个他者同一。[②]

修辞的“同一”策略之所以能够实现，在很大程度上是因为同一的

① Kenneth Burke, *A Rhetoric of Motives*, pp. 20-21.

② Ibid.

辩证特征是根基于“质”的辩证特征之上的，否则，分开的、有区别的两个个体不可能既同体又各自保持其独特性。“同一”或“同体”不是指一般意义上的躯体等同。伯克的“质”是一个辩证的概念，这是伯克非常独到的见解。

如何理解“质”的辩证特征？在字面上，“substance”（质）这个词是用来指某事是什么，是指事物的本质、现实或真正的存在，但从词源上着，它来源于指某事物不是的东西的词，是指事物的一种环境的特征/属性，因为质的英文表达“substance”的前缀“sub”的意思是“在下面”，而“stance”的意思是“地点”或“位置”，这就意味着质不是指事物本身，而是一个支撑/支持该事物的东西。这样看来，质是事物的环境。① 伯克认为，事物的环境是其外部的东西，它存在于这个外部的东西的里面，因此它是该事物不是的东西。换言之，尽管质是用来指某事物内部的、内含的东西，但从词源上来说它却是指某事物之外的、外部的事物。② 这就是质的悖论（paradox of substance）。可见，在这里，内在与外在是可以互相转化的。因此，你若说某个事物是什么，你是根据其他事物来给它分门别类地加以区分的。这种方法暗含在定义的方法中：在定义某事物时，我们是给它标明边界的，因此至少隐含地使用了那些拥有环境所指意义的术语。③

由此看来，人的本质在很大程度上是由那些以种种不同形式支持或反对他的其他人物来定义或决定的。所以，一般我们说某事或某人是什么，我们必须说它/他不是什么。④ 这正是修辞“同一”策略的方法。譬如，说一个熟人“玛丽是我的朋友”，其实是通过一个社会关系来给她分配“质”的，而不是通过玛丽本人所拥有的某种内在的、内存的品质。同理，说“玛丽是一个教师”，是通过一个阶层的成员共有的特征，而不是玛丽本人所有的一个特征来赋予她某种质的。因此，如果修辞者对某人说“你是我的朋友”，其实他是宣称与对方同体/同一，这种同体/同一是通过朋友之间所体现的“友好”、“互助”、“志趣相投”等实现的，而不是

① 参见 Virginia L. Holland, *Counterpoint: Kenneth Burke and Aristotle's Theories of Rhetoric*, p. 29.

② Kenneth Burke, *A Grammar of Motives*, pp. 23-24.

③ Ibid., p. 23.

④ Ibid.

通过躯体上的相同、相似。[①]

"质"的辩证特征使伯克修辞体系中的三种"同一"策略得以实现。在伯克的修辞体系中共有三种质（即几何质、家族质、方向质）和三种同一的策略（即同情同一、对立同一、不准确同一）。[②] 所谓几何质（geometric substance），是指用环境来命名的质，它强调位置、处所，换言之，几何质把一个物体或事物放置于其场景之中，它本身既存在于背景或环境之中，也成为该背景或环境的一部分。譬如"我国和巴基斯坦是邻国"这句话——这个策略可以划归伯克所说的"同情同一"之列——所体现的是几何质方面的同一，即中国与巴基斯坦分享"互为邻国"这样的几何质。也就是说，中国之所以能和巴基斯坦同一，不是因为别的原因，而是因为它们具有相同的环境属性的质，即"互为邻"。用家族来定义的质则强调派生性，因此也叫家族质（familiar substance）。对系谱、祖先或家族的强调并不一定是字面上的生物概念，它也可能是一个精神上的概念，所以就包括由相同民族或信仰成员所组成的社会群体。譬如，修辞者对一个基督信徒说，"我也信基督教"，这句话体现了家族质方面的同一（此修辞策略也属于同情同一）。又如，在第二次海湾战争期间，伊拉克总统萨达姆称呼甚至包括伊拉克的劲敌伊朗在内的阿拉伯国家为兄弟，试图号召这些国家一致抗美。这是典型的家族质方面同一的例子。在这个例子中，虽然伊拉克与阿拉伯国家同一/同体，分享"阿拉伯国家"这种质，但它们各自都保留了自己的特征。如果把伊朗和伊拉克单独抽出来看，该策略属于伯克所说的"对立同一"之类，其运作模式是树立公敌，也就是说，伊拉克和伊朗因为有了共同的敌人——美国——而同一，尽管两国之间也曾经历多年的战争。方向质（directional substance）强调来自内部的动力，它不是根据事物是什么或来自哪里来辨别一个事物，而是根据"它往哪去"，根据倾向来辨别事物。[③] 譬如，修辞者对听众说，"我入党的动机和你的一样，都是为了更好地为人民服务"，这里所体现的就是方向质方面的同一。不管分享哪一种质或在哪一种质方面同一，都取决于质的辩证特征，是质的辩证本质使修辞者与听众取得同一，否则同一/同

① Glenn F. Stillar, *Analyzing Everyday Texts: Discourse, Rhetoric and Social Perspectives*, p. 67.

② 伯克所指的三种质与他所说的三种同一策略并不是一一对应的，它们有交叉或重叠。

③ Kenneth Burke, *A Grammar of Motives*, p. 31.

体就不可能实现。

第四节　戏剧主义修辞批评的一般操作方法

戏剧主义认为，人们是通过运用修辞来构成和表达他们对于处境的独特见解、建构一种对自己有利的现实来影响别人的观念或行为的。[①] 出于不同的动机，人们在言说中搭配五个戏剧要素时有着截然不同的方式，从而折射出不同的态度，进而引起截然不同的行动。因此，戏剧主义批评的一个核心是分析修辞者如何搭配五个戏剧要素并对其影响听众的方式进行阐释。

根据戏剧主义理论，对一个事件做出完整的描述要涉及行动、行动者、手段、场景和目的，也就是说，它们分享同一个修辞行动。比如在“这个英雄为了从囚禁他的房间里逃出来，在朋友的帮助之下，用一把凿子将捆绑他的绳子割断，最终战胜了恶棍”这一事件的表述中，“英雄”是行动者，“朋友”是“共同行动者”，“恶棍”是“反行动者”，“凿子”是工具，“割断绳子”是行动，“为了从囚禁他的房间里逃出来”是目的，“房间”是场景。这五个戏剧要素组成十个基本关系对子：“场景—行动”、“场景—行动者”、“场景—手段”、“场景—目的”、“行动—目的”、“行动—行动者”、“行动—手段”、“行动者—目的”、“行动者—手段”和“手段—目的”。如把以上关系对子中的术语互换位置，则又可得到十个关系对子。[②] 每一关系对子中的两个元素都构成某种因果关系。在场景—行动这对关系中，场景决定了行动。假定场景是教堂，那么教堂这个场景就决定了只有具备某些特点的行动才能在此发生，比如祈祷就是合适的行动。达尔文环境决定了生物进化的观点，就体现了“场景—行动者”这一关系对子。又如舞台上的情景：一个小资产者的家里，主人坐在桌子边的扶手椅上看报纸，他的妻子则坐在桌旁缝袜子。这是一个标准的场景—行为关系对子，即是说，场景的特征从传统或古典意义上说与模拟的行动是合适的：在小资产者的屋内有一对小资产者夫妇，妻子在忙于典型小资产者的事物——缝袜子，而丈夫则在阅读报纸，他是典型的知道新闻消息的人并将扮演消息传播者角色。

---

① Kenneth Burke, *Attitudes Toward History*, p. 3.

② Kenneth Burke, *A Grammar of Motives*, pp. 127-139.

如前所述，戏剧性五要素之间的关系如同手掌上五个手指之间的关系，对这些要素的搭配体现了言说者的动机。在做修辞批评时，应该找出作为戏剧的修辞话语的五要素，并确定占主导地位的要素，从而确定修辞者对某一特定场合的大致看法。通常用要素配对的方法来找寻主导要素。具体做法是把五要素系统地配对，生成多个关系对子（最多可以生成20个关系对子），从而发现它们彼此之间的关系及其相互影响的特征。在生成的一系列关系对子中，有的与修辞话语相吻合，有的不能吻合。这样，与修辞话语最吻合的，或者说与修辞话语吻合次数最多的，应该是主导因素。[①] 比如，可以进行如下配对：

场景—行动：否；　场景—行动者：否；　场景—工具：否；场景—目的：是

行动—场景：否；　行动—行动者：否；　行动—工具：否；行动—目的：否

行动者—场景：是；　行动者—行动：是；　行动者—工具：是；行动者—目的：否

工具—场景：否；　工具—行动：不清；　工具—行动者：否；工具—目的：不清

目的—场景：是；　目的—行动：否；　目的—行动者：否；目的—工具：否[②]

通过要素配对这个过程，找出哪一个术语会影响其他的术语。当然，这个过程不包括在撰写批评论文本身之中，这是写作前幕后要做的工作。

修辞者对五要素的排列以及将哪一个要素看成是决定性的，暗示了在同一处境的不同看法中他选择了哪一种，也就是说，修辞者对环境的描绘显示了他觉得什么才是对环境的适当反应（即伯克所说的“动机”）。这就为批评家对修辞者为了劝说听者/读者而采取的策略进行分析和描写提供了视角。

比如，著名修辞批评家戴维·林（David Ling）早年曾对参议员肯尼迪（Edward Kennedy）的讲话进行了戏剧五要素分析并得出结论：肯尼迪把人们的视线引向这种场景——在冰冷、黑暗、湍急的水面上横跨着一座

① Sonja K. Foss, *Rhetorical Criticism: Exploration & Practice*, pp. 386-388.

② 关系对子后的“是”或“否”是根据实际修辞话语而获得的答案。

狭窄的小桥，桥上因没有路灯照明而显得一片漆黑……车祸后，他在湍流的河水中奄奄一息、神志不清……显然，这种对场景（scene）的凸显，构成一个“术语屏”，把人们的视线从另一种可能凸显行动者的术语屏“肯尼迪是不负责任的行动者；他醉醺醺地开着车……”吸引过来，使人觉得车祸不是因为他酗酒后开车所致，而是由于路况太差等客观原因所致，并且当他落水后也无力去救落水的秘书。由于肯尼迪演讲突出了场景的这个因素，即把场景看成决定性的因素，使听众得出这样的结论：对车祸以及秘书的遇难，肯尼迪是无辜的；肯尼迪本人也是车祸的受害者，而不是肇事者。戴维·林的经典分析表明，“五位一体”分析能够清晰地展现修辞者的动机和策略。①

从哲学层次来看，修辞者对戏剧性要素的凸显，折射了他的哲学观。如果说场景决定了行动，那是唯物主义的观点。生物学家达尔文的进化论凸显的就是环境对生物种的影响，从这个意义上说，达尔文所持的是历史唯物主义观点。如果修辞者凸显的是行动者，那么折射的是唯心主义观点；如果凸显行动，则是现实主义观点；如果凸显工具，则是实用主义观点；如果凸显目的，则是神秘主义观点。

修辞批评者有时也有必要对戏剧过程中的修辞者如何与听众取得同一进行描述。总括起来，有三种同一方式。② 第一种是“同情同一”。比如，一个竞选者面对反对堕胎的听众说“我和你们一样也反对堕胎”，他用的就是这种同一策略。第二种是对立面策略，也即公敌策略。修辞者与听/读者有了公敌，说明他们之间存在共同的利益，因此也就同一了。比如在海湾战争期间，美国和一些盟国之间尽管存在利益冲突，但因为有了萨达姆这个公敌而同一了。第三种是超然的“我们”策略（transcendent “we”）。尽管听/读者是受修辞者劝说的一方，但由于修辞者对他们说“我们”，被劝说的一方（即听/读者）因此被归为“我们”一类，于是就无意识地与修辞者同一起来。不过在进行同一策略分析时，要注意几个

---

① David Ling, “A Pentadic Aanalysis of Senator Edward Kennedy's Address to the People of Massachusetts, July 25, 1969,” *The Central States Speech Journal*, 21 (1970): 81-86.

② 伯克对“同情同一”和“对立同一”并没有进行非常严格的区分，笔者认为，两者可以互相转化。“对立同一”体现了修辞双方相同的态度，因此也就在态度上取得了“同情同一”(identification in attitude)。比如在美国发动海湾战争期间，萨达姆与伊朗因为有了以色列这个共同的敌人而同一，这种同一是建立在对以色列相同的态度之上的，换言之，萨达姆与伊朗的“对立同一”在本质上是其在态度方面的同一。

原则。第一是伦理原则。修辞的功能就是促进人们之间的合作，这种合作是通过同一而实现的。同一是一把双刃剑，它既可促进社会秩序也可能破坏社会秩序。所以，修辞批评者要问的是：同一是否有利于社会秩序，该戏剧性的过程是否有利于促进社会的秩序。如果不能促进社会秩序，该修辞行动就是不好的。第二是真情原则。修辞是象征行动，人们用符号象征周围的世界，象征他所遇到的问题及其解决方法。因此，批评家会问：戏剧过程中修辞者用符号建构的世界是否符合实际？第三个是美学原则。因为用伯克的话说，人是使用和误用符号的动物，所以，批评家需要指出修辞象征或符号使用是否恰当。第四是效果原则，这是一个选择性的原则。批评家需要评判修辞者是否与听/读者取得同一以及结果如何。

戏剧主义修辞批评的一般操作方法如图 5.3 所示。

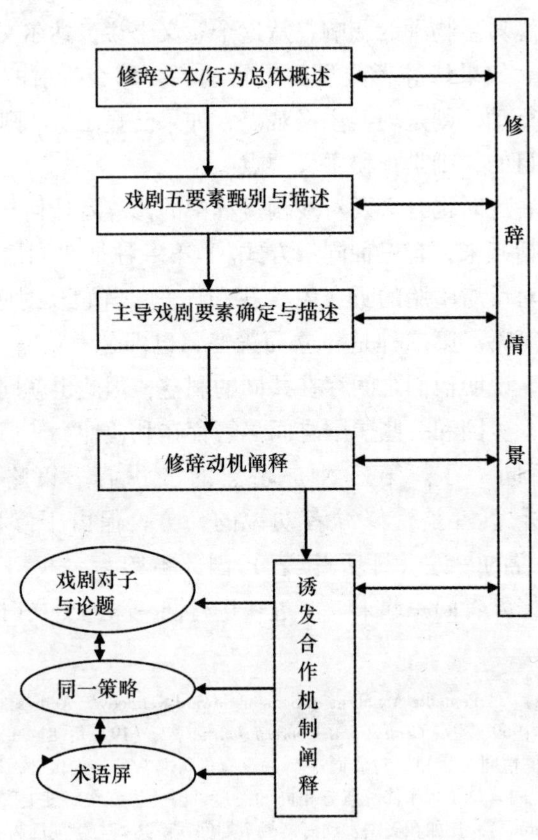

图 5.3　戏剧主义修辞批评的一般操作方法

第五节　结语

戏剧主义修辞批评是当代美国修辞批评领域最重要的范式之一，究其原因，一方面是它的适用性广，因为对任何人类意志行为都可以做戏剧性分析；另一方面是它具有比较高的可操作性，因为抓住了戏剧五要素、认准了决定性要素，修辞者的动机、观点、态度就可显现出来。但是，戏剧主义修辞批评涉及的理论非常广泛。要全面掌握并熟练运用这种批评模式，必须完整、准确地把握伯克的语言戏剧性哲学观。在进行戏剧主义修辞批评时，批评者需要灵活地将伯克的“五位一体”及其他理论有机地结合起来。

伯克创立的戏剧主义理论及“五位一体”批评方法具有重要的现实意义。戏剧主义告诉我们，在国际舞台上，为了捍卫国家的利益，争夺更多的国际话语权，我们要警惕西方以“真理”的口吻说话，要敢于用修辞学的武器去解构那种所谓的“真理”，用戏剧主义“五位一体”的批评方法揭示其背后的修辞动机。当今，在国际政治、经济、文化诸多领域，某些西方发达国家往往以修辞建构起来的“知识”、“真理”、“进步”为幌子或者借口干涉他国内政，实现其霸权野心。有史为鉴：十多年前美国发动伊拉克战争，其理由是：伊拉克藏有大规模杀伤性武器且与“9.11”恐怖袭击有关，但事实并非如此。戏剧主义提醒人们：在当今崇尚科学理性的时代，人们在欣赏自己取得的巨大成就的同时，也要审视它可能给社会带来的负面的甚至是灾难性的后果。

第六章　幻想主题修辞批评

20世纪70年代初，一篇题为《幻想与修辞视野：关于社会现实的修辞批评》的文章在修辞批评领域泛起了涟漪。“幻想”怎么会与现实挂钩？“幻想主题”又怎么会与修辞批评相联系？该文的作者欧内斯特·鲍曼（Ernest Bormann）在后来的一系列文章中向人们展示了其中的奥秘，建构了修辞批评史上又一个批评范式——幻想主题修辞批评。

鲍曼颇有创见的研究在七八十年代掀起了幻想主题修辞批评的热潮，使该范式风靡修辞批评界，成为当时该领域的主导性批评范式之一。如今，这种批评模式虽已失去当年的劲头，但其韵味犹在，在修辞学及传播学，尤其是对群体性话语行为的研究中仍广泛使用着。在当代美国修辞批评界，幻想主题修辞批评的实践比较多，相关理论探讨仍显不足，且在批评实践中，批评者根据各自对这种范式的理解进行批评，可谓仁者见仁、智者见智。国内修辞学界运用幻想主题修辞批评模式进行的话语研究不多，对此进行系统而深入的理论探讨则更少。

第一节　幻想主题修辞批评产生的背景

一　创始人鲍曼及其主要相关论著

幻想主题修辞批评的创始人是美国著名修辞家欧内斯特·鲍曼。鲍曼生于1925年，2008年因心脏病突发去世。他参加过第二次世界大战，退伍后，在南达科他大学（the University of South Dakota）求学并于1949年获得学士学位，1953年在美国传播学重要研究基地爱荷华大学（the University of Iowa）获得硕士和博士学位，之后分别在美国东伊利诺伊和佛罗里达州短期执教，于1959年进入美国著名学府明尼苏达大学言语交际系任教，1995年退休并成为该系名誉教授。他在明尼苏达大学执教公众演讲、群体交际、研究方法论、传播理论等课程。他兼容并蓄，将修辞学与交际研究成果结合起来，创立了象征趋同理论（symbolic convergence theory），为幻想主题修辞批评奠定了基础。在去世之前，明尼苏达大学传播系专门成立了以其创立的象征趋同理论命名的研究生奖学金。[①] 鲍曼凭其著名代表作《幻想与修辞视野：关于社会现实的修辞批评》于1983年获得“查尔斯·H. 伍尔伯特（Charles H. Woolbert）研究奖”，此后又先后获得“杰出贡献奖”（1990）、“杰出学者奖”（1992）、“杰出研究生导师奖”（2000）等奖项，2004年他的名字被列入美国著名传播学组织“中部诸州传播学会”（the Central States Communication Association）的名人堂之中。受其指导或影响的学者包括一些著名修辞学者，如詹姆斯·F. 克拉姆普（James F. Klumpp）。受鲍曼的启迪与影响，美国发表的与象征趋同理论相关的论文多达千余篇，可见其巨大影响。[②] 除奠基之作《幻想与修辞视野：关于社会现实的修辞批评》（1972）之外，鲍曼的重要论著还包括《传播理论》（1980），《再论小组交际的悖论与前景》（1980），《幻想与修辞视野：十年之后》（1982），《幻想的力量：重塑美国梦》（1985），《象征趋同理论：一种传播构思》（1985），《小组交际：理论与实践》（1990），等等。

二 传统修辞批评的局限性及传播学、社会学领域的研究成果

幻想主题修辞批评的产生有多个领域的背景。首先，对修辞批评领域本身的审视，使人们意识到传统上那种聚焦于对个人言语选择的解释忽视了群体修辞者。传统的修辞批评关注这样的问题：一个演讲者对各种不同的手段和目的作出理性的斟酌。[③] 这种批评的视角没有顾及文化制约，因为当某个演讲者做决定时可能受制于大群体的视角，其行为的动机远非个人因素那么简单。自从修辞批评诞生以来，个体修辞者一直是批评的对象，不仅以传统修辞学理论为蓝本的新亚里士多德修辞批评以及在幻想主题批评之前就登上舞台的心理修辞批评以及戏剧主义修辞批评（戏剧主义“五要素”批评法）等，无不聚焦于个体修辞者的话语，对群体性的

① 关于欧内斯特·鲍曼的简介，参见 http：//comm. umn. edu/bormann. html.

② 参见 http：//en. wikipedia. org/wiki/Ernest_ Bormann.

③ Andrew A. King, “Booker T. Washington and the Myth of Heroic Materialism,” *Quarterly Journal of Speech* , 60（1974）：323-327.

话语基本上没有涉及。这种局限性促使修辞学者寻求一种突破。1972 年，鲍曼在其论文《幻想与修辞视野：对社会现实的修辞批评》中提出了幻想主题与修辞视野之关系问题并首次在修辞批评领域中提出了“幻想主题”这个概念，并将其运用于修辞批评实践。[①] 他的这一方法在提出后曾遭受了不少异议，包括著名修辞学家莫尔曼（Mohrmann）对其的质疑。1978 年，美国演讲交流学会在明尼苏达首府明尼阿波利斯召开，在会上与会者达成共识：有必要再讨论鲍曼前些年提出的幻想主题批评。随着讨论的不断深入，幻想主题批评终于扎下根来，并成为修辞批评的人文学方法，一直受人关注。

其次，该批评方法之所以能得到修辞学者的广泛认可，一个最直接的原因是它得益于传播学领域的行为主义研究成果。早在 1972 年，鲍曼就认为，所有交际情景中都有共享幻想，修辞视野与群体意识之间存在着联系，而幻想的共享则与动机密切关联，并成为人们创造社会现实的一种手段。鲍曼的观点在小组交际学的实验中得到证实。他本人在谈及小组交际与公众演讲和大众传播之间的关系时说道，在巴勒斯（Bales）发现小组幻想过程中的互动机制之前，对小组交际进行修辞批评的尝试相对而言还很少。[②] 小组交际学研究者巴勒斯（Bales）对个性与人际行为进行了研究，发现在小组讨论中，个人的幻想主题会彼此互动，最终趋于相似或相同。这个实验成果给鲍曼很大的启发，因为小组幻想与个人幻想相关联，并向外扩延到更广大的群体中。鲍曼在其《幻想与修辞视野：对社会现实的修辞批评》一文中说道：

> 最近对小组交际的研究揭示了一个把交际的重要特征与修辞理论联系起来的过程。正如心理学家和社会学家研究小组交际以期发现更大社会结构的特征一样，修辞批评家早就知道，修辞学与诗学有许多共同之处，但尽管如此，还是有区别的。很多人已经用戏剧主义术语来审视劝说性话语。现在，对戏剧化小组交际的人，巴勒斯已经提供了一种探讨和解释话语以洞察该小组的文化、动机、情感方式、黏合

① Ernest G. Bormann, “Fantasy and Rhetorical Vision: The Rhetorical Criticism of Social Reality,” *Quarterly Journal of Speech*, 58 (1972): 396-407.

② G. P. Mohrmann, “An Essay of Fantasy Theme Criticism,” *Quarterly Journal of Speech*, 68 (1982): 109-132.

形式等的方法……[1]

具体来说，到底鲍曼从巴勒斯那里获得了什么？鲍曼本人坦诚地说到，他在阅读巴勒斯的著作《性格与人际行为》时，被两件事情所打动：

（1）该著汇报了他对小组实验研究的一个主要发现，即分享小组幻想的动态过程；（2）如果小组分享幻想的交际过程也可出现在更大的群体和大众之中，那么这个过程就比修辞理论和批评更能为当下的话语内容与听众意识之间的关系提供丰富的解释。[2]

这两方面的启示对鲍曼建立幻想主题修辞批评范式来说是非常关键的。正如他所说：

这种情况不仅发生在个人对艺术作品的反映、小组的幻想主题链接之中，而且在公众演讲的更大范围的听众之中发生。小组中发生的戏剧化链接会扩延到公众演讲、大众媒介中，并且，反过来又会扩展到更大的公众之间，对该成员群体意识产生持续作用，对其行为产生很强的驱动力。[3]

在巴勒斯的启发下，鲍曼最终创立了一种影响深远的理论——象征趋同理论，最终为幻想主题修辞批评奠定了坚实的理论基础。有了这个理论，幻想主题修辞批评就打破了制约传统修辞学批评只关注个体修辞者的瓶颈，而把目光投向众多的修辞者或团体修辞者的话语。

如果再进一步追溯下去，幻想主题修辞批评产生的背景甚至还与弗洛伊德关于梦的阐释有关，这是因为巴勒斯本人从他那里获得了有关“幻想”这个术语的灵感。“Fantasy”（幻想）这个术语在修辞学批评中的运

---

① Ernest G. Bormann, “Fantasy and Rhetorical Vision: The Rhetorical Criticism of Social Reality,” *Quarterly Journal of Speech*, 58 (1972): 396-397.

② Ernest G. Bormann, “Fantasy and Rhetorical Vision: Ten Years Later,” *Quarterly Journal of Speech*, 68 (1982): 289-290.

③ Ernest G. Bormann, “Fantasy and Rhetorical Vision: The Rhetorical Criticism of Social Reality,” *Quarterly Journal of Speech*, 58 (1972): 398.

用是巴勒斯的创举，但他之所以会将其用于修辞批评，则得益于弗洛伊德的灵感。巴勒斯本人指出，对幻想链感兴趣的人会发现最好先研读一下弗洛伊德的《梦的阐释》（*Interpretation of Dreams*），并在解释“戏剧化”（dramatizes）这个术语时说道：

> 这个意象领域通常被作为“弗洛伊德的象征”而被人们所知道，这很有道理，因为是弗洛伊德首先将其作为思维的过程特点而加以突出显示并高度概括的。可惜的是，“弗洛伊德的象征”现在却被过于简单化了，在含义上也显得过于平庸，以致具体得不能再用了。“幻想”是我所能找到的、具有所需含义的最好的一个术语了，可惜的是，它没能承载通常看来能够承载双重意义的话语。所以，最终采纳了一个比较宽泛的术语（即“戏剧化”）……“戏剧化”这个术语就是用来包括所有那些情况，即人们感觉到的可能有重要的双重意义的情况，还有笑话之类的情况。①

巴勒斯在弗洛伊德那里吸收了关于幻想的交互性特征及功能的见解，同时又赋予它新的内涵。他还认为，一个重要的方面是从来源上看，幻想具有事实依据，尽管这种事实在心理上或动机上是没法解释的。他甚至谴责那种虔诚的假定：小组成员中呈现的所有幻想要素都是从心理上产生的②，也反对那种认为幻想先于行为、幻想预示行为的观点。对幻想主题修辞批评来说，巴勒斯为这种批评方法提供了一个关键的洞见，即小组幻想的动态过程。鲍曼在《幻想与修辞视野：社会现实的修辞批评》一文中说道：最小规模的小组交际的研究也能给予公众演讲及大众传播以洞见。③

为什么小组幻想的动态过程对幻想主题修辞批评十分关键？这是因为小组幻想与个体的幻想息息相关，并且小组幻想扩展开去，会引发大众化的幻想。这正是鲍曼从巴勒斯那里获得的灵感。所以说，巴勒斯从弗洛伊德那里继承并改造了“幻想”概念，接着它又被鲍曼所继承和发扬。鲍

---

① G. P. Mohrmann, “An Essay on Fantasy Theme Criticism,” *Quarterly Journal of Speech*, 68 (1982): 110.

② Ibid., pp. 112-113.

③ Ernest G. Bormann, “Fantasy and Rhetorical Vision: The Rhetorical Criticism of Social Reality,” *Quarterly Journal of Speech*, 58 (1972): 396.

曼的创新之处是将小组幻想的动态性推而广之，认为个人的幻想会产生连锁反应，一传十，十传百，从而引发大规模的幻想现象。鲍曼认为，人们产生幻想、认可幻想、参与到大家的幻想中来，并且在这个过程中也被驱使着去行事。

除了修辞学及传播研究，尤其是小组交际研究的背景之外，幻想主题修辞批评与之前盛行的戏剧主义修辞批评有很大的关联性。伯克在20世纪40年代创立的戏剧主义修辞理论，对修辞学，包括修辞批评领域的幻想主题修辞批评和叙事修辞批评产生了巨大的影响。所谓戏剧主义，就是把语言视为行为而不是作为传递信息的手段①，因为在人类的活动中，人们是用语言象征自己的问题及行动并找到解决这些问题的方法的。② 伯克的戏剧主义既是一种语言哲学观又是一种话语的修辞批评方法，因为它把语言看作行动并以此为基础用戏剧“五位一体”考察修辞话语的运作。③ 鲍曼汲取了伯克的戏剧主义思想，将语言也视为行为，并在此基础上进行了延伸，认为幻想主题赋予人类行为以意义并建构了社会现实。鲍曼的推理逻辑其实很清楚：既然人是使用语言或象征的动物，既然语言行为是象征的或戏剧化的行为，那么人们对现实的理解与建构必须通过语言去完成；而幻想是人际间交往的途径，所以，意义的产生是一个社会交往的结果，人际间的交往与互动、人际关系的协调需要通过幻想主题来实现。

从20世纪70年代初开始，鲍曼陆续在美国修辞学、传播学领域权威杂志《言语季刊》上发表了一系列的幻想主题修辞批评论文，如《伊格顿事件的幻想主题分析》(1973)、《关于人质释放及里根就职演讲电视报道的幻想主题分析》(1982)，其中，《伊格顿事件的幻想主题分析》是幻想主题修辞批评的经典之作。在鲍曼的影响下，幻想主题修辞批评研究迅速升温，相关文章像雨后春笋一样冒出来。毫不夸张地说，在20世纪七八十年代修辞批评领域唱主角的是幻想主题修辞批评。

---

① 伯克将语言及其使用都视为象征行为，这与语言哲学家奥斯丁提出的言语行为理论有实质上的相通性，但比后者要早近二十年，可见伯克思想之超前。

② Virginia Holland, *Counterpoint: Kenneth Burke and Aristotle's Theories of Rhetoric*, p. 65.

③ 关于“戏剧五位一体”，参见上一章“戏剧主义修辞批评”中的有关论述。

第二节 幻想主题修辞批评的含义

一 修辞批评视阈下的幻想与幻想主题

“幻想”（fantasy）这个术语听起来有点虚幻，似乎它只与神话、小说相关联，但在修辞学界，它却不是指那么神秘而遥远的东西，而是指与人们日常交流息息相关并影响人们行为的交际活动。在修辞批评视阈下，“幻想”是一个专门术语，指“对满足心理或修辞需要的事件进行的创造性、想象性的阐释”[①]。“幻想”既可以是虚构的，也可以是非虚构性的故事。通俗地说，“幻想”相当于人们平时讲的“想象”、“故事”、“戏剧”等。幻想是人的“此时、此地的情景以及与外部环境的关系的映照”[②]。幻想可以是个人的，也可以是一个群体的。如果某人说一个笑话，或者讲述一个故事，或作一个报告，这就是个人的“幻想”，若其他人对此做出创造性的反应，也即对此“接上茬”，群体性幻想就产生了。如果谈话的某个意象或话题引发别人“接上茬”，并参与到当下的对话里，这就是群体性幻想。[③] 譬如，在群体的交谈中，一个成员想起美伊战争期间美国政府与伊朗政府有秘密武器交易的丑闻，于是脱口说出“Iran-gate”（伊朗门丑闻），而另一个成员则又想起很多年前美国总统尼克松的窃听丑闻，并脱口而出“Watergate”（水门丑闻），如此等等，这就是修辞学批评领域所说的幻想和幻想链。群体性幻想在一个特定的文化中具有不同的表现形式，比如典礼、礼仪、戏剧、时尚、社会运动、革命等，都有可能是群体性幻想的表现形式。

幻想与梦幻不同，尽管幻想表面上看起来与梦想相似，但这些梦幻的东西是个人的、私下的、无意识的，而幻想却是人在清醒时产生并意识到其功能的。况且，幻想有现实基础，尽管它可能是虚构的，但这种虚构仍是基于现实的一种想象。另外，幻想在人与人之间会形成“链条”，而且

---

① Ernest G. Bormann, “Symbolic Convergence Theory: A Communication Formulation,” *Journal of Communication*, 35 (1985): 5.

② Ernest G. Bormann, “Fantasy and Rhetorical Vision: The Rhetorical Criticism of Social Reality,” *Quarterly Journal of Speech*, 58 (1972): 397.

③ 参见 G. P. Mohrmann, “An Essay on Fantasy Theme Criticism,” *Quarterly Journal of Speech*, 68 (1982): 112.

也只在人际间才能这样。关于幻想的一些特征，罗伯特·F. 巴勒斯（Robert F. Bales）的一席话有一定的启示：

> 尽管源于某些最初的事实，幻想世界是在大脑里形成的，往往看来是一致性的、连续的、自我自足的、完整的。幻想包括了男人、女人、老年人和小孩、上帝、魔鬼、动物、植物、矿产等。……群体文化的世界之宏大，足以拥抱完整的个人生活，但它却完全存在于个人视野之内。仅仅靠思维的手段，人就可以穿越它（幻想世界），从上天的门户穿过，到地狱之口。人们在幻想世界里面翱翔要比行走更加自然。难怪，群体创造并保持幻想，而且个体的人几乎不可能不融入一个或多个这样的群体。[①]

就幻想的特征来说，上述描写至少蕴含着这么一些信息：第一，幻想是想象的结果，从这个角度上说它是思维的产物。第二，幻想不是那些虚幻、缥缈之想象，而是有一定现实世界之基础的。第三，幻想涉及一切事物，不仅包括人本身，也包括客观存在的物体，甚至不存在的东西。第四，幻想与文化息息相关，文化虽然超越个体的人，却存在于个体之中并通过个体表现出来。第五，幻想虽是个体人想象的产物，但它源于社会交往。第六，每个人都属于或融入某一个群体。第七，每个群体都有自己典型的幻想。第八，幻想所表达的内容呈现出一致性、连续性、自给自足性、完整性，也就是说，其要素组合成了一个有机的整体。对修辞批评者来说，谈及幻想，或许最重要的是幻想与行为的关联。幻想通常先存于并预示外在的行为，因此，要预知某人的未来行为，就要获知他的幻想。[②]

宏观地说，在修辞批评视野里，一种文化也是一种“幻想”，它虽形成于过去，但对当前施加影响。[③] 其实，如前文巴勒斯言语所蕴含的那样，一种文化是由很多幻想组合而成的“复合幻想”（composite fantasy）。比如，当我们对一个美籍华人提及“中国文化”时，他很可能会想起

---

① 参见 G. P. Mohrmann, “An Essay on Fantasy Theme Criticism,” *Quarterly Journal of Speech*, 68 (1982): 112.

② Ibid., p. 113；关于幻想预示行为的观点，Bales 并不认同。

③ 参见 Ernest Bormann, “Fantasy and Rhetorical Vision: The Rhetorical Criticism of Social Reality,” *Quarterly Journal of Speech*, 58 (1972): 398.

“春节人们放鞭炮，亲朋好友相互拜年，大人用红包向小孩发压岁钱”，“端午节人们吃粽子、举行龙舟赛、纪念屈原”，“中国人吃年糕、吃火锅、吃豆腐”，等等，这些都是不同的“幻想”，组合起来就构成一幅宏大的有关“中华文化”的幻想。

依此类推，“幻想主题”（fantasy theme）是指幻想的内容、实质，也即消息/话语（message）的内容。从表现形式上看，“幻想主题”可以是“对过去的事件，或想象中将来的事件，或当前事件进行表述的一个词，一个短语或一句话”①，有时甚至是一个非语言符号或手势。尽管幻想主题可以包含可证实的事实，但它却是一种戏剧化，也就是说，它是一种创造性、想象性和象征性的东西。② “幻想主题”这个术语是由巴勒斯于1950年创立的，③ 后来被鲍曼发展成为一种修辞批评方法。现举例来说：上文所提及的“春节人们放鞭炮，亲朋好友相互拜年，大人用红包向小孩发压岁钱”其实包含三个小的幻想：“春节人们放鞭炮”，“亲朋好友相互拜年”，“大人用红包向小孩发压岁钱”，这三个不同的幻想也具有相同的“主题”：它们都是关于“中国人过年”这个意旨的。

二　幻想主题修辞批评的定义

“幻想主题修辞批评”，顾名思义，是对人们“幻想性”事件的阐释，或者说，是对想象内容的一种分析和评论，其目的是考察一个群体如何将事件戏剧化（即用符号再现出来），并探讨这种戏剧化如何产生一种特别神秘的力量来影响群体成员的思维和行为。④ 幻想主题批评之所以是一种“修辞”批评，是因为它试图揭示幻想主题的载体——语言符号或其他意义符号——与人的行为动机之间的关系，考察幻想如何影响人的所思所想所行，它关注人的行为变化并根据人们的“修辞视野”（rhetorical vision）去分析、阐释，甚至预测人的行为。幻想主题修辞批评认为，在交际中，当人们分享幻想主题时，他们的行为或态度就会因此受到影响或改变，换言之，幻想主题修辞批评关注人们由于幻想主题的趋同所导致的劝说。

---

① 转引自 Thomas J. St. Antoine et al.，“Fantasy—Theme Analysis，” In Jim A. Kuypers (ed.)，*The Art of Rhetorical Criticism* (Boston：Pearson Education，2005)，pp. 219，214.

② Ibid.

③ Ibid.，p. 213.

④ Ibid.

从类别上说，幻想主题修辞批评是戏剧主义修辞批评的一种[①]，因为一方面在理论上它把人的话语视为行动，另一方面在内容上它与其他两种戏剧主义修辞批评一样也涉及人物、情景、行为（情节）这些基本戏剧要素。在幻想主题修辞批评中，一个完整的剧本包含戏剧人物、情节、场景、故事讲述者这几个戏剧要素。在过去几十年中，学者们运用鲍曼的幻想主题修辞批评方法对广泛的修辞现象进行过研究，如小组决策、公司交流、政治卡通、社会运动，等等。[②] 福斯和利特尔约翰（Foss & Littlejohn）认为，幻想主题修辞批评尤其适合用来研究想象性的修辞话语，因为幻想主题总是围绕着那些非就近经历的事件而展开的。[③]

第三节 幻想主题修辞批评的理论基础[④]

象征趋同理论的形成是在行为主义（社会科学）领域的实验方法影响下形成的。鲍曼将巴勒斯关于小组交际的研究成果推而广之，将成员之间的戏剧性互动、戏剧性链接、戏剧性趋同延伸到更大群体——大众上。如果说幻想主题修辞批评是一种批评方法模式，那么象征趋同理论则是锻造这种方法的一个模具。

所谓“象征趋同”，通俗地说，是指在交流互动中人们会把各自的幻想——小组成员“此时、此地的情景以及与外部环境的关系的映照”——带入其中，随着互动的推进，人们之间的幻想主题会发生链接，也就是说，一个人的幻想主题会“牵引”出另一个人的相似或相同的幻想主题，这样，交流者之间又逐步“戏剧化”地靠拢，达到一个共同的象征世界。幻想主题修辞批评认为：在与他人的互动中，个人会根据其与群体成员共享的戏剧化来创造象征现实。个人的一些幻想主题会相互勾

① 其他两种重要的批评范式分别是伯克创立的“五位一体”批评法和 Walter Fisher 开创的叙事修辞批评。

② 参见 Thomas J. St. Antoine et al.，“Fantasy—Theme Analysis，” In Jim A. Kuypers（ed.），*The Art of Rhetorical Criticism*，p. 213.

③ Karen A. Foss & Stephen W. Littlejohn，“The Day After：Rhetorical Vision in an Ironic Frame，” *Critical Studies in Mass Communication*，3（1986）：318.

④ 幻想主题修辞批评与其他两种戏剧主义批评（伯克的戏剧“五位一体”修辞批评及 Walter Fisher 的叙事修辞批评）具有某些相同的理论基础，此处只讨论象征趋同理论，其他相关的理论见前后两章。

连，并成为群体人员之间共享戏剧化或故事的一部分。为了理解幻想主题的戏剧化趋同，有必要先来看鲍曼的关于幻想化交流：

> 谈话的节奏会加快。人们会变得兴奋起来，彼此打断对方，争论得面红耳赤，开怀大笑，忘记自己的害羞。通常会议的气氛开始时会显得寂静、紧张，但是一旦戏剧化开始了，就会立刻变得轻松、活泼、喧闹起来，涉及语言的和非语言交际的（戏剧）链接开始了，这表明他们参与到了这个戏剧之中。①

鲍曼大胆推断：在更大的交流范围内幻想化、戏剧化也会发生，此时参与交际的个人会发现一个消息（话语）并吸引他们的注意，直到他们象征性地（即用符号）参与到该消息（话语）所激发出来的想象和行为之中。鲍曼把幻想化的概念扩展开去，形成了不仅可以用来研究小组的交流，而且还可研究那种幻想戏剧化地把听众与消息（话语）联系起来的所有修辞行为。象征趋同理论强调了人们具有分享戏剧化叙事的趋向，导致了劝说的潜势。正因为该理论具有阐释群体象征性的趋同并引起人们的态度和行为的某种变化，所以它才成为修辞批评的一种理论。

象征趋同可以被视为“多步骤信息流动的形式”，它强调小组成员参与交际行为会加强彼此之间的联系，最终形成共同的集体意识，表明小组成员形成了该群体独特的观察事物的共同视角。在这个象征趋同的过程中，这种戏剧化的评论包含丰富的想象性语言，涉及诸如双关、比喻、文字游戏、类比、笑话、打诨、趣闻、寓言、故事、传说、神话等各种形式。交际的参与者你一言我一语，这种兴趣盎然的互动把每个人都紧密地联系在一起，最终使每一个人都不知不觉地融为一体，形成一种共享的群体意识。

鲍曼认为，修辞并非总是通过传统上那种理性的手段。论题、证据和反驳都是传统修辞学的东西。但是，在日常人际交流中，人们通过分享各自的幻想，分享各自的象征世界而彼此靠拢、再靠拢，直至最后重叠。就是这种共享戏剧化的重叠会导致一种“趋同”，使人们有可能具有共同的

① Ernest G. Bormann, “Fantasy and Rhetorical Vision: The Rhetorical Criticism of Social Reality,” *Quarterly Journal of Speech*, 58 (1972): 397.

态度、价值观和行为。[1] 鲍曼形成象征趋同理论所依据的基本逻辑是这样的：

1. 对参与交际的人来说，分享群体幻想的交际过程使他们产生共同的信念和动机。

2. 我们有资料表明这个群体的人参与了交际情节之中，从中获得共同的幻想戏剧并用相关的信念和动机创造其社会现实的某个方面。

3. 参与这些交际情节中的群体成员现在可以预计会根据其彼此分享/共有的信念和动机去行动。[2]

为了说明象征趋同的修辞作用，鲍曼举了一个例子。根据一般的修辞理念，人们如果要寻找共同点，往往可以直接面对问题。当小组里的一个成员说："我认为我们都想把事情做好，因此需要去图书馆做研究，我愿意这样做。"假使其他的人热情地附和道："是的，这是一个好主意"，那么共同点也就寻找到了。类似这样的修辞功能，鲍曼认为，幻想主题照样能做到[3]。例如：

—— "last semester my roommate took this course and he never worked so hard in his life."

—— "Really?"

—— "Yeah, it was really great though. He took field trips to hospital labs and everything."

—— "Yeah, I know this girl who took the course and she said the same thing. She said you wouldn't believe how hard they worked. But she said she really got something out of it."

① Thomas J. St. Antoine et al., "Fantasy—Theme Analysis," In Jim A. Kuypers (ed.), *The Art of Rhetorical Criticism*, p. 219.

② Ernest G. Bormann, "Fantasy and Rhetorical Vision: Ten Years Later," *Quarterly Journal of Speech*, 68 (1982): 304.

③ Ernest G. Bormann, "Fantasy and Rhetorical Vision: The Rhetorical Criticism of Social Reality," *Quarterly Journal of Speech*, 58 (1972): 398.

以上是两个人的对话，第一个人开始讲述其室友的所作所为，待第二个人提出进一步核实时，又补充了相关细节，接着第二个人也对前者讲述了类似的一个例子。从序列上来说，第一个人的故事“牵”出了第二个人的故事，而两个故事具有相同的主题，蕴含了相同的行为和价值观。

如果再进一步设想：这里参与交际的不止两个人，而是五个、十个，甚至更多的人，经过一番激烈的互动之后，那么一条长长的、清晰的幻想主题链条就会跃然眼前。

幻想主题的产生及作用与参与交际互动者的文化息息相关，不同的文化具有典型的象征符号、典型的轶事、典型的意象，巴勒斯颇有见地地指出：

> 互动小组的文化激发了小组成员的一种感觉，认为自己进入了一个现实的领域——一个充满英雄、恶棍、圣人以及敌人的世界——一种戏剧，一种艺术品。一个群体的文化虽是过去建立的幻想，但是在当前上演的。此时，戏剧不仅出现在群体中，而且也会在个体成员对艺术品的反应之中出现，他被“运送”到一个看起来比日常世界更真实的世界里。他会感到高兴、着迷，或恐惧，或者受到巨大的力量驱使着去行事，但不管怎么样，他都已经涉入其中了。他的情感与承载情感、意象及延续交际一段时间的象征符号融为一体。在心理上，他被带入了一个心理戏剧的幻想世界里，其他成员也同样涉入其中。这样，他与其他的成员之间就建立了一种联系。①

参与交际互动的成员所共享的文化，为修辞目的的实现——影响、说服人，或诱发人的合作行为——奠定了基础。正如伯克所说，你要说服一个人，就要与其同一起来，在物质或心理等方面享有共同点。② 群体成员共享的文化，不仅影响了成员个体如何产生幻想、创造什么幻想，也影响了一个成员如何链接其他成员的幻想，因此影响了群体的共享修辞视界，并最终影响了人的态度和行为。

---

① Robert F. Bales, *Personality and Interpersonal Behavior* (New York: Holt, Rinehart, and Winston, 1972), p. 152.

② Kenneth Burke, *A Rhetoric of Motives*, p. 55.

在修辞批评看来，象征趋同理论的关键在于它是一个阐释群体通过共同的动机、共同的情感行为和对事件的相同意义创造与维持群体意识的一般化理论。正如鲍曼所指出的那样："象征趋同不仅导致了思想的一致和情趣相同的交际，也创造、维持以及促使人们取得情趣相同的交际和达成共识"[①]。为什么是普遍的理论？因为它是一种"跨历史、跨文化的理论，一种能够解释宽广事件的理论"[②]，也因为它提出了共享戏剧故事的普遍性和劝说潜能。

与其他修辞批评方法所依赖的理论不同，象征趋同理论是基于人文及社会科学实验研究的理论，鲍曼在阐释该理论的基础时说道："我们开始用人文主义的修辞学定性分析方法来分析话语，然后转向社会科学方法来研究听众的反应，然后又回到人文主义方法去深度解释那种反应的修辞功能的发生机制。"[③] 当然，他此处并不是说幻想主题修辞批评一定要用调查或实验观察的方法，而是说社会科学研究能够加强象征趋同理论的阐释力度，最终提高幻想主题分析的批评有效性。所以，与有些批评模式强调批评者靠自己的洞察力去获得结果不同，建立在象征趋同理论基础上的幻想主题修辞批评却时常采用实验的方法，强调从听众的反应中获得研究结果。

第四节　幻想主题修辞批评的基本哲学假定

幻想主题修辞批评的理论基础是象征趋同理论，它有两个基本的假定：其一，社会现实是在交际过程中建构起来的，是用符号建构的，或者更具体地说是用幻想构建的；其二，人们在交际中有一种想象性地向彼此靠拢的倾向。对修辞批评来说，第一个哲学假定是普遍性的。在修辞学看来，社会现实不是独立于认知主体的人而存在的，而是依赖于人，依赖于人的主观参与才建构起来的，"现实是象征符号建构起来的"[④]。

---

① Ernest G. Bormann, "Symbolic Convergence Theory: A Communication Formulation," *Journal of Communication*, 35 (1985): 102.

② 转引自 Thomas J. St. Antoine et al., "Fantasy—Theme Analysis," In Jim A. Kuypers (ed.), *The Art of Rhetorical Criticism*, p. 220.

③ Ibid., p. 221.

④ John F. Cragan & Donald C. Shields, *Symbolic Theories in Applied Communication Research: Bormann, Burke, and Fisher* (Cresskill, NJ: Hampton Press, 1995), p. x.

在对待现实的问题上，有一种客观主义的态度，认为现实是纯客观的，就如一座山、一块石头一样客观地存在着一样。这种观点对修辞学来说是不对的。著名修辞学者詹姆斯·W. 切泽布罗（James W. Chesebro）指出：

> 对诸如“客观”这样的宣称，修辞学家都应该持谨慎的态度。……即使物理科学领域“客观”的立场都应受到质疑。海森伯格（Heisenberg）精辟地指出：“科学不再是对自然的观察者。科学的方法，如分离、解释、排列等，都已意识到其本身因为使用该过程会改变和转化它的客体对象所造成的局限性，因为该过程不能远离其研究的客体对象。因此，自然科学的世界观已经不再是一种纯洁的“自然”科学观念了。①

在修辞学看来，现实是人创造出来的世界，其中包括经过人类作用和改造的自然界。未经人类认知、作用和改造的自然之物，换言之，没有进入人的生活领域的自然景物，不是修辞学通常所说的现实。而所有的事物一旦进入人的生活领域，也即进入人的认知、思维、情感、判断，就必然会与象征符号相联系，也就是说，所有社会现实都必须经过修辞过程，经过人的交际，经过人的符号化作用才能形成。社会现实的符号化建构特征，说到底也就是修辞幻想/象征性的建构特征。任何符号的创立及其使用都浸染着人的修辞动机，都是为修辞服务的，那种完全没有被修辞染指的符号及其使用是不存在的。

在幻想主题修辞批评看来，社会现实是人们在交际过程中通过幻想主题形成的。② 建构现实的另一种表示方法是认知、理解现实，因为建构的结果乃一种知识化的体系。其实，幻想主题的认知功能似乎在古典时期就已经被人发觉了。有词源为证：“幻想”的英语表达“fantasy”可以追溯到它的希腊词根“phantastikos”，意指“能够展示或显示在头脑中，使其

① James W. Chesebro, *Analyzing Media: Communication Technologies as Symbolic and Cognitive Systems* (New York: The Guilford Press, 1980), p. 128.

② 这个观点与叙事修辞批评的基本哲学假定相似。

被人看到”[①]。正由于幻想具有促进理解的功能，人们在交际时才能够彼此理解、彼此靠拢，最后达到心灵的相通。

至于幻想主题的第二个基本假定——个人对符号的意义/理解会趋同，产生一个共同/共享的现实或群体意识——这是有心理学理据的。巴勒斯在其著作《个性与人际行为》中认为，群体交流的成员心藏共同的心理动力（psychodynamic issues），这是群体之所以创造幻想链（fantasy chain）的一个关键原因。[②] 从认知的角度看，交际者每个人都把自己的世界带入交际的群体之中，随着交际活动的推进（也即随着各自幻想主题的展开），群体成员彼此激活认知图式，分享幻想戏剧的关系、情感、意义、对人物和行为的态度，最终获得有关共同经历的某些共同理解。换言之，他们的幻想主题创造了一个共享的现实世界。举例来说，在当今的国际政治形势下，美国和伊朗产生对峙，已经处于战争边缘。伊朗一直是美国的眼中钉，美国一直想把伊朗拿下，国际社会高度关注这个事态的发展。目前的事实是，伊朗正进行核研究。至于它是不是为了开发核武器，还无从得到证实，不过，美国等西方国家一直坚持宣称伊朗在从事核武器的研究，并开动宣传机器传播这个“事实”。对一般的老百姓而言，由于受国家宣传的影响，他们在谈论这个伊朗核事件的过程中，虽然各自对伊朗的幻想戏剧（故事）不一样，但却都围绕“伊朗在制造核武器”这个幻想主题链接开去，最终创造了一个“伊朗在生产核武器”的“现实”。一旦这个“社会现实”被建构起来，美国及其盟友发动对伊朗的军事打击就披上了合法的外衣，因为制造核武违反了联合国的有关规定。

幻想主题修辞批评的两个基本假定与符号互动论、社会建构主义、戏剧主义的理念是相通的。符号互动理论主张从日常环境中人们的互动来研究人类群体生活，即研究人们的作用方式、机制和规律，其基本观点是事物的意义来自于人们之间的社会互动，而社会互动的基本形式是符号，也就是说，意义不是外在于人的纯客观的东西，而是通过互动媒介符号的相互作用而形成的。符号互动理论也有相似的假定：人为了生存，必须与他人合作、互动。社会建构主义主张从对知识进行发生学的研究，认为知识

① 转引自 Thomas J. St. Antonie et al., “Fantasy—Theme Analysis,” In Jim A. Kuypers (ed.), *The Art of Rhetorical Criticism*, p. 213.

② Ibid., p. 221.

是社会建构的。同样，戏剧主义认为，人类的行为是戏剧，意义是人们使用符号建立的。尽管从方法论上它们彼此有差别，但社会建构主义、戏剧主义对知识、意义甚至社会现实的基本看法，都与幻想主题修辞批评的基本哲学理念相通：它们反对客观主义、本质主义、绝对主义，认为意义、知识和社会现实具有不稳定性，不同的情景、不同的人、不同的符号作用，都可能会带来意义、知识、社会现实的变化。在群体主义观念上，幻想主题修辞批评的基本理论——象征趋同理论——与符号互动论、社会建构主义显然更加相似；群体性是它们共同的理论支点。

第五节　幻想主题修辞批评的基本操作方法

一　“幻想”的基本要素、幻想主题与修辞力量的关系及批评的三个层面

上文指出，幻想主题修辞批评视阈下的幻想是指对过去、现在或将来事件的想象，是修辞参与者对事件的一种阐释。从形式上说，幻想的表现形式是叙事，也即符号化的故事。所以，幻想的基本要素是人物、情景、行为。

要描绘出幻想主题修辞批评的基本操作方法，首先必须理清幻想主题引发人的态度变化、影响人的行为的作用机制。人的行为、态度之所以会发生变化，是因为在群体交际互动中一个成员的幻想触发了其他成员的幻想，一个成员的幻想与其他成员的幻想勾连，从而形成幻想主题链条，最终导致成员共享的修辞视野，影响和制约群体成员的行为和态度。换言之，群体成员幻想的互动，最终会形成一种共享的、由幻想主题建构的社会现实，它蕴含着一种修辞力量，影响群体成员的行为和态度。据此，幻想主题涉及三个层面：幻想主题、幻想类型、修辞视野。

二　幻想主题修辞批评的基本操作步骤

根据幻想主题产生修辞力量的过程和机制，修辞批评的操作包括以下几个基本步骤：幻想主题识别、幻想主题分类、修辞视野描述。

顾名思义，幻想主题修辞批评首先需要识别幻想主题，也即考察引发幻想链的戏剧化话语的内容。幻想主题是交际互动的成员阐释事件的方式，他们从幻想中形成阐释或理解经历的可靠方法和形式。因为幻想主题

讲述了解释群体经历的故事，因此也是群体交际者的现实。[1] 对幻想主题内容的考察涉及人物、情景和行为这三个基本戏剧方面，这个步骤相对比较简单。

其次是将幻想主题分类，即建立“幻想类型”（fantasy type）。“幻想类型”是一个概括性的术语，指相同或相似的幻想主题重复出现而形成的一簇。从量的角度看，一个幻想类别中至少包含两个以上相关的幻想主题。[2] 福斯（Foss）认为，从一个群体的角度审视世界的幻想主题有三种类型：情景类、人物类、行为类，它们与戏剧的要素相对应。所谓情景类是指陈述行为发生的话语，依此类推，人物类幻想主题是指陈述行为发生者的话语，而行为类幻想主题则是陈述发生了什么行为的话语。如果涉及相似的情景、人物或行为的幻想情况发生，那么它们就形成一个幻想类别。[3] 幻想主题类型鼓励群体成员把新的事件或经历归入熟悉的模式里，而一个新的经历则可看作熟悉的幻想类型的一个事例，它与该群体人员的价值观相一致，并且成为他们的共享社会现实。幻想主题与幻想主题类型的关系是部分与整体的关系，其内涵与伯克所说的“代表性轶事”（representative anecdote）相类似。

幻想主题分类是一个很关键的步骤，因为这是考察交际参与者之间象征趋同的重要参照点。巴勒斯认为：“群体幻想事件在成员中链接开去。当一个或几个群体成员在其交际中展示了对一个或几个成员具有无意识的意义符号时，便在该群体中激起了幻想连锁反应。”[4] 从本质上说，幻想类别揭示了交际参与者之间幻想链的伸展情况。举例来说，在群体交流中，当某人讲到美国某个政客的政治丑闻时，另一个人则自然会联想到尼克松的“水门事件”（Watergate scandal），其他的人则又会联想到布什的“伊朗门事件”（Irangate scandal）。这样，相似的丑闻被连锁似地激发起来，这些类似的政治丑闻便是幻想主题的行为类。可见，相同或相似幻想

① 参见 Ronald Bishop, “The World's Nicest Grown-up: A Fantasy Theme Analysis of News Media Coverage of Fred Rogers,” *Journal of Communication* 53 (2003): 16-31.

② 参见 Ernest G. Bormann, “Fantasy and Rhetorical Vision: The Rhetorical Criticism of Social Reality,” *Quarterly Journal of Speech*, 58 (1972): 396-407; John F. Cragan & Donald C. Shields, *Symbolic Theories in Applied Communication Research: Bormann, Burke and Fisher* (Cresskill, N.J. Hampton Press, 1995).

③ Sonja K. Foss, *Rhetorical Criticism: Exploration & Practice*, p. 112.

④ Robert F. Bales, *Personality and Interpersonal Behavior*, p. 138.

主题的聚集是主题链接的结果，反映了参与交际的人员之间某些默契或共同之处。福斯认为，如果有共享幻想主题，就有对象征性共同点所作的神秘暗指。[①] 比如，一群人谈到“文化大革命”时，有的人就提到大字报、批斗会，有的人则提到红卫兵，有的人提到“……万岁”的口号，而有的人则提到“四人帮”，等等。换言之，如果这群人在“文化大革命”这个主题上出现象征趋同，他们之中只要有某人提到“红卫兵”，其他人就会自然地想到“文化大革命”中所发生的事情；只要某人提到“批斗会”，其他的人就会自然联想到“四人帮”迫害人的罪行，而且在这种情况下，类似“红卫兵”袖章等物件就如一种“提示”符号。鲍曼指出：“幻想主题链分析的解释功能就在于它能够解释群体人员之间激发并影响其行为的戏剧是怎样产生、发展和消退的。”[②]

最后是建构修辞视野并阐释其对人们的影响，这是一个点睛之笔。所谓“修辞视野”，是由相关幻想主题构成并集合成为具体幻想类别的复合戏剧（composite drama），它“反映了群体共同信念的一种连贯的、统一的、整体的图景”[③]，换言之，如果把共享的各种戏剧剧本统一放置在一起，会给交际参与者一个更宏观的对事物的看法。作为一种复合的宏观戏剧，修辞视野体现了交际参与者的共享意识和阐释事物的框架。福斯和利特尔约翰（Foss & Littlejohn）认为：

> 修辞视野是通过幻想主题的链接建构起来的，它可在面对面交谈的小组互动、言说者与听众的互动、电视报道的观众、收音机节目的听众或特定社会里各种不同的公开及私密性交际场合中产生。一旦修辞视野产生，它所包含的戏剧化的人物和典型情节线（plot line）就可以在所有交际情景中被指涉并引发对最初情感链回忆的反应。当该场合需要引起情感反应时，可以使用相同的戏剧具体展开。[④]

---

① Sonja K. Foss, *Rhetorical Criticism: Exploration & Practice*, p. 220.

② Ernest G. Bormann, “Fantasy and Rhetorical Vision: The Rhetorical Criticism of Social Reality,” *Quarterly Journal of Speech*, 58 (1972): 399.

③ Thomas J. St. Antoine et al., “Fantasy—Theme Analysis.” In Jim A. Kuypers (ed.), *The Art of Rhetorical Criticism*, p. 215.

④ Karen A. Foss & Stephen W. Littlejohn, “The Day After: Rhetorical Vision in an Ironic Frame,” *Critical Studies in Mass Communication*, 3 (1986): 319.

上述对修辞视野的阐释蕴含着几个重要的信息：修辞视野是象征的产物，也是幻想链条的产物；它产生的场合几乎涵盖所有人类交际的情景；修辞视野中的典型人物及其情节线可以通过不同的情景来暗指；情感诉诸可以通过幻想主题的运作来实现；相似的戏剧情节能激发相似的情感。

修辞视野的象征性意味着修辞劝说运作的象征性，创造修辞视野的场合的多元性则意味着幻想主题修辞具有普遍的意义，而修辞视野与情感的关联性则意味着幻想主题修辞与传统的修辞理论既有区别也有联系。这对幻想修辞批评的方法具有重要的启示作用。

福斯指出，以象征趋同理论为基石的幻想主题修辞批评，要探讨群体交际者的共享世界观。[①] 为什么呢？因为在我们不能直接经历而只能象征性地再现事物的领域，修辞视野"建构了我们对现实的看法"[②]。这种看法影响着人的行为，这正是修辞者考察修辞动机的一个重要立足点。比如，如果一个人接受了对政治丑闻的象征性（符号性）的建构，包括类似"政客是盗贼"（腐败并违法）的幻想主题，那么该幻想主题不仅会影响甚至会决定那个人如何看待这个世界，还会影响他对世界上的人和事物的反应方式。可以预计的是，如果提出一个与上述修辞视野相一致的主张，那么它很可能就有说服力。

从修辞视野的组成中可以看出，建构修辞视野，是要寻求幻想主题的模式。一般的做法是：先看哪种幻想主题是主要的，哪种是次要的；幻想主题出现的频率是一个重要标志，重复次数最多者，可视为主要的；反之则是次要的。那种偶然出现的，可以不予考虑。然后再看主要的幻想主题中的情景类主题与人物类幻想主题和行为类幻想主题的关联。这个步骤与伯克的戏剧性五要素之间建立的关系对子（ratio）很相似，五要素匹配的关系对子体现了词汇"蔟聚"的基本原理，它提醒人们了解什么和什么在一起（what goes with what）。比如，一个英雄（即人物类幻想主题）倾向于在危难之时（情景类幻想主题）挺身而出做好事（救人）（行为类幻想主题）；一个宗教人士（即人物类幻想主题）倾向于在宗教场所如教堂（情景类幻想主题）进行宗教活动（行为类幻想主题）。如果群体成员的交际中充满了英雄式的人物，也就是说，类似"英雄救人"的幻想主题

① Sonja K. Foss, *Rhetorical Criticism*: *Exploration & Practice*.

② Stephen W. Littlejohn, *Theories of Human Communication*, p. 172.

类别成为共享主题，其修辞视野显然就凸显出来，即体现群体成员信念、价值、态度的“社会现实”的宏观幻想图景被建构起来。这个修辞视野阐释了群体成员对“英雄”的理解，透露了他们对“英雄”的所作所为的期待，也蕴含了他们对“英雄”的情感态度。

关于修辞视野的建构，巴勒斯提供了一些有益的暗示。他说，在一种修辞视野里，有“英雄”、“坏蛋”之类的主要人物，对工作的态度、对某些行为的褒扬及对其他行为的批评，圈内人、圈外人，信念、价值，等等，这一切都将成为论辩和行为的依据。① 巴勒斯给幻想主题修辞批评者的启示是：对修辞视野的考察要关注幻想戏剧的要素，因为这些戏剧要素在群体中的相互作用决定了对群体成员来说什么是合法的“现实”，因此可以用来探究群体之间黏合、动机、情感方式、价值、态度等②，因此也就可以看出该群体成员的修辞动机。修辞批评学者克拉甘和希尔兹（Cragan & Shields）认为，考察“修辞视野”，除了要分析戏剧人物、行为（情节）、情景外，还要关注戏剧话语的发话人（即使用幻想主题的人）和主要模拟（master analogue）。③ 主要模拟包括三个方面：正义性（正确、适当或道德）、社会性（人际或群体间的关系）、实用性。“正义性”的修辞视野体现了伦理的观点，通常是那些主动参与某个崇高事业的人所持的视野；“社会性”的修辞视野强调人际关系，在微观层面强调家庭和睦、事业成功，在宏观层面强调世界和平。“实用性”的修辞视野是指那些追求实际、实用的观点。在崇尚实用性的修辞群体中，人们颂扬科学的美德、效率的美德以及常识的美德。④ 根据上述宏观模拟所涉及的层面，幻想主题修辞批评者应在戏剧行为所涉及的人和事物就正义性、社会性和实用性进行分析和评论。这也是揭示修辞动机的一个重要方面。克拉甘和希尔兹的观点提醒修辞批评者要对幻想主题进行多维度的考察，从而揭示修辞动机。

---

① 参见 Thomas J. St. Antoine et al.，“Fantasy—Theme Analysis，” In Jim A. Kuypers (ed.)，*The Art of Rhetorical Criticism*，p. 217.

② Karen A. Foss & Stephen W. Littlejohn，“The Day after：Rhetorical Vision in an Ironic Frame，” *Critical Studies in Mass Communication*，3 (1986)：317-336，319.

③ John F. Cragan & Donald C. Shields，*Symbolic Theories in Applied Communication Research：Bormann，Burke，and Fisher*，p. 42.

④ 参见 Thomas J. St. Antoine et al.，“Fantasy—Theme Analysis，” In Jim A. Kuypers (ed.)，*The Art of Rhetorical Criticism*，p. 218.

综上讨论，幻想主题修辞批评的操作方法大致如图 6.1 所示。

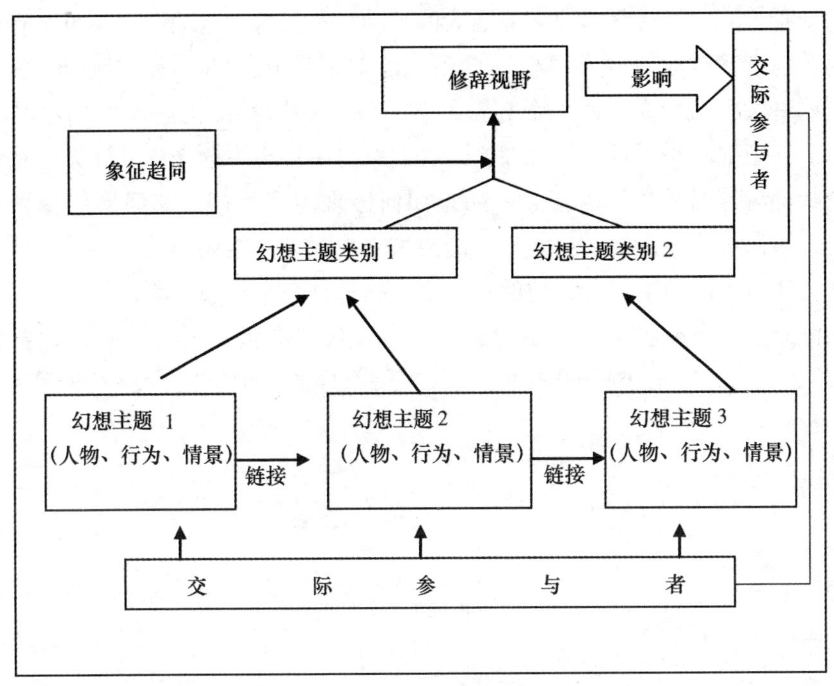

图 6.1　幻想主题修辞批评的基本操作方法

第六节　结语

幻想主题修辞批评是基于象征趋同理论的一种批评方法，其基本哲学假定是：现实是符号建构的，人们在交际中有象征性地彼此靠近的趋势。象征趋同理论的创立者鲍曼认为，由于象征世界的趋同，人们就可享有一定的共识，并在交际中具备相互了解、分享共同经验以及组成团体的基础。因为人的本质在于符号的使用，而符号又是思想的表达，所以对一组符号表达的接受就意味着对一种价值观、一种思想、一种现实的接受。所以，幻想主题修辞批评的关键在于揭示交际参与者如何将幻想链接伸展开去，从而形成宏大的修辞视野，发挥其影响他人的修辞作用。

幻想主题修辞批评方法使用很广，尤其是对群体性的交际更是如此。譬如，一场社会运动的产生和发展过程就可以被看作一种幻想戏剧的产生和发展。运动的发起者，也即修辞者，通过发表演讲或其他形式的修辞话语，在群体中不断激发他们的幻想戏剧，一传十，十传百，幻想链不断向大众延伸开去，最终形成声势浩大的运动。一旦这种运动产生，对所有运动参与者甚至对其他人都会产生巨大的修辞作用，以一种“无形的手”制约着人们的行为。另一个有益的尝试是对中国小品王赵本山的小品研究。若把他的小品看作幻想戏剧，我们可以用幻想主题修辞批评方法对其进行探讨，揭示其作为修辞产品是如何体现象征趋同，如何形成修辞视野，如何影响观众的。赵本山在国内家喻户晓，其经典小品大多是农村体裁。从微观的角度来说，他的每一个小品都是一个幻想主题，他的所有小品汇集成一个或多个幻想主题类型，为观众建构起关于农村的“社会现实”，观众在欣赏小品的同时也被其中所蕴含的价值、信念、态度等深深地影响着。

第七章 叙事修辞批评

在这个世界上，凡是正常的人都会讲故事。从咿呀学语的幼童到耄耋的老者，从斗字不识的文盲到知识渊博的作家，只要身心健康，都会讲故事。讲故事，这是上帝赐予人的能力。

自从20世纪70年代末以来，美国传播学界相继出现了一系列有关叙事的论文，揭开了修辞批评叙事范式的崭新篇章，掀起了叙事修辞学研究的高潮。在当代国内外学术领域里，“叙事”并不是什么新奇的术语，在文学领域几乎人人皆知。20世纪60年代末法国诞生了叙事学，80年代中期传入中国，掀起了国内叙事学研究的热潮，但“叙事修辞批评”在国内却是一个比较新的术语。有趣的是，西方掀起叙事修辞批评的人不是来自文学界，而是来自修辞学研究重地——传播系，他就是叙事修辞范式的奠基人沃尔特·费希尔（Walter Fisher）。是他的叙事理论在西方修辞学界掀起了真正意义上的修辞学叙事研究。

从当前中国学术界来看，叙事研究主要局限在文学领域，修辞学界对叙事的研究似乎仍难摆脱那种美学意味浓厚的、文学意义上的分析和描写。可以说，真正意义上的叙事修辞批评研究还不多见。

第一节 叙事与叙事修辞批评的含义

一 叙事及其特征

“叙事”是什么？有些人把叙事定义为“用语言讲述一个或多个事件”，而有的人则把它定义为对事件的任何表述，包括非语言的图画等。[①] 比如，

---

① G. Prince, “Narrativehood, Narrativeness, Narrativity, Narratability,” In John Pier & José Àngel Garcia Landa (eds.), *Theorizing Narrativity* (Berlin: Walter de Gruyter, 2008), p. 19.

阿波特认为，叙事是对“一个或一系列事件的表述”[1]。本书采用杰拉尔德·普林斯（Gerald Prince）的定义，即“叙事是对至少两个互不包含或互不暗含的、非同步发生的事件的表述”[2]。在这个定义中，“事件”是一个关键词，没有事件就没有叙事。“叙事”与“故事”不同，“故事”是一个事件或一系列事件，而“叙事”是对事件的表述或话语性的再现[3]，或者说是故事的媒体化、符号化表述；故事必须用话语来讲述。至于“事件”（event），并不一定是动态的，有时也可能是静态的。比如，“中国修复的航母现在试航”是动态的事件；而“中国修复的航母停泊在大连港很久了”则是静态的事件。从结构来说，一个叙事至少必须由两个事件组成。[4] 单一的事件不能构成叙事，如“中国修复的航母昨天出海试航”不是叙事，但“中国修复的航母在大连港停泊很长时间后，昨天终于出海试航了”则构成一个叙事。构成叙事的事件不是毫不相关的事件，而是属于同一主题或是具有某种逻辑性的、关联性的事件，如上述两个事件“中国修复的航母停泊在大连港很久了”和“中国修复的航母现在试航”就是属于同一主题的事件。从顺序上来说，叙事中的事件通常是按照时间顺序组织的。事件的时间顺序体现了它们之间某种关联性的因果逻辑关系。有些事件虽然是关于同一主题的，但因缺乏清晰的顺序，也不能构成叙事，如他看书，他打乒乓球，他洗澡。这个句子虽然包含三个事件，但其之间的关系并不清楚，因此构不成一个叙事。如果在其间添加表示时间关系的词语，使它们之间的关联性明晰起来，则构成一个叙事：他先看了书，然后去打乒乓球，最后洗了澡。这个叙事由三个事件组成：看书、打乒乓球、洗澡，它们彼此互不包含，且不是同时发生的事件。

著名学者杰尔姆·布鲁纳（Jerome Bruner）比较全面地概括了叙事的特征，对修辞批评具有重要的参考价值：叙事历时性（narrative diachronicity）、具体性（particularity）、意向状态内涵性（intentional state entailment）、解释的创造性（hermeneutical composability）、经典性与违背（canonicity and breach）、所指性（referentiality）、体裁性（genericness）、常规性（normativeness）、情景敏感性与可协商性（context sensitivity and

① 伯特·阿波特：《剑桥叙事学导论》，北京大学出版社 2007 年版，第 12 页。

② 同上书。

③ 同上书，第 17 页。

④ Sonja K. Foss, *Rhetorical Criticism: Exploration & Practice*, p. 334.

negotiability)、叙事增长（narrative accrual）。[①] “叙事历时性”是指叙事中的事件不是同时发生的，或者说，叙事中的事件是一段时间内发生的不同事件。“具体性”是说叙事是关于具体事物的叙事。“意向状态内涵性”是说，在某一场合下人们的行为总是有意向性的，他们身上发生的事情应该与他们当时的意向状态有关，如信念、愿望、价值、观点等。“解释的创造性”是说，叙事文本表达的意义与人们对该文本的阐释不一定相同，也就是说，一个叙事文本可能具有不同的意义，或者说，对相同的叙事文本，不同的人可能具有不同的理解。“经典性与违背”是说发生的有些事情没有讲述的必要，讲了也未必像故事；之所以是叙事，是因为它有必要；但如有必要，故事就必须违背某种隐含的经典脚本，或某种程度上偏离这种经典的脚本。“所指性”是说叙事不是指涉“现实世界”，而是它本身可能创造现实世界，有它自己的指涉世界；叙事的真实性不是用可证实性来评判的，而是用逼真性（verisimilitude）来评价的。“体裁性”是指叙事不仅是一种本文样式，更重要的是它还是一种帮助人们理解事物的工具。阿斯拉泰尔·福勒（Aslatair Fowler）曾一针见血地指出：“体裁与其说是分类架，不如说是分类”（Genre is much less of a pigeonhole than a pigeon）[②]。“常规性”是指叙事作为一种话语形式是以传统的或习惯性的期待为基础的，但这种传统也可能会随着时代的变迁而变化。“情景敏感性和可协商性”是指叙事的解释在很大程度上取决于情景，这种对情景的敏感性使叙事话语成为一种行之有效的文化协商的工具，使社会团结和人际间相互依靠成为可能。“叙事增长”是指不同的故事可以拼凑起来组成一个整体，甚至组成一种文化或历史。

以上十个特征是从不同方面对叙事进行的描写，比如事件发生和延续的时间、事件的内容、事件参与者的心理、叙事接受者的理解等。上述描述不仅有助于人们了解叙事的组构成分、组织原则、功能、叙事与情景的关系，理解与叙事相关的一些哲学问题，更为人们进行叙事修辞批评提供了方法论的指导。20 世纪美国修辞学泰斗伯克认为，对事物的观察角度越多，对之的了解也更加全面准确。

---

① Jerome Bruner, “The Narrative Construction of Reality,” *Critical Inquiry*, 18 (1991): 1-24.

② 转引自 Jerome Bruner, “The Narrative Construction of Reality,” *Critical Inquiry*, 18 (1991): 14. 原文见 Alastair Fowler, *Kinds of Literature: An Introduction to the Theory of Genres and Modes* (Cambridge, Mass., 1982), p. 37.

其实，对叙事的论述自古就有，自从有了人就有了叙事。叙事代表了一种人类意识的普世媒介，与人的意识和思维分不开，“叙事包括几乎所有话语”[①]。叙事的修辞功能早在两千多年前就被古希腊哲人柏拉图意识到了，他在几个对话录中大量使用叙事去劝说听众接受其观点，这不能不说是一个有力的证据。著名小说家理查德·赖特（Richard Wright, 1908—1960）曾这样描述孩提时听《蓝色胡子的故事》（*The Story of Bluebeard*）所亲身感受到的叙事魔力：

> 她讲着讲着，现实就变了样，事物的面貌改变了，整个世界都是神奇的人物，我对生活的感悟更加深刻了，对事物的感觉也不知怎样与过去有点不同了……[②]

叙事如此神奇的威力不可能被修辞学家忽视。美国著名传播学专家、当代对叙事修辞最权威的论述者费希尔对叙事进行了精辟阐释，为叙事修辞批评的产生与发展做出了重要贡献。

二　叙事修辞批评的含义及产生的背景

（一）叙事理论的创始人费希尔

叙事修辞批评范式是由美国著名修辞家沃尔特·费希尔（Walter Fisher）创立的。费希尔于1960年在爱荷华大学传播学系获得博士学位，现为南加州大学安能堡传播与新闻学院（Annenberg School for Communication and Journalism）名誉教授。[③] 费希尔的主要研究领域包括修辞理论与批评、政治传播、论辩、理性与伦理，其突出的学术贡献是发展了修辞与传播的叙事批评范式。1979年，他被美国演讲传播学会授予“Golden Anniversary Monograph Award”奖，以鼓励其将叙事理论引入传播界。但是，作为新的理论，叙事理论当时并没有完全获得传播界的认可，因为它与当

---

① Robert C. Rowland, “Narrative Mode of Discourse or Paradigm?” *Communication Monographs*, 54 (1987): 265.

② 转引自阿波特《剑桥叙事学导论》，第36页。

③ 参见 http: //annenberg. usc. edu/Faculty/Communication%20and%20Journalism/FisherW. aspx.

下一些关于人的本质特征、人的交流和行为方法的观念有冲突。① 他本人也区分了理性世界范式和叙事范式两种普遍范式的基本理念。② 费希尔担任过修辞学与传播学领域核心刊物《言语季刊》和《西部传播杂志》（*Western Journal of Speech*）的编辑，他论著颇丰，著作有5部，论文有40多篇。他于1987年出版的《人类交际是叙事：论理由、价值和行为的哲学》是一部具有里程碑意义的巨著。在该著作中，他论述了叙事作为人类交际形式的重要性，导致了人们对知识的再认识。费希尔获得多项荣誉，包括演讲交际学会的杰出学者奖。

（二）叙事修辞批评的定义

在界定叙事修辞批评之前，需先扼要交代一下修辞的基本含义。用西方修辞学的行话来说，修辞是指人们（即修辞者）使用符号尤其是语言去劝说或影响他人（也即听众）的行为。在古典修辞学中，“劝说”通常是指法庭、议会、典礼场合下的劝说，带有比较浓厚的说教性。在当代西方修辞学中，随着修辞学范围的扩大，它已经延伸到一切人类意志行为上，“修辞”的含义也发生了变化。现在，“劝说”几乎与“交际”同义。按照当代修辞观，修辞批评顾名思义是指对人们用符号尤其是语言去影响他人或诱发他人合作而进行的评论，叙事修辞批评则是指对叙事作为劝说或诱发合作的手段是如何实现修辞者目的的评论。

（三）叙事修辞批评产生的背景

叙事修辞批评的产生具有深刻的哲学、文学、修辞学等多学科理论背景。哲学领域对它的影响，主要表现在理性世界范式（rational world paradigm）的缺陷引发对替代性范式的寻求上。理性世界范式具有以下几个特点。第一，在人性论上，它认为人是理性的动物，这个观点与亚里士多德的修辞人性论观点基本一致。第二，由于人是理性的动物，人在决策和交际过程中的典型行为就是论辩，即那种具有泾渭分明的逻辑推理结构的

---

① 参见 Katherine Miller, *Communication Theories: Perspectives, Processes, and Contexts*, 2nd ed. (New York: McGraw-Hill, 2005), p. 92.

② 参见 Walter Fisher, “Technical Logic, Rhetorical Logic, and Narrative Rationality,” *Argumentation*, 1 (1987): 3-21; Walter Fisher, *Human Communication as Narration: Toward a Philosophy of Reason, Value, and Action* (Columbia: University of South Carolina Press, 1987). 相关信息也可参考 http://en.wikipedia.org/wiki/Walter_Fisher_(professor); http://en.wikipedia.org/wiki/Narrative_paradigm.

话语。第三，该范式也认为，论辩行为受制于情景的要求，如法学、科技、议会等，不同的情景都有不同的理性要求。再者，理性是由人对主题的知识、人的论辩能力以及使用特定领域宣称事物之规则的能力决定的。第四，既然人是理性的动物，那么这个世界也似乎应由逻辑谜团构成，需要运用适当的分析方法和论辩结构才能解开。① 在哲学领域长期受宠的“理性世界范式”所蕴含的理性思想在修辞学领域受到学者的质疑，比如费希尔就认为它不适合社会现实。他在认知论和价值学中发现，时兴的论辩理论以及有关价值的学问已经不能满足人们的需要了②，理性观只是与一些专门的领域相关联，与现实生活的关联不是很紧密。于是他觉得有必要提出一种替代性的、对人们生活有用的理性观。③ 应该从何处下手呢？显然，这与如何看待人生有关。费希尔选择从叙事入手，因为他认为叙事是人类的普遍现象，“任何说理，不论是社会的、正式的、法律的还是其他形式的，都要用叙事”④。基于这种认识，他提出了所谓的理性世界范式的替代范式，即“叙事范式”，这是一种新的“元范式”（metaparadigm）⑤，但它并不完全否定传统的理性世界范式。

叙事范式挑战传统上那种认为修辞局限于具有明晰可见的推理形式的狭隘观点。在费希尔看来，“叙事”不仅涉及生活的真实故事，也涉及想象的故事，叙事范式与真实和虚构世界都有关⑥，换言之，叙事与文学及日常语言使用都有联系。从涉及的面来说，叙事范式的出笼，是修辞学历史上两股力量的辩证融合：辩论派和美学派。费希尔提出的叙事是一种交际方式或者说一种交际视角，美学派更关注文学及其审美，小说的叙事是其一个焦点。

美国著名修辞学家布思（1983）认为，小说家或明或暗地操纵读者的

---

① Walter Fisher, “Narration as a Human Communication Paradigm: The Case of Public Moral Argument,” *Communication Monographs*, 51 (1984): 4.

② Ibid., pp. 2, 50.

③ 费希尔认为，修辞理论的建构应该最终有助于人类寻求更美好的生活，这个观点与伯克的相同。

④ Walter Fisher, “Narration as a Human Communication Paradigm: The Case of Public Moral Argument,” *Communication Monographs*, 51 (1984): 3.

⑤ Walter Fisher, “The Narrative Paradigm: An Elaboration,” *Communication Monographs*, 52 (1985a): 347.

⑥ Walter Fisher, “Narration as a Human Communication Paradigm: The Case of Public Moral Argument,” *Communication Monographs*, 51 (1984): 2.

行为就是修辞行为，这种观点与当代修辞学“劝说”的宽泛含义如出一辙。他将小说中作者的叙述技巧呈现出来并指出它们旨在影响读者/听众，因此小说不是客观的，相反，它始终有作者的主观意图的涉入，始终浸透着他的情感、信念、态度。布思的启示至少有两点：第一，小说也是修辞，是作者劝说听众/读者的过程或产品，因此也可以做修辞分析。以往小说研究较少被纳入修辞学领域，布思对小说的叙事修辞的研究促进了修辞学与文学，尤其是与“叙事”的结合。第二，修辞者运用叙述方法的技巧有利于其影响听众/读者。

费希尔的叙事范式在人性论方面也受到了美国修辞学泰斗伯克的修辞哲学思想的启发。伯克认为，人是使用符号的动物，人的符号使用特征（symbol-using nature）最终决定了人的语言是象征行动。费希尔根据叙事在人们生活中的作用，在基本保留伯克对人的定义之内核基础上对它稍作调整，便得到如下关于人的哲学观：人是讲故事的动物。讲故事，当然是人的语言活动，因此也是象征行动。费希尔对人的定义实际上是在伯克对人的定义基础上的一种延伸。费希尔也基本上秉承了伯克修辞理论之基石——“语言是行动”的语言哲学观，并从叙事的角度看待人类交际，认为语言行动只有在叙事形式中才会有意义。

除了汲取伯克的思想外，费希尔也受幻想主题思想的启发。根据幻想主题创始人鲍曼的观点，“幻想”是指人们满足心理或修辞需要的对事件创造性和想象性的解释。[①] 在集体的交流互动中，幻想主题产生于对曾经发生在一群人身上的事情的回忆，或对一群人将来可能会做某事的想象。在费希尔看来，只要稍做变通，鲍曼的一些概念也就变成了戏剧故事，对创造这些故事的人来说，它们就组成了社会现实的基本材料。[②] 只要对鲍曼的幻想主题与费希尔的叙事稍加比较，就能发现他们的理论在运作机理上有相通的地方。

叙事修辞范式的创立从渊源上也与文学领域的叙事学有一定的因果关联。费希尔的叙事范式产生于20世纪80年代，在此之前，叙事学在西方文学界已经时兴了二十来年。“叙事学”（narratology）一词最早是由法国

① Ernest G. Bormann, “Fantasy and Rhetorical Vision: The Rhetorical Criticism of Social Reality,” *Quarterly Journal of Speech*, 58 (1972): 397.

② Walter Fisher, “Narration as a Human Communication Paradigm: The Case of Public Moral Argument,” *Communication Monographs*, 51 (1984): 7.

文艺理论家托多洛夫于1969年首次使用的[①]，是指以叙事作品或叙事因素为研究对象而建立起来的一门学问，旨在探索叙事的性质、结构、方法、媒介等内容，主要涉及神话、民间故事、小说等书面叙事材料的研究。至叙事修辞范式创立之时，文学领域的叙事学在叙事理论与叙事分析方法方面已经形成了比较完整的体系，这对叙事修辞研究提供了重要的启示。在扩大文学叙事研究范围方面，法国文学评论家罗兰·巴特（Roland Barthes）功不可没。他认为，任何材料都适宜于叙事，除了文学作品以外，还包括绘画、电影、连环画、社会杂闻、会话等，叙事承载物可以是口头或书面的有声语言、固定或活动的画面、手势以及所有这些材料的有机混合。[②] 虽然文学叙事学实际上并没有完全如巴特所设想的那样把触角一一延伸到这些领域，但他对叙事的洞见却为修辞学叙事研究指明了方向，对费希尔创立叙事修辞范式起了重要作用。费希尔十分赞同巴特的观点，认为叙事不仅出现在小说中，甚至还出现在诸如绘画等非语言材料中。事实上，在修辞学领域，费希尔的叙事修辞学的焦点不是文学作品，而是与人们日常社会生活息息相关的诸如政治、经济、科技、军事等领域的话语。

总之，叙事修辞范式是在比较复杂的哲学、修辞学、文学等多学科的影响下产生的。

第二节　叙事修辞批评的理论基础

一　叙事修辞批评的修辞观

在国内，“修辞学”经常与辞格联系在一起，以致辞格常常成为修辞学的代名词。因此，说到“修辞”，人们常常想到美化点缀语言，给思想增添一点好看的颜色、好听的声音，以便使思想更容易被人接受。这不是叙事修辞批评所需要的修辞观。那么叙事批评需要什么样的修辞观呢？

---

① 托多洛夫（1939— ，Tzvetan Todorov），法国批评家、符号学家，1939年3月1日生于保加利亚的索菲亚，1963年定居法国，1966年入巴黎大学学习，1968年任法国科学研究中心研究员，1970年获文学博士学位。1965年主持翻译了俄国形式主义批评家的主要论文，以《文学理论》为题出版，引起了强烈反响。其主要论著还有《符号学研究》《文学和意义》《什么是结构主义》《〈十日谈〉的语法》《散文的诗学》《诗学》《象征的理论》《批评之批评》等。相关信息可参见 http：//book. douban. com/doulist/53215/。

② 转引自阿波特《剑桥叙事学导论》，第1页。

传统上，修辞是“寻求任何特定场合下可能获得的劝说手段的功能”[1]，“劝说”是核心。“新修辞学”将修辞视为基于语言基本功能的诱发合作的象征性行动，以“同一”取代“劝说”，将修辞学范围扩大到一切人类行为。这就是叙事修辞学的修辞观。叙事理所当然地成了“劝说或影响他人，诱发他人合作的”修辞行为。本节所述的“叙事的修辞功能”主要是指它对劝说或影响他人，诱发他人合作的作用，而不是愉悦听众/读者，尽管它的确有这种功能。

二　修辞学视阈下的叙事观

（一）叙事的普遍性

把叙事作为交际的范式，必须以这样的叙事观为基础：叙事几乎无所不在，人的生存离不开叙事。阿波特指出：

> 不管人们是不是艺术家，都要进行叙事，我们一天要多次叙事，一生中每天都如此。而且我们开始把词语组合在一起时就几乎在开始叙事。我们一旦说了主语接下去说动词，很可能我们在进行叙事话语……既然叙事几乎存在所有人的话语里，毫不奇怪，有理论家把叙事作为除了语言本身之外的人的本质特征。[2]

叙事的普遍性在文学评论家巴特对叙事的经典论述中早就有过阐述。他认为，不仅每个人、每种文化、每个民族都要使用叙事，甚至每一种语言体裁形式，无论是小说、神话、戏剧、会话，还是非语言的艺术形式，如电影、绘画等，都离不开叙事。叙事是一种跨国境、跨文化、跨种族的现象，它与人类历史同在[3]，它的普遍性是由其功能决定的。

（二）叙事的诱导功能

如前文所说，所谓劝说，就是指修辞者使用叙事诱发听众/读者如修辞者（叙事者）那样所思、所行。叙事的劝说功能体现在叙事诱导听众/读者得出修辞者所希望的结果上。前文已指出，叙事不是叙事者（即修

---

① Aristotle, *Rhetoric*, p. 24.

② 阿波特：《剑桥叙事学导论》，第1页。

③ 同上。

辞者）单方面的行为，而是听众/读者参与的过程。正因为此，修辞者使用叙事可以不知不觉地诱导听众/读者朝着修辞者所期望的方向走。比如以下叙事：

> "Please," he implored, "give me one more chance!"
> （"请再给我一个机会吧"，他乞求道。）
> Suddenly she felt a headache coming on.
> （突然，她觉得一阵头痛。）①

根据前文的叙事定义，第一个句子陈述了一个事件"'请再给我一个机会吧'，他乞求道"，第二个句子陈述了另一个事件"突然，她觉得一阵头痛"；这两个事件按照时间顺序先后排列，构成了一个修辞叙事。当读者看到这个事件序列时，会受心理因素的驱使而把这两个事件联系起来，寻求某种因果关系，从而最终获得这样的结论："他的乞求"是"她的情感爆发、头痛"的原因。其实，从病理学上来说，头痛的原因有多种，如低血糖、中风、偏头痛、气压等，但听众/读者却不会把这些病理学上的原因与"她的情感爆发、头痛"联系起来，而是与病理学没有直接联系的事物相连，并将因果关系归咎于"他的乞求"。这正是叙事修辞行动诱导的结果。

（三）叙事的论题建构功能

叙事表面上似乎与推理没有多大的关联，人们一般的印象是：小说家及诗人讲故事而科学家则进行推理。实际上，人在公开场合下进行劝说时通常讲述故事，包括轶事、寓言等，目的是驱使听众获得他所希望的结论。叙事，并不是为叙事而叙事，而是一种如语言哲学家奥斯丁所说的以言行事的手段，因而是一种象征行动。修辞者通过叙事来使修辞者的观点、主张、信念等合法化或者听起来有理。这种修辞功能的例子比比皆是。比如，在伊拉克战争中，美国政府为了实施对伊拉克的侵略和打击，在安理会上讲述了萨达姆政府藏匿大规模杀伤性武器并与恐怖组织勾结的故事，并称掌握了萨达姆"不可否认的证据"，甚至还掌握了其藏匿地

---

① 转引自阿波特《剑桥叙事学导论》，第38页。

点。[①] 显然，这些叙事只不过是寻找侵略和打击伊拉克的理由。用图尔明的论辩模式来说，在此修辞策略中，美国政府使用的叙事（讲述伊拉克政府藏匿大规模杀伤性武器、与恐怖分子勾结的故事）与其主张（要派兵攻打伊拉克）构成了一个逻辑上的论题，即简缩表达形式：因为 A（叙事中的“事实”），所以 B（主张：要派兵攻打伊拉克）。随着战争的推进，美国政府原先寻找的开战理由被证明有误，布什政府又讲述了由伊拉克邻国的伊斯兰圣战分子领导策划对在伊美军士兵发动恐怖袭击的故事。在这种叙事的作用下，伊拉克成了反恐前线，美国继续占领伊拉克便又有了合法的理由。

上面的例子说明，叙事不仅仅是叙事，更重要的是它成了论题中的支撑部分，是“使……合法化”的手段（legitimating device）。这种修辞策略有点像伯克所说的“实质的时间化”（temporizing of essence）。[②] 伯克认为，如果要把某种实质表达出来，可以采用叙事的形式，把该实质的最终来源或最终结局展示出来。他指出：

> ……一个事物的逻辑实质可以通过陈述该事物的来源或初始状态来转换成一种时间上的或叙事上的对应物……一个事物可以用叙事的形式讲述它的成果，从而界定其实质……因此你可以用时间的术语陈述一个人无时性的实质（timeless essence）：你不说他“本质上就是一个罪犯”，而说“他终究是要上绞刑架被绞死的”。[③]

比如说，要说某人“品德差”（即“实质”），可以用叙事的形式讲述他“出生于一个地痞流氓家庭”（即“来源”）；或讲述他“因为劣迹斑斑而最终被判处有期徒刑二十年”（即“结局”）的故事。

在美伊战争期间，布什政府为了说明萨达姆政府具有“邪恶”、“恐怖”的本质，采用了叙事（讲故事）的形式，向国际社会讲述萨达姆政府将用藏匿的大规模杀伤性武器袭击平民或邻国。这样，美国政府就使入侵伊拉克并摧毁萨达姆政府这种本来违反《联合国宪章》的行为变得合情合理了。

---

① 参见 http：//theislamicnews. com/george-bush-considers-iraq-war-torture-justified/.

② 关于伯克的“temporizing of essence”，参见 Kenneth Burke，*A Grammar of Motives*，pp. 430-440；*A Rhetoric of Motives*，pp. 13-15.

③ Kenneth Burke，*A Rhetoric of Motives*，p. 13.

需要指出的是，在以叙事作为论题支撑部分的情况时，叙事中的故事既可能为真，也可能为伪；既可能为过去的事件，也可能为未来的想象事物。若故事不真实（也即事件之间缺乏某种逻辑关系，如因果关系、时间先后关系）或今后不可能发生，修辞者则给听众/读者扔下了所谓的“证明的包袱”（burden of proof），听众/读者要么需努力去寻找证据，但这项工作十分艰难；要么不了了之。这样，使用叙事的修辞者则始终占据着有利地位。正如费希尔所说：“通过故事情节的发展和人物的形象描述，叙事可以构成很有劝说力的论题。”[①]

（四）叙事的认知功能

所谓叙事的认知功能，是指叙事具有使人们认知世界、获得关于世界的知识的功能。从广义上讲，认知功能也是叙事劝说功能的一种体现。理查兹在其《修辞哲学》中将修辞定义为对误解及其弥补措施的研究，这说明促进理解、认知世界也是修辞学的功能。这个功能其实与前文的修辞学定义是相通的。海德和史密斯（Hyde & Smith）曾指出[②]：“意义是人在阐释和理解现实的过程中获得的，修辞的根本功能就是使修辞者自己和他人获得意义，修辞是使那种意义被理解的过程。”叙事的认知功能体现在什么方面？换言之，叙事是怎样帮助人阐释现实世界并在这个过程中使人获得关于这个世界的知识的？我们先来看“叙事”的英文表达“narrative”的词源。根据海登·怀特（Hayden White）的考证，“narrative”源自古梵语（Sanskrit）中的“gna”，意思是“认识”，它通过分别表示“认识”和“告诉”的拉丁语词“gnarus”和“narrow”传到现在。[③] 叙事的词源考证表明，它具有表示“认识”和“告诉”两个意义，这似乎表明叙事的修辞认知功能早在古时候就已经被人发觉了。阿波特指出，叙事是我们在时间上认识世界的方法。[④] 众所周知，人们阐释、理解现实世界，是在自己已有经历的基础之上进行的；从已知到未知、把已知事物特征投射到未知事物上，这是人们认知现实世界的一般规律。而人的经历是以故事的形式储存于大脑的，即是说，人所经历的事件必然以某种逻辑或时间顺

① 转引自 Robert C. Rowland，“Narrative Mode of Discourse or Paradigm?” *Communication Monographs*, 54 (1987): 273.

② 定义原文见 http://www.americanrhetoric.com/rhetoricdefinitions.htm.

③ 阿波特：《剑桥叙事学导论》，第11页。

④ 同上书，第6页。

序加以排列。没有这些以叙事形式储存于大脑的经历，人们很难理解、阐释世界。从这个意义上说，是叙事使那些本来混沌的无数信息以某种逻辑或时间的先后顺序展现出来从而被人理解。从另一个角度说，修辞者要阐释并让他人理解现实世界，就要把现实世界的事物有序地组织起来，这种"有序"就是叙事形式。"人们只有把现实世界置于叙事形式之中才能看到它，否则无法看到眼前的世界"①。当修辞者展示其按叙事形式组织起来的事物符合听众的"世界观"时，或者说，当修辞者用叙事形式形成的"世界"与听众自己的以叙事形式储存于大脑的经历具有交集时，就能使听众理解修辞者的意义。可见，叙事在促进人际间的理解，在认知现实世界的过程中发挥了关键作用。所以，弗雷德里克·詹姆森（Fredric Jameson）认为，叙事是一个使人获得知识的过程，而著名哲学家利奥塔更是把叙事与知识画上等号，说叙事是普通知识的根本形式。② 在人际交往中，叙事的认知功能表现在人们通过叙事不仅认识自己，也认识他们自己在社会中应该担任什么角色。这正是修辞学社会功能的主要表现。

（五）叙事的现实建构功能

与上述认知功能相关的是叙事的现实建构功能。社会现实不是独立于人而存在的，而是通过人的修辞话语建构起来的，既然如此，这种建构现实的符号就是叙事话语。

现实世界，不管是其当前的现状还是其以往的历史，就如一幅用叙事描绘的画卷。比彻尔指出："修辞是改变现实的一种形式，不是通过直接给物体施加能量，而是通过创造话语、以调节思想和行为的方式来实现。"③ 现实世界的历史画卷正是靠修辞、靠人们创造叙事以期调节其思想和行为来制作的。世界上的事物要变得对人有意义，或者说变成我们所知道的现实世界，只有通过认知主体的人的认知才能成为人的世界，也即成为有意义的世界。而要被认知，世界上的事物只能以叙事的形式呈现。叙事是对发生在时间中事件的叙述，现实世界是由无数事件构成的，贯穿现实始终的是"时间"。这种时间不是抽象意义上的或时钟上的时间，而是如斯波尔·里克尔（Spaul Ricoeur）所说的"人的时间"（human

① 电影制片人 Brian De Palma 之语，转引自阿波特《剑桥叙事学导论》，第6页。

② 同上书，第1页。

③ Lloyd F. Bitzer, "The Rhetorical Situation," *Philosophy and Rhetoric*, 1 (1968): 1-14.

time)。[①] 人的时间的价值就在于在时间的范围内事件被赋予了意义，否则时间也没有意义。没有时间，就没有事件，也就没有现实世界。时间顺序是历史画卷存在的必要条件，历史画卷只能存在于叙事之中。

叙事现实建构功能的一个有说服力的例子是，美国媒体传统上都从以色列的角度讲述受害故事，在这样的视角下阿拉伯人是反犹太人的“恐怖分子”，多数犹太人曾在历史上遭受大屠杀的经历不可避免地使他们强烈希望回到曾被驱逐的圣地。但从巴勒斯坦人的角度看，这些受害故事却有不同的版本。在巴勒斯坦人的故事中，他们被赶出自己的家园，流离失所，并遭受以色列占领者的屠杀。在巴以双方建构的故事中，双方都是受害者。安克斯夫特（Ankersmit）指出：

> 历史画卷不是给历史学家的；他必须建构它。叙事既不是一个历史画卷的投影，也不是某种历史机器的投影，过去只是在叙事中建构起来的。叙事的结构是借用于过去或印在过去上面的，而不是对客观存在与过去本身之中的一种类似结构的反映。[②]

从建构的角度说，巴以双方的故事都不可能是完整、客观的历史画卷，因为它们都是依据自己的不同利益，选择“事实”来建构各自的故事。对世上事物的任何描写实际上都具有片面性，因为描写什么、不描写什么，都是根据说话者的兴趣、利益和观念来确定的。试想：如果现实世界是独立且外在于人的纯客观事物的，那么这样的现实世界只能有唯一的版本。但展现在世人面前的是两个版本截然不同的现实世界：一个对以色列有利的版本和另一个对巴勒斯坦人有利的版本。造成这种带有主观色彩的现实世界的根本原因是：作为修辞者的以色列人和巴勒斯坦人，各自通过自己的“术语屏”[③]，使用叙事把现实世界建构得对自己有利。

叙事也不是镜像似地把现实世界反映在文本里，建构叙事不仅仅是从真实的生活、记忆或幻想中挑选事件，然后以合适的顺序把它们组合起

---

① 参见 J. Bruner, “The Narrative Construction of Reality,” *Critical Inquiry*, 18 (1991): 5.

② Franklin R. Ankersmit, *Narrative Logic. A Semantic Analysis of the Historian's Language* (Den Haag: Nijhoff, 1983), p. 86.

③ 关于“术语屏”，详见 Kenneth Burke, *Language as Symbolic Action: Essays on Life, Literature, and Method*, 1969, pp. 44-60.

来，这些事件本身也需要按叙事的形式建构起来[1]。美国著名文学评论家乔纳森·卡勒（Jonathan Culler）对事件因果关系的修辞建构的观察很有启发意义。他汲取尼采的洞见，认为所谓的普通常识可能是相反方向思维运作的结果：

> 首先有原因后有结果。首先是蚊子叮人的手臂，然后他感觉到疼痛。但是，尼采说这个序列并不是给定的，而是由修辞运作建构起来的。比如，发生的情况可能是：我们先感觉到疼痛，然后环顾四周寻找能当作原因的因素。“真的”因果序列可能是：先感到疼痛，然后想到蚊子。是结果促使我们找出一个原因；修辞运作把序列“疼痛—蚊子”记录为“蚊子—疼痛”。“蚊子—疼痛”这个序列是话语因素的产物，但我们把其当作一个给定的序列，真实的序列。[2]

上述“蚊子—疼痛”现象的因果分析表明，我们所知道的世界，不是独立于人之外的、客观的现象，而是用叙事建构起来的。

第三节　叙事的修辞运作机制

从理论上说，上述叙事的功能都是劝说功能。本处所述的“劝说”是一个广义的概念，因此包括劝说功能和认知功能以及现实建构功能。修辞者为什么可以用叙事去影响听众/读者，或诱发其合作？伯克认为，你要劝说某个人，就要与其取得同一，即与他具有相同的“质”[3]。伯克的“同一”是根基于“质”的。比如，男人和女人同一或同质，因为他们/她们都拥有“人”的属性，尽管他们/她们性别不同。因此，要使 A 与 B 同一，就必须使其同质，同一是劝说的起点，也是劝说的目的。

从修辞机制上说，修辞者需要通过使用叙事与听众/读者在认知方式上获得同一，从而诱导听众/读者得出修辞者所希望的结论。叙事是按时间顺序对事件的展示，这种顺序在人们幼小时就扎根于大脑，几乎与所有

---

① 参见 J. Bruner, “The Narrative Construction of Reality,” *Critical Inquiry*, 18, (1991): 5-7.

② 阿波特：《剑桥叙事学导论》，第 40 页。

③ 伯克的“质”概念包括物理概念上的物体、人们从事的职业、朋友、活动、信仰、价值等在内的具体和抽象的事物。参见 Kenneth Burke , *A Rhetoric of Motives*, pp. xix, 20-32, 64.

最早的记忆同时。正如伯克在其《反论》中所说："我们之所以说它们是普遍的，是因为所有人，在某些情况下只要人的心身不出毛病，都能够体验到这些形式"[①]。叙事的形式是一种人间普世的思维和认知形式，是人际间交往成功的基础。就以前文的叙事例子来说。由于修辞者与听众/读者具有相似的叙事形式，当后者看到/读到这两个事件"'请再给我一个机会吧'，他乞求道"和"突然，她觉得一阵头痛"以叙事形式先后排列时，就会自然而然地推导出这两个事件之间的因果关系。叙事本身的排列顺序暗示了事件之间的关系，根本用不着为人们提供明显的因果关系的词语。对人的这种叙事因果思维能力，美国著名文学评论家、叙事修辞学家西摩·查特曼（Seymour Chatman）精辟地指出："我们的大脑有一种根深蒂固的寻求结构的习惯，需要的话就会提供它。"[②] 基于这种近乎本能的寻求因果关系的心理趋向，读者自然会把看似没有逻辑关联但以叙事形式排列的两个事件用因果链条把它们连接起来。修辞者诱发听众/读者和他一样审视现实世界，关键在于修辞双方以同样的方式在视觉领域寻求关联，他们都"有一种相似的内在能力去把原始感觉转化成感知"[③]。

从认知事物的过程来看，叙事作为一种修辞形式，也是听众/读者心理的一种体现。用伯克的话说就是，叙事是"在听者心理上造成的一种欲望和对这种欲望的一种充分满足"[④]。听众/读者虽然按照普遍的叙事方式进行思维，但却能感知具体的事物。叙事对听众/读者的魅力就在于它的具体内容牵动着人的思绪紧跟叙事中的事件以某种时间或逻辑顺序向前走，不断激发起听众/读者的欲望，又不断使之得到满足。叙事作为一种象征符号对修辞者的听众/读者是具有吸引力的，因为修辞者与听众/读者在经验形式上相似，而且修辞者通过给予叙事充足的事件细节，促使读者接受其对事物的阐释[⑤]，使听众/读者像修辞者那样所思、所行。

叙事的认知功能具体表现为修辞者通过叙事把事物之间的关系告知听众/读者，这是认知事物的重要方面。对某个事物的理解，意味着对它的

---

① Kenneth Burke, *Counter-Statement* , p. 149.

② 转引自阿波特《剑桥叙事学导论》，第 44 页。

③ 阿波特：《剑桥叙事学导论》，第 44 页。

④ Kenneth Burke, *Counter-Statement* , p. 31.

⑤ 参见 Kenneth Burke, *Counter-Statement*, p. 178.

性质、范畴、功能与其他事物关系的了解，而这些方面信息的展示需要叙事形式。事实上，修辞者的叙事为听众/读者提供了认知所需要的框架。认知学表明，对事物的认知必须在某一个特定的框架内进行。修辞者为了使听众/读者像他那样思、行，以叙事的形式为其听众/读者提供了他所期望的认知框架，而听众/读者也只能在这样的框架内认识事物。

认知事物涉及其性质、范畴、功能以及与其他事物的关系。对事物性质的理解离不开叙事，因为对事物性质的描述（如好、坏）需要用叙事：何为“好”，何为“坏”，都取决于听众/读者记忆中的相关经验，这些经验以故事的形式储存于大脑之中。对事物范畴的认识也离不开叙事，因为范畴意味着分类，分类必须涉及事物之间相似性的比较。譬如，把一个人归类为“朋友”，就意味着要对储藏在大脑中“朋友”的典型行为的故事进行提取并作为参考。对事物功能的认识，则需要把该事物运用于其他某个事物或某个领域之中，然后观察其影响。这其实就是关于该事物一个因果关系的故事，换言之，对事物功能的认识是基于叙事之上的。最后，任何事物都与其他事物相联系，因此，对 A 事物的全面了解，必须要将 A 事物与其他事物联系起来考察。事物之间的联系具有多样性，如按联系的主要方式来看，就有直接联系和间接联系、内部联系和外部联系、本质联系和非本质联系、必然联系和偶然联系等。但是，不管哪种联系，最终都要依靠叙事来确定。譬如，要确定 A、B 两个事物的直接联系，就得用叙事的形式决定并表述它们之间的必然因果关系。确定事物之间的间接关系也是如此，只不过多了一个或多个中间环节而已。

从某种程度上说，叙事是一种“术语屏”，因为它把世界上的事物按照某种逻辑（时间）或者因果关系组织起来，即把 A 与 B 组织在一起，其实就牵涉到选择，即选择 A 和 B，而不选择 C 和 B，或 A 和 C；如果把 A 与 B 按照因果关系或时间顺序关系排列，就意味着把 A 看作原因，而不把 B 看作原因。这样，叙事就把修辞者不希望或不愿意听众/读者看到的东西遮蔽或过滤掉了，只允许他所希望的东西被听众/读者看到。叙事既是制约听众/读者观察事件的术语屏，也是修辞者的一种对现实事件的阐释、一种观点，或者说，叙事是修辞者提供的一个视角，它把听众/读者导向特定的方向。可见，叙事是一种非常巧妙的劝说方式。

从现实的建构来说，修辞者要想通过叙事创造现实世界，并使听众/读者接受这个“真实”的现实世界，关键就在于修辞者与听众/读者在叙事中所体现的逻辑、理由、价值、观念等方面的同一。这或许就是阿波特所说“只有当事物以叙事形式出现时我们才会相信它”的理由。[①] 修辞者使用叙事通常牵涉到两种情况：（1）修辞内容本身是叙事事件；（2）叙事中的事件本身被作为论题的支撑物。如果修辞者的叙事与听众头脑中以故事形式储存的经验世界具有交集或共同点，该叙事其实就是一种信服的逻辑、一种难以否定的理由。无论如何，叙事都应具有理性。根据费希尔的观点，叙事的理性或者逻辑性来自于两个方面：一是叙事的连贯性；二是叙事的真实性。前者是指故事中的事件是否能结合在一起，相当于理性世界范式中的论题线（lines of argument）；叙事是否连贯，归根结底取决于听众对人物行动可靠性的认识。后者是指叙事中的事件是否与发生的事物相一致，这也取决于它们是否与听众的经验相符合（当然，叙事的一个评判标准是“逼真”，而不是“真实”；叙事可以是关于实际发生的故事，也可以是关于虚构的故事）。如果一个故事能够提供好的理由去指导人们的未来行动，或者说成为人们“生活的工具”（equipment for living）[②]，这说明该故事具有可靠性，说明故事中人物的行动是符合常理的，是与当下价值相一致的。这样看来，修辞者的叙事理性归根结底取决于听众/读者依据自己经验做出的判断，换言之，如果修辞者的叙事所展现的现实世界与听众的经验世界具有某种程度的同一性的话，哪怕该叙事的故事是虚构的，听众也会接受并认为其展现的“现实世界”为真，也即听众/读者像修辞者那样所思、所行。著名修辞学家乔治·坎布尔（George Campbell）在其《修辞哲学》中对语篇连贯所做的形象描述对我们认识叙事的功能颇有启发：

当说话者把一系列与某一事实或事件的几个思想连续地灌输到我的脑海时，他推演的思路正好与我的经验汇集而成的洪流不谋而合时，如果语篇中没有什么与我认为已经习以为常的结论和期待相抵触的话，我的思绪则会轻易地跟随着他，从一个意义滑行到另一个意

---

① 阿波特：《剑桥叙事学导论》，第40页。

② 这是伯克在《永恒与变化》中表述的一个重要思想。

义，并满怀喜悦地全盘接受说话者所说的东西。①

他的意思是说，如果叙事具有理性，如果叙事体现了修辞者与听众/读者共同的经验形式，他们就会容易接受修辞者在叙事中所表达的思想。这也是修辞者成功劝说的结果。

从另一方面来看，当叙事作为支撑修辞者观点的因素，即当叙事作为论题的一个组成部分时，叙事也必须与修辞者和听众/读者交流的主题相关。亚里士多德认为，如果你要激发某人的气愤心情，就要把它与另一个事物相联系。这正是叙事作为论题的支撑部分的一种运作。叙事的理性体现了修辞者与听众在价值、观念、态度、情感等方面的某种程度的同一性。因为人是理性的动物，所以要劝说他人，修辞者最重要的手段当然是说理。亚里士多德曾指出："真实和美好的事物实际上本身就更容易被人相信"②。如果修辞者的叙事所承载的价值、理念与听众的相同或相似，作为论题支撑部分的叙事就会诱使听众接受修辞者的主张或结论。这种情况的劝说机制可以用图 7.1 来表示。

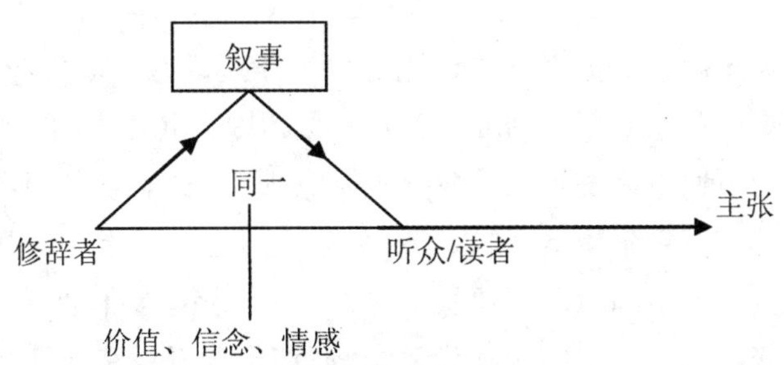

图 7.1　作为论题组成部分的叙事运作

在叙事修辞中，一个值得注意的现象是叙事内嵌，也即大叙事或宏观叙事内含小叙事。每一个社会、每一种文化、每一个国家、每一群体都有典型的叙事，这种叙事蕴含了它的价值、理念、观点，形成一个宏观叙事，体现了一个论题的大前提。在这个宏观叙事之下，还有次叙事（sub-

---

① 转引自 Barbara Warnick, "The Narrative Paradigm: Another Story," *Quarterly Journal of Speech*, 72 (1987): 176.

② Aristotle, *Rhetoric*, p. 22.

narrative），它也承载了一种次要的价值。这个大叙事所隐含的价值、理念构成小叙事的基石，相当于图尔明论辩模式中的“理由”或者“支持”①。

人除了是理性的动物外，还是情感的动物，情感的激发是叙事修辞的重要方面。亚里士多德指出：“我们感到快乐和对人友好时的判断与我们感到痛苦和怀有敌意时的判断是不一样的”②。这句话道出了情感诉诸在劝说中的作用。在叙事作为修辞者论题的支撑部分时，叙事往往是与当下主题相关的某一个话题，其激发情感的目的就是要使听众接受修辞者的结论或主张。正如伯克所指出的：

> ……为了夸奖或谴责别人，修辞者应该假定：与任何这些特征（美德的构成成分）相似的特征都和他们是同一的。比如说，为了激发对一个小心谨慎的人的厌恶，就应该把他描绘成一个冷酷无情、精于算计的人；如果要使一个头脑简单的人显得可爱，就要利用他的善良本性。③

修辞者通过叙事，把当下的话题与叙事联系起来，激发听众/读者的情感，从而更有利于修辞者劝说或影响听众，因为此时人的判断是不一样的。这正是叙事通过激发听众情感从而促使听众/读者作出有利于修辞者的判断的道理。费希尔指出：“叙事容易表述世上的经验，所以能够诉诸各种感觉，诉诸理由和感情、智慧与想象，也诉诸事实和价值。”④

总之，修辞者使用叙事来劝说、影响听众/读者，认知和建构现实世界，其作用机制归根结底是通过叙事承载与听众/读者在价值、信念、态度、情感等方面的相同或相似，诱使听众/读者像修辞者那样所思所想。

---

① 哲学家 Stephen Toulmin 创立的使用论辩模式包括三个基本成分：“材料”（data）、“理由”（Warrant）和“主张”（claim）。“材料”是论题的基础，常由事实（fact）、证据（evidence）等构成；“理由”是指使人合乎情理地从“资料或事实”得出“主张”的那部分论题，有时“理由”承载的是公理、普遍价值、常识，因此可以省略。理由就像一道安全阀或桥梁。“主张”是论题的结论，就像旅途的目的地。

② Aristotle, *Phetoric*, p. 25.

③ Kenneth Burke, *A Rhetoric of Motives*, p. 55.

④ Walter R. Fisher, “Narration as a Human Communication Paradigm: The Case of Public Moral Argument,” *Communication Monographs*, 51 (1984): 15.

巴特尔在其论著的开篇之处说道："所有的阶层、所有的人类群体都有自己的叙事，不同文化，甚至完全相反的文化背景的人都喜爱叙事。不管如何区分叙事文本，叙事是跨国界、跨历史、跨文化的：叙事就在那，像生命一样。"[①] 有了叙事的相似性，劝说就有成功的基础，人与人之间的关系就能调节。

第四节　叙事修辞批评的哲学假定

一　人性论观点："讲故事的人"及其深刻蕴涵

人本质上是讲故事的人，这就是叙事修辞批评最深层的哲学假定。"讲故事"是人的根本特征。为了全面、准确地理解费希尔的人性论，有必要提及伯克关于人的定义。[②]

伯克认为："人是使用符号的动物。"[③] "使用符号"是人的本质特征，它说明人能摆脱物理世界的约束，用"符号"代替事物本身，用一种隐喻的形式进行思维。正是"使用符号"这一特征使人们之间的联系建立在符号的基础上。人可以进行抽象思维，因此人们之间、事物之间的物理局限就可以摆脱，人际关系的调节就可依赖符号运作来完成。"使用符号"的特征也决定了人类社会的历史必定要用符号来书写，也就是说，使用符号的人用符号创造了人们所知的现实世界。[④] 人的"使用符号"之特征决定了人是以象征的形式与外界打交道的，人的行为是象征行动。

人的"讲故事"特征具有和伯克"使用符号"特征相似的深刻蕴涵，从某种意义上说"讲故事"是"使用符号"的延伸和具体化。首先，"讲故事"是人的本质特征，人不能不使用叙事。如果说人必须使用符号，那么人就必须使用叙事形式的符号。"讲故事"意味着人既要用叙事来思考，也要用叙事与人交往和认识他周围的世界，甚至还要用叙事来认知他

---

① 罗兰·巴特（1966）语，转引自阿波特《剑桥叙事学导论》，第1页。

② 关于伯克对人的完整定义，详见 Kenneth Burke，*Language as Symbolic Action*：*Essays on Life*，*Literature*，*and Method*，pp. 3-16.

③ Kenneth Burke，*Language as Symbolic Action*：*Essays on Life*，*Literature*，*and Method*，p. 3.

④ 伯克认为，只有（语言）符号中才有否定，自然世界中是没有否定的。有了否定，就有了人的伦理价值，因为是无数的"你不应该"告诉人们什么可以做、什么不可以做，人是被"否定"道德化的（moralized by the negative）。关于"否定"的讨论，详见拙著《修辞理论与修辞哲学——关于修辞学泰斗肯尼思·伯克的研究》，第33—35页。

本身。其次，人的世界、人的社会历史是用叙事构成的。如果说人是伦理的动物，那么人的伦理则是通过叙事，通过讲述“哪些是好”，“哪些是坏”的故事而形成的。人本无价值观，是“讲故事”把无数“你不应该”具体化，从而使人道德化。按照这样的逻辑，人们之所以会有选择，就是因为人有伦理价值，而伦理价值是人在与他人交往中通过“讲故事”形成的。最后，人的“讲故事”的本质特征也意味着人不需要专门的教育和培训就能获得这种叙事能力，叙事对人来说是极为自然的行为，这就是为什么费希尔指出，叙事的可能性与叙事的真实性不用教，因为人的叙事理性是普遍性的：“人们对讲给他们的故事以及关于他们的故事肯定会进行判断……他们有理性的能力作出这样的判断”[①]。叙事是“人脑的主要功能”[②]。据考证，叙事能力几乎与人最早的记忆同时产生。小孩在三四岁时就具有叙事能力，那时他们才开始把动词与名词合并起来。[③] 所以，有人坚决认为叙事是一种深层结构，一种通过基因传到人脑中的能力，就像我们天生就具有语法能力一样。这说明，叙事修辞批评的哲学基础——人是讲故事的人——具有心理学上的科学证据。也正是基于这种叙事能力，人们可以用叙事进行理性诉诸、情感诉诸、人品诉诸，诱发他人合作[④]，从而调节人际关系，促进社会和谐。正如费希尔所说：“符号是创造出来的，并最终以故事的形式传播开去，符号赋予人们的经验以秩序，并诱发人们进入这个故事的符号世界之中，建立共同生活的方式，在那些对构成人生的故事持赞同态度的社团中生活”[⑤]。人的“讲故事”的本质特征决定了人们之间的交际方式和认知方式，也表明人必须靠叙事来说服、影响他人，诱发他人合作。

---

① 转引自 Barbara Warnick, “The Narrative Paradigm: Another Story,” *Quarterly Journal of Speech*, 72 (1987): 176.

② Fredric Jameson 的观点，转引自阿波特《剑桥叙事学导论》，第 1 页。

③ 同上书，第 3 页。

④ 理性诉诸、情感诉诸及人品诉诸是亚里士多德修辞学的核心部分，关于它们的含义及其运作原理请参见拙著《修辞理论与修辞哲学——关于修辞学泰斗肯尼思·伯克的研究》第 9 章“伯克修辞学与亚里士多德修辞学比较（下）”。

⑤ Walter R. Fisher, “Narration as a Human Communication Paradigm: The Case of Public Moral Argument,” *Communication Monographs*, 51 (1984): 15.

二　理性的叙事来源

叙事修辞批评的第二个哲学假定是理性来自于叙事。传统上，理性一般与形式逻辑联系在一起，似乎与故事的关联性很小，因此哲学理性与修辞基本无关，这也是传统上哲学与修辞学分道扬镳甚至互为仇敌的一个重要原因。著名修辞学家约翰斯顿（Johnstone）认为，修辞理性必须扎根于修辞之中，“没有什么归因比理性特征的归因更需要理性的探讨和辩护”[①]。费希尔也持相似的观点，并专门撰文讨论了理性。他认为，在叙事修辞学中，“理性却是根据非形式的逻辑、用实用推理来评判的”[②]，“掌握‘好理由的逻辑’（也即好理由的规律）保证了一个人具有基本的，或许是最优化的知识，这种知识必须有助于觅材（invention）、撰写（composition）、发表（presentation）以及对修辞信息的评论和互动，倘若这些技能表现出理性的话”[③]。换言之，好理由的规律体现在整个修辞过程中，从觅材取材到撰写，从发表演讲到对听众反应的评估并采取应对措施，都可能产生理性。[④] 可见，在叙事修辞里，所谓的理性，不是来自于一种形式，而是来自于好理由的运用，“好理由的逻辑包含这样一种要求：能使自身永久存在的（self-perpetuating）、非操控性的、双边的、协商性的、自反的、注重事实/数据的”[⑤]，意思是说，话语要站得住脚，不能以自我为中心，要倾听他人的关切，不能把自己的思想或观点强加于人，要愿意适应对方，并要审视自己的不足，用事实说话，换言之，只要达到上述要求，话语（叙事）就有理性。因此，理性不仅意味着人们要尊重说理，还意味着人们应知道论辩问题的本质所在，不论如何互动，都要知道论题的形式和论题的检验方法，知道制约具体论辩互动的规则。正是基于这样的理性观，费希

---

① 转引自 Walter Fisher，“Rationality and the Logic of Good Reasons，” *Philosophy and Rhetoric*，12（1980）：120.

② Walter R. Fisher，“Rationality and the Logic of Good Reasons，” *Philosophy and Rhetoric*，12（1980）：122.

③ Ibid.

④ 传统修辞学包括“五艺”，即觅材取材、组织、风格、记忆、发表。这“五艺”其实是关于演讲的几个基本步骤的要则。此处的“觅材”、“撰写”和“发言”涵盖了除“记忆”之外的四个艺，因为“撰写”就意味要把思想组织起来并用恰当的语言风格将之展现出来。

⑤ Walter R. Fisher，“Rationality and the Logic of Good Reasons，” *Philosophy and Rhetoric*，12（1980）：121.

尔认为，理性能力是修辞能力的一个基本特征。

叙事理性包括两方面：一是叙事的可能性；二是叙事的忠实/真实性。[①]前者是指叙事中的事件是否可以粘连起来构成一个整体，后者是指叙事中的事件是否与现实世界的逻辑相冲突。根据这个道理，如果修辞者的故事能够组合起来，如果情节没有矛盾冲突，如果说理站得住脚，如果故事体现的各种关联性是一致的话，那么叙事就是有理性的，因此也具有说服力。对叙事理性的正确认识不仅对叙事修辞批评，甚至对修辞学学科都有重要的意义。在历史上很长时间里修辞学与哲学分道扬镳，因为它是建立在豁然性基础上的学问，针对的是意见。哲学对修辞学嗤之以鼻，认为它对“真理”的产生没有实质性的作用，只不过是对“真理”的表达、传递和接受起到一点作用而已。可想而知，在“真理”、“客观知识”受崇拜至极的时代，修辞学无用武之地，这种尴尬局面直到维科及晚他一个世纪的尼采颠覆了真理的“客观性”、“永恒性”后才有所改变。当“科学理性”被无情地解构后，修辞不再是哲学的一种补充，而是一切科学的基础，以致美国修辞学家斯格特发出了振聋发聩的宣言——“修辞学是认知性的”（Rhetoric as epistemic），修辞学界甚至打出了“修辞学就是哲学”的口号。[②] 正是在“理性”被解构的背景下，费希尔通过证明理性也与叙事相关，即证明“叙事理性”来源于修辞运作，才开启了叙事修辞学之先河。在“讲故事的人”的哲学人性观照下，叙事是“在场”，人一出生就在叙事中，他对外界甚至对自己的认知都需要通过叙事。

三 叙事的说教性

叙事的说教性与上文的“理性的叙事来源”并不矛盾，因为“理性的叙事来源”的意思是：叙事产生理性，或者说“讲故事”的修辞也是理性诉诸的形式。

“叙事说教性”的哲学假定是指叙事不是纯客观的，而是渗透了人的价值观、意识形态、情感态度的，是旨在影响他人的。传统上，叙事似乎只是实事求是地、不带任何偏见地讲述发生的事件或经历。但从叙事范式

① Barbara Warnick, “The Narrative Paradigm: Another Story,” *Quarterly Journal of Speech*, 73 (1987): 173.

② 著名学者 Ernesto Grassi 于 1980 年出版著作《作为哲学的修辞学》（*Rhetoric as Philosophy*），阐述了哲学与修辞学的关系，认为修辞学作为“ingenium”是具有生成意义的。

看来，叙事本身是说教性的。在后现代，任何言语都不是客观的，“语言的说教性”已经是受到普遍认同的观点。作为对故事的语言化、符号化的表述，叙事毫无疑问是说教性的。

费希尔在其《论好理由的逻辑》一文中指出：修辞交流是渗透着价值的，因为价值是我们通常所说的理由。人既是修辞的动物，也是评价性的、说理性的动物。[①] 叙事的说教性、修辞性与修辞学的功能，与语言的修辞性及修辞的认知性一脉相传，相互关联。在叙事修辞批评中，叙事是普遍的人类交际行动，叙事是语言使用的方式。叙事的说教性归根结底是由“讲故事的人”的本质特征所决定的。既然人的基本特征是“讲故事”，那么其价值趋向必定要通过叙事来体现。其实，“讲故事”本身就辩证地蕴含了体现价值色彩的选择：讲 A 故事，还是讲 B 故事？把 A 事件与 B 事件按逻辑或时间关系连接起来，还是把 A 事件与 C 事件按同样的关系连接起来？这些都反映了叙事修辞者的主观意愿和价值趋向。正如蒙见（Mumby）所说：“从政治的角度来解读叙事……讲故事不是简单的再现已经存在的现实，而是一种受政治驱动的、认知世界的方式的展现，它把某些利益放在其他利益之上。”[②]

叙事是一种象征行动。“象征行动”意味着修辞者对听众/读者施加的影响不是通过一种武力强迫，而是通过修辞话语使听众/读者像修辞者所希望的那样去行事。叙事不是讲故事而已，而是一种以言行事的行为。修辞者把自己的思想、态度、价值、意图隐含于其选择的事件所组构成的故事之中，并把该故事讲出来以期影响听众/读者。哈特和多通（Hart & Daughton）指出：“关于讲话的一个基本事实通常未被人们注意，即它是一种行为，换言之，通过对另外一个人说，说话者说了某事，同时也做了某事。”[③] 用言语行为理论来说，修辞者使用叙事，不仅“讲了故事”，还同时用话语隐含式地传达了自己的某种意图——概括地说，希望听众/读者像修辞者那样去行事，并对听众/读者产生一定的影响。

---

① Walter Fisher, “Toward a Logic of Good Reasons,” *Quarterly Journal of Speech*, 62 (1978): 376.

② D. K. Mumby, “The Political Function of Narrative in Organizations,” *Communication Monographs*, 54 (1987): 114.

③ Roderick P. Hart & M. D. Suzanne, *Modern Rhetorical Criticism*, 3rd ed. (Boston: Pearson Education, 2004), p. 40.

第五节　叙事修辞批评的一般方法与程序

叙事修辞批评是对作为修辞形式的叙事进行的分析和评论。叙事修辞批评的方法与叙述的“修辞”批评视角直接相关。既然是“修辞”批评，就应该从修辞者如何使用叙事去劝说、影响听众/读者，诱发其合作的角度展开。因此，前文所述的叙事修辞功能就是批评者关注的焦点，即叙事修辞批评的关键是批评者论证叙事实现了什么修辞功能，并揭示这些功能是如何实现的。

从操作方法上看，修辞批评的前提是叙事批评者应该首先辨识和描写文本中的叙事。对叙事本身的考察涉及叙事的场景、人物、叙事者、事件、时间关系、因果关系、听众、主题等要素。[①] 场景是叙事中人物之外的情景，场景是会变化的，它与情节及人物相关，比如，某种特定的场景决定着故事情节的发生以及牵涉到什么样的人：如果场景是教室，那么故事情节就可能是课堂上发生的事情，涉及的人物可能是教师和学生；如果场景是教堂，那么故事的情节就可能是教堂里的宗教活动，涉及的人物可能是宗教徒。[②] 对故事中人物的分析，涉及人物的个性心理及其变化、人物从事的活动等。对叙事者的分析也即对修辞者的分析。叙事者（修辞者）是怎样的人？他的叙事方式如何？他的叙事目的何在？叙事者是否把事件有机地、符合逻辑地组合起来？对事件的分析涉及情节的发展、主要事件和次要事件及其相互之间的关系、事件反映的主题，等等。对听众/读者的分析是修辞批评的一个关键环节，因为修辞者的叙事目的最终要落实在听众/读者身上。对听众/读者的分析与对叙事者（修辞者）的分析方法类似。一般说来，对听众/读者的个性心理及情感特征的分析是解释叙事主题的必要准备。一切修辞都是针对特定听众/读者的行为，修辞（也即叙事）的内容和形式都与听众/读者息息相关。对叙事主题的分析，是对修辞目的分析的重要方面。叙事作为修辞形式，总是要服务于叙事修辞者的修辞目的的，叙事蕴含了主题、承载了价值，而价值是决定人

---

① 参见 Sonja K. Foss, *Rhetorical Criticism: Exploration & Practice*, p. 335.

② 至于叙事所涉及的要素之间的逻辑关系，可以参见伯克在《动机语法》中对 pentad 的有关论述。

的行为的一个关键因素，换言之，要揭示修辞者如何影响、劝说听众/读者，必须揭示叙事中的主题及隐含的价值或好理由的逻辑。

对叙事进行界定和描述后，为了对其修辞功能及实现机制进行探讨铺平道路，修辞批评者有必要对修辞情景进行仔细的分析。其实，不管如何进行叙事修辞批评，也不管叙事的内容如何，一个不变的主题是对叙事修辞的情景分析。对修辞情景的分析是阐释叙事修辞行为产生及其运作的前提，它涉及多个因素及其变量①：修辞者、听众、话题、场景、媒介、说服领域、修辞惯例等，有的因素可能还很复杂。从修辞交际来说，对叙事修辞情景分析的核心是对听众的分析，而对听众的分析，说到底是对听众/读者的方方面面进行分析，涉及价值、信念、情感、态度、需要、兴趣、知识、认知习惯等，尤其是价值观。

对叙事修辞情景的分析为阐释叙事的功能及其实现方式奠定了基础。接下来，修辞批评者应该对叙事进行修辞学阐释，不仅要探讨叙事的修辞功能（包括叙事的诱导功能、认知功能和社会建构功能），还要揭示这些功能的运作原理。修辞批评的关键是阐释修辞者如何用叙事诱发听众与修辞者合作，劝说的逻辑是由信念驱动的，若听众/读者不相信修辞者的话，

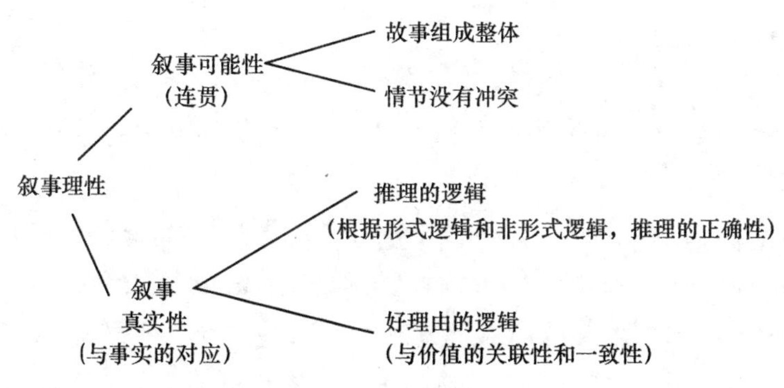

图 7.2　叙事理性的组成

资料来源：Barbara Warnick, "The Narrative Paradigm: Another Story," *Quarterly Journal of Speech*, 73 (1987): 173.

---

① Bitzer 关于"修辞情景"的定义是：修辞情景可以定义为由人、事件、物体和关系构成的复合体，这个复合体造成了一种可以被完全或部分消除的实际或潜在的紧急状况；如果在该情景之中引入的话语可以制约人的决定或行为，该紧急情况就会在很大程度上被改变。

就无法说服他。叙事是一个理性的行为，这就意味着修辞者及其听众的所作所为，都要由“好理由”来决定。[①] 如前文所述，“好理由”来自叙事的理性，叙事理性的来源如图 7.2 所示。

根据以上关于叙事理性的理解，叙事修辞批评者应关注以下两大问题：

1. 对听众来说，故事有多大可能性？（对叙事连贯性的判断，最终取决于人们对故事中人物可靠行动的判断）

2. 故事听起来是逼真的么？故事是否与听众的经历或知识相符？（违反常规的故事很难被听众/读者接受）

对叙事内容的评析，说到底是对叙事隐含价值的分析。为什么修辞者能够劝说听众？为什么听众/读者能判断叙事的理性？这都因为人是价值的动物；是价值决定了人的行为趋向。因此，对叙事隐含价值的分析，或者说对修辞者诉诸价值的分析，是揭示叙事诱发听众合作、影响其行为的关键所在。叙事的理性或者说“好理由的逻辑”，最终和五个与价值相关的问题有关：

1. 故事中隐含的价值；

2. 这些价值与行为抉择的关联度；

3. 坚持这些价值的后果；

4. 与听众世界观的重叠；

5. 与听众相信的事物的一致性（对听众相信的事物的遵守是行为的理想基础）。

如果叙事理性度高，听众/读者就容易信服修辞者，这样，如果叙事是作为论题的组构成分，听众/读者就容易接受论题中所蕴含的修辞者的主张或观点。有时，修辞语篇中可能会出现大叙事套小叙事的现象，因此，修辞批评者也要注意：宏观叙事是什么？内嵌的叙事是什么？宏观叙事与内嵌的叙事在其体现的价值方面是不是连贯的、一致的？修辞者的宏观叙事和内嵌叙事作为一种阐释框架是如何影响听众/读者的？比如，新西兰一些女政客为了证明其从政的合理性——妇女从政在当时是“非传统”的选择——就使用那些老故事，把文化崇尚的那种“女性”的忠贞

① Roderick P. Hart & M. D. Suzanne, *Modern Rhetorical Criticism*, p. 80.

理想与英雄主义和爱国主义融合在一起。[①] 宏观叙事所表达的一般都是相对具有普遍性的价值，如幸福、民主、自由，小叙事所体现的价值可能更加具体，与具体社会、文化、人种等有着更加直接的联系。

与上述叙事理性或“好理由”相关的描写词汇是“劝说的关联逻辑”[②]，意思是说，你要劝说听众接受当下的事物、观点，你就必须把它与其他事物联系起来。这是十分有见地的观点。比如，你要劝说听众无偿献血，你就要把无偿献血与其他事物，如挽救生命、助人为乐等美德联系在一起；你要劝说别人爱护公共卫生，你就要把“爱护公共卫生”与“关心他人身体健康”之类的事物联系起来。这种劝说的关联原则告诉我们：修辞批评者应该分析修辞者是如何把其要听众/读者接受的东西与什么样的事物联系起来的，也就是说，叙事是如何发挥这个“关联”作用的？

与叙事理性、叙事的价值相关的另一个考察视角是叙事中意识形态的修辞作用分析。所谓意识形态，是指在一定的社会经济基础上形成的系统观念。比如，在公有制基础上形成的社会主义和在私有制基础上形成的资本主义就是两种意识形态或者观念系统，它们代表了社会集团的利益，又反过来指导这个集团的行动。意识形态的运作可能会把部分人的利益变为普遍的利益，也会使当前的事物变得自然，甚至还可以否认或转化矛盾。[③] 在分析叙事所承载的意识形态时，修辞批评者应该探讨该意识形态功能在叙事修辞中的实现过程。一种情况是，修辞者通常在“讲故事”时会诉诸某种占支配地位的意识形态，即使听众不属于该意识形态的群体，也能“迫使”其接受修辞者的主张，人们常说的“少数服从多数”就是这个道理。另一种情况是，修辞者通过叙事，把某种意识形态隐含其中，从而使其主张变得不容置疑，因为反驳这种主张就意味着必须冒攻击这种意识形态罪名的危险。第三种情况是，修辞者通过叙事来诉诸某种意识形态，使本来冲突的双方在这种彼此都赞同或信奉的意识形态的“旗帜”下聚集起来，从而消除冲突或对立。

对意识形态的分析并不只局限于意识形态本身，重要的是分析叙事如

---

① P. Hart Roderick & M. D. Suzanne, *Modern Rhetorical Criticism*, p. 91.

② Ibid., p. 80.

③ D. K. Mumby, “The Political Function of Narrative in Organizations,” *Communication Monographs*, 54 (1987): 114.

何把意识形态建构成一种象征符号，如何对修辞者和听众产生影响。对叙事隐含的意识形态的分析，可以为修辞论题或说服机理的阐释奠定基础。叙事是意识形态的实体化。因此，修辞批评者要探究的是：意识形态是如何被建构起来的？一旦被建构，这种意识形态是如何影响修辞者的论题的？修辞者所处文化中的主流意识形态或者价值观是修辞论题建构的重要基础。①

最后，由于人也是情感的动物，修辞者的叙事不免会反映其情感。这就意味着修辞批评者要关注修辞者在情感诉诸方面的策略。在这方面，亚里士多德对心理的详细分析以及情感诉诸方式，都值得修辞批评者关注。当然，要追本溯源的话，修辞者之所以能够诉诸听众/读者的情感，最终还是因为修辞者与听众/读者在某方面具有共同点，也即他们取得了同一。同一是劝说的源泉、起点，也是劝说的终点。关于叙事的情感诉诸方式，前文提到的“叙事的关联逻辑”已经对此有过讨论，这里不再赘述。

第六节　结语

叙事修辞批评是建立在“人是讲故事的人”的哲学观基础上的一种范式，其基本理念是：叙事是修辞行动，是修辞者用来诱发听众/读者合作、影响听众行为的。叙事之所以能够诱发合作，是因为叙事不只是叙事，也是“好理由”的来源，是价值、意识形态、情感、态度的表现形式；叙事可以构成论题的一个组成部分，对修辞者的主张或观点起着逻辑支撑作用。从劝说的机理来说，叙事修辞取决于修辞者与听众/读者在价值、态度、信念、知识、情感等方面的相同或相似。修辞批评不仅要辨别修辞文本中的叙事，更要揭示叙事中的“好理由”，阐释叙事劝说听众/读者的运作机制。

叙事修辞批评认为，叙事是在场（presence），人生下来就在叙事之中。一个社会由无数大小叙事构成，其中社会的主导价值必定会体现在该社会的宏观叙事之中。不同的社会、不同的文化、不同的历史时期，都有不同的宏观叙事。因此，对叙事的可能性与真实性的评判必须受到修辞交

---

① P. Hart Roderick & M. D. Suzanne, *Modern Rhetorical Criticism*, 3rd ed.（Boston: Pearson Education, 2004）, p.40.

际参与者所处的、由无数大小叙事组成的社会或文化的影响，这也意味着"好理由"的制造与使用必定会受到历史、文化、人的个性等因素的影响。[①] 修辞的最终目的是调节人际关系、促进社会和谐，使人类生活更加美好[②]，因此，叙事修辞者必须将自己的故事建构得具有理性，体现人们共同遵守的"好理由的逻辑"。

① Walter Fisher, "Narration as a Human Communication Paradigm: The Case of Public Moral Argument," *Communication Monographs*, 51 (1984): 7.

② 关于修辞学的最终目的，参见拙文《伯克与亚里士多德：差异及"血脉"关联——从修辞学的定义、功能和范畴来看》，《修辞学习》2009 年第 6 期。

第八章　社会运动修辞批评

修辞学是关于使用符号尤其是语言去劝说、影响人的行为的学科，社会运动毫无疑问是人的行为，因此必然在修辞学的视野之内。1948 年，莱斯特·松森和 A. 克雷格·贝尔德（Lester Thonssen & A. Craig Baird）出版了修辞批评领域的第一部理论与方法论的专著《演讲批评》[①]，对威切恩斯勾勒的传统修辞批评方法进行了一定的拓展。至 20 世纪 50 年代，随着著名修辞学者玛丽·霍克默思·尼科尔斯（Marie Hochmuth Nichols）《美国公众演讲的历史与批评》[②] 的出版，修辞批评作为一个分支学科已经以比较清晰的轮廓出现在修辞学界。当时修辞批评领域主要采用的是新亚里士多德批评法，这种方法甚至还蔓延到了后来出现的社会运动修辞批评之中。

社会运动修辞批评是受社会运动激发而产生的一种批评范式，因与政治紧密相关而广为修辞学家及其他学科学者所关注。自 20 世纪五六十年代起，美国社会各种运动风起云涌，不仅催生了著名的政治运动领袖，也激发了一种对群体性修辞行为进行批评的范式的问世。然而，尽管社会运动与人们的生活、与国家政治紧密相关，修辞学界对这种象征行为的理论和方法论的建构却不够。社会运动修辞批评作为一种范式还需要不断完善。

---

① Lester Thonssen & Albert Craig Baird, *Speech Criticism: The Development of Standards for Rhetorical Appraisal* (Ronald Press Company, 1948).

② Marie Hochmuth Nichols, *A History and Criticism of American Public Address* (New York: New Century Co., 1954).

第一节　社会运动修辞批评产生的背景

一　社会运动修辞研究概述

社会运动修辞研究最早可以追溯到20世纪40年代，但作为一种批评的范式，它普遍被认为产生于20世纪50年代初期。随着新亚里士多德批评方法逐渐失宠，新的批评方法开始崭露头角。1952年，著名修辞学家格里芬在《言语季刊》上发表了题为《社会运动的修辞》的文章，标志着社会运动修辞批评作为一种范式的开始。在该文中，格里芬对以下几个问题进行了阐释[①]：（1）运动研究的焦点是什么？（2）选择什么样的运动进行研究，以及选择多少运动的行为进行研究？（3）批评者如何区分和进行批评？（4）社会运动修辞批评的标准是什么？（5）批评者如何对运动进行综合报道？这五个问题大致包含了关于运动修辞批评的对象、范围、方法和目的。格里芬对社会运动的论述是当时最全面、最系统的论述，但就运动修辞批评的方法而言，该文还没有全面、细致地建构。

之后，修辞学界对社会运动的研究逐渐增多，并与当下的社会、政治、经济、宗教等紧密关联起来。到了70年代，社会运动进入了一个高潮。在社会运动修辞批评方面，起重要开拓作用的修辞学者除了格里芬之外，还有卡恩卡特（Cathcart）、西蒙斯（ Simons），两者都为社会运动修辞批评的理论和方法论做出了重要贡献，至此，社会运动修辞批评的理论与方法已有了雏形。其他著名社会运动修辞批评学者还有斯科特和史密斯（Scott & Smith）、哈和贡恰（Hah & Gonchar）、希拉尔斯（Sillars）、伯吉斯（Burgess）等。70年代，社会运动批评的论著最为丰富，在理论和方法上，这种修辞批评范式相对比较稳定。到了八九十年代，社会运动修辞批评有所降温，但进入21世纪后，社会运动批评研究又有升温的迹象。2005年，美国修辞学会专门举办了振兴社会运动修辞研究的研讨会，与会的众多学者为社会运动修辞批评注入了新的活力。[②] 随着社会、政治、经济的发展，新的传播技术和媒介又为社会运动的产生和开展带来了新的

① Lelan M. Griffin, "The Rhetoric of Social Movement," *Quarterly Journal of Speech*, 38 (1952): 194-188.

② Richard J. Jensen, "Interdisciplinary Perspectives on Rhetorical Criticism: Analyzing Social Movement Rhetoric," *Rhetoric Review*, 25 (2006): 372-275.

情况，修辞批评研究者一方面要立足于以往的丰富理论和研究成果，另一方面也要不断创新，探索出适合新形势下社会运动修辞批评的理论与研究方法。但从当前的情况来看，社会运动修辞批评还处于一个理论和方法多元化的、粗放式的发展阶段，没有哪一种批评方式堪称公认的样板。

二 社会运动修辞批评产生的社会背景

社会运动修辞批评的产生有其深厚的社会背景。19 世纪和 20 世纪，西方国家充满了社会矛盾，各种运动层出不穷。比如，仅在 20 世纪四五十年代的美国，诸如妇女解放运动、民权运动、黑人解放运动等不断发生；在传播界，诸如“革命”、“社会运动”、“反抗”、“民众运动”等成了流行术语①，这一切都为修辞学研究提供了宝贵的素材。多种多样的运动以其独特的形式影响着美国的政治、经济和社会生活，促进了美国的民主、民权政策的实施，促进了社会的正义和公平。修辞学者们注意到，不管是游行、罢工、演讲、集会、静坐还是其他形式，不管是语言形式还是非语言形式，这些运动对社会所起的作用与人们通常熟悉的修辞话语所起的作用都有过之而无不及。这些运动到底如何影响社会？或者说，这些运动是如何劝说民众、当权者或有关机构以最终达到其目的的？修辞学者对种种运动进行了修辞学上的考察，产生了不少成果。比如，在反奴隶制运动的修辞研究方面，布拉德利和塔弗（Bradley & Tarver）、迪克（Dick）、万德（Wander）等成就斐然。修辞学者对宗教运动的修辞研究也有不少成果，如戴维斯（Davis）、刘易斯（Lewis）、奥尔班（Orban）等。20 世纪 60 年代发生诸如毒品合法化运动、动物权利运动、女性解放运动、同性恋权利运动、环境运动、枪支管制运动、反核运动以及与上述运动相反的运动，② 并在库格林等人（Coughlin & Coughlin）、肯德尔和费希尔（Kendall & Fisher）等修辞学者的研究论文中得到了体现。其他运动也在安德鲁斯（Andrews）、扎列夫斯基（Zarefsky）的研究成果中有所反映。20 世纪六七十年代，美国对他国发动了侵略战争，引起了国内外的反战运动，并在修辞研究中得到了体现，如考克斯（Cox）的研究；美国黑人

① 参见 Mohrmann et al.（ed.），*Explorations in Rhetorical Criticism*，p. 98.

② Herbert W. Simons et al.，*Persuasion in Society*（Thousand Oaks，California：Sage Publications，2001），p. 333.

运动在社会运动修辞中也有反映，如伯曼（Bormann）、博斯马吉安（Bosmajian）、伯吉斯（Burgess）等人的文章。20世纪后期，因工业化的负面影响，地球生态不断恶化，环境污染日益严重，引起了社会的广泛关注，环保运动在世界各地应运而生，激发了修辞学者对环保运动修辞研究的热情。总之，社会运动修辞批评的产生与发生与社会、政治、外交等紧密相关，各种运动修辞批评的实践不断涌现，在理论与方法上促使社会运动修辞研究不断深化。

三　社会运动修辞批评产生的理论背景

从大的学科背景来看，19世纪后期20世纪早期，美国大学的一些传统学科开始拆分，诸如心理学、社会学、政治学等学科试图建立独立的学科，在这个大潮中，演讲交流（演讲传播）也跟上了时代的步伐，从英语系中独立出来，其标志是1915年美国成立的“全国公众演讲学术教师协会”[①]。

从社会运动修辞批评研究的理论和方法上也可以大致窥视出这种批评的理论背景。根据里奇斯和希拉尔斯（Riches & Sillars）的调查，当时的社会运动修辞批评使用最多的理论/方法依次是新亚里士多德主义方法、历史阐释方法、戏剧主义方法，体裁方法和幻想主题方法使用大致相当。[②] 比如，保罗·D. 布兰德斯（Paul D. Brandes）的《反抗的修辞学》就是以亚里士多德修辞学理论为框架的社会运动修辞批评专著[③]。从理论上说，社会运动修辞批评还是一个比较复杂的范式，虽然至今还没有一种举世公认的方法，但作为一个批评范式，其产生的理论背景与修辞学、语言学、社会学方面的新进展有着紧密关系。就修辞学背景来说，以上方法基本上反映了社会运动修辞批评产生的理论背景。

美国修辞学界在经历了很长一段低谷后于20世纪20年代开始复兴，随之人们重新点燃了对包括亚里士多德修辞学理论在内的古典修辞学的兴趣，试图对之进行再认识、再利用。这种对古典修辞学（以亚里士多德

---

① 该协会于1946年改名为“美国演讲学会”，1970年又改名为“演讲交流学会”，参见 Bernard L. Brock & Robert Scott, *Methods of Rhetorical Criticism: A Twenty-Century Perspective*, p. 31.

② Paul D. Brandes, *The Rhetoric of Revolt* (Englewood Cliffs, New Jersey: Prentice-Hall, Inc., 1971).

③ Ibid.

理论为蓝本，以西塞罗对之的拓展为基本内容）的研究态势被修辞学界称为新亚里士多德修辞学，所谓“新”，即是指运用古典理论对新世纪的人类话语进行分析研究，以“新亚里士多德批评”出现在修辞批评界。

新亚里士多德的修辞观认为，修辞是用来劝说、影响人的行为的。这种修辞观为学者们审视社会运动提供了一个视角。社会运动的目的，说到底就是要在某种程度上改变现状，这与古典修辞学理论的实质相吻合。换言之，社会运动可以通过古典修辞学理论加以透视。在新亚里士多德主义时兴之前，美国修辞学界长期处于低潮，以致19世纪美国的修辞学除了作文和风格外，没有什么重要的修辞领地，严重制约了人们对社会运动的整体认知。

20世纪30年代后，欧洲大陆刮起了“新修辞学”旋风，并在美国五六十年代开始盛行的“新修辞学”那里得到了呼应，给美国整个修辞学界带来了巨变。美国“新修辞学”的崛起使人们对修辞的性质、范畴及其运作方式的认识有了翻天覆地的变化。当代美国修辞学不像古典修辞学那样被束缚于演讲劝说中，而是开阔视野，把目光投向先前少有人问津的权利、知识、话语等[①]，关注人际关系的调节，将非语言形式的修辞行为，譬如迪斯尼乐园、游行示威、静坐、图画等，纳入了修辞学研究领域。

与新修辞学的泛修辞化倾向遥相呼应的是，20世纪60年代美国修辞学界越来越多的学者开始把目光投向游行、抗议，投向那些迄今仍然没有受到注意的媒介和技术手段上，因为它们对社会的影响很大，不仅吸引了人们的注意力，更重要的是使人们从只关注演讲的狭隘范围之中摆脱出来，转而关注那些更具有持久社会影响的形形色色的社会运动现象。在1970年美国全国修辞学研讨会上[②]，与会学者达成共识，即修辞学研究应该包括所有符号行为，因为它们影响人的价值、态度、观念和行为。[③]

若从理论上追本溯源，对社会运动研究的诉求早在20世纪20年代就

---

① 此处的“话语”不是一般意义上的言说，而是后现代意义上的概念，指任何试图具有意义的象征行为，包括非语言现象。

② 该研讨会于1970年5月10—15日在St. Charles Illinois召开，参会者是从近一百名提名学者中挑选出来的23名佼佼者，可见该会议倡议的权威性和学术影响力了。

③ Ehninger Douglas et al.,“Report of the Committee on the Scope of Rhetoric and the Place of Rhetorical Studies in Higher Education,” In Lloyd Bizter & Edwin Black (ed.), *The Prospect of Rhetoric: Report of the National Development Project*, pp. 210-214.

已经提出，但直到1947年克兰德尔（Crandell）的《演讲研究中社会控制研究方法的开始》一文发表才真正开始引起人们的重视。[①] 该文作者指出，运用传统方法对多个演讲进行研究的做法存在问题，它忽视了社会控制策略的某些方面，譬如报刊、传单、歌曲（当然还有演讲）都是运动的部分，但却没有得到应有的关注。克兰德尔于是给社会运动批评大致勾勒出一种批评方法，也对传统批评提出了质疑，涉及以亚里士多德修辞学理论体系为核心的方法论、政治演讲的局限、演讲人物的支配地位等问题。[②]

在促进社会运动修辞批评的产生和繁荣中起重要作用的还有这样一种理论上的思考：在历史上，修辞学往往把焦点汇集到演讲者/修辞者个人身上，这对社会运动修辞研究十分不利，因为社会运动是由多人参与的行为。威切恩斯于20世纪40年代就已经洞察到这个局限，并建议少关注一点单个修辞者，多关注多个修辞者，把目光从单个的"大演讲家"转到众多的演讲者和听众及情景上来。[③] 相比于其他学科，当时修辞学对历史运动的研究最为薄弱，对它的关注度最小。

著名修辞学家唐纳德·C. 布赖恩特（Donald C. Bryant）首次在修辞学界质疑聚焦于伟大人物身上的做法[④]，他认为应该更加关注社会意义上的重要概念，而不是重要人物的修辞，甚至认为，文学和演讲研究历来重视伟大人物而忽视社会运动，忽视社会各种力量，并呼吁纠正这个错误的倾向。

布莱克建议把修辞批评的主题从个体演讲者转移到劝说性的运动上来，并指出：

> 我们需要理解喊叫、脏话、静坐、打断讲座等行为的修辞功能，不能简单地将这些策略理解为暴力的使用而将其拒之门外，因为使用这些策略的人通常不是暴力者，他们拒绝使用很多熟悉的暴力形式，

---

① Judson Crandell, "The Beginning of a Methodology for Social Control Studies in Public Address," *Quarterly Journal of Speech*, 33 (1947): 36-39.

② Ibid.

③ Leland M. Griffin, "The Rhetoric of Social Movement," *Quarterly Journal of Speech*, 38 (1952): 184.

④ 参见 Mohrmann et al. (eds.), *Explorations in Rhetorical Criticism*, p. 8.

比如，他们不打人的脑袋。需要有区分修辞与暴力的标准。[①]

他所说的这些非暴力形式是社会运动常用的形式，从语言学的角度来说，它们是“社会运动的语体特征”。布莱克的观点得到了很多修辞学者的呼应。经过著名修辞学者的大力呼吁，20 世纪 60 年代后期到 70 年代初，社会运动修辞批评研究已经成为一个独立的修辞批评范式，其研究聚焦于社会上经常发生的社会运动，如黑人权利运动、大学校园的学生运动等，尽管具体的研究方法不一，但目标大致相同。[②]

对作为修辞行为的社会运动的研究，社会运动修辞批评的兴起在一定程度上与社会学理论相关联。社会学者考察社会运动的组织结构及其功能，为修辞学者从修辞学角度研究社会运动提供了有益的借鉴。[③] 比如：卡思卡特（Cathcart）的《研究运动的新方法：从修辞学角度定义运动》一文就从麦克劳克林（McLaughlin）、威尔金森（Wilkinson）等人的研究中受到了启发；另一个例子是，哈和贡恰（Hah & Gonchar）从著名社会学家（Joseph Gusfield）的著作中借鉴了合理的东西，不仅对社会运动进行了修辞学定义，而且对运动修辞批评的视角、内容、特征进行了论述。其实，自从 40 年代后，传播研究者就试图对社会运动修辞现象进行探讨，当然很多研究主要还是基于社会学家和历史学家的研究之上的，社会学家使用的社会运动概念太宽泛，也欠准确，且忽视了社会运动的宏观、系统的动态特征，这对社会运动的修辞批评视角不利。著名修辞学家、社会运动修辞批评开拓者之一的赫伯特·W. 西蒙斯（Herbert W. Simons）在社会学研究成果的基础上提出了以运动领导人为核心的社会运动劝说概念，其基本假定是：“社会运动修辞一般必须来源于社会运动的本质特征。任何运动……必须满足较正式的群体性的功能要求，这种要求成为运动领导者的修辞要求。”[④] 赫伯特·W. 西蒙斯的观点在 20 世纪 70 年代的修辞学

① Edwin Black, *Rhetorical Criticism: A Study in Method*, p. 80.

② 参见 Charles J. Stewart, “Historical Survey: Rhetorical Criticism in Twentieth Century America,” In G. P. Mohrmann et al. (eds.), *Explorations in Rhetorical Theory*, pp. 19, 23.

③ Herbert W. Simons, “Requirements, Problems, and Strategies: A Theory of Persuasion for Social Movements.” *Quarterly Journal of Speech*, 56 (1970): 3.

④ Ibid., p. 2.

界引起了很大的反响，激发了关于社会运动构成要素的大讨论①，并最终导致了由前沿学者组织、演讲传播学会承办的一次研讨会，主要成果发表在《美国中部言语学刊》（*The Central States Speech Journal*）1980 年专刊上。此后言语传播学会又于 1990 年召开了关于社会运动的研讨会，成果于次年在《传播研究》（*Communication Studies*）上登载。上述成果成为社会运动修辞学研究的核心参考资料。

在包括社会学在内的美国社会科学界，对社会运动的研究迄今已经有 60 多年的历史。由于 20 世纪四五十年代社会运动常与纳粹主义和法西斯主义、种族暴乱等恐怖行为相联系，早期的社会运动研究往往将社会运动视为负面的、消极的，对其的研究也主要从社会心理学、集体行为、心理分析等视角展开，试图探究这些恐怖运动发起的心理根源。② 60 年代初，美国出现了结构紧张理论（structural strain theory），其焦点在于对社会问题进行个体及集体性阐释，为其后的社会运动理论起了引领作用。随后，社会运动理论界对运动的看法由负面转为正面，强调社会运动作为组织机构旨在改变现实状况所实施的理性行为。60 年代发生的诸如民权运动、反殖民主义的独立运动、反越战运动等具有积极意义的运动在社会运动研究领域得到了积极的评价，有关理论也强调了使用理性行动去改变社会现状的做法，社会运动被视为一个有组织的、理性的行为。

到了 70 年代，欧洲发生了一系列新的社会运动，如环境主义者运动、女性主义者运动、同性恋者运动、和平分子运动等，将 70 年代后期的社会运动研究推进到一个新阶段。从 70 年代后期开始到 90 年代，社会运动不再像以前那样带有鲜明的自由、民主、多元主义、左派价值等色彩，而社会运动研究领域则把人类现象视为文化话语及其互动在当前过程中的社会建构物，提出了基于文化建构（cultural framing）、身份建构等概念之上的理论，并据此研究新现象和知识潮流。越来越多的学者关注运动的动态特征以及反运动（countermovement），关注跨国界互动与媒介的关系问题。与此同时，社会学也试图回答：作为一个整体，社会运动的特征是什么？这为修辞学的社会运动研究提供了理论营养，不少修辞学者借鉴社会科学

① 此前，学者们很多都以 Griffin 关于社会运动的文章为基础，试图解释社会运动发展的过程，当然也有独辟蹊径的学者。

② Roberta Garner & John Tenuto, *Social Movement Theory and Research: An Annotated Bibliographical Guide* (Pasadena, Calif.: The Scarecrow Press, Inc., 1997), pp. 4-5.

领域的新理论、新观点去研究社会运动。[①]

第二节 社会运动的修辞学定义及其内涵

对社会运动的批评研究离不开对社会运动的认知。道格拉斯·埃宁杰等人（Douglas Ehninger et al.）指出：

> 修辞学研究不能只局限于公众演讲，局限于某一个阶级、某一文化群体之间的交际，还要研究影响人的信念、价值、态度和行为的符号和符号系统，涉及所有的人类交际……修辞学研究聚焦于人们怎样使用符号诱发合作以及被使用的符号诱发合作，研究人们如何使用符号影响和决定个人及社会的抉择，研究什么样的价值引导人的行为；修辞学……不仅关注诱发行为的符号，不管这些符号是言语、文章、电影、戏剧、小说、诗歌还是示威游行。[②]

上述观点与修辞学泰斗伯克的观点一致。若以此观点审视社会运动，它到底是什么行为？有何特征？受多种理论影响，迄今关于社会运动的修辞学定义已有不少。对社会运动下定义者来自不同的学科，包括修辞学、社会学、社会运动研究领域及其他社会科学。若将众多不同的定义汇集起来，我们可以看到关于社会运动的一个比较清晰的图景。

社会学家保罗·威尔金森（Paul Wilkinson）指出："运动"的英文表达"movement"是从表示"移动"、"煽动"或"驱动"的法语动词"movior"以及中世纪拉丁语"movimentum"而来的[③]。英语中的"运动"一

① 社会运动研究领域与社会学是两个不完全相等的领域。对一个现代研究领域来说，对社会运动及集体行为的研究可以追溯到19世纪后期，不过，当时对社会运动持否定的观点。Hadley Cantril 于1941年出版的《社会运动的心理》标志着社会运动研究的第一阶段。参见 Roberta Garner & John Tenuto, "Fifty Years of Social Movement Theory: An Interpretation by Roberta Garner," In *Social Movement Theory and Research: An Annotated Bibliographical Guide* (Pasadena, Calif.: The Scarecrow Press, 1997), p. 13.

② Douglas Ehninger et al., "Report of the Committee on the Scope of Rhetoric and the Place of Rhetorical Studies in Higher Education," In Lloyd Bizter & Edwin Black (eds.), *The Prospect of Rhetoric: Report of the National Development Project*, p. 11.

③ Paul Wilkinson, *Social Movements* (New York: Praeger, 1971), p. 11.

般表示一个团体的人为了某个目标而做出的一系列行动和努力，该用法可以追溯到18世纪末19世纪初，至今仍用于社会学领域。“运动”的词源蕴含意义基本上反映在当今学术界对社会运动的定义之中。传统上，“运动”泛指旨在达到改变社会目的的集体性行为，这个内涵被格里芬对运动的定义所吸收：

（1）人们对周围环境感到失望；（2）他们希望获得社会的、经济的、政治的、宗教的、知识性的，或其他方面的改变，并为此而努力改变其环境；（3）他们的努力最终获得了某种程度的成功，或以失败而告终；他们所期望的变化发生了或没有发生。我们可以说这个历史运动结束了。①

西蒙斯在借鉴前人概念的基础上也给社会运动下了一个定义：“一种非机构化的群体为了实施一种社会常规或价值目标而发动的行为。”② 修辞学者丹·F. 哈恩和鲁思·M. 贡恰（Dan F. Hahn & Ruth M. Gonchar）在《研究社会运动：一种修辞方法》一文中借鉴社会学家约瑟夫·R. 古斯费尔德（Joseph R. Gusfield）的观点，将运动定义为“针对旨在某方面改变社会秩序/现状的具有共同的社会行动和理念的行为”③。罗伯特·加纳和约翰·泰努托（Roberta Garner & John Tenuto）将社会运动定义为：“为改变社会现状而进行的非机构化的集体性话语和行为。”④

以上几个比较经典的社会运动定义包含两个基本内涵：（1）以改变现状为目的；（2）集体/群体行为。此外，我们还可以看到，运动之所以是运动而不是战争，是因为它体现了自由和选择，因此是一个修辞行为；社会运动之所以得以发起，是因为社会的某种现状与大众的价值、需要、理念存在着差距。社会运动具有现实的背景，不管什么运动，都需要“吸引人们参与，维持人们的参与并影响人们”⑤。根据保罗·威尔金森

① Leland M. Griffin, “The Rhetoric of Social Movement,” *Quarterly Journal of Speech*, 38 (1952): 184.

② Herbert W. Simons, “Requirements, Problems, and Strategies: A Theory of Persuasion for Social Movements,” *Quarterly Journal of Speech*, 56 (1970): 23.

③ 参见 Dan F. Hahn & Ruth M. Gonchar, “Studying Social Movements: A Rhetorical Methodology,” *Speech Teacher*, 20 (1971): 44.

④ Roberta Garner & John Tenuto, *Social Movement Theory and Research: An Annotated Bibliographical Guide*, p. 1.

⑤ Herbert W. Simons, “Requirements, Problems, and Strategies: A Theory of Persuasion for Social Movements,” *Quarterly Journal of Speech*, 56 (1970): 3.

(Paul Wilkinson) 的观点，社会运动须满足几个前提条件：(1) 社会运动是有意图的集体性行为，其目的是促进社会现状向某个方向变化，不管通过什么手段，甚至不排除使用暴力、非法手段的革命或退缩到一个乌托邦社团中去的手段；(2) 社会运动至少必须具有一定程度的组织形式，尽管它可能是松散的、非正式的，也可能是高度制度化的、官僚化的；(3) 社会运动旨在变化，而其组织的正当性是建立在运动参与者自愿基础上的，正常地献身于运动的目的及理念。①

威尔金森认为，社会运动可从三方面来考察：(1) 有意识地致力于变化；(2) 最小限度的组织形式；(3) 正常的许诺和参与。② 他的观点在社会运动研究领域中比较典型。一个运动，毫无疑问是有意为之的，参与者都希望以运动的形式达到改变现状的目的，并自愿投身其中，以某种形式组织起来以获得更好的效果。威尔金森的观点得到社会运动修辞研究者们的普遍认同。斯图尔特等人 (Stewart et al.) 认为，社会运动有三个基本特征。③ 第一，它至少有一定的组织形式，这个基本特征使它与诸如潮流、时尚、骚乱等现象区别开来。社会运动一般从基层到上层，而且主要由普通民众组成。从组织形式看，社会运动与竞选活动不同，竞选的组织是从上到下，由最高层人士发动，并由竞选班子组织开展的。第二，它是一个非机构化的群体。没有一个社会运动是业已成立的对社会、政治、经济的规范和价值实施管理、维持或改变的机构。这个非机构化的特征给社会运动领导者带来了修辞困境，因为社会运动是一个“局外人”(outsider)，它要利用可利用的资源来面对问题，完成修辞任务。作为一种修辞行为，社会运动显然需要使用劝说手段来改变人们对社会现实的认知，获得一定程度的“合法性”，动员那些对现状不满者参与运动而不是武装行动，否则社会运动就变成战争或军事行动了。第三，社会运动推动或反对社会规范和价值的变化。④ 求变，是社会运动的根本目标，但在追求改变现状的过程中，不免会遇到现有体

---

① Paul Wilkinson, *Social Movements* (New York: Praeger, 1971), p. 27.

② Ibid., p. 46.

③ Charles J. Stewart et al., *Persuasion and Social Movements*, 5th ed. (Long Grove, Illinois: Waveland Press, 2007), p. 319.

④ 此处说社会运动旨在推动或反对社会规范和价值的变化，并不自相矛盾。当社会现状是社会规范和价值正在发生变化时，社会运动的开展则是反对这种变化，也就是说，它的目的是改变当前这种求变的状态。

制、机构的抵制，这就给社会运动带来了一个道德上的问题。道德修辞因此就成了社会运动修辞的一个非常关键的问题，给运动领导者带来了挑战。

上述学者的灼见汇集起来将社会运动的全部特征清晰地展示了出来。基于上述特征，我们可以从修辞学角度将社会运动定义为：旨在一定程度上或某个方面改变现状而发起的非机构化的群体性的修辞行为。如果我们把社会运动看作修辞行为，也即劝说、影响人的行为，那么社会运动修辞批评可以被定义为对作为诱发合作行为的社会运动进行阐释、评论的过程，也即对旨在一定程度上或某个方面改变现状而发起的大众性/集体性的修辞行为的评论。“改变现状”意味着运动的发起者和参与者需要说服、影响他人，所以也可以说“社会运动修辞批评是对人们过去试图通过主要是语言符号去改变人们行为的研究”①。不管社会运动如何发生、发展和有什么样结局，其修辞性特征是不容置疑的，研究运动实质上就是研究人们在制造运动中所使用的各种方式，也即研究修辞。如果说社会运动修辞者需在特定情景下获得可能的劝说手段，那么修辞批评者则需要阐释社会运动者是如何做出这类选择以及它的效果如何。作为一种社会运动，它必须有能力发动人，调动各种资源，对外施加影响，抵抗现存机构对运动的反措施②，对这些功能的实施，修辞批评者应该进行描写和阐释。

第三节　社会运动修辞批评的理论基础

一　社会运动作为象征行为的修辞观

社会运动修辞批评，顾名思义，是基于将社会运动视为修辞行动的基本理念。20 世纪 20 年代，威切恩斯阐释了文学批评与修辞批评的区别，认为修辞批评应关注修辞话语对现实世界的影响。“对现实世界的影响”，其实质内涵乃修辞学从古至今不变的要素。在古典修辞学那里，修辞是劝说他人的行为，在当代修辞学中，修辞是诱发合作的象征行动。虽然对修

① Charles J. Stewart, “Historical Survey: Rhetorical Criticism in Twentieth Century America,” In G. P. Mohrmann et al. (eds.), *Explorations in Rhetorical Theory*, p. 1.

② Herbert W. Simons et al., *Persuasion in Society*, p. 224.

辞的表述不同，但古今修辞学的内涵在实质上是相通的。对这个实质格里芬表述得很清楚："作为修辞学者，我们关注的显然是那些通过劝说产生变化的努力，而不是通过财富或武器以达到变化的企图。"① 布莱克也持相同的观点，认为修辞是"旨在影响人的话语"②，修辞批评是"对修辞话语的评论"，"修辞批评的主题是劝说性话语"，"'劝说性'是指意图，而不一定是指结果。某一具体话语是否产生影响，与其是不是修辞性的无关"③。布莱克对修辞批评的定义，显然包含了他的修辞观：修辞是劝说、影响人的行为的。

当代著名修辞学者福斯（Foss）认为，修辞是人们为了彼此交际而在使用符号时所实施的行为，修辞的目的可以是劝说，也可以是获得理解，使他人像自己一样看待这个世界，并不希望他们发生改变，而是希望他们理解④；修辞行为还可能是自我发现，或使人聚集在一起，或娱乐。这是一个宽泛的修辞观，其内涵与外延与当代伯克的修辞定义相当⑤。以伯克的修辞定义来看社会运动，它是一种群体性的旨在诱发社会合作的行为，也即运动参与者通过自己的修辞策略，如演讲、游行、静坐等，诱发社会上其他的人或机构/组织像他们那样所思、所言、所行，也即接受他们的主张、观点，建立他们所主张的秩序、机制、组织。

二　社会运动的系统观

在修辞批评里，社会运动作为一种群体性修辞行为，其理论基础是系统观，也就是说，尽管社会运动可能时间跨度长，所涉及的人和事件纷繁复杂，但作为一个系统、一个整体，它有一个基本目标或功能，那就是促进社会现状的变化。根据系统理论，任何系统都由彼此相关联的部分构成，整体不只是系统中的个体简单的相加。⑥ 此外，系统中彼此关联的成分可以用功能、结构和进化来分析。从这个方面来说，社会运动的参与者，可能由不同的群体或派别组成，其成员背景各不相同，但却构成一定

① Leland M. Griffin, "The Rhetoric of Social Movement," *Quarterly Journal of Speech*, 38 (1952): 184.

② Edwin Black, *Rhetorical Criticism: A Study in Method*, p. 17.

③ Ibid., p. 15.

④ Sonja K. Foss, *Rhetorical Criticism: Exploration & Practice*, pp. 5-6.

⑤ 关于伯克的修辞定义，前文已有详述。

⑥ Charles J. Stewart et al., *Persuasion and Social Movements*, p. 28.

的关系或结构的组织。系统论的另一个观点是层级结构。根据这个观点，一个整体是由等级结构组成的，大结构中包含小结构。在社会运动这个系统中，体现上层结构的是社会运动的领导者，最下层的是草根民众参与者。最后，一个系统具有一定程度的开放性（degree of openness）。任何系统都可以在其开放性的基础上进行描述，也即系统边界的变化性。社会运动作为一个整体，其边界是动态的，参与者越多，遍及的地区或领域就越广，它的影响也就越大，因此，社会运动者都力争动员更多的人参加并试图将运动延伸到尽量广的地方。对社会运动而言，挑战与机遇共存，只要抓住机遇，妥善处理好各种问题，社会运动就能不断壮大，进入一个新生命阶段。①

第四节　社会运动修辞批评的基本哲学假定

社会运动者在改变当下现状的努力中，“主要依靠劝说手段来实施其基本功能，使运动得以产生、满足要求、抵制对抗，并且可能成功达到变化的目的”②。把社会运动作为修辞行为来分析，是基于这么几个基本假定的：第一，任何社会运动都必须满足相同的功能要求，且这些功能要求形成了运动者尤其是运动领导者的修辞要求，也就是说，运动者必须用修辞的形式来实施这些功能；第二，这些功能要求之间的矛盾产生了修辞问题，否则修辞就没有必要，更不需要领导者协调、领导社会运动；第三，这些修辞问题反过来也会影响运动者尤其是领导者对运动修辞策略的抉择。③

社会运动的产生都有其深刻的背景，简而言之，对现实世界的不满促使人们采取运动这种修辞形式来影响社会，从而达到某种程度的社会现状变化，比如在社会结构、体制、价值观等方面的变化。“求变”是每个社会运动的根本目的，运动的参与者都为之投入各种形式的修辞行为之中。然而，“变”意味着打破现有的秩序，俗话说不破不立，这就不可避免地会遇到现存社会机制的抵抗，用伯克的话说是会遇到“re-

① Charles J. Stewart et al., *Persuasion and Social Movements*, p. 31.

② Ibid., p. 49.

③ 参见 Herbert W. Simons, *Persuasion in Society*, pp. 329-339.

calcitrance”（顽抗），这就形成了以社会运动领导人为代表的、作为修辞者的社会运动参与者与社会运动之外的现实世界之间的一种修辞互动关系。在这种互动中，如何使社会运动合法化，这是摆在社会运动参与者，尤其是领导者面前的一个重要问题。对社会现状来说，社会运动是一个“局外人”，其身份的合法性会遇到社会的质疑，甚至镇压。这样，修辞就成了解决问题的手段，军事或武力形式是不合法的（尽管在社会运动中，偶尔会出现一点暴力形式，但其主要功能是象征性的，因此不是运动的基本形式）。除了要使社会上的人认识、理解、支持社会运动之外，作为代理人的运动领导人还要不断地说服社会上各行各业的人士加入其中，不断壮大运动队伍，扩大社会运动的影响力。从内部来看，由于社会运动作为一个整体，其结构可能包括很多不同利益、不同观点、不同派别、不同年龄段的群体，这种组构成分上的多样性与差异性，对修辞者的社会运动参与者来说是一个必须谨慎处置的问题，其代理人——社会运动的领导人——必须用修辞的形式努力将他们团结起来一致对外。社会运动的“求变”的目标，决定了社会运动的参与者越多，其社会影响就越大，这就要求运动领导者不仅要用修辞的手段统一现有运动参与者的认识，还要积极采取有效修辞措施，不断地把运动推向前进，不达目的绝不罢休。

社会运动修辞批评将社会运动看作修辞行为，其考察对象不仅包括运动期间的演讲，还包括甚至可能比演讲对现存机制/体制更具有影响力的游行、静坐、绝食、服装、图案等非语言行为。这就隐含了这样一个基本假定：社会运动的各种形式、策略，如游行、静坐等非语言行为，就如一种有意义的文字符号一样，用后现代的流行语说是一种“话语”。这个基本假定可以从修辞学上表述为：与语言符号一样，诸如静坐、绝食、服装、颜色、图案、建筑等非语言形式，都是具有劝说修辞功能的象征行为。语言哲学告诉我们，符号（包括语言）与其所指物并不具有直接的关系，也就是说，没有一一对应的必然关系，符号与其所指物之间的关系要经过概念，经过人的思维/联想才能建立起来。符号与所指物的关系在奥格登和理查兹（Ogden & Richards）的《意义之意义》中有很清楚的论述（如图 8.1 所示）。

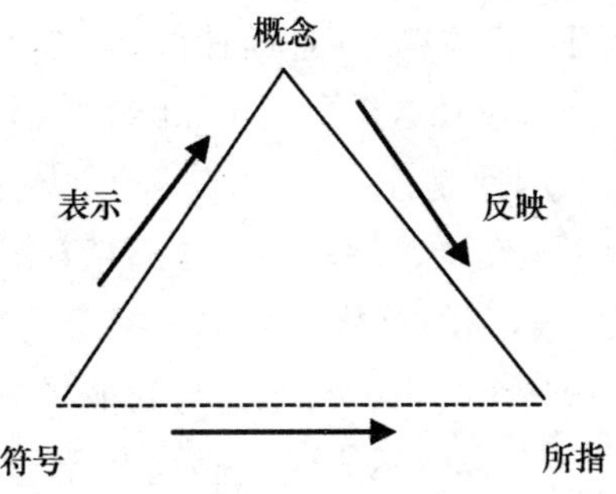

图 8.1　语义三角

资料来源：C. K. Ogden & I. A. Richards, *The Meaning of Meaning* (Harcourt Brace, Jovanovich, 1930), p. 11.

在图 8.1 中，符号与概念、概念与所指用实线连接，表明它们之间的关系是直接的，而符号与所指用虚线连接，表明它们之间的关系是间接的、任意性的。符号学家皮尔斯（Charles S. Peirce）也提出了关于意义的类似解释。他认为，符号由三个关联要素组成：媒介关联物（medium）、对象关联物（object）、解释关联物（interpret），分别代表形式项、指称项和解释项，共同决定了符号的意义。这里所谓的符号的意义，仍需人的思维，也就是说，人的解释是符号意义产生的一个环节。①

上述两种观点对社会运动修辞批评具有重要的理论意义和方法论意义。在一个社会运动中，除了语言的象征行动之外，可能还有更多的、更具“劝说力”的非语言符号行为。在社会运动修辞中，不仅社会运动本身可以成为一个具有意义的符号，其具体的修辞形式、策略，如游行、静坐、绝食、焚烧画像或旗帜等都具有重要的修辞意义。在运动中，有时某个地址、某个时间点都可能会成为一种符号，具有不可忽视的意义和影响。比如，选择在具有政治意义的白宫前静坐示威，或选择在具有经济意义的华尔街静坐，或者选择在“9·11”恐怖袭击这天进行游行等，都是意蕴丰富的象征符号，对此社会运动修辞批评者必须进行修辞学上的阐释。

对非语言符号的修辞功能，伯克早就有精辟的论述。比如，一栋宏伟

① Charles S. Peirce, *The Collected Papers of Charles Sanders Peirce* (Harvard University Press, 1931), pp. 276-277.

的银行大楼，其“宏伟”“壮观”向人们传达了这样的信息：这家银行资金够雄厚、资信好，把钱存在这里有安全保障。在社会运动中，非语言符号发挥着巨大的作用，因此是社会运动修辞的重要手段。比如，在2009年发生在泰国的红衫军运动中，运动参与者都穿着统一的红色衬衫，“红衫”因此成了一个社会运动的符号，它不仅把运动参与者标明为一个整体，使每个成员都获得一个身份的符号，与其他参与者达到“同一”，而且使一个用“红衫”作为身份标志的整体与外部世界形成鲜明的对比，形成了“我们”与“他们”的对照，体现了伯克所说的修辞策略“同一”与“异化”（alienation）。

第五节　社会运动修辞批评的一般方法

一　社会运动修辞批评的宏观与微观层面

对社会运动的修辞研究总体上可以分为宏观运动研究和微观运动研究，前者把整个社会运动纳入研究范围之内，后者则聚焦于运动的某一个或少量因素。宏观社会运动研究涉及两部分内容：一是描写、阐释社会运动作为一个整体、一个系统与其外部环境或修辞情景的关系；二是对社会运动作为修辞行为全过程的阐释。

任何修辞行为都有其修辞情景。作为一种修辞行为，社会运动和其他任何修辞行为一样也有其修辞情景（如图8.2所示）。

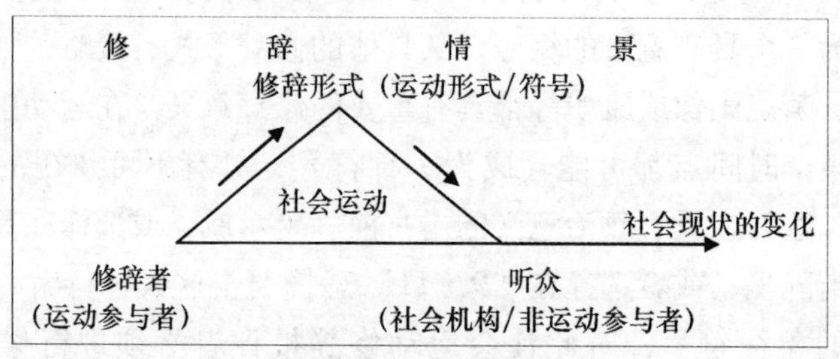

图8.2　作为修辞的社会运动及修辞情景

图8.2可以用一句话来解释：在一定的修辞情景中，运动修辞者（运动参与者）通过社会运动的修辞形式（即各种运动形式）说服、影响听众

（即社会机构或非运动参与者），使其接受自己的主张、价值、观点、信念，从而使某种社会状态发生变化（这种变化体现为社会上某种新机制/机构、新制度、新意识形态等）的目的。运动修辞者是通过运动的各种形式来与其听众互动的，用亚里士多德的修辞元语言来说，社会运动修辞者审时度势，充分利用当下修辞情景中可以获得的劝说资源、手段（也即各种运动形式），努力说服、影响社会上的广大听众（非运动参与者）。尽管社会运动修辞者试图改变社会现状，但这并不表明社会上的大众即非运动参与者在整个修辞过程中是消极、被动的。相反，现存的社会机构会对社会运动开展反运动，对其提出的主张、观点、价值、信念等进行反驳、抵制，这样，社会运动修辞者就必须根据现存机构的反应进行运动修辞策略上的决策抉择。

从另一个宏观层面上看，社会运动具有过程性，也就是说，社会运动必须经历产生、持续、结束的过程，相当于格里芬提出的孕育（inception）、危机（crisis）、结局（consummation）三个阶段。宏观上对社会运动的描述涉及这几个重要的阶段（如图 8.3 所示）。

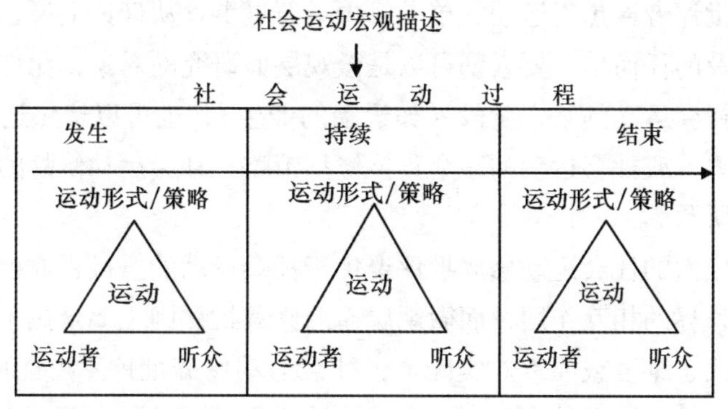

图 8.3　社会运动的宏观描述

说明：图中的“听众”是指运动者旨在影响的对象，如人群、机构、组织等。

社会运动是如何产生的？用比彻尔的情景理论来说，它是由于社会现状出现了应急情况或紧迫问题，必须采取应对措施将之消除，因为修辞情景决定了社会运动修辞是适当的应对策略。① 通过社会运动，社会上的人

① Lloyd F. Bitzer, “Rhetorical Situation,” *Philosophy and Rhetoric*, 1 (1968): 9.

或机构的态度、价值、信念、行为受到影响，因此原先的应急情况最终被消除或没有被消除。[①] 从修辞情景论的视角来看，社会运动修辞批评宏观上应该阐释社会运动的全过程，也即社会运动是如何被情景“呼唤出来的”以及它在与情景的互动中如何发展、持续、结束。

在这个宏观层面的阐释中，不可避免地要涉及社会运动的反运动。社会运动旨在谋求对社会某种现状的改变，因此每一场社会运动都涉及两大派别：支持社会运动的人与反对社会运动的人。支持社会运动的人试图激起大众的意见以摧毁或拒绝现存的机构或思想，而反对社会运动的人则试图激起大众的意见以产生或接受一种机构或思想。这种正与反的群体互动可能会贯穿整个运动过程，而且其互动体现了两种不同主张、理念、价值之间的碰撞。

因为宏观研究对象的跨度很大，涉及面广，所以修辞批评者一般不把目光放在具体细微的修辞行动上，而是从整体上描述运动。这种宏观层面的批评由于重视研究的广度，所以往往不得不忍痛割爱、牺牲深度。社会运动修辞批评的另一个方法选项是微观层面的研究。从微观层面看，社会运动修辞批评者聚焦于运动的单一或少量要素上。从理论上说，上述宏观层面所涉及的任何单一要素都可以是微观层面研究的对象，比如，批评者可以聚焦社会运动的某个阶段（如运动的产生），也可以聚焦运动的代言人或领导人，或社会运动的某个具体修辞策略。社会运动修辞的主要要素如图 8.4 所示。

宏观层面的社会运动修辞批评聚焦于社会运动的全过程或社会运动作为整体与外界的相互作用，而微观层面的修辞批评则主要聚焦于社会运动的个别阶段、维度或要素。实际上，社会运动修辞批评不可能面面俱到，即使聚焦于社会运动的全过程，也只能选择性地关注社会运动的“语体”特征。一般来说，微观社会运动修辞批评研究由于涉及面小，可以做得细致入微，达到很深的程度，而宏观运动修辞批评研究可能对理论建构更具有价值，也更具有类型学意义。从当前情况来看，多数社会运动修辞批评研究属于微观研究。

① 前文已述，修辞性并不由劝说的成功与否来决定，而是由劝说的意图来决定。

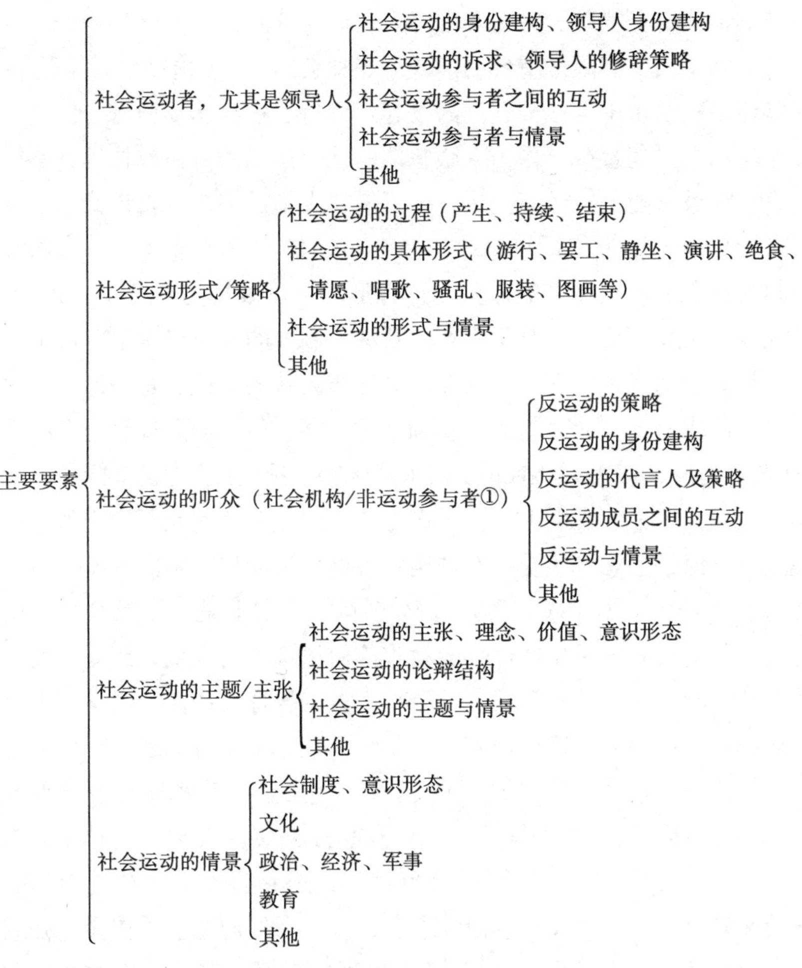

图 8.4　社会运动修辞批评的主要要素

二　社会运动修辞批评的语言与非语言符号维度

社会运动修辞者利用特定场合下一切可以利用的劝说资源，不仅使用演讲，还使用其他符号手段，如绝食、焚烧画像甚至国旗等。如果运动是修辞“话语”，那么这些五花八门的运动形式就是社会运动话语的“语体特征”。概括地说，这些社会运动的语体特征显现在语言符号和非语言符

① 此处“非运动参与者”可以包括那些反运动的群体成员。

号两个维度上，因此，批评者可以在语言符号和非语言符号两个维度展开社会运动的语体特征描写、分析和阐释。

语言交际是人类交际最重要的形式。在社会运动交际中，语言符号的作用尤其体现在演讲中。社会运动的发起、维持，社会运动两派之间的交锋，社会运动主张的宣讲，作为一个整体的社会运动的身份建构等，都需要用语言这种最重要的符号来完成，并可能在人格诉诸、逻辑诉诸、情感诉诸中有所体现。就人格诉诸来说，社会运动作为一个整体、一个修辞者，必须在社会上树立良好的形象，这种形象可以表现为对公平、正义、和平、人权、制度等价值、意识形态以及政治制度的支持或捍卫。用伯克的话说，社会运动必须寻求与大众在社会普遍公认的价值、意识形态、政治制度等方面取得同一。社会运动是靠话语（包括语言的和非语言的符号）推动向前的，使用策略性的方式使个体人与社会运动获得同一。社会运动的发起，在很大程度上取决于作为整体的社会运动能否说服世人接受其观点、价值、信念，接受其对现实的看法，认清现实中的问题。威廉姆·加姆森（William Gamson）认为，社会运动本质上是“对社会现实的建构与定义”的斗争，因为“社会运动应该使尽量多的人认识到，当前被人们普遍接受的现实是由于政治、社会、宗教、教育、法律、文学、大众传播机构作用的结果，但这种现实是错误的，应该对此采取措施”[①]。对当前问题的认知，或者对问题现实的建构，对社会运动修辞是十分重要的。从认知学角度看，“一个问题，只有当其被听众认为是问题时才成为问题。一种情况可能存在，而且听众也可能知道它存在，但在他们的眼里，该情况只不过是一个没有生命的事实，只有当他们把它看作会威胁或侵犯他们的利益和价值时，它才成为一个问题”[②]。现实是建构的，所谓的问题是需要用语言去建构的，是需要通过说服的修辞活动使听众接受其为问题的。对社会运动来说，它必须改变人们对现状的看法，认识到当前的状况不能再存在下去，必须采取措施改变它。

另外一个方面是，社会运动必须在世人面前展现良好形象，这样才能获得民众的好感和支持，吸引民众的广泛参与。尤其是当社会运动遇到较强抵制力量的时候，良好的身份塑造尤显重要。作为一个旨在改变现状的

① 转引自 Stewart et al., *Persuasion and Social Movements*, p. 50.

② Ibid.

“局外人”，社会运动势必会遇到现存机构（也即社会运动的听众）的抵制或反击。卡思卡特（Carthcart）指出，“没有对抗，运动修辞就不能与追求变化的改良相区别，不能与追求替换现存秩序的集体修辞区别开来。”对运动双方而言，尤其是对发动运动、参与社会运动的人来说，他们常常被抵制社会运动者塑造成社会秩序或制度的破坏者，用修辞话语对自己的身份建构及在大众面前树立良好的形象是十分关键的。不仅如此，双方为了壮大各自的队伍，扩大自己的社会影响，必须尽量用修辞话语诉诸大众的情感，激发民众对对方的不满情绪，动员他们加入自己的行列中来。不管社会运动的双方如何使用修辞话语，一个具有普遍意义的道理就是：言之有理，换言之，双方的论辩要有理性，符合逻辑。社会运动的合法性，关键取决于它的主张或者理念。正如布莱克所说：“社会运动是一个与理由和目的相关联的形式。”对社会运动中修辞话语的论辩结构的分析，是修辞批评的一个重要方面。通过分析社会运动的论辩可以洞察到它的哲学观，因为“一个运动的哲学观和认识论决定了它使用的论辩及其结构形式”①。

在话语的论辩结构分析方面，比较常见的工具是图尔明的论辩结构模式②，此外，亚里士多德的修辞三段论模式也是一个不错的分析工具③。从策略上来说，社会运动修辞批评较常使用的是“超越的论辩”（argument from transcendence），其运作方式一般是：劝说者认为一个人、一群人、一个目标、一项权利、一个事物、一个行为超越或优于其对立面的事物，具体的方法有四种：从量上辩论（argument from quantity）；从质上辩论（argument from quality）；从价值上辩论（argument from value）；从等级上辩论。④

口号是社会运动中常见的象征行为，其修辞功能不能小视。口号一般言简意赅，独特新颖，易记易说，且容易与运动及其主张联系起来。更重要的是，口号暗示了某种行为及对其的遵守，驱使人们决定为实现某种愿

① F. Dan Hah & Ruth Gonchar, “Studying Social Movements: A Rhetorical Methodology,” *Speech Teacher*, 20 (1971): 49.

② 关于图尔明的论辩结构，参见 S. Toulmin, *The Uses of Argument* (Cambridge: Cambridge University Press, 1958), pp. 94-106.

③ 亚里士多德认为，“任何人通过论据（proof）实施劝说，事实上都必须用修辞三段论或例证，除此之外别无他法”。关于修辞三段论，参见 Aristotle, *Rhetoric*, p. 26.

④ 参见 Stewart et al., *Persuasion and Social Movements*, pp. 225-229.

望而奋斗。当人们集体高喊口号时，他们可以建构起一种相似的社会身份并获得群体的认同感，同时，他们的强烈情感也被激发起来并驱使他们积极投身于社会运动中。

歌曲也是社会运动话语的常见语体特征，既有语言符号的成分，也有非语言符号的成分，修辞作用有时胜过演讲、传单等形式。① 通过众人齐唱歌曲，运动者不仅融为一体，用伯克的话说他们取得了同一，也被歌词所打动，“歌曲与歌词共同作用……使人们意识到当下现实中存在的问题，从而改变他们对社会的认识”②。换言之，在齐声高唱歌曲的过程中，社会运动者不知不觉地进行自我劝说，这正是伯克所揭示的无意识同一的结果。③

除口号、歌曲外，贴标签（labeling）也是运动的常见语言符号行为，在社会运动中发挥着重要的作用。譬如，社会运动把其需要改变的现存机构、制度贴上“魔鬼”（devil）的标签，其实就是在宣示社会运动参与者具有相同的目标，那就是要消灭这个“魔鬼”，因为它是邪恶的化身，凡是邪恶的都应当被清除掉。把要摧毁的东西贴上“魔鬼”之类的标签是伯克所说的对立同一的修辞策略。“当人们难以团结在一起时，便通过建立一个共同的敌人来获得同一”④。通过“魔鬼”的标签，社会运动能够聚集起更多甚至具有利益冲突的群体，激发同仇敌忾的激情。

社会运动中偶尔也可能会出现所谓的暴力。那么社会运动中暴力使用者如何为此行为辩护呢？暴力与和平、安全、道德显得格格不入。显然，作为运动修辞的一个策略，它只是不得已而为之的。作为对此负责的修辞者，必须使用恰当的修辞策略。著名修辞学家威沃利斯指出，修辞的实质是好的理由，要区分好坏，有四类价值及其相反的价值可以利用：可取的、义务的、强制性的、值得称赞的。⑤ 比如，在为暴力进行辩护时，修辞者需要依据这些价值来进行辩护，他可以从价值诉诸的角度阐释社会运动中出现的“暴力话语”。

除了语言媒介外，非语言的符号也是社会运动修辞的重要语体特征，

---

① 参见 Stewart et al.，*Persuasion and Social Movements*，p. 169.

② Ibid.，p. 170.

③ 关于伯克的无意识“同一”，参见拙著《修辞理论与修辞哲学——关于修辞学泰斗肯尼思·伯克的研究》中的有关章节。

④ 转引自 Stewart et al.，*Persuasion and Social Movements*，p. 171.

⑤ Ibid.，p. 276.

因此，社会运动修辞批评的一个重要维度是非语言符号的象征行为。当代修辞学认为，人类的意志行为都是修辞行为，是“话语”。就社会运动修辞而言，其“语体”形式包括演讲、静坐、游行、唱歌、口号、服装、图画、焚烧国旗、焚烧领导人图像等，这些“修辞形式跳跃着态度”①（如图 8.5 所示）。

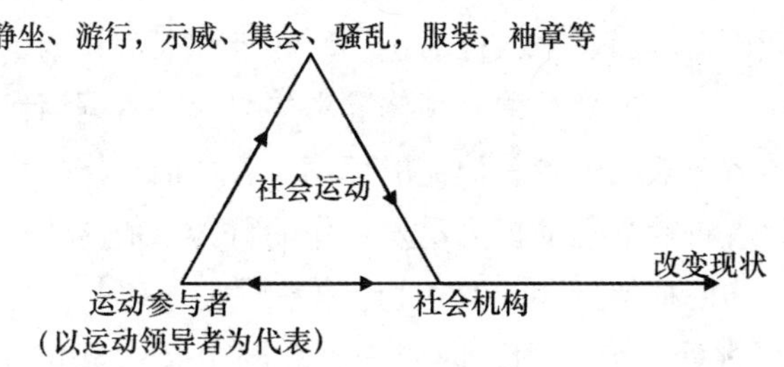

图 8.5　社会运动中非语言符号的修辞作用

社会运动中非语言符号是一个很常见的修辞手段，对影响听众发挥着重要的作用，尤其是“加强认同感”，② 对此修辞批评者应该予以关注。比如，泰国的红衫军运动中的“红衬衫”③、“文化大革命”中的红袖章、披头士的长头发，都是身份建构的重要手段，都起到“同一”的修辞作用，它们成了连接成员之间的一种纽带，使社会运动参与者，上至运动领导者，下至普通的草根民众，产生一种“我们是一家人”的印象，使彼此之间产生亲近感、归宿感。俗话说“团结就是力量”，这些非语言的符号团结了社会运动成员，鼓舞了他们一致对外的斗志。

在实际批评实践中，所谓的宏观与微观层面并非井水不犯河水，相

---

① Kenneth Burke, *The Philosophy of Literary Form: Studies on Symbolic Action* , p. 9.

② Stewart et al. , *Persuasion and Locial Movements*, p. 177.

③ 自 2006 年 9 月 19 日泰国他信政府被军事政变推翻以来，反他信的“黄衫军”与亲他信的“红衫军”的斗争就一直持续不断。2008 年 5 月底，反对他信的人民民主联盟，简称“民盟”的支持者统一身着黄色外衣，在曼谷举行持续大规模反政府集会示威活动，他们因此被称为“黄衫军”。“民盟”指责当时的政府是他信的代理，要求政府下台。他们先于 8 月占领总理府，而后于 11 月底控制曼谷两大机场。面对国内的乱局，沙马和颂猜两届政府都无能为力，在不到 3 个月的时间内相继下台。2008 年 12 月底，阿披实联合政府上台后，民盟的“黄衫军”的示威活动才暂告停止。有关介绍见 http://baike.baidu.com/link? url = UJNrqBS6bVjKTPx3Wxfy_ Dx-LJmiKvry3xhwqLMaj2oycQkFvsq7hs5hQThrIIJ4UTWxyK_ nuJgrDYGs7lPxCd_ 。

反，两者可以有机地结合起来，批评者选择性地探讨宏观与微观层面的修辞现象。

三　社会运动修辞行为的阐释及其步骤

以上关于社会运动修辞批评的宏观与微观层面以及语言与非语言符号维度的讨论，大致揭示了社会运动修辞批评的基本内容和阐释视角。

就修辞理论工具而言，在社会运动修辞批评兴起初期，亚里士多德的修辞理论使用最广，但随着伯克新修辞学的兴起并占据当代修辞学的主导地位，修辞学者一般比较青睐伯克的理论。若从伯克修辞学的视角审视社会运动，批评者将社会运动视为诱发合作的行为，伯克的理论可以作为阐释社会运动行为的框架。[①] 伯克的理论体系博大，其中几个重要的概念对社会运动修辞批评十分有用，即同一、戏剧主义“五位一体”、替罪羊（scapegoating）等。由于社会运动修辞批评的方法在很大程度上取决于审视社会运动的层面和维度，在方法运用上十分灵活。

从宏观社会运动修辞批评来看，修辞批评者关注这样一个基本问题：在什么样的修辞情景中，什么样的社会运动，为什么目的，如何产生、发展和结束？在这个宏观问题下，社会运动修辞批评者致力于阐释社会运动如何根据修辞情景，尤其是反运动人士、组织、机构等的反应，选择具有说服力、影响力的社会运动形式，阐释它们是如何诱发人们合作或劝说影响人们的。从微观社会运动修辞批评来看，不管聚焦哪个维度、哪种社会运动要素/策略，修辞批评者应致力于解释这样一个问题：在什么修辞情景下社会运动（比如运动领导人/代理/参与者）为了什么修辞目的，采取了什么运动修辞策略，并获得了什么效果？社会运动中的修辞者与听众的互动始终是修辞批评者的焦点。修辞批评者需要评判社会运动在当下情景中具有哪些可以利用的劝说资源或手段，提出了什么主张或理念，它与当下的价值、意识形态、文化有何关系？既然社会运动旨在改变某种社会现状，它就必须向世人建构一个比当下更好的状况，用鲍曼的话说就是，必须为大众形成一个修辞视野，这样才能说服大众接受社会运动的主张或

① 从当前社会运动修辞批评来看，批评者使用的方法十分灵活，没有一种唯一的理论、方法和视角，本节主要运用伯克的理论去审视社会修辞行为。运用伯克理论进行社会运动修辞批评的一个经典范例是 Leland M. Griffin 的两篇论文。运用传统修辞学理论对社会进行社会运动修辞批评的一个范例是 Dan F. Hahn & Ruth Gonchar 所进行的研究。

观念，也即诱发大众与社会运动者合作，因为在任何社会运动中，“世界观都会把社会运动的参与者联合起来”①。在分析社会运动的话语时，对价值的分析是十分重要的，因为每个人的话语所蕴含的主张背后都有某个或某些价值前提（value premise）。通过分析社会运动话语所蕴含的价值可以洞察劝说话语起关键作用的策略。社会运动修辞批评的操作大致如图8.6所示。

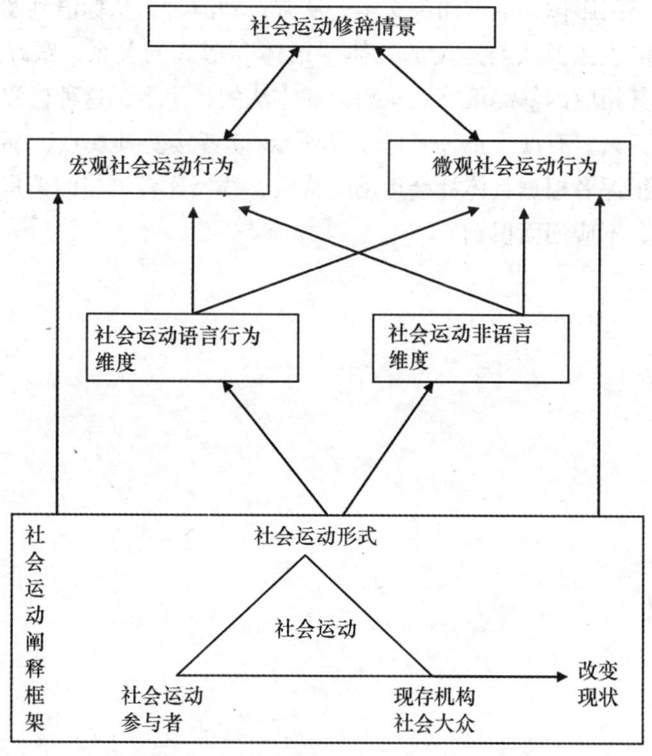

图8.6　社会运动修辞批评的一般方法

① F. Dan Hah & Ruth Gonchar, “Studying Social Movements: A Rhetorical Methodology,” *Speech Teacher*, 20 (1971): 49.

第六节 结语

社会运动修辞批评是一种比较典型的跨学科性的修辞批评模式，它与社会学、政治学、符号学、心理学、艺术等紧密关联，不仅涉及语言符号，也涉及非语言符号。在进行社会运动修辞批评时，批评者需要秉承一切人类行为都具有修辞性的基本理念，关注社会运动中各种各样的象征形式，从服装到影像，从歌曲到文本，从游行到演讲，从标语到图画，抓住社会运动的主张及其与运动的具体“语体”形式的关系，跟踪运动的发展进程及其相应的修辞策略。从理论和方法的运用上，这种修辞批评持开放的态度，只要有助于批评者劝说其听众/读者接受其观点，都可以充分地利用。批评者根据具体社会运动的特点，选择比较恰当的聚焦点，做到有的放矢，不应面面俱到。

第九章　女性主义修辞批评

关于男女的评价现象值得修辞者的关注：新中国成立前中国妇女有裹脚的习俗，社会上以女人“小脚”为美。新中国成立后，这种审美观发生了变化。在中国现在的文化中，妇女以“美丽”、“贤惠”、“温柔”、“持家”为美德，而男人则以“勇敢”、“坚强”、“进取”为荣，似乎男女本来就应该具有这样的特征。在女性主义修辞批评者看来，这些所谓的性别特征，是社会建构的产物、修辞的产物。

在当今人文社会学科领域，女性主义是一个热门话题，不仅在文学领域，在修辞学领域也是如此。在修辞学领域，女性主义主要是作为一种修辞批评的视角而广为学者关注的。几十年来，女性主义修辞批评一直是修辞学界一个比较流行的范式，美国大学大多数传播系都开设了女性主义修辞批评的研究生课程，比如，美国匹茨堡大学的传播系就为博士开设这门课。对女性主义修辞批评者来说，性别歧视与偏见广泛存在于社会文化中，并以种种方式潜移默化地影响人们的交流。比如说，男性常被描写成刚强、上进、主动、独立，而女性则被描写成柔弱、持家、温柔、贤惠，这种传统的典型性格特征在很大程度上束缚了女性的行为。

第一节　女性主义修辞批评的含义

“女性主义”这个术语在中国存在的历史并不长，直到 1900 年它才传入中国学术界，当时，晚清政府的改革者将女性主义的文章从欧洲、美洲及日本翻译引入国内。据专家考证，在五四运动期间，中国学者曾使用“女子主义”、“女权主义”、“妇女主义”等指称“女性主义”，但由于“女性主义”被引入国内之前中国学者曾使用“女权主义”来指称欧美的妇女运动，并且妇女权利是中国妇女运动的主要关注点，故在民国时期人们主要使用“女权主义”①。

百年后的今天，“女性主义”已是当今学术界一个极为流行的术语，不仅在文学研究中，而且在修辞学研究中也同样如此。然而，要准确界定“女性主义”却并非易事。从构词来说，“女性主义”由“女性”和“主义”组成，显然，从字面上来说，“女性主义”是指关于女性的一种学说、一种理论、一种见解、一种主张。要准确理解“女性主义”的含义，还必须理解“女性”的含义。从修辞学角度来看，“女性”显然不是指生物意义上的一种性别，而是社会学、文化学意义上的一种性别。

在女性主义百年历史期间出现过三波女性主义运动，其含义也发生了巨大的变化。总括起来，女性主义可分为自由女性主义（liberal feminism）、马克思主义女性主义（Marxist feminism）、激进女性主义（radical feminism）、生态女性主义（eco - feminism）、后现代女性主义（postmodern feminism）等派别②，它们的主张不尽相同。自由女性主义试图在政治体制内谋求变革，主张用自由的政治理念去应对女性被贬损的问题，坚持认为理性思维的发展是人的最高理想，国家应该采取措施确保所有的人都有机会追求它及其相关理想。激进女性主义扎根于男女生理上的差异，其基本理念是妇女必须有权控制自己的生育机制，而不受男性支配，相信只有集体性激进的行为，包括创造一整套妇女语言系统，才能解决女性被贬损的问题。马克思主义女性主义则是建立在经济压迫理论之上的，即用资本主义对劳动阶级的压迫作为主要因素来解释女性被压迫的问题，认为妇女要改变被压迫的状态，就必须改变社会，消除资本主义统治者的支配，否则妇女就不可能获得与男性同等的权利和地位。③ 生态女性主义是相对比较新近的一种女性主义流派，它认为对女性的压迫与自然的退化之间具有某种联系，因此要解决女性被压迫的问题就必须采取普遍联系的观点，将妇女的压迫与歧视、种族歧视与其他各种社会不平等问题关联起来，从生态的角度考察和解决问题。后现代女性主义主张女性不存在（当然这不是指生物学角度的区别），应对文化层面的女性进行彻底的剔除。著名

---

① 参见 Bo Wang, “Breaking the Age of Flower Vases: Liu Yin's Feminist Rhetoric,” *Rhetoric Review*, 28 (2009): 246-264.

② 在修辞批评领域，前四种流派较受学者的重视。

③ 参见 Karyn Rybacki & Donald Rybacki, *Communication Criticism: Approaches and Genres*, Chapter 7 “Cultural Approaches”.

女性主义文化批评学者贝尔·胡克斯（bell hooks）将女性主义定义为“为了终结性别压迫的斗争”[①]，并指出：“做一个真正意义上的‘女性主义者’，就是要使所有的人，男人和女人，从性别模式、支配和压迫中解放出来。”[②] 她对女性主义的认识主要依据20世纪80年代女性主义运动的特点。80年代后期，女性主义运动已经从性别歧视开始转向一般意义上的支配、压迫、不公等社会现象，而不仅仅局限于两性之间的问题。女性主义者并非都是女性，其实很多男性在骨子里也有女性主义价值理念，并在其行为中有意或无意地表现出来。反过来，即使具有女性主义思想的人也可能在女性的具体理念上存在着差异。一般来说，女性主义常凸显平等、公平，因此主张男女自我表达的机会平等；但有的女性主义却强调要创造一个女性能够充实的、拥有自我决定权的社会；而有的女性主义则凸显了压迫及消除压迫的方法，主张消除现存男女之间不平等的权力关系。[③] 福克斯-吉诺维斯（Fox-Genovese）指出：

> 当今，就和以往一样，女性主义者在女性是否应该为个体人的权利而斗争或为妇女的权利而斗争的问题上存在着分歧——妇女是否需要与男人一样的平等或需要从男人那里获得其差异的保护……这个关于平等还是差别的争论是当代女性主义思想的核心之处，不仅因为这是区分女性主义理论者的方法，而且更重要的可能是因为它能够将理论与实践相结合。[④]

可见，女性主义只是一个比较概括性的概念。努德和施里费（Nudd & Schriver）也给女性主义下了一个颇有参考价值的定义：

> 女性主义是一种多元化的运动，它热衷于改变当下的政治及社会风景，以使所有的人，不管其身份如何，都能够享有自由和安全、复合性

---

① 注：bell hooks 不按照传统的方法书写自己的名字，而是故意将其小写，以示与传统的决裂。

② 转引自 Sonja K. Foss et al.，*Contemporary Perspectives on Rhetoric*，p. 274.

③ 参见 Sonja K. Foss，*Rhetorical Criticism：Exploration & Practice*，p. 151.

④ Elizabeth Fox-Genovese，*Feminism without Illusions：A Critique of Individualism*（Chapel Hill，NC：University of North Carolina Press，1991），p. 56.

和主体性、经济和政治地位平等——享有完整的人所应有的经历。[①]

上述定义具有比较大的包容性，它表明，尽管女性主义不是一个单一的思想流派，但作为一个由不同派别组成的整体，它仍然具有比较普遍性的特点，那就是试图改变现状，使人们摆脱性别的歧视、禁锢、压迫，获得普遍的自由和平等。女性主义其实是为消除那种弥漫于西方文化各个层面中的意识形态支配而进行的斗争，挑战并摧毁包括夫权统治在内的整个支配体系，因此它将注意力投向性别、种族、阶级压迫之间的联系，唤醒人们改变自己，改变人们在该体系中与其他人的接触方式。从这个意义上说，女性主义既是解构性的，也是建构性的，它不仅要解构人们被歧视、被压迫的方式，更要促使人们改变现有的关系，甚至更宏大的文化结构，"使人际交往中的典型特征——人间的疏远、竞争和去人性化——被亲近感、相互性及同志情谊所替代"[②]。女性主义并非只为女性，而是为所有饱受不公平的人们，目标是终结支配，把人们解放出来，让人们做他们自己，而不是被人摆布。

根据以上女性主义的含义，"女性主义修辞批评"，顾名思义是从女性主义的角度对话语或人类象征行为进行分析与评论的一种范式，它是修辞批评发展到多元化范式阶段的一个具有代表性的批评范式。作为一种模式，女性主义修辞批评从其独特视角进行话语批评。众所周知，修辞行为涉及三个核心因素，即修辞者、听者/读者和话语。修辞批评是指对人们用符号尤其是语言去影响他人或诱发他人合作而进行的评论。在修辞批评的女性主义视角下，这种话语符号蕴含着性别歧视、支配、压迫、偏见、不公平，这时的修辞批评则是对修辞者运用带有性别歧视、支配、压迫、偏见或不公平色彩的语言符号去影响听/读者或诱发听/读者按照其意愿行事而进行的评论。因为女性主义认为性别是语言符号建构的产物，所以修辞批评的女性主义视角旨在揭示修辞话语者通过符号，尤其是语言的运作去建构性别，从而影响人的行为，可见，女性主义修辞批评是一种解构修辞话语中的性别建构，揭示其

① Donna M. Nudd & Kristina L. Schriver, "Feminist Analysis," In Jim A. Kuypers (ed.), *The Art of Rhetorical Criticism*, p. 270.

② bell hooks, *Feminist Theory: From Margin to Center* (Cambridge, MA: South End Press: 1984), p. 34.

如何影响他人（个体或群体）的一种评论。[①] 福斯认为，“修辞批评的女性主义视角是对修辞行为进行分析和评价，为男女进行一种特定的定义”[②]。所谓“进行一种特定的定义”，实质上是指修辞批评者解释文本中男女定义所蕴含的歧视与不公的构成原理，并通过重新定义来将之消除。

女性主义是一个比较宽泛的概念，其理念因人而异，所以，女性主义修辞批评也有不同的派别，或者说女性主义修辞批评具有不同的关注点：有的把目光聚焦在语言本身是如何压迫或边缘化妇女的，有的聚焦于具有典型特点的妇女交流方法和渠道，有的聚焦于一般意义上的歧视或不公平现象而不仅是女性所受的歧视或不公，还有一些女性主义批评更关注女性理论的建构。不同的女性主义派别的主张不同，依此进行的修辞批评的聚焦点也不尽相同。

从本质上说，女性主义修辞批评是一种文化修辞批评或意识形态修辞批评，目的主要是挖掘人类象征行为或符号行为之中所蕴含的各种歧视、压迫、不公、支配，并为建构自由、民主、公平、公正、和谐的社会提供理论支持。由于女性主义修辞批评并不局限于女性的话语，而是聚焦于任何蕴含性别歧视、种族歧视与压迫、社会支配、社会不公的修辞话语，故它不仅涉及语言行为，也涉及非语言行为，如影视、图画等非语言符号行为。总之，“女性主义批评者希望人们对待任何事物都不要想当然，而应该对历史上诸如演讲、法律、文学、宗教、科学等各个生活领域里的几乎所有‘著名’文本所蕴含的意义进行重新探讨”[③]。

因为女性主义修辞批评范式与社会运动息息相关，所以有时又被划归为社会学修辞批评一类[④]，特别是有关妇女运动时期的话语，或者说根据第一或第二波女性主义运动的理念进行的修辞批评。所谓的社会学修辞批评主要关注那些从社会组织和群体的角度对修辞学进行的研究，它始于20世纪四五十年代，盛行于60年代。1947年，修辞批评家克兰德尔（Crandell）提出应该把注意力投向各种社会运动中的公众演讲，关注它们所起的社会作用。1956年，纳尔森（Nilson）深化了这一观点，认为修辞影响的价值不是在个

---

① 参见拙文《修辞批评的女性主义范式：理论与操作》，《外语与外语教学》2008年第8期。

② 转引自 Carl R. Burgchardt (ed.), *Readings in Rhetorical Criticism*, p. 480.

③ Roderick P. Hart & M. D. Suzanne, *Modern Rhetorical Criticism*, p. 289.

④ 参见 Bernard L. Brock et al., *Methods of Rhetorical Criticism: A Twenty-Century Perspective*, p. 295.

人而是在社会。女性主义视角根源于试图提高和改善妇女条件的社会政治运动、妇女解放运动，并受到它带来的女性主义思想的影响，使得女性主义修辞批评与当时盛行的社会运动修辞批评平分秋色。

第二节 女性主义修辞批评产生的社会及学术背景

一 女性主义修辞批评的产生

要明确指出女性主义修辞批评产生于何时是很困难的，不过三篇文章的问世却预示了女性主义修辞批评范式的建立，它们是考尔林·科尔斯·坎布尔（Karlyn Kohrs Campbell）的《妇女解放的修辞：一个矛盾》、切里斯·克雷默（Cheris Kramer）的《妇女的话语：分开但不平等?》以及萨莉·米勒·吉尔哈特（Sally Miller Gearhart）的《修辞的女性化》①。

坎布尔的《妇女解放的修辞：一个矛盾》初步奠定了女性主义修辞批评的基础。该文的核心论题是："妇女解放修辞是一种具有显著特征的类型，因为它融实质性修辞特征和语体风格修辞特征为一体。"② 坎布尔在该文第二段指出：

> 首先，我拒绝将历史学和社会心理学的运动定义作为修辞批评，因为那样的定义事实上没有分离出一类修辞或一种具有显著特点的修辞行为体系。定义修辞运动的标准必须是修辞性的；用亚里士多德的术语说，这些标准可以来自于对修辞部门（canons）和证据（proofs）相对比较突出的使用或解释。③

① Karlyn Kohrs Campbell, "The Rhetoric of Women's Liberation: An Oxymoron," *Quarterly Journal of Speech*, 59 (1973): 74-86; Cheris Kramer, " Women's Speech: Separate but Unequal?" *Quarterly Journal of Speech*, 60 (1974): 14-24; Sally Miller Gearheart, " The Womenization of Rhetoric," *Women's Studies Internaltional Quarterly*, 2 (1979): 195-201.

② Karlyn Kohrs Campbell, "The Rhetoric of Women's Liberation: An Oxymoron," *Quarterly Journal of Speech* 59 (1973): 75.

③ 参见 Karlyn Kohrs Campbel, "The Rhetoric of Women's Liberation: An Oxymoron," *Quarterly Journal of Speech* 59 (1973): 47-86. 此处所说的 canons 是指传统修辞学的五个部分（又称修辞"五艺"，即觅材、组织、风格、记忆和发表）；而 proofs 则指传统修辞学的三种诉诸，即人格诉诸、理性诉诸和情感诉诸。

可见，坎布尔把妇女解放的修辞现象当作独立的、具有独特实质性特征和语体特点的修辞类型，提出用实质（substance）和风格（style）作为妇女解放运动修辞批评的对象，并坚信“风格的选择深受主题和情景的影响”[①]。坎布尔之所以提出这种新的方法，是因为她认为传统的或人们熟知的劝说定义并没有令人满意地解释妇女解放运动的修辞现象，因此不能作为女性主义修辞批评的标准[②]。通过分析女性修辞行为，她发现了这样的事实：“对妇女平等的要求会极大地改变修辞图景”，究其原因，这是因为“女性主义者要求挖掘出深织于社会机理中的紧张关系，并引发特别激烈而深刻的道德修辞现象”[③]。比如，对妇女的性别要求就与美国文化的支配价值观——自由、成就、独立——相矛盾。因此，如果修辞者的角色隐含了自信、自强、自立，那么也就蕴含了与妇女角色相违背的假定。坎布尔此处虽然表示传统理论不能满意地解释女性主义修辞行为，但她并未完全弃之不用，而是将之融入新的方法之中。换言之，她所开创的女性主义批评仍然根基于修辞学，仍然是一种修辞批评范式。正如她本人所言，她“选择将妇女解放视为劝说性的运动”[④]。埃布尔的开山之作不仅奠定了女性主义修辞批评之基础，也极大地激发了人们对女性修辞现象的思考。

玛格丽特·米德（Margaret Mead）认为，“不管男女特征是如何分配的，不同的社会有不同的方法，但各种文化都为男女设定了超越生物差异的社会规范”[⑤]。切里斯·克雷默（Cheris Kramer）受美国著名社会学家米德（George H. Mead）对性别差异论述的启发，“觉得不仅有必要探讨两性在语音、语法、语义等方面使用语言的差异，更要探讨其在语言技能、工具性语言使用以及非语言使用与语言行为之关系方面可能存在的差

① Karlyn Kohrs Campbell, “The Rhetoric of Women's Liberation: An Oxymoron,” *Quarterly Journal of Speech* 59 (1973): 75.

② Bernard L. Brock, et al., *Methods of Rhetorical Criticism: A Twenty-Century Perspective*, p. 298.

③ Karlyn Kohrs Campbell, “The Rhetoric of Women's Liberation: An Oxymoron,” *Quarterly Journal of Speech* 59 (1973): 75.

④ Ibid., p. 178.

⑤ 参见 Cheris Kramer, “Women's Speech: Separate but Equal?” *Quarterly Journal of Speech* 60 (1974): 14-24.

异"[①]，于是撰文探讨"美国社会里现实的、与性别相关的语言符号体系"。她认为，妇女演讲者在传播研究中在很大程度上被忽视了，其实对妇女怎样思维、如何讲话的看法中很多是民间观点（folk-view）。她呼吁要用一套替代性的框架来评论妇女传播者，提出妇女话语者的性别、社会经济地位、出身、种族、年纪以及宗教信仰等可能会给女性话语这一宏大类别带来多样性。克雷默旁征博引地阐释了两性之间在语言使用上的差异，并强调：女性作为个体的人，是如何使用语言的，这个问题在传播研究中没有受到重视；两性在语言使用上的差异在很大程度上是由于社会上的那些陈规旧俗所致。克雷默的研究进一步细化和推动了女性主义修辞研究，尤其是对女性主义修辞批评的研究。

著名女性主义学者吉尔哈特（Gearhart）也撰文为女性主义助威呐喊，认为"女性主义是交流的女性化和西方文化的女性化的一种资源、源泉、一种母体（matrix）、一种环境"[②]。该文挑战传统修辞理论，把修辞视为劝说的观点，认为任何劝说的企图都是一种暴力行为，把修辞定义为劝说是不妥当的，于是提出一种交际的女性模式作为对地球上充满暴力的生活的抗衡[③]，正如该文的标题所示，她在开篇即对当下的修辞学表示了不满，因为"修辞学的长老们从来没有质问过他们心照不宣的假定，即人类来到这个世上就是要改变其环境、影响他人的社会事务"[④]。即使在修辞教育领域也是如此。事实上的确如此。在吉尔哈特之前的几十年里，修辞学几乎还聚焦于私下的和公众的话语，考察它的雄辩特征，研究如何激发情感、影响人的意愿，几个世纪以来修辞学很乏味地关注对劝说手段的寻求，但遗憾的是，人们对日常不断发生的改变人的行为的行为，尤其是涉及女性的行为变化观照甚少[⑤]。在六七十年代的第一二波女性主义运动中，吉尔哈特发现"有几根红线贯穿着这些运动，将当前的暴力社会与一种非暴力的过去和未来相连，其中一根红

---

① 参见 Cheris Kramer, "Women's Speech: Separate but Equal?" *Quarterly Journal of Speech* 60 (1974): 14-24, p. 14.

② Sally M. Gearhart, "The Womanization of Rhetoric," *Women's Studies International Quarterly*, 2 (1979): 201.

③ 参见 Sonja K. Foss, *Rhetorical Criticism: Exploration & Practice*, pp. 154-155.

④ 参见 Sally M. Gearhart, "The Womanization of Rhetoric," *Women's Studies International Quarterly*, 2 (1979): 195-201.

⑤ Ibid., p. 196.

线就是将交际理解为本质上是女性似的过程（womanlike process）”①。“女性主义是关于变革的一种意识形态，它产生于妇女的经历，来源于我们身体的经历，来源于对我们个体的生活经历及几个世纪中的限制条件（conditioning）”②，吉尔哈特认为，“暴力几乎都与我们文化中的男性相联系”，并呼吁“交流和其他文化形式一样，必须女性化，为了纯正，为了做非暴力的交际者，我们都应该更像妇女一样”③。吉尔哈特的文章更激起了人们从理论上思考女性主义修辞现象，为修辞批评作为一个批评范式夯实了基石。

上述三篇文章有史以来第一次以书面形式提出了女性主义一定会使修辞结构及修辞理论发生变化的论断，其理论意义重大，标志着女性主义修辞批评作为一种批评模式的建立，引发了大量女性主义批评文章的问世，为其后的女性主义修辞批评蔚然成风发挥了重要的标杆作用。

到了20世纪80年代，女性主义修辞批评发展迅猛，研究论文比以往翻了两倍。由卡特和卡罗莱（Carter & Carole）编辑出版的著作《对妇女交际的研究：理论与方法的视角》对女性主义研究文章进行了广泛而深入的研究，为女性主义批评研究提供了比较系统的参考，也有力地推动了女性主义修辞批评的发展。④

女性主义批评的产生还引起了修辞学效果评价标准的变化。以往通常用一般的方法评估交际者的策略，或者看这些策略在多大程度上改变或控制了听众的态度、信仰和行为，但女性主义者却用一种质化的评估原则，认为社团或角色限制可能会使传统意义上的劝说交际成为不可能，这就必须采取具体措施以防止那种角色制约因素。⑤ 一些批评者采取更为激进的方式，试图把交际行为的评估转向协商合作，在这个模式中，如果交际促进了开放、信任以及多元化，那么，它就是有价值的交际。这种评价有效交际的标准挑战了传统方式，强调了女性主义，应该视为一种独立的修辞

---

① Sally M. Gearhart, “The Womanization of Rhetoric,” *Women's Studies International Quarterly*, 2 (1997): 200.

② Ibid.

③ Ibid., p. 201.

④ Kathryn Carter & Spitzack Carole (eds.), *Doing Research on Women's Communication: Perspectives on Theory and Method* (Norwood, NJ: Ablex, 1989).

⑤ 如果修辞者的话语里隐含了对女性的歧视、贬损，但却能劝说、影响听众，这实际上有助于性别歧视的继续存在。

批评方法。

二 女性主义修辞批评产生的社会背景

女性主义修辞批评根基于试图提高和改善妇女条件的社会政治运动及妇女解放运动，它们的产生有其深刻的社会和政治背景，美国历史上出现的三波女性主义运动就是其孕育和发展的土壤。19 世纪中叶，美国爆发了女性选举权运动，1848 年在纽约州德塞举行首次会议，拉开了第一波女性主义运动的序幕。这一波女性主义运动随着 1920 年美国通过妇女选举权而宣告结束。不久，第二波女性主义运动又在 60 年代爆发了，其目标已经开始转向并深入社会制度层面的变革，这波女性主义运动以贝蒂·弗里丹（Betty Friedan）出版的著作《女性的神秘》（1963）为标志[①]，终于 80 年代初期。1970 年，美国 ABC 新闻播出了一个题为“妇女解放”的节目，作为一档半小时记录报道系列节目“现在”的一个插档节目，这是电视界首次记录妇女运动。对提高广大公众对美国第二波女性主义运动的认知来说，1970 年是一个非常关键的一年。[②] 弗里丹关于女性的大作问世两年后，美国的新左派就冒出了妇女的造反运动，一年后激进的女性解放运动组织相继形成。与之相呼应的是，1970 年美国发生了关于妇女解放运动的“大新闻闪电战”（grand press blitz）。这年 3 月，美国电视网络组织认为女性主义是一个值得报道的主题，于是著名电视台 CBS 和 NBC 都在常规的晚间新闻报道节目中连续播发了多集有关妇女运动的专题报道，把女性主义运动推向了高潮。由于弗里丹的影响，美国很多女性组织联合起来，在纽约和其他主要城市组织了大规模的游行示威，要求给予妇女与男人相同的薪酬、儿童保育以及堕胎的权利。[③] 与第一波女性主义运动不同，第二波女性主义运动试图为妇女争得和男人同样的权利，并使妇女的发展机会不受性别限制。在这波女性主义中，较为著名的是自由女性主义、激进女性主义、马克思主义女性主义，此外还有文化女性主义（cultural feminism）、本质主义女性主义（essentialist feminism）、生态女性主义（eco-feminism）、价值女性主义（revalorist feminism）等派别。自由

① Betty Friedan, *A Feminine Mystique* (New York: Bantam, 1963).

② Bonnie J. Dow, “Fixing Feminism: Women's Liberation and the Rrhetoric of Television Documentary,” *Quarterly Journal of Speech*, 90 (2004): 53.

③ Ibid., p. 56.

女性主义者主张在现行社会制度下尽可能地改良社会体系，从男性那里争取到与其平等的属于女性的权力；激进的女性主义者则不满足于社会制度的改良，而是寄希望于一场变革，彻底地改变社会制度；马克思主义女性主义者则更进一步深入社会的经济基础，认为资本主义的经济结构才是女性不平等身份的根源。所谓文化女性主义，是指认为造成男女之间差异的原因主要是文化影响个体的人的方式不同，而且女性的传统角色使女性适合那些辅助、支持他人的行为；本质主义女性主义认为，造成男女之间及其行为之间差异的原因是生物上的原因，即使男女的行为不同仍可视为平等的，因此，认知这些差异并对其做出同等评价将能使妇女获得与男人同样的平等权利。生态女性主义认为，女性的本质或身份是地球的特征，并把对妇女的压迫与环境的摧毁联系起来。价值女性主义立志于评估传统女性的技能、行为和被典型地边缘化，发掘并重视妇女对文化所做出的贡献。[①] 在第二波女性主义中，不仅有被边缘化的妇女，还有女子同性恋者，不仅包括土生土长的美国人，也包括来自其他国家的移民妇女，尤其是非洲裔的黑人女性。

就在第二波女性主义运动如火如荼地进行之时，第三波女性主义也在孕育之中，并于20世纪80年代正式登上舞台，其目标是挑战那种普遍把妇女看作中产阶级、白皮肤、体态优雅和异性结婚的女人的观点。[②] 这一时期的女性主义者开始努力寻求女性的本质，而不仅仅局限在争取权利的斗争上。不过，也有学者认为，这一阶段女性主义者所作的努力仍然是在争取权利，只不过他们所要争取的是更加本质的精神和意识层面上的权利，是从根本上追求女性与男性的平等身份。[③]

第三波女性主义者包括各个种族、各种肤色、各种阶层、各种宗教背景、各种职业的男男女女，他们/她们聚焦超越男女性别的各种各样的压迫。众所周知，美国是一个移民国家，这些来自他国、怀揣“美国梦”的移民，如非洲裔移民、亚洲裔移民、拉丁美洲裔移民等，都面临着各种各样的不公平对待。可想而知，第三波女性主义者包括这些被称为“有色人种妇女”（women of color）的女性主义者或第三世界女性主义者，她

---

① Sonja K. Foss, *Rhetorical Criticism: Exploration & Practice*, p. 153.

② Ibid., pp. 151-152.

③ 伊丽莎白·赖特：《拉康与后女性主义》，王文华译，北京大学出版社2005年版，第10—36页。

们的典型行为是与种族排斥相对抗，她们以“立足点理论”（standpoint theories），通过聚焦多身份交汇，考察那种虽在当地但被排斥在外的尴尬局面，解读、对抗那种基于身份的各方面的压迫现象。[①] 此外，还有所谓的“后女性主义”，即主张根本不需要女性主义的女性主义派别。显然，这个派别体现了女性主义与后现代主义、后结构主义以及后殖民主义之间的交叉融合，反映了那些被边缘化、被殖民化的文化渴求一种能够为当地的、土著的女性主义发声的女性主义。另外，第三波女性主义还包括常称为“权利女性主义”的派别，这个派别对第二波女性主义颇为不满，因为第二波女性主义不是使妇女有权利，而是把妇女建构成受害者。他们认为，如果妇女聚焦被压迫的状况，把自己描述成受害者，她们就只能通过一个没有权利的身份去谋求权利；妇女本应该有自己的身份并对发生在其身上的一切负责。

美国社会的一个系统性问题是，即使在具有民权（civil rights）意识和多文化意识的年代，少数民族妇女不仅受妇女也受男人的支配，受民族、阶级、性别的支配以及种族歧视的影响。对此，苏珊·克赖（Susan Kray）一针见血地指出：

> 白人女性通过牺牲“有色妇女”的地位而获取了自己的地位。此外，白人妇女将人们的注意力从男人和女人之间的冲突上引开，用不同肤色妇女之间的冲突取而代之，进而使自己从不安和被边缘化的状态中引开。……正如白人妇女通过把痛苦从自身转移到少数民族妇女身上一样，少数民族群体也同样把痛苦从自身转移到妇女身上。[②]

这样，少数民族妇女遭受双重的打击就不可避免了。遗憾的是，这种状况却没有多少人关注过，虽然有人抱怨说，少数民族妇女因为是妇女和少数民族所以受到了双重的歧视。

第二三波女性主义虽有不同的派别且关注点各有不同，但汇聚成为女性主义的全景画面，其主题就是消除所有形式的压迫、控制，不仅为妇

---

① Sonja K. Foss, *Rhetorical Criticism: Exploration & Practice*, p. 153.

② Susan Kray, " Orientation of an 'Almost White' Woman: The Interlocking Effects of Race, Class, Gender and Ethnicity in American Mass Media," *Critical Studies in Mass Communication*, 10 (1993): 350.

女，而是为所有的人。女性主义坚持人人具有自主的选择权、独立的决定权。这个基本信念为女性主义修辞批评提供了一个有别于其他视角的批评范式。福斯（Foss）指出："一般的女性主义运动与学者们试图将女性主义纳入传播领域的努力导致了修辞批评的女性主义方法。"[①] 美国的三波女性主义运动是女性主义修辞批评产生的社会土壤。

或许由于妇女地位的逐渐提高，或许由于"女性主义"这个术语被媒体和文化贴上了一种带有贬义色彩的标签，也或许因为女性主义内部存在一些不和谐的声音，女性主义近乎四分五裂，元气大伤，正如斯坦塞尔（Stansell）所说："在最近的30年里，女性主义还是生机勃勃的，但现在成长到其家族内部产生了令人烦恼的相互争执。"[②] 激烈的与温和的女性主义之间的争辩，保守的与进步的女性主义者之间的争辩，第二波与第三波女性主义之间的争辩，如此等等，以致一生都反对其他女性主义思想家的克里斯塔·霍夫·萨默斯（Christa Hoff Sommers）感叹道："我们（女性主义之间）没有共享的视野。"[③]

如果说女性主义走向了衰落，那么一个重要的原因不是来自外部，而是来自于内部。很多不同的女性主义群体常常聚焦于个体问题，而不试图去创造一个连贯的女性主义理论。生育权、性骚扰、与男性同等的薪酬、政治代表权、环境问题、抚养小孩、性别建构、性行为、色情等，每个问题都曾被女性主义者认为是首要问题，反对以其他问题为焦点，这种聚焦单一问题的做法不可避免地会使本来具有共同理念的女性主义群体之间产生隔阂。对此，肯尼迪（Kennedy）一针见血地指出："长期以来，有色人种妇女和青年妇女总觉得被排斥在女性主义之外；长期以来，女性主义运动没有真正地与其他种类的斗争联合起来，如与贫困、警察暴力、环境种族主义以及不公平的工作条件的斗争等"联合起来[④]。

不过，尽管女性主义运动失去了往昔的劲头，但女性运动绝不会终止，因为社会上还有各式各样的歧视、各式各样的压迫、控制及不公平现

---

① Sonja K. Foss, *Rhetorical Criticism: Exploration & Practice*, p. 154.

② Christine Stansell, "Girlie, Interrupted: The Generational Progress of Feminism," *The New Republic*, 223 (2001): 23.

③ 转引自 Valerie R. Renegar & Stacey K. Sowards, "Liberal Irony, Rhetoric, and Feminist Thought: A Unifying Third Wave Feminist Theory," *Philosophy and Rhetoric*, 36 (2003): 334.

④ Ibid., p. 336.

象，正如桑德斯（Sanders）所指出的：

> 妇女解放运动不会在唱歌、游行、大叫大喊平息后而消失。尽管人本身可能不是敌人，但其所作所为却受到攻击，不管这些行为是否由于偏见、利益或习惯所激发。这是一种对机会平等的追求，而不是希望变成与男人一模一样的人。这是对更多选择机会、对陈规旧习的击碎，反映妇女更自由地选择自己想要的生活、对工作获得充分回报的愿望。妇女解放运动挑战现状，但当今的社会仍然是一个男人的世界——只要看看便知。①

美国历史上的三波女性主义运动使人们意识到妇女问题还没有得到修辞学应有的关注，以致卡特和斯皮扎克（Carter & Spitzack）在其编著的《对女性主义传播进行的研究》的导言中认为，那是传播领域里存在的“盲点”②。这种对盲点的觉醒促使人们对修辞传统及其实践产生了质疑，也使修辞学与女性主义交融并最终导致女性主义修辞批评范式的产生，为妇女及妇女问题的研究以及为所有传播情景下性别的研究提出了女性主义修辞批评由什么组成的问题。20 世纪七八十年代，美国相继出现了众多的组织或机构，如“言语交际协会妇女委员会”（the Women's Caucus of the Speech Communication Association）、妇女及交际研究组织（the Organization for Research on Women and Communication），1978 年还首次召开了专门研究女性主义修辞批评的学术会议。该会的一个重要成果是促成了“交流、语言与性别研究组织”（the Organization for the Study of Communication, Language, and Gender）的成立；1984 年，另一个研究性别与交际的会议召开，成为每年一度探讨女性主义视角的学术研究平台。③ 与此同时，女性主义学者也意识到，把女性主义视角与修辞批评结合起来会为修辞学研究带来革命性的变化。著名修辞学家卡伦·A. 福斯和索尼娅·K. 福斯（Karen A. Foss & Sonja K. Foss）指出，修辞学需要革命来获得成长的动力，也就是说，学者们需要质疑自己那些预设性的理念，并创造出新

---

① 转引自 Bonnie J. Dow, “Fixing Feminism: Women's Liberation and the Rhetoric of Television Documentary,” *Quarterly Journal of Speech*, 90 (2004): 66-67.

② Sonja K. Foss, *Rhetorical Criticism: Explorations and Practice*, p. 155.

③ Ibid., p. 156.

的、容纳女性主义视角的理念将之替代。①

可以说，美国的女性主义运动不仅催生了女性主义修辞批评，也为这种修辞批评范式在方法论上的多样化提供了条件。有理由相信，只要社会还存在着各种形式的压迫、歧视，尤其是两性之间及种族之间，女性主义就不会寿终正寝，并会不断培育、催生女性主义修辞批评新理论与新方法。

三　女性主义修辞批评产生的学术背景

从理论上说，女性主义修辞批评的产生与发展，与西方的修辞学转向、“新修辞学”、后现代主义以及交际（传播）研究等是分不开的。众所周知，在20世纪的六七十年代，西方发生了影响深远的修辞学转向。所谓“修辞学转向”，是指在西方学术界，尤其是在某些实质性的学科中出现的对修辞学的关注，这种关注表明，这些学科越来越有修辞学的意识，认识到它们领域内纷繁复杂的行为都不可避免地包括了一些修辞学方面的因素。修辞学转向是将传统的“劝说艺术”重建为一种全新的论证艺术的运动，它构成了社会科学与科学哲学重新建构探索的“最新运动”②。修辞学转向的一个直接而积极的结果是人们的修辞意识的提高、对修辞功能认识的深化以及对人类行为分析的修辞学视角的普及化，包括女性主义研究与修辞学的交融。③

就在20世纪60年代美国涌现出第二波女性主义思潮之时，修辞学界正刮着强劲的“新修辞学”之风。④ 赫伯特·西蒙斯教授曾这样描述“新修辞学”：“新修辞学”现在可以定义为对可利用的、能明智地处理社会问题的话语手段的寻求。“新修辞学”汲取心理学、人类学、语言学、社会学、哲学、逻辑学等领域的营养，把修辞学定位于研究如何用符号手段（即象征）调节社会关系，其领域包括所有“诱使那些生性就能对符号做出反应的动物进行合作的符号手段（象征手段）”⑤。与修辞学转向的影

---

① Sonja K. Foss, *Rhetorical Criticism: Explorations and Practice*, p. 156.

② 参见郭贵春、殷杰《在“转向”中运动：20世纪科学哲学的演变及其走向》，《哲学动态》2000年第8期。

③ 关于修辞学转向，本书前面的章节已经论述，此处不再赘述。

④ 参见拙文《西方“新修辞学”及其主要特点》，《四川外国语学院学报》（后更名为《外国语文》）2001年第1期。

⑤ Kenneth Burke, *Language as Symbolic Action: Essays on Life, Literature, and Method*, p. 43.

响一样，“新修辞学”思潮的一个重要作用是导致泛修辞化，这样，修辞学不仅研究精心设计的言语行为，也要关注那些非精雕细刻的人类交际行为，包括日常的、不经意的话语，甚至非语言现象。因此，传统上被边缘化的妇女交际理所当然值得研究，社会运动（包括妇女解放运动）也不例外。“新修辞学”的一个基本理论支点是：社会是通过修辞而建构并得以维持的，这给女性主义修辞批评的基本观点——性别是话语建构的——提供了理论支持。

女性主义修辞也受到后现代主义的影响。后现代主义反对“基础主义”、“表象主义”和“普遍主义”，是“对元叙事的不信任”，即不相信启蒙关于“永恒真理”和“人类解放”的故事①。在哲学家利奥塔看来，主体只不过是语言的功能，是“语言游戏”制造出来的；而“语言游戏”不是一元的，而是多元的。② 这个语言哲学观为女性主义关于性别的话语建构理论提供了有力的哲学支持。就女性主义对传统和权威观念的叛逆以及对现有各种知识笃信持怀疑的态度而言，它属于后现代主义。女性主义修辞批评试图“挖出”话语中女性被歧视的现象，颠覆男性霸权，因此是一种后现代主义批评、一种解构主义批评。事实上，女性主义修辞批评深受后现代主义理论家的启发。为了终结关于人作为“主体”的神话，福柯运用考古学的方法，挖出那些封存许久的、被边缘化的或被人们习以为常但背后蕴藏的深刻意义。在其后来的“系谱学”时期，他更深入地探讨了知识和权利的问题。福柯的研究方法使女性主义者（包括女性主义修辞批评者）更加清楚地认识到，对妇女的压迫一直受到现代理论及其本质主义、基础主义以及普遍主义哲学的支持和辩护：

> 尤其是人本主义话语中大写的“人”字直接掩盖了男女之间的差别，暗中支持了男性对女性的统治。人本主义话语假设了一种作为人类构成要素的普遍本质，并将在社会历史环境中形成的男性特征与活动（如理性、生产、权利意志等）推崇为人类的本质。在这种现代话语中，男人是人的典范，而妇女则是另外的一种东西，一种附属

① 利奥塔（Lyotard）语，转引自姚大志《现代之后》，第1—2页。

② 同上书，第251页。

的性别。[①]

女性主义修辞批评的产生和发展与女性主义理论研究和女性修辞研究息息相关。随着越来越多的学者把目光投向女性的身份和本质，女性主义理论研究得到进一步深入。美国女性主义修辞学家贝尔·胡克斯认为，女性主义应该是一种广义上的女性主义，而不仅仅是为了使女性成为与男性平等的社会动物或者只是致力于改变女性受压迫的现状。她认为，女性主义与意识形态紧密相关，呼应了全人类从性别角色模式、支配和压迫中解放出来的需要。[②] 从这个意义上讲，女性主义的矛头指向了全人类的性别、种族以及阶级压迫。它不再只是男女性别之间的争斗，女性主义代表了全体受压迫和被支配的人挑战自身并努力改变自己在这个庞大的支配体系中所处地位的集体斗争。不难看出，这些观点都有一个共同的特点，那就是女性主义者都努力摆脱受人支配的状态，不仅为女性本人，也为所有的人。女性主义者认为，受压迫和被支配与人类的价值不符，因此应该铲除弥漫在西方文化中的控制人的思想。正如女性主义修辞批评的开创者坎布尔所说，女性主义必然会对修辞理论建构产生重要的影响。社会上盛行的女性主义促使人们，尤其是女性主义者开始研究和分析修辞现象，这使修辞学与女性主义在一定程度上有了交汇点。坎布尔的《妇女解放的修辞：一个矛盾》一文通过对美国妇女解放运动修辞素材的分析，提出"传统的、被人们广泛接受的修辞学的劝说概念不能成为女性批评的标准"[③]。作者从明显不平等的法律、经济和社会地位等方面分析女性修辞，并认为这些方面已经成为约定俗成的文化观念，想要在不触动社会制度的情况下改变这些传统几乎是不可能的。这在一定程度上为女性主义修辞批评指明了方向。另外，作者指出，妇女解放运动修辞也存在着很多矛盾。根据古典的劝说理论，言说者要说服听众或读者，必须与他们在情感、观念和言行上保持一致。但是对于这些大众来说，他们在这些方面并不需要妇女解放，而是希望继续她们原有的社会角色。这就使得传统修辞理念在

---

① 道格拉斯·凯尔特、斯蒂文·贝斯特：《后现代理论——批评性的质疑》，张志斌译，中央编译出版社1999年版，第267页。

② K. Foss Sonja et al., *Contemporary Perspectives on Rhetoric*, 3rd ed., p. 274.

③ 转引自大卫·宁《当代西方修辞学：批评模式与方法》，常昌富、顾宝桐译，中国社会科学出版社1998年版，第16页。

女性问题上自相矛盾，在某种程度上也就激发了修辞学者对女性主义修辞进行深入研究的热情。斯皮扎克和卡特（Spitzack & Carter）对女性交际进行了深入的探讨，将之分为五个阶段：“没有妇女的交际、伟大的女性交际者、女性作为政治他者、女性作为传播者”①。这五个过程是女性从隐性到显现，从被动到主动，从边缘到中心的发展过程。尽管如此，主流文化的性别压制在当今交际学中仍起压倒性的作用，仍然是女性主义在交际领域无法实现真正平等的障碍。这两位学者从女性主义的视角审视交际学的研究，丰富了女性主义修辞批评的内涵，标志着这种批评模式的成熟。

第三节　女性主义修辞批评的理论基础

一　女性主义修辞批评的社会性别理论

女性主义修辞批评，顾名思义，要描写和阐释修辞者如何通过修辞话语建构性别并影响他人，因此从理论上说，它必须依靠一种关于性别的社会人类学理论。

20 世纪五六十年代，法国著名存在主义学者、女权运动创始人西蒙娜·德·波伏娃（Simone de Beauvoir）等早期女性主义者在向性别差异本能论进行挑战时，开始对造成性别不平等、置女人于从属地位的男权社会构造进行质疑。她们通过对欧美和非洲一些地区进行的人类文化学考察，论证了男女性别的分工和差异是由社会文化建构的，是在男性优位的社会建构过程中逐步形成的。虽然波伏娃没有直接使用“gender”这一用语，但她的“女人是被塑造的”这一著名观点成了女性主义性别概念的核心思想源流。传统上，人们习惯于按照生物的性别、社会的性别、性行为上的性别对性别现象加以分类，认为生物性别上的差异决定着社会性别和性行为上的差异。② 但社会性别理论则揭示了这样一个道理：造成男女不平等的原因不是男女生理的差异，而是社会文化；生理差异无法改变和消除，但社会文化却可以改造，社会性别可以建构。在传统社会中，由于社

① 转引自大卫·宁《当代西方修辞学：批评模式与方法》，常昌富、顾宝桐译，中国社会科学出版社 1998 年版，第 16 页。

② 参见林红《试析性别理论的核心思想及其学术价值——从性别概念的形成谈起》，《福建论坛》2004 年第 1 期。

会制度及其主流文化观念是父权的，男女在社会化过程中出现了不平等现象，即男女性别角色之间成了主体与他者的关系。性别受社会文化因素影响的观点也提示人们，社会文化不仅直接地对社会性别和性行为加以构建和制约，而且通过社会性别加强、复制和合法化那些建立在生物学基础上的差别。譬如，传统的性角色给男子贴上进取、自信、主动与独立的标签，给女子则贴上主观、无竞争意识和依附性的标签。因此，与进取心和竞争意识有关的事业上的雄心大志被认为与女性不相称，对女性来说是第二位的，所以事业出名的妇女便成了一个矛盾的说法。

作为一种哲学思维方式，性别理论反对非此即彼的二元思维模式，弘扬和谐共存的多元式思考方法，否定先天的、生物决定论的观点，坚持后天的、社会文化建构的思想。根据这种哲学思想，性别是社会文化建构的产物，两性间的不平等既是男性中心社会权力结构的产物，又是维持这种权力结构的基础。这为修辞批评的女性主义视角提供了哲学方法论。在修辞批评的女性主义范式中，批评者的目的和任务是通过分析话语（广义的概念），阐释性别在修辞话语中的建构，并揭示其修辞运作。而要达到这个目的，就要采用一种多元的思维方式，既要把性别与权力联系起来，又要把阶级、民族、人种、辈分等其他因素所引起的同一性别间的差异与各因素联系起来。

女性主义修辞批评的性别理论认为，女性的特征或身份其实并非与生俱来，而是后天在社会生活中建构起来的，其主要途径是语言的使用。正如哈特和多通（Hart & Daughton）所指出的那样：

> 如果角色不是与生俱来的，那么它在出生后很快就会到来。“幼儿”成长为“儿子”或“女儿”，并学会看到暗示就发出咯咯的笑声或露出笑容。“幼儿”也可能变成“兄弟姊妹”，并学会彼此分享；学会成为“外甥”、“侄子”……这些角色也是习得的，然后又成为“学生”……“挚友”、“爱人”、“律师”、“房产拥有者”。每一个生活阶段都有其工作，每个工作都是一个委托人或顾客，每个顾客都是一种修辞。①

真理是人使用语言创造出来的，人使用语言这个功能机制来探究、理

① P. Hart Roderick & M. D. Suzanne, *Modern Rhetorical Criticism*, p. 213.

解自己以及周围的世界。“世界就在外面存在着，但对世界的描写却不外在于人”[①]。女性的社会特征以及关于性别的差异，其实只是人们使用语言进行阐释的结果而已。现代社会的语言通常是夫权传统的产物，使用父权语言不免会侵蚀妇女的自我意识，“我们只要想想诸如 feminine，unfeminine，womanly，unwomanly，就可以了解为什么某些词汇，尤其是那些被认为为我们命名的词汇，不仅不能表示我们是谁，反而摧毁我们的身份”[②]。在性别的社会建构中，语言发挥了不可替代的作用，因为人是用语言去阐释性别差异的，通过语言对男女差异的描写限制或影响人的行为。

二　女性主义修辞批评的语言哲学观

尽管不同女性主义修辞批评者各有千秋，但都有该独特范式所依赖的语言哲学基础。女性主义的一个明显论断是：人类的交际是性别化的。如果人类的交际主要是通过语言来实现的，那就是说，所有的语言使用都是性别化的。从这个角度来说，语言不是客观的，而总是染上性别化倾向的；语言的性别化不可避免。语言不仅是工具，而且还是人赖以存在的方式。人之所以是人，就在于其对语言的使用，或者说符号的使用。如果没有“语言使用”这个本质特征，人与其他动物没有什么本质区别。

语言是人赖以存在的方式，它对社会的建构、对社会性别建构的作用是显而易见的。语言对社会性别的建构作用归根结底是语言对知识的建构作用。传统的语言哲学观认为，语言是人们交际的工具，知识是经验观察的产品。但这种观点被科学史学家、科学哲学家托马斯·库恩（Thomas S. Kuhn）证明是不对的。知识并非我们关于这个世界和我们自身的摹写或表征，也并非通过所谓的客观方法获得的所谓的科学发现。所有的知识都是一种社会建构物，是植根于特定历史和文化的人们协商、对话的结果，是人们在社会人际交往中“发明”或“创造”的，而不是通过所谓的客观方法“发现”的；作为一种社会现象，性别也是一种社会文化的、语言建构的结果。有迹象表明，大多数女孩子在社会交往中会展示其年幼

① Richard Rorty, *Contingency, Irony, and Solidarity* (New York: Cambridge University Press, 1989), p. 5.

② Mary Daly, *Gyn/Ecology: The Metaethics of Radical Feminism* (Boston: Beacon, 1978), p. 331.

时观察到的传统社会角色特点，但是，拥有这些技巧与一个妇女是否真会成为一个妻子和母亲无关。① 社会文化鼓励妇女展示出那些与其私人生活中行为举止一致的特征，但是公众交际主要是男性的，但却作为“好”的言语范例，这样，女性的交际模式与私人的家庭生活相关，而不适合那些与工作有关的、有竞争性的或公众场合下的议政事务。②

比如，所谓的知识或共识——“女性温柔”——并不是与生俱来的，而是带有偏见的，是社会建构的结果。这种“知识”具有一种潜在的修辞“劝说力”。假如某个女人性格泼辣、刚烈，她就会被潜意识地认为不好，反之，就是良家女子。于是，假如她是正常人的话，人们就会期望她如何行事；并且如果她希望得到别人的肯定，她可能会努力表现出人们所期待的“温柔”。这样，“温柔”就产生于她与社会的互动。用伯克的动机语法来描述，这是典型的“行动者—行为”关系对子：因为你是女人，你就应该有女人所有的典型“温柔”特征。在社会交往中，久而久之，这种女人“温柔”特征就被建构起来并一直伴随着女人终身。以下是一则典型的关于女性特点的广告：

> A woman' s mouth should look soft and feminine, and sensuous and sophisticated. All at the same time. That' s why new Love' s Reflections Lip Cremes were created.
>
> LipCrème colors are soft-spoken. From the rich, clear shades to the mellow, muted ones. And when they' re pearled, it' s done delicately. With just a touch of shimmer.
>
> LipCrème textures feel sensuous. Because Love used 3 special moisturizers to make Lip Cremes moist, creamy, richer on your mouth.
>
> Love' s Reflections Lip Cremes will give your mouth a look that' s soft-spoken and sensuous. And that' s way a woman' s mouth should look. ③

该广告告诉妇女如何具有女性特点：精致、温柔、沉默、敏感、轻柔、纤

① 转引 Bonnie J. Dow & Mari Boor Tonn, “ ‘Feminine Style’ and Political Judgment in the Rhetoric of Ann Richards,” *Quarterly Journal of Speech*, 79 (1993): 288.

② Ibid.

③ 参见 Roderick P. Hart & Suzanne M. Daughton, *Modern Rhetorical Criticism*, p. 283.

弱、性感。就像装饰品一样，女人可见但不可闻，其嘴唇要湿润，像奶油一般，就如供给男性的可口的食物，这暗示了女性应满足男性的口味。可见，这个广告将女性附属于男性，对男性而言，女性就像是取悦于男性的东西、一种可口的食品，一句话，就是为取悦和满足男性欲望。这样，女性就失去了自我，失去了像男人一样的权利。用伯克的理论说，广告修辞者通过使用这些词语，诱发女性——被当作取悦男性、满足男性需要的人——继续认同传统的女性价值观，从而使男性支配地位得以延续。倘若有人购买该产品，那么实际上也就以购买和消费该产品的行动在践行着性别歧视、性别压迫。

语言的社会建构功能，包括性别建构功能，具体表现在几个方面。首先，社会现实必须经过人的认知，经过语言的运作（也即修辞过程）才能成为社会现实，未经人认知的纯自然的存在之物不能成为社会之物。其次，语言赋予事物以概念，人必须靠语言的概念、范畴去命名和分类整理事物，去认识事物，离开了语言，人就无法认知世界。最后，人对世界的认识必须以语言为物质载体储存于大脑、书本、电脑之中。

当女性的身份被“摧毁”后，女性也只能用男性的话语去说话和反映现实或建构现实。语言的建构作用，得到了语言哲学家维特根斯坦和奥斯丁的支持。根据维特根斯坦的观点，词语的意义是使用者按自己的目的使用它们时赋予它们的，换言之，语言使用是人们对现实世界进行构建的一种行为方式①。奥斯丁的言语行为理论从哲学角度解释了语言交流的本质，即说话本身就是一种行动。从语言对人们思维的作用来看，语言的社会建构作用是显而易见的。因为语言是先在的，所以它并非仅仅具有命名功能，同时还有规范作用，它规定了人们认识的方式，限定了思维的方向。因为这些语言范畴已经先于个体而存在，如果不使用这些语言范畴，个体就无法让他人了解自己。可见，语言并不是一个中性的工具和媒介，相反，它为我们认识世界和自己提供了范畴和分类的方式，从而规定、限制了人们的思维。

① 参见刘永涛《语言作用于社会建构主义》，《国际问题论坛》2004 年第 36 期。

第四节 女性主义修辞批评的基本哲学假定

从辩证的角度看，“女性主义”本身显然蕴含了某种歧视和不平等。肖沃尔特（Showalter）曾指出：“具有支配权与被支配权的群体都在不经意的时候产生信念或对现实体制进行整理，但是具有支配权的群体控制了意识被表达的形式或结构”①。因此，被支配的群体必须通过支配结构所允许的形式来表述自己的信念。换言之，所有语言都是支配者的语言，女性，如果要说话的话，就必须通过这种语言来表达自己。从女性主义者的角度来说，男性是支配群体、“发声”的群体，女性是被支配的、“哑声”的群体。女性必须使用男性的语言来表述自己。

男女不平等状况在英语词汇构词法中有最明显的体现。比如说，英语词“women”（女人）是在“men”（男人）前加“wo-”构成（“wo-men”）；英语的“she”（她）是在“he”（他）之前加“s-”构成（“s-he”）；在称呼中，男性作为无标记语，而女性则作为有标记语，比如说“某某是演员”，一般意味着某某是一位男演员，否则就要加表示性别的“女”字：“某某是女演员”，这就是说，男性是无标记的，女性是有标记的。在英语的构词里也有体现：“演员”的英语是“actor”（演戏的人，即男演员，是无标记的），即在动词“act”（演）后加“-or”（一般意为“……的人”），如果要说“女演员”则需在“act”后加专门表示女性的词缀“-ress”（意为“女性”，从而构成“actress”（女演员）。这种构词特征表明，男性是基础，女性附属于男性。不管话语者是谁，凡是要使用这些词时都要这样去构词，都在不知不觉中践行着性别差异及性别歧视。

在女性主义批评领域，甚至整个西方修辞学领域，性别歧视也有表现。综观修辞学的历史，女性修辞者鲜有提及，一方面这是因为传统上修辞学往往聚焦公众演讲，而在这种场合下有“权”发声的女性公众人物极少，尽管从能力上来说并没有修辞能力的差异。到70年代也很少有少数族裔女性在政府、媒体、公司、学界担当过重要职位。批评研究认为，

---

① 转引自 Carole Spitzack & Kathryn Carter, “Women in Communication Studies: A Typology for Revision,” *Quarterly Journal of Speech*, 73 (1987): 418.

性别本身（或种族或阶级）是在话语中产生的，而且其产生的方式是一个授权（empowerment）问题。自从智者派（诡辩派）以来，人们就知道言说者、本文、听众与语境相互作用，进行权力分配。[①] 在女性被剥夺了发声“权”的时候，人们听到的当然只有男性的声音，因此女性在修辞学中就缺乏实实在在的体现。从这个角度来说，在传播学界一直存在着没有女性的传播/交流的现象，“没有女性传播的研究把女性交流放在其对人类交流的解释之外”[②]。这是性别歧视在传播研究领域的一个明显例子。

第五节　女性主义修辞批评的一般操作方法

女性主义的批评方法与女性主义的主张密切相关，不同的派别有不同的关注点，但一般说来，女性主义修辞批评的基本宗旨是发掘修辞话语下所蕴含的歧视、压迫、偏见、支配，揭示其之所以然的修辞运作机理，从而唤醒人们关注并尽可能改变这一现象。不管采取什么样的女性主义视角，修辞批评都旨在改变当前的政治和社会状况，使所有的人，不管其背景如何，都能享有自由、安全、平等，享受作为一个完整的人所应有的一切。[③]

女性主义修辞批评可以以问题为导向。女性主义批评者不从理论出发，而是从问题出发，认为在此之前的理论都是以男性中心主义的方法来建构的，所以要从女性自身的经验出发反对那些理论并证明它们的非法性。就这种趋向而言，下列问题至关重要：修辞者及其文论提出了什么问题？修辞者选择了什么样的思路去思考这些问题？采取了什么方法来解决这些问题？得出了哪些结论？这些思路、方法、结论的思想基础是什么？今天人们又是如何评价这一切的？女性主义修辞批评也可以采取历史主义趋向，即将关注的问题、研究的对象置于其所处的那个具体历史环境中以历史主义而非本质主义的眼光去对待。

① Barry Brummett & Margaret Carlisle Duncan, " Toward a Discursive Ontology of Media," *Critical Studies in Mass Communication*, 9 (1992): 229.

② Carole Spitzack & Kathryn Carter, "Women in Communication Studies: A Typology for Revision," *Quarterly Journal of Speech*, 73 (1987): 402.

③ Donna M. Nudd & Kristina L. Schriver, " Feminist Analysis," In Jim A. Kuypers (ed.), *The Art of Rhetorical Criticism*, p. 270.

从聚焦点看，女性主义修辞批评大致可分为四种：政策批评、叙事性批评、代表性批评、行为性批评。[①] 女性主义修辞批评的政策批评（policy critique）是对公共政策的性别倾向进行评论，这是对公众政策的一种质疑和挑战，认为公共政策反映了男性的而非女性的世界观。根据这种认知，女性主义修辞批评者将这个视角与公共事务领域的话语，即将论题、体裁及语体风格联系起来对修辞产品/行为/话语进行批评，譬如听证会、法庭辩论等。

女性主义修辞批评的叙事批评（narrative critique）视角，从修辞产品的作者和读者的女性或男性角度考察叙事一般是如何与妇女意识相互作用的。这类批评者意识到，讲述自己的故事的能力是一个关键的政治策略。女性主义批评者质疑西方长期以来很畅销的所谓“名著”中以男性为参照的准则，男性作者往往会歪曲女性，将其与偏离常规的行为相联系。施维卡特（Schweickart）曾指出：

> 女性主义者不能拒绝阅读父权文本，因为它们无所不在。……事实上，当一个妇女成为女性主义者的时候她就已经阅读过无数的男性文本，尤其是那些根据文学和批评准则来说是最权威的文本……女性主义者讲述的故事强调父权性的建构物（patriarchal constructs）不仅具有主观现实也有客观现实，它们存在于文本里面也在其外面，在读者中也在其外。[②]

女性主义修辞批评的代表性批评视角（representational critique）是指向文化的，尤其是对影视领域中的女性描述进行探讨，以期确定这些女性描述是如何促进或阻碍社会政策的。比如，电影的修辞往往教授听众如何从男人的视角去看女性人物，将之看作引起性欲的，或可怜兮兮的人，尤其美女出现时更是如此。而在恐怖片中，女性人物往往会表现出被吓得失魂落魄的样子。这类批评或许也可以称为身体批评，因为批评者考察女性人物的身体对外界的反应，或修辞者对女性身体的描写或展现方式。

女性主义修辞批评的行为性（performative critique）批评视角是对行

① Roderick P. Hart & M. D. Suzanne, *Modern Rhetorical Criticism*, pp. 291-304.

② 转引自 Roderick P. Hart & M. D. Suzanne, *Modern Rhetorical Criticism*, p. 295.

为中的性别体现方式进行考察，或者通过书面分析、话语的生产以及各种不同层次的执行动作，研究行为中的性别蕴涵。这种视角的基本理念是，“性别只有在行为中才是真的”[1]。不像生物决定论者那样，行为批评者认为，性别不是静止的，而是动态的、易变的，用言语行为理论的词汇来说，性别是以言行事的产物。显然，根据这样的认知，女性主义批评者聚焦人的所作所为，研究书写、舞台表演等，洞察里边所蕴含的性别意义、种族意义或阶级意义[2]。

由于女性主义的目的及修辞产品的不同，不同的批评者使用的方法也不同。从操作层面看，女性主义修辞批评大致有四种方法[3]：

第一种方法是重新界定性别概念和性别行为，即批评者先考察人们是如何用一种惯用模式使用语言去描写性别理念的，然后试图创造一种新的、对人生或语言没有父权意义的语言，并有力地揭开父权的神秘面纱。据前文所述，性别是社会的建构物。父权是靠语言的运作得以维持的，因此，要解构男性霸权，关键要替换原先那套维持父权的词汇。最后，批评者对那些为男性气质和女性气质“穿紧身衣”的词汇进行改造，从而赋予其新含义。传统上，男性“创造”人们使用的语言，而女性的语言变得无声。不幸的是，男性“创造”的语言被收入词典，成了标准的语言词汇，以致人们使用这样的语言时还不知不觉地偏爱一种父权的视角。作为女性主义批评者，要将当前文化里存在的种种问题语言系统显示在大庭广众之下，让性别歧视、男女不平等大白于天下。这种定义方法对于解构种族歧视、种族不平乃至一般意义上的压迫与不平等，在方法论上仍然适用。

第二种方法是重现以往被排斥在外的或被掩埋的女性修辞产品，从而揭示出性别歧视、不公平或压迫的现象。对女性的压迫、歧视、不公平，一种常见的表现形式就是使女性边缘化，使女性销声，因此，要揭示这种现象，经常采用的是一种类似福柯所说的考古学方法。如果说明了女性被排斥，实际上也就说明了男人仍然是交际行为的标准，妇女在重要的话语

① Judith Butler, *Gender Trouble: Feminism and the Subversion of Identity* (New York: Routledge, 1990), p. 78.

② Ibid., p. 305.

③ 参见 Donna M. Nudd & Kristina L. Schriver, "Feminist Analysis," In Jim A. Kuypers (ed.), *The Art of Rhetorical Criticism*, pp. 278-279.

方面被边缘化了。这种方法实际上已经假定了父权对一个可见的女性修辞者的抹杀，也假定了对其重要性的遗弃。

第三种方式是记录文化生产，也即记录一个修辞产品的生产方式和过程。通过分析文化生产体系，人们可以透彻地理解关于性别的信息是怎样被创造出来的，是如何以某种方式被包装的，总而言之，这种方式关注修辞产品的产生过程，而不仅仅是产品本身，也就是说，这种方法揭秘隐藏在修辞产品背后的人物，并分析该修辞产品是如何产生的。

第四种方式是修改，即通过分析修辞产品，以期修改修辞学中的某些理论。传统上，修辞是劝说、书写和言说的话语，但女性主义者却质疑传统上的信息传播方式，比如，著名修辞学家索尼娅·K. 福斯（Sonja K. Foss）就提出了“邀请性”修辞（invitational rhetoric）[①]，提出了不通过强加于人的方式实施影响他人的新概念。邀请性修辞者认为，他们没有权力把自己的思想强加于听众。总之，修辞批评的修改法质疑那种想当然的或令人满意的修辞下的假定，并提出新的见解、新的可能性以及新的解释框架。[②]

根据贝尔·胡克斯的观点，女性主义不仅是女性主义者为了争取自身的权利而斗争的工具，即狭义的女性主义，而且要使全体受压迫的、处于从属地位的人，不论男女，改变自身在社会文化中固有的处境和地位。由于女性主义“反支配意识形态”的观点将其修辞批评对象扩大到了包括来自于父权制和男性的性别压迫在内的一切支配和压迫现象，使得几乎所有的文本或话语都可以进行女性主义修辞批评。这些文本可能是关于种族、性别、阶级、宗教或者其他形式的可能存在压迫和支配现象的，也可能只是一场电影、球赛，或者总统选举。

如果采取狭义的女性主义视角，修辞批评家要关注修辞话语中性别因素的建构，关注文本中对男女性别的描述，找出文本所要表现的性别双方哪一方才是正统的，哪一方处于主导地位，这种效果又是如何实现的。同时，批评者也要研究该文本的作者试图将读者定位在什么地方，考察修辞文本展示给人们的不同视角，不同性别角色的立场、生存条件等。如果采

---

① Sonja K. Foss 于 2013 年受笔者之邀在上海大学外国语学院做了一个题为“邀请性修辞”的讲座，此观点是该讲座的主要内容。

② 参见 Donna M. Nudd & Kristina L. Schriver, “Feminist Analysis,” In Jim A. Kuypers, *The Art of Rhetorical Criticism*, pp. 278-283.

纳广义的女性主义视角，即将批评对象指向支配意识形态，那么修辞批评者的眼光就应该在狭义的批评基础上再放远一些。①

总而言之，作为从性别的角度对象征行为进行评论的范式，女性主义修辞批评一般的步骤是先提出一个意识形态或思想假设，认为修辞行为是修辞者基于某种性别的倾向，并体现了与听众/读者相一致的性别倾向。以下问题（它们可能有一定程度的重叠或交叉）可以挖掘与性别相关的重要信息②：修辞话语展现了怎样的“常规”？修辞话语展现了什么智力或角色传统？该修辞产品是如何加强该神话或神秘之处的？这些信息有何含义？修辞产品在哪些方面暗示或表明妇女、男人应该如何展示外表？如何思考问题？如何为人处世？修辞话语的性别倾向是什么？修辞者是如何对待具有不同种族、性别、性倾向、阶级等背景的人的？在文化理念上，修辞话语展示了怎样的男子气质和女性特征？修辞行动是否提供证据表明某一性别受到贬损？行为、个性特征、重要问题或价值特征等的标准被展示为男性的还是女性的？修辞者的语言符号使用是否贬低了妇女？从修辞话语整体来看，其传递的信息是怎样挑战女性或男性神话的？需要做什么才能提高妇女的地位？

女性主义修辞批评者的一个重要任务是揭示那套建构女性角色的词汇，并努力提出一套新的替代词汇，这样就能给现实带来变化，消除性别歧视或种族歧视、社会不公。正如雷内加和索厄兹（Renegar & Sowards）所指出的那样：

> 人们创造出罗蒂所说的最终的词汇，即一套词汇和句子，并使用它们来证明其行为和信念是正当的、合法的，因此从这个角度上说，我们使用词汇来分享对周围世界的认识，但因为语言的局限，我们从未真正创造出完全反映现实的描写。……的确，如果语言能够真正如此决定/影响人的存在，那么有理由相信：有意识的语言变化及新词汇的创造会带来极大的社会变化。③

---

① Sonja K. Foss, *Rhetorical Criticism: Explorations and Practice*, pp. 157-159.

② Roderick P. Hart & M. D. Suzanne, *Modern Rhetorical Criticism*, p. 285.

③ Valerie R. Renegar & Stacey K. Sowards, “Liberal Irony, Rhetoric, and Feminist Thought: A Unifying Third Wave Feminist Theory,” *Philosophy and Rhetoric*, 36 (2003): 337.

因此，女性主义批评者要揭示修辞话语中这套词汇如何影响人的行为，使人们都认为他们的行为是自然而然的，从而唤醒人们对这套词汇的敏感度和意识，使他们认识到自己有权为自己界定(self-definition)的重要性，认识到所谓的自由其实是对“偶然性的认识”[①]，因此他们就会明白这样的道理：有了一套新的词汇，变化就有可能发生。“这样的想法是非常重要的，因为他们创造了一种能够为被压迫的妇女带来解放的基于语言的哲学观。”[②] 要摆脱男性的支配，女性就要具有自我身份定义的自主权，因为“自主并非所有人都拥有，不是社会可以通过停止压迫她们，就能将自主给予她们的。自主是特殊的人希望通过自我界定来获得的东西，但很少人能真正获得它”[③]。自我身份的定义权其实也就是话语的使用权。

从撰写批评文章的过程来说，女性主义修辞批评的步骤与其他批评范式相同。[④]

第六节　结语

女性主义修辞批评是对修辞话语进行分析，揭示压迫、支配和歧视是如何通过话语的修辞运作而产生的，从而挑战这个过程，使人们知道他们有选择的方式和行为的能力。用修辞三角来解释就是，女性主义修辞批评者要解释修辞者或社会如何用修辞话语“劝说”社会上的听/读者接受社会对妇女角色的定位，使人们理所当然地认为妇女就应该如何如何。[⑤] 由于修辞批评家关注的不仅是建立在性别基础之上的各种各样的控制、支配形式，女性主义批评范式也可以用来阐释建立在种族、阶级取向或者任何其他身份基础之上的控制、支配或压迫形式。

女性主义修辞批评向我们展示了从女性主义角度如何看待修辞行为和修辞批评的。从现实来看，由于当今社会性别问题将长期存在，处在压迫和支配体系里的人们所面临或正面临的局面会不断发生变化，修辞批评的

---

① 罗蒂的话，转引自 Valerie R. Renegar & Stacey K. Sowards, “Liberal Irony, Rhetoric, and Feminist Thought: A Unifying Their Wave Feminist Theory,” *Philosophy and Rhetoric*, 36 (2003): 339.

② 同上。

③ 参见 Richard Rorty, *Contingency, Irony, and Solidarity*, p. 65.

④ 关于撰写批评论文的步骤，可参见第二章“修辞批评：定义、历史及一般方法”。

⑤ Karyn Rybacki & Donald Rybacki, *Communication Criticism: Approaches and Genres*, p. 284.

女性主义视角向人们提供了一个有用的工具，帮助人们在纷繁复杂的环境下认清自己的处境，做出明智的判断并找到有效的对策。从思想上来看，由于女性主义对任何主流文化的不妥协和对现有知识的怀疑和反思，它拥有不竭的动力向更高的境界迈进。

总之，女性主义修辞批评认定了语言的偶发性特征，认为语言是有条件的，新语言的潜在威力突出显示了社会变化过程的修辞本质。据此，女性主义修辞首先要从语言问题开始，其次试图创造出新的、跨越个体经验差异的多样性词汇，从而促进社会的公平与正义，使社会更加和谐、幸福——社会和谐、生活幸福，这正是修辞学的最终目的。对女性主义修辞批评来说，修辞批评者必须重视语言使用及现实的修辞建构的重要性，并提出女性主义者参与现存社会变革的途径。

第十章　体裁修辞批评

大千世界无奇不有。面对纷繁复杂的世界，人类不是茫然不知所措，而是对其进行有序的分类，将无限的事物分成有限的类别，将无序变为有序，从而加以认知和理解。不仅对自然界的事物如此，对人类的言语行为也是如此。人类的言语行为可谓无以计数，但人们总能对它们进行区分。“这是口语，那是书面语”——这是在对人的言语使用进行分类。“他在会上使用的是正式语，在家里使用的是熟稔语体”——这也是在分类。事实上，人们要认知世界，就必须对世界的事物进行分类。人们所知的法律语体、科技语体、文学语体、政论语体等就是人们对言语行为分类的产物，体现了社会人有别于其他动物的能力和主观能动性。20 世纪西方修辞学界兴起的体裁修辞批评就是基于对言语行为进行分类的一种批评范式。

第一节　体裁修辞批评的产生及其理论背景

自从 20 世纪修辞批评登上修辞学舞台后，以古典修辞学理论为蓝本的传统修辞批评范式占主导地位长达四十余年，虽其间有不少修辞批评文章问世，但理论上却无多大进展，方法和选材也比较僵化。1965 年，布莱克分析了当下修辞批评理论与方法的一些弊端，并提出了他的真知灼见，对后期的修辞批评理论与方法论的探讨起了巨大的推动作用。他第一次提出“体裁批评”（generic criticism）这一术语，认为修辞者处于一定的情景之下，因此有一定量的修辞反应方式，而历史上反复出现的某种情景将会为修辞批评家提供关于那种情景下的典型修辞反应方式的信息。

劳埃德·比彻尔于 1968 年在《哲学与修辞学》杂志上发表了对修辞

理论界具有深远影响的文章《论修辞情景》[①]，对修辞情景下了一个经典定义，并描述了修辞情景的基本要素和特点，为体裁修辞批评的创立做出了重要贡献。此后，体裁修辞批评的论文像雨后春笋一样涌现。著名修辞学者坎布尔和贾米森（Campbell & Jamieson）编辑出版的《形式与题材：决定修辞行为》探讨了一些体裁批评的样板文章，对体裁批评的发展起了不小的促进作用。[②]

第二节 体裁、体裁修辞批评的含义及其理论基础

一 体裁与体裁修辞批评的含义

在不同的领域，“体裁”有不同的定义。[③] 在文学艺术界，它是指文学艺术作品的种类或样式，如人们常说的诗歌、散文、小说、戏剧等。在修辞学界，“体裁”当然是指修辞话语的种类或样式，而人类一切行为，包括语言的和非语言的言语行为，都是修辞行为，因此都可以做修辞批评分析。

“体裁”的概念其实可以追溯到亚里士多德的古典修辞学。在他的修辞学体系中，体裁是一个重要概念，尽管他当时没有对“体裁”进行明确的定义和描述。他把修辞学分为法学修辞、议政修辞、宣德修辞，其实就是指在法庭、议会和典礼这三种修辞情景下的典型话语，是三种显著的语类形式。在当代，对体裁进行界定的学者有不少，其中巴蒂亚（Vijay K. Bhatia）是比较著名的一位，他根据斯韦尔斯（Swales）的观点把体裁定义为：

> 可识别的交际行为，其特点是具有一定的交际目的，其目的处在该体裁经常出现的专业或者学术团体中并为该社团成员所识别和理解。通常，体裁在内容、位置、形式以及功能价值方面具有限制作

① 参见 Lloyd Bitzer, "The Rhetorical Situation," *Philosophy and Rhetoric*, 1 (1968): 1-14.

② 参见 Carl R. Burgchardt, *Readings in Rhetorical Criticism*, p. 394.

③ 在西方修辞学界，“体裁批评”的英语表达是“Generic Criticism”，也可以译为“语类批评”或“类型批评”。

用，显示出高度的结构化和规约化。①

上述定义表明，体裁是有明确交际目的的可被识别的交际行为。尽管内容、形式、听众、媒介等其他因素会影响体裁的性质和建构，然而最重要的决定因素却是交际目的，它使体裁形成并给予其内在的结构。在修辞批评领域，"体裁"是指修辞双方都能识别和理解的、具有某种交际目的并在内容及形式上显现出高度结构化和规约化的修辞话语。

体裁之所以是体裁，显然是因为它具有一定的组织规则，或者说具有跨越时空的形式特征。比如，在古典修辞学中，只要在法庭上进行辩论，不论何时，也不管何人进行论辩，大致就要使用"法学修辞"体裁；只要在议会上讨论国家的大政方针，不管何时、何人，大致就要使用"议政修辞"体裁；依此类推，在典礼或仪式上大致就要使用"宣德修辞"体裁，否则交际就难以取得理想效果。

关于体裁的描述，语言哲学家维特根斯坦使用的著名的"家族相似性"对体裁修辞批评的理论及实践颇有启发：

> 比如考虑我们称为"游戏"的过程。我是指棋盘游戏、纸牌游戏、球类游戏等，它们之间有什么共同之处呢？——别说"肯定有共同之处，否则它们不能称为'游戏'——但要看看是否所有的东西都有共性。——因为，如果你看它们，你不会发现它们之间有共同点，而只是相似点、关系，而且这些相似点或关系是整套的"。②

维特根斯坦的比喻揭示了体裁的家族相似性特征。体裁是家族，是由具有相似点的成员组成的一个集体。维特根斯坦的家族类比旨在表明：语言行为虽然存在相似性，但却没有相同之处。这的确有道理，因为任何语言的使用都是在一定的语境之下进行的，而语境都会因时过境迁而不同，充其量只是相似，所以，在此类情景下的语言使用也不可能完全相同，只是相似而已。费希洛夫（Fishelov）更是一语中的地指出了文学体裁中家族特

① Vijay K. Bhatia, *Analyzing Genre: Language Use in Professional Settings* (London: Longman, 1993), p. 1.

② 转引自 David Fishelov, *Metaphors of Genre: The Role of Analogies in Genre Theory* (Pennsylvania State University Press, 1993), p. 55.

征的无处不在：

> 家族是一个似是而非、难以把握的实体，它具有很多面具。它在每处都相同，但又不完全相同。在历史上它既保持不变，但又不是一成不变。家族是一个延续、稳定的进化过程的产物；家族的形式是根据生活条件而形成的，并在特定的时空中达到顶峰。①

费希洛夫对体裁的描述对体裁修辞批评有两点重要启发。第一，体裁作为一个家族，其成员之间的相似性不是客观存在的，而是经过主体认知的产物。体裁家族成员看似相同，实则不同，关键就在于认知主体如何看。第二，体裁的形成是一个历史过程，一种交际主体适应情景过程的产物，是一种修辞沉淀的产物。

由于体裁是历史的积淀，它必然带有时代的烙印，浸染着当时的社会文化特征。正因如此，有人将体裁看作一个文学的“惯例”（institution）②，或是一个写作者与特定公众之间的协约，其功能是表明某一文化产物的恰当用法。在交际过程中，修辞者的常识告诉他，在某种情景中大多数人认为某人应该如何行事，而且必须这样，因为大多数人都认为应该这样做。③ 显然，违反这种规约，就意味着在交际过程中违反了听众可能具有的期待，交际也就可能会失败。费希洛夫精辟地指出：

> 任何想在某种体裁的家谱树上寻找一个位置的作家都在参与模仿与创造、肯定与否定的辩证之中。要做到这点，作家必须从其父母身体中汲取很多东西，同时又要树立起不同的身份特征——他需要从父母那里得到保护，他对父母的情感依靠是没法解决的。同时，他也强烈地希望过自己的生活，展示自己的自给自足并做自己的决定。④

上述生动的比喻解释了在体裁形成过程中言说者一方面要遵守言说的一般

① David Fishelov, *Metaphors of Genre*: *The Role of Analogies in Genre Theory*, p. 82.

② Ibid., p. 87.

③ Ibid., p. 89.

④ Ibid., p. 72.

规则，遵守语境的规约性；另一方面又要根据具体情况决定恰当的话语；言说者始终在模仿与创造，肯定与否定的辩证之中，最终，相似的语言使用就逐渐定型下来，于是，用伯克的话说就是，“人们觉得有必要给它们一个名称”①，即体裁的名称。

以上关于体裁的描述表明，在体裁形成的历史长河中，一旦某种体裁的雏形得以形成，就会对其后续的相关言语交际形成一种影响或者制约。当然，在某种特定情形的交际中，交际者在借鉴或遵守先前基本体裁规则的基础上也会做出一些微调，即“从父母身体上汲取很多东西，同时又树立起不同的身份特征”。因此，从历时的角度看，先前相似的体裁对后续的交际者施加影响，后续交际者在基本上保留家族特性的基础上也根据自己所处的特定修辞情形对修辞话语做出调整，直到某一体裁最终相对稳定下来。这个体裁的形成过程可以用图 10.1 表示。

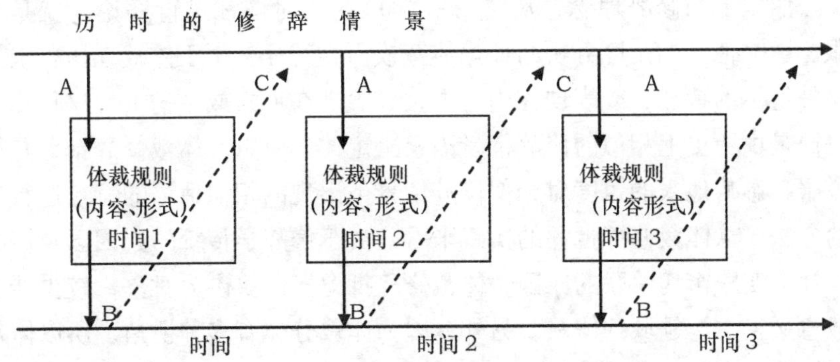

图 10.1　体裁的沉淀与形成过程

说明：A 表示先前相似体裁通过为修辞者提供涉及内容和形式方面的规则来影响修辞行动；B 表示在重复的修辞情景中，修辞者受先前体裁的影响，体现在它为修辞者提供涉及内容和形式方面的规则上；C 表示修辞者或再生产，或加强，或改变先前的体裁。此处汲取了 Tim Kuhm 的观点，详见 Tim Kuhn，“The Discourse of Issues Management：A Genre of Organizational Communication，” *Communication Quarterly*，45（1997）：188-210.

从体裁形成的历史过程可以看出，将体裁看作家族不无道理。蒂姆·库恩（Tim Kuhn）曾风趣而又形象地指出：“一个作者发现一种体裁，但

① Kenneth Burke，*The Philosophy of Literary Form*：*Studies on Symbolic Action*，p. 3.

这意味着‘一个后代’，它延续了那样形成的体裁传统。一个作家的典型语体、风格或主题内容或许能修改一种体裁，或给这个体裁的发展过程做上一个记号。”[①] 所以，体裁是继承与发扬的产物，一种互文性（intertextual）的产物。

在弄清楚“体裁”及其特点之后，“体裁修辞批评”的含义就不难理解了。“体裁修辞批评”，顾名思义是从修辞学角度对“体裁”进行评论，即是对话语家族相似性进行的修辞分析与评论。那么“从修辞的角度”看这意味着什么？亚里士多德把修辞学定义为“在任何特定场合下寻找可能的劝说手段的功能”[②]，这表明修辞的目的是说服他人，在一个特定的场合下，任何有利于劝说的东西都可以被纳入修辞学的范围，修辞学重在寻求劝说手段。亚氏定义的关键词语是对劝说手段的寻求。当代最有代表性的修辞观认为，修辞是用符号（如语言）去诱发听众合作，即用符号促使听众像修辞者那样所思、所行。

按照以上的修辞理念，从“修辞学角度”对体裁进行评论，就是从说服、影响他人的角度分析与评论体裁或语类特征。由于体裁在历史上具有某种稳定的特征，或表现在内容上，或表现在形式或结构上，这种稳定的特征是由历史上相似的修辞情景因素决定的，所以，体裁修辞批评是指从说服、影响他人的角度对相似修辞情景下出现的相似话语的特点进行评论的方法。从体裁修辞批评的实践来看，由于修辞学传统的原因以及修辞学与社会实践密切关联的原因，体裁修辞批评多以演讲为对象，较少涉及一般意义上文学领域的体裁。另外，因为体裁分类有多种视角，所以体裁修辞批评也有多向度。[③]

总之，体裁是成功的言语交际沉淀的结果，是社会的产物，也是交际主体认知修辞情景并依此进行交际的产物。从这个方面来说，体裁具有主体间性，就如修辞情景具有主体间性一样。举例来说，人们所熟知的新闻语体就是一种体裁、一种长期的修辞积淀的结果。新闻记者及报纸的读者对这个体裁大致都有一个共同的认识，即它应该尽量在最短的时间内、用最小的篇幅、以相对客观的态度传递最多的信息，最大限度地满足新闻读

① Tim Kuhn, “The Discourse of Issues Management: A Genre of Organizational Communication,” *Communication Quarterly*, 3 (1997): 188.

② Aristotle, *Rhetoric*, p. 24.

③ 关于体裁的分类与批评的向度，后文将有详述。

者对信息的需要。一个好的记者，一般都知晓读者对自己的期待，读者对新闻体裁的功能一般也是知道的。新闻体裁的所谓典型语篇形式——倒金字塔——就是作为修辞者的记者在其所了解的新闻体裁的影响下，成功与新闻读者交际的产物。

二　体裁修辞批评的理论基础

（一）古典修辞学理论

关于体裁，古今都有不少理论，包括来自语言学的理论。但对体裁修辞批评而言，最主要的理论还是来自修辞学本土。体裁修辞批评的古典修辞学理论根基有两点：一是来自古典修辞学三分类的理论；二是来自古典修辞学关于说服的理论。“体裁修辞批评”是从修辞学的角度对“体裁”进行批评，因此它必须依赖关于“体裁”及“修辞”的理论。首先，体裁修辞批评是建立在关于体裁的理论之上的。古典修辞学虽然没有直接对体裁进行论述，但其三分类却间接地蕴含了这样的理论假定：在相同、相似的情景中产生的修辞话语具有相似性，显示出某种体裁规则，因此形成了一种相对稳定的体裁。由于修辞情形基本相同或相似，所以即使不同时期的修辞者（也即演讲者）也会使用相似体裁的话语。正是从这个角度上说，亚里士多德毫无疑问是体裁修辞批评范式的理论先驱（当然，他对修辞批评的贡献决不仅限于此，因为其理论为批评的内容与方法都提供了向导，下文将有论述）。亚里士多德认为存在三种体裁：法学话语、议政话语、宣德话语。至于这种体裁的“规则”体现在何处，从他修辞学的修辞诉诸策略中可见一斑。在《修辞学》中，亚氏总结、归纳了在法庭、议会和典礼场合下的论题建构规律，提出了28个“话题”（topos）①，这些话题不仅涉及内容，也涉及论题的组成形式，不仅涉及人品诉诸，也涉及逻辑诉诸和情感诉诸。由此可见，他眼里的三种话语体裁隐含了内容和形式上的一些“规则”，这种体裁观对修辞批评实践具有积极的意义。

其次，体裁修辞批评是建立在这样的修辞观之上的，即修辞是用话语去影响或劝说听众/读者的行为，也就是说，在体裁修辞批评中，体裁是修辞者影响或者说服听众/读者的产物或行为。亚里士多德的定义表明，

① 在修辞学里，英语“topos”表示劝说听众的论题的处所，即是说修辞者在此处可找到劝说听众的手段。“topos”的复数形式是“topoi”。

劝说是修辞的目的。即使在当代的修辞学中，劝说仍然是修辞学的核心内容。因此可以说，古典修辞学理论为体裁修辞批评的方法论提供了有益的参考。

（二）语言哲学及现代修辞学理论

在语言学领域，雅各布森（Roman Jacobsen）、肯尼维（James L. Kinneavy）、巴赫金（Mikhail Bakhtin）、韩礼德（Michael Halliday）等著名语言学家、哲学家也或多或少为体裁修辞批评做出了贡献，主要表现是他们的理论使人们对体裁的性质及功能有了更好的理解，从而为体裁修辞批评的视角和方法指明了方向。雅各布森把言语的功能分为六种：所指功能、表达功能、意动功能、诗学功能、寒暄功能、元语功能。这种划分表明，语言因用于不同的目的而具有不同的言语形式，换言之，任何话语都具有与其目的相配的功能形式。可见，就体裁修辞批评而言，他的语言功能观为我们从功能的角度审视体裁的形成并进行评论提供了理论支撑。语言哲学家肯尼维对语言体式的划分与雅各布森相似。在《语篇理论》（*A Theory of Discourse*）中，他根据话语的目的将语篇划分为表述体、所指体、文学体和劝说体①。虽然他关于语篇功能的划分对修辞批评的影响远小于其对写作学（composition studies）的影响，但对人们认识功能视角下的语篇或体裁的划分还是有一定的启示作用的。巴赫金认为，人们说话需要用一定的体裁，即是说，我们所有的话语都有相对稳定、典型的整体建构形式。② 他的言谈理论使人们更加清楚地认识到体裁是社会的产物，是对话过程的产物。韩礼德则从功能的角度对体裁作了界定，认为体裁是社会符号行为，并把体裁与社会文化意识联系起来，把体裁批评带入了政治视野。③

相比而言，现代修辞学对体裁修辞批评的影响远比语言学大。前文已述，体裁产生于历史上相似情景中相似的语篇特征。对这种现象的洞察，修辞学家布莱克最早有过论述，但就体裁批评操作而言，对体裁修辞批评影响最大的非修辞学情景论创立者非比彻尔莫属。他于 1968 年创立的“修辞情景”理论，是“美国修辞学研究的一个转折点”，也是“美国修辞学理论和

① James L. Kinneavy, *A Theory of Discourse*, pp. 297-304.

② M. M. Bakhtin, *Speech Genres and Other Late Essays* (Austin: University of Texas Press, 1986), pp. 78-79.

③ Sonja K. Foss, *Rhetorical Criticism: Explorations and Practice*, pp. 195-196.

修辞批评的重要方面"[①]，该理论已成为当今美国大学修辞学课堂必授的理论之一。在过去几十年里，修辞学界一直对其进行着讨论。比彻尔的修辞情景理论，不仅为修辞所涉及的情景作了最为权威和明确的界定，更为体裁批评提供了理论基础和方法论指导。比彻尔对修辞情景的定义如下：

> 修辞情景可以定义为由人、事件、物体和关系构成的复合体，这个复合体造成了一种可以被完全或部分消除的实际或潜在的紧急状况；如果在该情景之中引入的话语可以制约人的决定或行为的话，该紧急情况就会在很大程度上被改变。在该话语产生之前，任何修辞情景都由三个成分构成：第一是紧急情况；第二和第三分别是这个复合体中的因素，即在行为及抉择方面受制约的听众，影响修辞者，甚至也影响听众的限制因素。[②]

从该定义中可以看出，修辞情景的复合体有三个要素：紧急情况、听众、制约。所谓"紧急情况"（exigence）是一种缺陷、一种不完美状态、一种阻碍、一种不应该的状况，换言之，"紧急情况"是人们应该解决的一个问题；修辞的"听众"，按照比彻尔的意思，实际上是指那些能够被话语影响，从而发生变化的人；"制约因素"（constraints）是指影响、控制人们思想或行为的东西，如文化、意识形态、价值、信念、场合等。他的修辞情景论基于这样的观点：修辞话语的产生是应对情景的，"修辞话语被情景呼唤出"[③]，就如回答是对问题的应对一样，用修辞学泰斗伯克的话说就是，他的修辞情景理论体现了一种"场景—行动"（scene-act ratio）的戏剧性逻辑关系。他认为，日复一日，年复一年，相似场合的产生导致相似的反应，于是修辞形式就产生了，一种特殊的词汇、语法和语体就形成了。[④] 比彻尔的理论汲取了体裁修辞批评开拓者布莱克的灼见。

根据比彻尔的观点，体裁是由话语家族构成的，其成员都具有相同、相似的情景，需要相同、相似的内容和形式特征。从历时的角度看，形成体裁的修辞话语产生于修辞者与听众的成功互动。一旦在历史上积淀下来，

① James A. Herrick, *The History and Theory o Rhetoric*: *An Introduction*, p. 229.

② Lloyd F. Bitzer, "The Rhetorical Situation," *Philosophy and Rhetoric*, 1 (1968): 6.

③ Ibid., p. 9.

④ Ibid., p. 13.

这种体裁又反过来制约/影响修辞者与听众的修辞活动，以一种无形的、由体裁规则构成的“手”影响或操控着修辞者选择对听众说什么以及怎么说。这种影响或“操控”是通过修辞者的知识和信念的作用而发生的。从这个角度来看，体裁是修辞者在交际过程中运用体裁规则去制造或修正的社会惯例（social institution）。作为社会惯例，体裁既充当了修辞话语的媒介作用，又是修辞话语的产物。它在修辞者运用体裁规则的过程中既影响修辞行为，也被修辞行为所影响。① 举例来说，美国国情咨文体裁的形成，就是在不同时期的相似修辞情景下总统与听众互动导致的结果。最初，它是总统与当时的听众成功互动的产物，后来的总统（或其代言人）撰写国情咨文时则以该体裁雏形为蓝本，根据具体的情景因素对它做一些调整，但万变不离其宗。因为他知道，那种体裁形式适合这样的情景。可以说，体裁既是一种形式实体，也是语用的、修辞的、社会的行为，一种对修辞意图与效果的连接。② 修辞情景不仅“决定什么可以说，什么不可以说”③，而且决定了哪种反应是恰当的。情景是修辞活动的源泉和基础。

比彻尔的情景理论拥有不少追随者，其中坎布尔和贾米森（Campbell & Jamieson）就是其追随者的代表。她们认为：“修辞体裁来自于重复的情景中出现的组织原则，这种重复产生了具有家族特点的话语。”④ 体裁的结构原则决定了体裁可以根据相似形式来分类，动机原则决定了体裁可以根据语用相似来区分，而典型性原则则决定了体裁可以依实质类似来区分。比彻尔的修辞情景理论对体裁修辞批评具有重要的方法论意义。

建立在修辞情景理论基础上的体裁修辞批评是最常见的一种批评方法，原因之一就是这种理论基本上秉承了亚里士多德修辞学的情景观，不仅为体裁修辞批评提出了修辞活动所涉及的一个核心因素的明确界定，也为批评操作提供了比较行之有效的操作方法。事实上，他的修辞情景理论也为整个美国修辞学提供了一个被大多数人认可的理论基础。正如蒂姆·库恩（Tim Kuhn）所说：“自从比彻尔以来，修辞理论有一个假定，那就

---

① Tim Kuhn, “The Discourse of Issues Management: A Genre of Organizational Communication,” *Communication Quarterly*, 3 (1997): 190.

② Kathleen Hall Jamieson & Karlyn Kohrs Campbell, “Rhetorical Hybrids: Fusions of Generic Elements,” *Quarterly Journal of Speech*, 68 (1982): 146-157

③ Lloyd F. Bitzer, “The Rhetorical Situation,” *Philosophy and Rhetoric*, 1 (1968), 9.

④ Harrell & Linkugel (1978) 的观点，转引自 William L. Benoit, “Beyond Genre Theory: The Genesis of Rhetorical Action,” *Communication Monographs*, 2 (2000): 179.

是某些情景呼唤出特定的需要，这些需要在修辞者那里得到回应。”[①]

当然，对任何事物都应该辩证地看。在情景理论下的体裁观也遇到了批评，因为它似乎表明，影响、控制修辞话语的是情景，就像问题控制着回答一样，而不是修辞者或者修辞者的意图控制着修辞话语，依此理解，修辞批评就主要关注情景，而不是关注修辞者、修辞意图等其他因素[②]，这似乎也有失偏颇。体裁的决定因素不是单一的，而是多元的、复杂的。相似情景不是客观的而是主观的，是修辞者认知的结果。比彻尔的理论似乎意味着修辞情景是独立于交际主体之外的客观存在，这有失偏颇。另一个问题是，这种修辞批评会导致重形式轻功能的现象。[③] 尽管比彻尔的理论存在不足，但其对体裁修辞批评具有重大理论价值。

基于比彻尔情景理论的合理成分，坎布尔和贾米森提出形成体裁的修辞形式是语体及实质上对被认知的情景要求所做的反应，这个观点纠正了比彻尔把修辞情景完全置于交际者之外的做法，将它看作经过修辞主体认知的东西，这种修辞情景观已广为人们所接受。公正地说，虽然修辞情景论不是体裁修辞批评的唯一视角，但却是当今最重要的一种批评视角。

在修辞批评领域，或许对体裁修辞批评所作贡献仅次于比彻尔的人是伯克。[④] 伯克的戏剧主义“五位一体”理论给人们一个重要灵感，即体裁可以从多维度考察，因为它是多个修辞因素相互作用的结果，而不是由修辞情景某一个因素决定的。伯克修辞学理论对体裁修辞批评的贡献体现在两个方面。第一，伯克的观点有助于人们认识修辞批评的对象“体裁”。伯克关于体裁的理论蕴含在其名言“文学是生活的工具”之中，其意思是说，文学作品，不管什么类型都是修辞的产物，都能反映现实世界，它因此也

---

① Tim Kuhn, “The Discourse of Issues Management: A Genre of Organizational Communication,” *Communication Quarterly*, 3 (1997): 190.

② 比彻尔的修辞情景定义中只有“紧急情况”、“听众”和“制约”三个要素，没有“修辞者”这一要素。

③ Sharon D. Downey, “The Evolution of the Rhetorical Genre of Apologia,” *Western Journal of Communication*, 57 (1993): 42-64.

④ 在修辞学领域，对体裁进行过论述的学者不少，如修辞学家 George Campbell 根据交际的目的把话语分为愉悦体、信息传递体和劝说体；修辞学家 Hugh Blair 则根据写作/创作的风格把文章分为记叙文、说明文、辩论文和劝说文；费希尔则根据动机把话语分为断言体（affirmation）、重申体（reaffirmation）、净化体（purification）、颠覆体（subversion）。他们的分类方法对写作教学产生了巨大影响，但对修辞批评的影响却很小。参见 Walter R. Fisher, “Genre: Concepts and Applications in Rhetorical Criticism,” *The Western Journal of Speech Communication*, 44 (1980), 288-299.

可被看作一张航海图、一本手册或一张地图，听者/读者可以查看它以便决定如何行事。修辞者用选择的策略去调节自己从而适应生活，处于相同或相似场合的听/读者则可把那个修辞者的修辞产品当作“语体药”(stylistic medicine) 来用。它可为描述、解释某个场合提供思想、行为、情感和态度的词汇表。在伯克看来，每个修辞行为不仅是对某一环境的策略性反应，而且是一种语体化的反应。修辞者不仅命名一个环境，而且是以某种特殊的方式（这种方式被伯克称为“语体”，也即体裁）命名它的。这表明，人的言语行为总属于一定的语体或体裁，先前的或前人的言语行为为后来的或别人的言语行为提供一种向导、一种语体药，使人免于病态的或不得体的言语行为。伯克认为，体裁是对情景的典型化的修辞产物，这和布莱克及比彻尔的体裁观不谋而合（从渊源上看，布莱克和比彻尔汲取了伯克的观点)。伯克的修辞理论对体裁修辞批评的另一个贡献是，他的语言戏剧性“五位一体”为修辞批评的多向度打下了坚实的理论基础。

第三节 体裁修辞批评的多向度性及其基本哲学假定

一 体裁修辞批评的多向度性

体裁修辞批评取决于人们如何看待“体裁”。在修辞情景论的启发下，学者们提出了颇有见地的观点，使体裁理论更加丰满。比彻尔理论的不足是把情景看作独立于修辞者之外对修辞起决定作用的因素，但其启发是显而易见的：假使在历史的长河中反复出现的相同或相似的因素不是“修辞情景”[①]，而是“目的”、“行动者”（即修辞者）等，这样不是也会产生与该支配要素相应的体裁（或语类）吗？假使“目的”是修辞产品的最终决定因素，或者说“目的”因素占主导地位，那么相应地就会有基于“目的”要素的体裁修辞批评。同理，也可能有以“工具”（手段）或“修辞者”为支配要素的修辞批评。无论哪个因素占主导地位，有一点都是不变的，那就是，只要在历史的长河中存在某个相似的占主要地位的修辞情景要素，就会形成一个相应的体裁，也就是说，该相似要素“呼唤”相应的相似修辞话语[②]，于是就形成了一个相应的“体裁”。

---

① 比彻尔的修辞情景中不包含“修辞者”，因此“目的”自然也不在其内。

② 此处所说的“修辞情景”不仅包括听众、处所等因素，还包括修辞者。这与比彻尔的修辞情景概念不同。

在开拓体裁修辞批评的向度方面，伯克做出了重要贡献。根据伯克的理论，对同一事件的描述必须涉及五个不同的要素，换言之，这五个要素，虽然相互独立，互不相同，但却在“事件”中统一于一体。就修辞者来说，对不同要素的凸显，透露出他的动机或者阐释框架。不同的修辞者或者阐释者对同一事件具有不同的阐释框架，这告诉人们：对一个事件完整的描写，必须考虑五个要素：目的、场景、行动、行为者、工具。这五个要素都可能对修辞事件施加影响，但其中必有一个占主导地位，或是目的，或是行动者（也即修辞者），或是动作，或是场景，或是工具。既然如此，就有理由从多个不同的视角去看某个修辞事件，于是就有了修辞批评的多向度。

在伯克“五位一体”理论的指引下，体裁批评主要有四个向度[①]：(1) 修辞的目的向度。这一向度是对修辞目的的凸显，认为体裁的决定因素主要是修辞目的，因此这种体裁修辞批评以修辞目的为最终考量来评论体裁的修辞特征，比如对毁谤的批评研究就属于以目的为切入口的修辞批评研究。(2) 场景向度。这一向度是对修辞场景的凸显，认为体裁的决定因素主要是场景，因此这类体裁批评始终以修辞场景为纲，探讨体裁的修辞特征，比如对绞刑演说（gallows speeches）的体裁修辞批评就属于这类。(3) 修辞者向度。这一向度是对修辞者的凸显，认为决定体裁的关键因素是修辞者的特点，比如对非裔美国妇女或土生土长的美国人的话语修辞批评就属于这类。(4) 工具（或手段）向度。这种向度是对修辞手段或形式的凸显，认为体裁的形成关键是信息交流的手段或形式，比如对政治宣传小册子、政治卡通画以及歌曲的修辞批评研究就属于工具向度的研究。上述批评趋向分别凸显不同的戏剧要素，涵盖社会学向度和心理学向度。[②] 从数量上说，以比彻尔的修辞情景理论为基础的体裁修辞批评居多。

对修辞批评的描写方法来说，韩礼德关于语言三大元功能及体裁的理论、克里斯托和戴维关于语体风格的描写方法、威多森关于交际的理论、赫伊关于语篇互动的理论、巴蒂亚关于体裁的理论及斯维尔斯关于体裁的分析方法等，都具有重要的参考价值。严格地说，上述学者对语体或体裁的分析与描写只是语言学或语体学意义上的，而非一般意义上的修辞批

---

① William Benoit, “Beyond Genre Theory: The Genesis of Rhetorical Action,” *Communication Monographs*, 67 (2000): 178-192.

② 参见 William Beniot, “Generic Rhetorical Criticism,” In Jim A. Kuypers (ed.), *The Art of Rhetorical Criticism*, p. 87.

评，但他们的方法对体裁分析的向度及评论的参照点都提供了有益的参考，譬如，语体学对“语步”（move）的描述，就可以作为一个参照点纳入修辞批评，以比较相似情景下的修辞特征。

二 体裁修辞批评的基本哲学假定及其认知学基础

（一）体裁修辞批评的几个哲学假定

不管哪个体裁修辞批评向度，大致都建立在这样一个基本假定之上：任何修辞话语都属于某一个体裁。这个基本假定已在哲学家巴赫金的言谈理论中得到证明。该假定又建立在另一个更深层次的假定之上，即在历史的长河中，在不同的时间里出现了具有相似修辞行为所涉及的要素（或行动者，或目的，或行动，或情景，或手段/方式），这些相似的要素决定了修辞话语的某种相似性，于是便形成一个相对稳定的“体裁”。关于这个假定，布莱克说得很清楚：修辞情景是有限的，对这些标准情景的回应也是有限的，因此修辞话语就在历史中形成可识辨的簇，也即体裁。比如，红白喜事、致歉、竞选、法庭申辩、课堂教学等情景，这样的修辞情景毕竟是有限的，正因为此，不同的历史时刻才会有相似的情景，因而也就有相似的修辞话语。现实世界是无限的，“有限”只是人们对无限情形分类后的产物。

若再往深层思考，上述修辞批评的两个假定是建立在这样一个更深层次的两个假定之上的：一是修辞者为了说服或者影响听众，采取了比较合适的修辞策略；二是在修辞双方的互动中，修辞者为了尽可能地获得最佳修辞效果，借用或重复使用先前类似修辞要素占主导地位下的修辞行为策略（体现在内容和形式两个方面），换言之，修辞者在与当前的听众互动中，受制于先前类似修辞情形下的修辞行为。一种体裁的形成必须体现修辞者与听众相对比较成功的互动，也就是说，在某一修辞活动中，修辞者能比较成功地说服、影响听众，用伯克的话说，修辞双方在某一个方面取得了同一。如果修辞者与听众没有成功的互动，或者说修辞者没有与听众取得同一并如愿地诱发他的合作，那么体裁在历史的进程中就无法积淀、凝固、成型。

由于修辞活动都发生在一定的历史背景之中，并且在历史上不同时期的修辞者都希望能与其听众成功互动，他必定会或多或少地受先前相似情形下修辞活动的影响，因此他借鉴先前修辞者的修辞行为，这样也大致能与其听众成功互动（如图 10.2 所示）。①

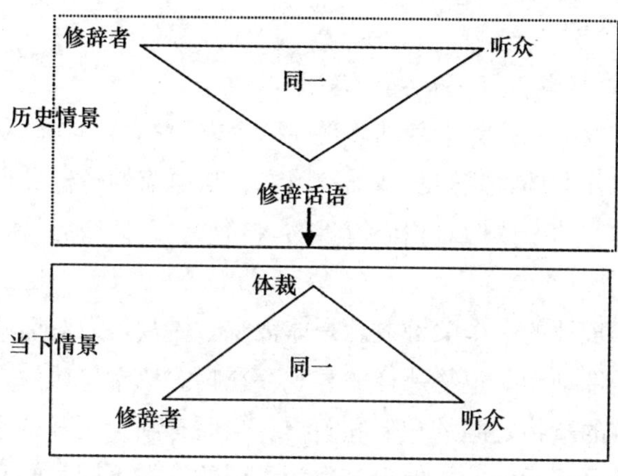

图 10.2　体裁的历时沉淀与修辞互动

体裁的形成是历时性和共时性的统一，两个基本假定在体裁多向度分类中可见一斑。

从共时角度看，也即从修辞过程的横切面来看，作为一个修辞产品的体裁，其形成过程可以用图 10.3 表示如下。②

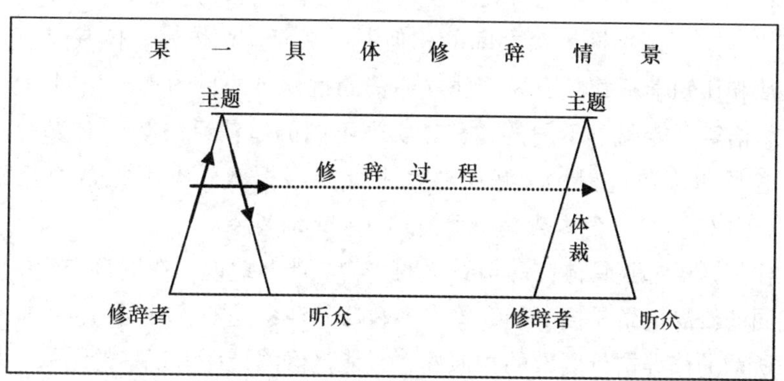

图 10.3　体裁形成过程的横切面描写

① 参见拙著《修辞学与写作教学研究》，第 66 页。

② 同上书，第 37 页。

从图10.3可以看出，作为修辞产品的体裁，是修辞者与听众在一定情景下就某一修辞主题互动交流过程的产物，也是修辞者劝说听众，诱发其合作过程的产物。

（二）体裁修辞批评的认知学基础

体裁修辞批评的认知学基础体现在两个方面：第一，修辞批评者对修辞话语体裁的分类具有认知学基础；第二，从语篇的建构过程来看，修辞者及其听众在互动中依据对相似情景的认知来决定其修辞策略，从而建构修辞话语。

体裁修辞批评的一个关键概念是体裁观。体裁是人对话语的概括化的产物，而不是像动物、植物那样的客观存在物。费希尔认为，体裁产生于人们试图观察的事物之间的相似和差异，从而有利于更好的理解；任何体裁都是因为话语而相似的，但也会因为不同的人在不同时间和不同地点创造话语而导致差异。从这个角度上说，体裁是修辞批评者根据一定的视角进行演绎推理的结果，这就导致体裁的描写和分类的多向度性。体裁批评的多向度性表明，对同一修辞事件的观察与评论可以从不同的视角切入，但不管从何角度切入，都是基于一个深层的认知学假定，即相似性来源于人对事件的分类以及对相似性的寻找。体裁不是客观存在的，而是建构的结果。首先，体裁家族中语篇之间的相似性不是客观存在的，而是要经过批评者去认知，即把注意力集中在某个特征上，同时忽视其他特征，这样就会“观察”到不同语篇之间的相似性，从而建构体裁。体裁具有主观性特征和认知学基础，因为“建立体裁的批评者的目的不尽相同，显然，同一个语篇可能属于不同的体裁，实施不同的体裁目的”①。体裁分类是一个主观的认知过程，就好比“在书架上根据教学课程摆放书籍的过程”，可以说，“一个体裁是一个图式（schema）”②。

任何话语都是具体修辞情景下的产物。严格地说，在语言交际中，完全相同的修辞情景是极少的，绝大多数修辞情景是随着时间的推移而变化的。所谓的修辞情景因素的相似性，只能是修辞批评者观察的结果。从体裁的生成来看，重复、类比、相似性是人们在类型化的过程中产生的。重复出现的东西不是某个物理情景，而是我们对一个类型的建构。典型化的

① David Fishelov, *Metaphors of Genre: The Role of Analogies in Genre Theory*, p. 11.

② Ibid.

情景，包括对交际参与者的分类化，决定了修辞中的类型化。既然如此，那么与修辞情景相匹配的修辞话语的相似性也不是客观的，而是人们认知的结果。

从修辞者这一方来看，早在20世纪二三十年代，文艺理论家、哲学家理查兹就认为，人对事物的认知是从分类（sorting）开始的，也就是说，修辞者在建构语篇的过程中，必须把当前的修辞情景与先前的情景相配起来，并发现其间的某种相似性，并基于这种相似性来建构与之相适应的话语，于是便形成了一种相对稳定的体裁。

再从修辞情景决定体裁的观点来看。比彻尔修辞情景论的一个关键词语是“重复”。要准确理解“重复出现”，就必须抛弃情景论中的物理性趋向，因为“重复出现”暗含了对出现的情景与其他情景的相似性、可比性、类比性的理解，但事实上，客观性的情景是独特的，所以不可能重复出现。重复的不是客观的物体、时间、人物，因为这些东西因人而异、时过境迁，不可能重复。“重复出现”是主体间性的（intersubjective）、社会性的，而不是物理意义上的。修辞情景是社会建构物，它产生于人们对它的定义，对它的解释。人类的行为是以意义为基础的，并受之引导；人的行为过程的核心是解释。人们在做出行为前必须对不确定的环境进行解释，或者说“决定”一个情景。

既然语篇家族之间的相似性是修辞批评者认知的结果，既然历史上修辞情景的相似性是修辞语篇建构者阐释或命名的结果，那么体裁无疑是认知的产物，是主客体统一的产物。坎布尔和贾米森曾指出：“形成体裁的修辞形式是人们对感知到的情景要求的一种语体性的、实质性的应答。”①这就是说，体裁首先是基于人们对情景的一种认识，因此从这个方面来说它是主观性的；其次，它是由人们的语体化的实质性话语构成的，因此，体裁也是客观性的。体裁意味着某种“重复”，“重复”意味着我们认为多个情景是在某种程度上“可以比较的”，但事实上，客观的情景是唯一的，是不可能重复。② 由物体、事件、人物等要素构成的情景是不可能重复的，重现的不是物理情景（真实的、客观的、事实性事件），而是我们

① Karlyn Kohrs Campbell & Kathleen Hall Jamieson, *Form and Genre: Shaping Rhetorical Action* (Leesburg Pike, Virginia: Speech Communication Association, 1978), p. 190.

② 参见 Carolyn R. Miller, "Genre as Social Action," *Quarterly Journal of Speech*, 70 (1984): 151 - 167.

对类别的解析（construal）。

第四节　体裁修辞批评的一般方法与操作程序

顾名思义，体裁修辞批评要揭示修辞行为形成的某种体裁，并阐释是什么因素造成了这种体裁的形成。一般来说，体裁修辞批评有两种方法：体裁描述和体裁运用，它们各有侧重点。①

一　体裁描述

“体裁描述”主要考察某一潜在体裁的具体事例，考察在不同时间里的相似情景的修辞行为，从而辨识这种体裁并描写这种体裁实例的共同特征。在上文提及的几个假定的指导下，修辞批评者在体裁描述中要经历三个步骤。首先，识别历史上不同时间里决定体裁的修辞因素及其特征。体裁之所以是体裁，是因为历史上的不同时刻具有四个向度的某种相似的修辞情景因素，或为修辞者/听众，或为场景，或为目的，或为手段/工具，该相似情景因素决定或者呼应相似的修辞话语。因此，批评者首先要观察历史上不同时间的修辞情景中哪个因素决定或呼唤了相应的修辞话语。比如，要对美国总统国情咨文进行体裁修辞批评，批评者就要观察不同时间，如2008年、2009年和2010年这三年中修辞情景的主导要素“目的”的相似性。虽然作为修辞者的美国总统不同（2008年布什总统作国情咨文演讲，而2009年及2010年奥巴马总统作国情咨文演讲），但他们都抱有相同的目的，即向国会汇报过去一年中政府取得的成就、存在的挑战和未来要实施的战略。就是这个相似的目的，大致决定了美国总统国情咨文的体裁。其次，修辞批评者详细描写属于这种体裁的具体事例，识别它们之间的相似点。以美国总统就职演说为例。在体裁批评的基本假定指引下，修辞批评者在体裁描述中需要收集前几届美国总统的就职演说，然后分析这些文本中是否存在相似之处。若发现这些修辞文本在某个或某些方面的确存在相似性，也就是说，发现一种体裁确实存在，接下来就要进行下一个步骤，即论证该体裁的组织原则，因为任何所谓的体裁都蕴含了惯

① William Beniot, “Generic Rhetorical Criticism,” In Jim A. Kuypers (ed.), *The Art of Rhetorical Criticism*, p. 91.

例（convention）或者跨越时空的原则。若对总统就职演说体裁进行描述，就要揭示这类语篇的内容及其结构规则：它必须承认变化、呼吁国民团结一致、辨别敌友、明辨是非（价值）、提及宗教信仰等。这是一个对体裁惯例/原则的描述，也是揭示该体裁内部"动态"（internal dynamics）的过程。[①] 为什么美国总统就职演说必须涉及这些问题？这归根结底与作为修辞者的总统和听演讲的听众之间的互动有关，或者说，与美国总统说服、影响听众的修辞动机有关。这个体裁内部的"动态"体现在共同的风格特征和实质策略及其组织原则上。体裁描述的侧重点不是对单一修辞者的修辞话语的分析和描述，而是考察历史上不同时间修辞情景下的话语，从中归纳、阐释修辞上的共性，即体裁特征。体裁描写的内容大致可用图 10.4 来表示。

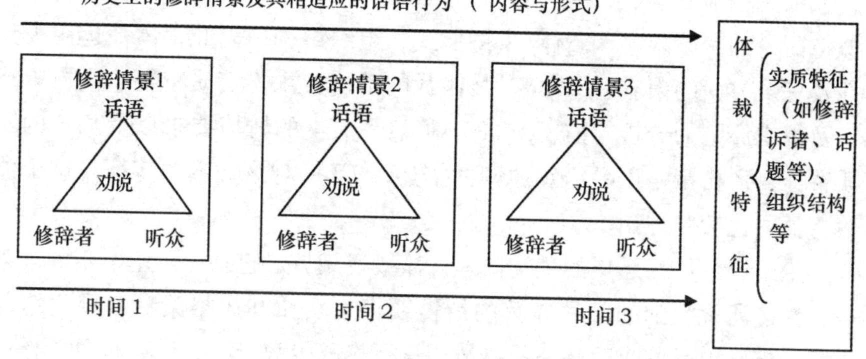

图 10.4　体裁描写的内容

说明：表中的"劝说"是一个宽泛的概念，有关详细解释详见第一章关于修辞学的定义。

图 10.4 表明，批评者在体裁描写中要关注不同历史时刻修辞情景中决定体裁特征的修辞要素，考察它如何使修辞者在说服、影响听众的修辞过程中进行修辞内容和修辞形式的选择，阐释内容及形式上的修辞策略与修辞情景的凸显要素之间的关系，归纳出体裁的典型特征。

① William Beniot, " Generic Rhetorical Criticism," In Jim A. Kuypers (ed.), *The Art of Rhetorical Criticism*, pp. 91-92.

二 体裁运用

体裁修辞批评的第二种方法是体裁运用。所谓“体裁运用”是指修辞批评者将一个体裁的情境、风格和实质特征应用到一个已确定属于该体裁的独特文本中，以此来评估它，确定该文本是不是这一体裁的一个好范例。体裁运用总体上是一个三段论式的演绎推理过程：

1.（大前提）某某体裁具有情景因素、内容、语体风格、组织结构方面的某些特征。

2.（小前提）某某修辞话语篇属于这种体裁。

3.（结论）该语篇具有内容、形式方面的某些特征。

如前文所述，体裁之所以会形成，是因为在历史上不同时间的修辞情景中具有相似的因素（或行动者，或目的，或行动，或手段/工具，或场合），这些相似因素决定了不同时间修辞情景下修辞话语所具有的某些相似特征，如实质内容、语体/风格形式、组织结构。因此，体裁运用大致涉及三个方面的内容：（1）对某体裁的情境要求、实质特征、风格策略以及组织原则的分析与描述；（2）对某一文本的情境要求以及相应的实质特征、风格策略以及组织原则的描述；（3）对该文本的特征与这个体裁特征的比较与评论。

基于上述体裁运用的逻辑推理，体裁运用方法包括三个基本步骤。第一，描述所观察到的某种体裁的情境要求、实质和风格策略以及组织原则。举例来说，如果对某一具体悼词进行修辞批评分析，就必须分析作为一种体裁的悼词的修辞情景，确定该体裁凸显的决定因素是目的，因为不同的悼词都具有相似的目的，因此决定了不同历史时刻的悼词具有相似的体裁特征，并形成一种“悼词”体裁。对悼词这种体裁的分析会发现：它在实质内容及组织结构方面的惯例是，致悼词者即修辞者需要确认人的死亡，抚慰哀悼者面对离世者所产生的不可避免的恐惧，安慰他们悲痛的心情，告知他们去世的人仍然活在人们心中，如此等等。这种体裁特征都是由致悼词者的目的因素决定的①。

第二，分析并描写某一文本的修辞情境要求、实质和风格策略以及组织原则，从而研判它的确属于前一步骤中所描述的体裁。这是一个很重要

---

① 参见 Sonja K. Foss, *Rhetorical Criticism: Exploration & Practice*, p. 120.

的步骤，因为，若一个修辞产品错误地判属于某个体裁，批评分析就会出问题。相比而言，这个步骤比较简单。

第三，即将前面描述的体裁特征运用到该具体的修辞语篇之中，也就是说，将当前的修辞语篇特征与所研判的体裁具有的特征进行比对，并联系该语篇的修辞情景要求来评论该语篇是不是该体裁的一个好样板。这个步骤是很关键的，因为修辞批评者不仅要分析、揭示该语篇的修辞情景要素与该体裁的修辞情景要素之间的相似之处，而且要揭示该语篇的"内部动态"与其情景因素之间的关系，用伯克的话说就是，揭示修辞者如何在该修辞情景下影响听众/读者，诱发他们的合作。坎布尔和贾米森曾指出："一种体裁不仅仅是一系列行为中的某些修辞形式的重复，而是由一种内部动态所捆绑起来的、可识别形式的荟萃。"因为这个"内部动态"可以体现为修辞者为劝说、影响听众而采取的话题（topos）以及论题建构模式，或为修辞的三种诉诸，或为伯克所说的"同一"修辞策略等，所以，批评者必须揭示修辞者在劝说、影响听众的过程中所采取的典型修辞策略。对体裁的研究必须根基于对惯例的研究。对语篇中的"内部动态"的分析与描写，可参照图 10. 3。

以美国总统奥巴马就职演讲的体裁修辞批评为例，批评者确认奥巴马的就职演讲属于"总统就职演讲"体裁后，不仅要分析、描写其体裁特征，如承认改变、诉诸团结和统一、辨别共同的敌人、识别价值与理想、描绘未来目标、谈论宗教，等等，而且要联系其演讲的修辞情景，阐释其演讲的内容与形式，看看与"总统就职演讲"这个体裁是否具有相似之处，更要阐释其演讲在实质内容及结构策略方面是如何与修辞情景要素紧密相关的，揭示就职演说中的"内部动态"，包括奥巴马在特定修辞情景下如何劝说、影响听众，使他们接受他的观点、赞同他的治国理念，阐释他的演讲为什么具有"总统就职演说"体裁的典型特征。

第五节　结语

体裁修辞批评是修辞批评领域一个重要的范式，它是从说服、影响人的角度对相似修辞情景下出现的相似话语特点进行评论的方法。其基本理论依据是：在历史上不同时期，有相似修辞情景因素，就会有相应的典型体裁特征。体裁修辞批评的理论基础不仅来自于关于“体裁”的理论，还来自于关于“修辞”的理论。修辞学家比彻尔创立的修辞情景理论是体裁修辞批评最重要的理论之一，它不仅揭示了体裁的沉淀、形成的原因，也为体裁修辞批评的操作指明了方向。尽管他的理论有不完善之处，但他对修辞批评的启示是巨大的。人们汲取了修辞情景论的精华，并运用伯克的戏剧“五位一体”理论，形成了体裁修辞批评的多向度态势。

本章探讨的两种体裁修辞批评方法——体裁描述与体裁运用——都是历时修辞话语的比较与共时修辞运作机制的描写的有机统一：之所以进行历时的修辞话语比较，是因为体裁的形成是历史上修辞行为沉淀的结果；之所以进行共时修辞运作机制的描写，是因为体裁是修辞者与听众/读者互动的产物，且修辞批评者的任务就是要揭示具体场合下修辞运作的机理或曰“内部动态”。不过，体裁描述与体裁运用的侧重点略有差异：前者更偏重历时修辞行为的比较，从不同时间修辞情景中的修辞行为归纳出典型的共享修辞特征；后者则更偏重于对某一时间修辞情景中的修辞行为进行体裁特征的描写与论证。

由于体裁修辞批评是建立在修辞特征的相似性基础之上的，而这个相似性可能体现在多个方面，如修辞诉诸、话题、叙事方式、语体风格形式等的相似等，所以，从描写的内容上看，体裁修辞批评可以是其他类型修辞批评的某种程度的综合。比如，在体裁批评中，修辞批评者可以利用幻想主题修辞批评的某些理论或概念，如幻想主题、修辞视野，考察修辞者在使用幻想主题方面的相似性，甚至也可以分析修辞者在使用叙事方面的相同或相似。有时，体裁修辞批评也可以使用古典修辞理论，考察不同时期修辞情景下修辞者劝说听众/读者所采取的诉诸方法，分析修辞者选择的话题及其建构方式。总之，在万变不离其宗的原则下，修辞批评者采用伯克“用一切可以利用的”（Use all there is to use）方法对修辞话语进行体裁批评。

第十一章　隐喻修辞批评

隐喻是人赖以生存的东西。这种观点在语言学、修辞学等人文社会科学中已被普遍接受。对任何学过修辞学的人来说，隐喻都不是一个陌生的术语，早在两千多年前，亚里士多德就对隐喻有所洞见。但在西方传统修辞学中，隐喻只是一个表达意义的语言手段而已，直到20世纪中叶这一现象才有了重大改变。20世纪70年代末，国外掀起了认知语言学的隐喻研究热潮，把隐喻的认识推向了一个崭新的高度。随着对隐喻的认识越来越深刻，隐喻修辞批评也应运而生，给修辞批评界带来了新的气象。

在国外隐喻研究热潮开始近二十年后，中国语言学界也紧跟潮流，与国外的隐喻热遥相呼应，研究成果不断涌现。以隐喻为切入口的认知语言学研究不仅为语言学注入了活力，也为汉语修辞学提供了强大的动力。但是，与认知语言学相比，国内修辞学界对隐喻的研究进展缓慢，一个重要的原因是汉语主流修辞学长期仅将隐喻视为一个辞格，一个美学意义上的辞格而已。这种状况最近在认知语言学的影响下才有了根本性的改变，现在，在汉语修辞学中，隐喻不仅是人们表情达意的手段，更是人们认知世界的途径，它与人同在。

第一节　隐喻修辞批评的含义

一　关于隐喻

关于隐喻，古今定义不尽相同。在西方修辞学历史上第一个对隐喻进行详细论述的人是亚里士多德。他把隐喻定义为：把属于其他事物的名称移植到另一事物上；这个名称的移植在类比基础上可以是从一个属（genus）到一个种（species）、从一个种到一个属，或从一个种到另一个种。[1] 该定义表明，隐喻涉及两个事物，且两者之间有某种相似性。亚里士多德认为：“隐喻给语体增加明晰度、魅力和与众不同的特色。”[2] 传统上，隐喻只是语言层面上的现象，仅是一种修辞格而已，其功能是为话语添加色彩，好似装饰品。古罗马修辞学家西塞罗关于隐喻的观点与亚里士多德相同，认为没有什么比隐喻能赋予语言更大的魅力。传统的隐喻观触发了把隐喻作为点缀、装饰的研究。古罗马修辞学家昆体良提出了隐喻的替代论，但其基本点仍是两个事物的相似性，正因为两个事物相似，所以一事物可替代另一事物。

20世纪，理查兹在《修辞哲学》中提出了对隐喻的新见解——隐喻的互动理论，开创了隐喻的认知学研究之先河。根据他的观点，隐喻是由本体（tenor）和喻体（vehicle）组成的。本体是指概念、客体或认知主体的意指，喻体是用来进行对比的意象。他认为，隐喻是语言系统的核心，是一种思想的互动。后来，马克斯·布莱克（Max Black）进一步完善了隐喻的互动理论，认为隐喻的意义受制于语言语境和社会语境。[3] 受理查兹的影响，尤其是自从莱柯夫和约翰逊的《我们赖以生存的隐喻》问世后，人们对隐喻的认识有了质的变化。[4] 莱柯夫和约翰逊的基本观点是：隐喻远非只是修辞的辞格手段，而是决定人们思维和行为的关键，其本质就在于一个隐喻表达与其出现的语境之间的互动。马克斯·布莱克使用的一个形象比喻描绘了隐喻的现实建构作用：

> 设想我透过一片染上厚厚黑烟但留有一些透明线的镜片观看天空，那么我只能在预先准备的有亮线的屏幕上看到一行行的星星，这些星星的组织结构是由于屏幕的结构造成的。我们可以把隐喻看成这样的一个屏。[5]

查特里斯—布莱克（Charteris-Black）的隐喻定义对我们也很有启发，他们

---

① 参见 Aristotle, *Poetics*, 1457b: 7-8.

② 转引自 Sonja K. Foss, *Rhetorical Criticism: Explorations and Practice*, p. 300.

③ Max Black, “More about Metaphor,” in A. Ortony (ed.), *Metaphor and Thought* (Cambridge: Cambridge University Press, 1979), pp. 28-29.

④ George Lakoff & Mark Johnson, *Metaphors We Live By* (Chicago: University of Chicago Press, 1980).

⑤ 转引自 Sonja K. Foss, *Rhetorical Criticism: Explorations and Practice*, p. 300.

把隐喻定义为："一种语言替代，它产生于把预期会出现的情景下的一个词或短语移到另一个不被期望出现的情景中，从而产生语义上的紧张。"① 这个定义表明，隐喻具有以下几方面的特征：(1) 隐喻是一个语言替代物，是一个语言现象；(2) 隐喻是语言的使用，是有目的性的，是语境的产物；(3) 隐喻的产生涉及两个认知域，即一个源域（source domain）和一个目标域（target domain），源域是该词被预期通常会出现的领域，而目标域是预期它一般不会出现的领域；(4) 隐喻会导致心理紧张。这几个特征说明隐喻不仅是语言层面的现象，它与语境、与人的认知心理有关，因此它不是一个绝对的，而是一个相对的概念。所以对不同经历的人，隐喻具有不同的含义。隐喻的特征与隐喻修辞批评的理论与方法紧密相关。

修辞批评汲取了古典修辞学以及当代认知语言学的有关理论。在隐喻的组构方面，它继承了古典理论的洞见，认为隐喻是非字面上的比喻，由本体和喻体组成，本体是被解释的话题或主题；喻体是该话题或主题被审视的机制或镜子。但在隐喻的功能方面，修辞批评基本上接受了莱柯夫和约翰逊的理论，认为隐喻不是一种词语点缀、装饰，而是一个把适用于一事物的特征转移到另一个事物上的过程，是一个理解事物、建构现实的重要手段；隐喻几乎无所不在。不过，修辞批评也承认语言在本质上是隐喻性的，隐喻几乎无所不在。

二　隐喻修辞批评的定义及发展历程

基于上述隐喻观，隐喻修辞批评，顾名思义，是指从修辞学角度考察话语中隐喻对劝说、影响听众的作用，也即评论修辞者如何使用隐喻以实现其诱发听众合作的目的。因为隐喻往往与社会文化、价值观、政治意识形态等息息相关，所以，隐喻修辞批评者也要阐释修辞者如何把隐喻根植于社会文化、意识形态及伦理价值之中，以此建构论题或现实，从而实现其劝说、影响听众的目的。②

综观隐喻修辞批评的发展历程，起重要作用的学者有来自修辞学界的理查兹和伯克以及认知语言学领域的莱柯夫和约翰逊，莱柯夫和约翰逊

① Jonathan Charteris-Black, *Politicians and Rhetoric: The Persuasive Power of Metaphor* (New York: Palgrave Macmillan, 2005), p. 21.

② 参见拙文《隐喻修辞批评的理论与方法》，《外语与外语教学》2013 年第 2 期。

对隐喻的认知语言学研究无人可比。从时间上考证，理查兹的隐喻观最早对修辞批评产生影响，而修辞学泰斗伯克对语言的隐喻性、隐喻的认知性论述比莱柯夫和约翰逊要早 35 年。伯克早在 20 世纪 40 年代中期就对四种主要辞格进行了深入的研究，指出了它们的运作机制及其在知识生成中的作用。[①] 伯克的隐喻观与莱柯夫和约翰逊的隐喻观不谋而合（关于隐喻修辞批评的理论基础，下文将会详述）。另两位来自修辞学领域的学者迈克尔·奥斯本（Michael Osborn）和罗伯特·L. 伊维（Robert L. Ivie）对隐喻修辞批评的理论与实践也起了重要的推动作用。他们的共同点是认为隐喻是我们认知世界或获得知识的主要手段。

修辞批评领域的隐喻研究有将近百年的历史，关于隐喻的修辞批评文章在 20 世纪 20 年代后期就已经出现，如约翰·亚历山大·索希尔（John Alexander Sawhill）的《圣约翰·克里索斯托圣经说教中的体育隐喻之运用》[②]，在理查兹《修辞哲学》及伯克《动机语法》出版之后，这类批评论文就多了起来，如克里斯蒂·杰弗里斯（Christie Jeffries）的《〈儿子与情人〉之中的隐喻》、西古德·伯克哈特（Sigurd Burckhardt）的《歌德诗歌〈在湖上〉中的隐喻结构》以及巴巴拉·休斯·福勒（Barbara Hughes Fowler）的《被缚的普罗米修斯》中的隐喻，等等。[③]

自从莱柯夫和约翰逊的《我们赖以生存的隐喻》问世后，隐喻修辞批评文章更是像雨后春笋一样冒出来。相比而言，从理论形态上看，此前的隐喻修辞批评大多以隐喻的结构性特征为阐释框架，也就是说，以理查兹关于隐喻结构的观点为理论依据，但有一些批评文章比较超前地涉及隐喻的认知性问题，将概念隐喻纳入修辞批评之中。从这个意义上说，修辞学者关于隐喻的认知性认识、对概念隐喻的洞见，要比认知语言学家莱柯夫和约翰逊早几十年，只不过从系统性、全面性来说，前者的论述要逊于后者。类似的相关研究论文除上述几篇外，比较著名的还有：迈克尔·奥斯本的《修辞学中的原形隐喻：黑与暗的类别》、赫赫尔曼·G. 施特尔

① 参见 Kenneth Burke, *A Grammar of Motives*, pp. 503-507.

② 圣约翰·克里索斯托（约 347—407），希腊人，基督教教父。《圣约翰·克里索斯托圣经说教中的体育隐喻之运用》（*The Use of Athletic Metaphors in the Biblical Homilies of St. John Chrysostom*）由普林斯顿大学出版社于 1928 年出版。

③ 有关 Christie Jeffries, Sigurd Burckhardt 及 Barbara Hughes Fowler 的论文信息，见 Kathleen Hall Jamieson, "The Metaphoric Cluster in the Rhetoric of Pope Paul VI and Edmund G. Brown, Jr.," *Quarterly Journal of Speech*, 66 (1980): 51-72.

茨纳（Hermann G. Stelzner）的《用隐喻分析》、简·布兰肯希普（Jane Blankenship）的《寻求1972年民主党提名：一个隐喻分析视角》、卡特勒恩·霍尔·贾米森（Kathleen Hall Jamieson）的《教宗保罗六世与小埃德蒙·杰拉尔德·布朗修辞话语中的隐喻族》，等等。自20世纪80年代以来，受语言学，尤其是认知语言学对隐喻研究的影响，隐喻修辞批评研究达到了高峰，有一批重要的批评论文问世，比较重要的包括：罗纳德·H. 卡彭特（Ronald H. Carpenter）的《美国的悲剧隐喻：我们20世纪作为边远者的战士》、鲁斯·G. 史密斯和埃里克·M. 艾森伯格（Ruth C. Smith & Eric M. Eisenberg）的《迪斯尼的冲突：一种根隐喻分析》、苏珊·M. 多通（Suzanne M. Daughton）的《隐喻的超越：富兰克林·罗斯福第一次就职演讲中神圣战争的意象》、詹姆斯·达塞（James Darsey）的《巴拉克·奥巴马与美国的旅程》，等等。

隐喻修辞批评很难说是由某一个人创造的一种范式，它是“吃百家饭长大的”，其主要理论来源既有传统修辞学关于隐喻的理论，也有认知语言学的隐喻理论。从理论参考文献来看，隐喻修辞批评受莱柯夫和约翰逊的影响最大。严格地说，作为一种批评实践，隐喻修辞批评在20世纪20年代就已经出现，在50年代逐渐增多，并在八九十年代进入兴旺期。早期的隐喻修辞批评较多关注隐喻的美学价值和劝说效果，随着人们对隐喻的认知不断深入，隐喻修辞批评也越来越倾向于将隐喻视为一种支配、影响人们思维的建构性的现象。从这个角度看，现在的隐喻修辞批评主要是与认知语言学交叉而形成的一种批评范式。

第二节　隐喻修辞批评产生的学术背景

一　“新修辞学”关于“四个主要辞格”的阐释

传统上，修辞学界的隐喻研究主要将其作为一个辞格，聚焦于其美学功能，如愉悦与情感功能。自从修辞学大师伯克对以隐喻为核心的“四个主要辞格”（master tropes）进行研究之后①，修辞学界对隐喻类辞格的修辞功能（即说服、影响听众）有了更加清楚的认识，对隐喻修辞批评

---

① 伯克的四个主要辞格是隐喻、转喻、提喻与反语，参见 Kenneth Burke, *A Grammar of Motives* 中的有关章节。

起到了不小的促进作用。

为了抗衡时兴的所谓“科学主义”，推翻“客观知识”、“客观/永恒真理”，伯克采取的基本途径是揭示所有语言形式，尤其是那些貌似中立的语言形式背后所隐藏的修辞动机。他的基本观点是：语言是修辞性的、隐喻性的，其解构知识的客观性的切入点是辞格在知识生成中的作用，因为“不管世界是如何建构的，都要看语言是如何建构的。作为符号使用者的人需要透过一种‘符号雾’（fog of symbols）来审视现实世界的每个方面”①。伯克考察了修辞方法中的“隐喻”、“转喻”（metonymy）、“提喻”（synecdoche）和“反语”（irony）（这四个辞格呈现出彼此交叉、包孕的现象），目的不是考察其纯粹的辞格用法，而是其对“真理”的建构作用②。

伯克认为，“隐喻”其实相当于“视角”；“隐喻”是一种用其他事物来看某个事物的方法，它把“那个事物的这个特点或这个事物的那个特点揭示出来”（It brings out the thisness of a that, or the thatness of a this），因此，“从 B 事物的角度来看 A 事物当然是把 B 事物当作一个看 A 事物的视角”③。因此，如果人们通过隐喻去认知、描写、建构现实，那也只局限于某个视角，结果可想而知：关于该事物的知识是不完全可靠的，由此方法建构的“现实”、“真理”不是完全客观的、颠扑不破的。④

伯克对这四个辞格的理解来源于他的语言符号观。他认为，语言符号，因为它是符号，所以是辩证性的。这里有两层意思：一是人用它来谈论某事物的时候，必须用不是它的事物来指涉它，比如说树这种植物，必须用非植物的符号“树”来指涉它；二是定义某事物的时候，必须用不是它的事物来定义它，否则就陷入了循环论。因此，从这个意义上说，语

---

① S. B. Southwell, *Kenneth Burke and Martin Heidegger* (Madison: University of Wisconsin Press, 1987), p. 14.

② 关于伯克的四个主要辞格，请参见拙文《伯克辞格理论的解构思想及其对修辞学的意义》，《外语学刊》2011 年第 4 期。

③ Kenneth Burke, *A Grammar of Motives*, pp. 503-504.

④ 伯克在先前的《永恒与变化》中曾对隐喻与视角的关系作过精辟的论述，认为“视角是一种不协调（incongruity），因为用另一事物来看某一事物要将一个术语从一个领域挪到另一个不同的领域，这个过程就会涉及不同程度的不协调。对一个事物观察的角度/视角越多，对其的知识就越全面、可靠。从理论上讲，观察事物的视角往往很多，甚至难以计数，而实际上人们对某个事物的认知往往局限于有限的视角，换言之，关于现实世界的知识、真理，只能是相对的，我们只能逼近真理，而不能一劳永逸地获得真理。

言是辩证性的，也是隐喻性的。语言的隐喻性是认知的需要，因为语言的隐喻比逻辑更有效；隐喻是生产性的，它帮助我们看到我们所没有看到的。伯克将隐喻、转喻、提喻和反语视为“四个主要辞格”，是因为人的思维及语言交流都要依赖于它们。他将辞格理论作为一种语言学解构工具，推翻了知识的客观性、可靠性以及真理的客观性、永恒性。[①]

伯克关于隐喻等辞格的真知灼见促进了修辞学对隐喻的再认识，并将隐喻对思维的影响纳入修辞批评里进行考察，对隐喻修辞批评的开创发挥了重要作用。

二 修辞学转向

修辞学是一门有着两千多年历史的古老学问，可以追溯到亚里士多德和柏拉图时代。在历史上，修辞学的地位几经起伏，一度贵为“人类科学的皇后”，也一度被贬为“伪艺术”。在古典时期，它曾经是与语法、逻辑并驾齐驱的学问，但到了19世纪末20世纪初却衰落到可悲的地步。[②] 可以欣慰的是，随着“新修辞”的时兴，修辞学出现了历史的转机，在美国的一些学科中出现了“求知修辞学”（rhetoric of inquiry），引发了“修辞学转向”（rhetorical turn），不仅促进了修辞学理论的发展，也极大地密切了修辞学与其他学科，尤其是其他人文社会科学的联系。

所谓“修辞学转向”[③]，是指在西方学术界，尤其是某些实质性的学科中所出现的对修辞学的关注，这种关注表明，这些学科越来越有修辞学的意识，认识到其领域内纷繁复杂的行为都不可避免地包括了一些修辞学方面的因素。中国哲学研究者郭贵春、殷杰（2000）认为，修辞学转向是将古代传统的“劝说艺术”重建为一种全新的论证艺术的运动，它构成了社会科学与科学哲学重新建构探索的“最新运动”[④]。

修辞学转向有两种重要表现形式：一种是显性的；另一种是隐性的。

---

① 参见拙文《伯克辞格理论的解构思想及其对修辞学的意义》，《外语学刊》2011年第4期。

② I. A. Richards, *The Philosophy of Rhetoric* , p. 3.

③ 参见拙文《西方“修辞学转向”理论探源》，《外国语文》（原《四川外国语学院学报》）2009年第4期。

④ 参见郭贵春、殷杰《在“转向”中运动：20世纪科学哲学的演变及其走向》，《哲学动态》2000年第8期。

显性的修辞学转向所涉及的是一些明确意识到修辞学和当代思想相关性的著作，在这些著作中，修辞学被用作批评和解释的方法，也就是说，这些著作的作者用修辞学理论去分析、批评、阐释传统上属于其他学科中的语言运用，审视这些学科中的修辞运作。在显性修辞学转向中起重要作用的著名学者包括西方修辞学界大名鼎鼎的佩雷尔曼、伯克、麦基翁（Richard McKeon）、韦弗等人。

隐性修辞学转向作者虽然没有使用或意识到修辞学的专门词汇，但他们的著作隐含了修辞学元素，其共同特点是肯定推理行为是一种影响他人的过程，知识产生于话语者与听/读者的共识，换言之，他们意识到修辞在知识生成过程中的作用，在分析、阐释各自的学科运作中不知不觉地运用了修辞学的一些原理。在隐性修辞学转向中起重要作用的学者包括库恩、图尔明、哈贝马斯、福柯等西方哲学界享有盛誉的人物。

从整个学术界而非修辞学本身来看，隐性修辞学转向的魅力要比显性修辞学转向的魅力大得多。显性修辞学转向是实用的产物，而隐性修辞学转向主要是理论和知识的结果。如果说显性修辞学转向有几十年的历史，那么隐性修辞学转向的历史要久远得多，可以一直追溯到柏拉图与早期诡辩家们的论战。对隐喻修辞批评而言，修辞学转向产生的一个直接结果是人们不再视诸如辞格等语言表达方式、技巧为修辞学的全部内容，而是将影响人的行为作为修辞学的意义，为隐喻作为一种观察、阐释社会现象的视角奠定了基础。

三　认知语言学的隐喻研究

隐喻是多学科研究的对象。修辞学领域的隐喻研究具有悠久的历史，最早可以追溯到亚里士多德。他认为隐喻很重要，不过他对隐喻的研究只是从隐喻对思想表述的角度来考察的，没有触及隐喻的认知性。“洛克、休谟以至当代许多教科书、文学理论书籍，都把隐喻看作一种修辞格”。[①] 20 世纪 30 年代，哲学家、修辞学家理查兹在《修辞哲学》中对隐喻进行了研究，指出：“当人们使用隐喻时，就把两个不同事物的思想放在一起，它们活跃地相互作用，其结果是隐喻的意义。”[②] 理查兹的研究是较

① 林书武：《国外隐喻研究综述》，《外语教学与研究》1997 年第 1 期。

② I. A. Richards, *The Philosophy of Rhetoric*, p. 93.

早从认知领域对隐喻进行研究的。对隐喻修辞批评而言，真正产生重大影响的是80年代开始兴起的认知语言学领域对隐喻的研究。

认知语言学家莱柯夫和约翰逊的《我们赖以生存的隐喻》掀起了认知语言学隐喻研究的高潮，研究成果如雨后春笋一样冒出来。莱柯夫和约翰逊认为，隐喻不仅是一个语言问题，更重要的是一个思维问题。这个观点已经被学界普遍接受。《牛津国际语言学百科全书》就采用了类似的观点，认为“目标概念领域是作隐喻理解的领域，始源概念领域是用其去比喻地理解目标的领域。概念隐喻就是这两个部分的映现”。自从莱柯夫和约翰逊划时代的论著出版之后，隐喻研究从表层进入深层，隐喻的不可或缺性也不断深入人心；隐喻，正如其书名所宣称的那样，是人类赖以生存的东西。据他们的统计，日常语言中大约70%的表达方式是源于隐喻概念的。他们考察了大量的语料，发现很多表达来自于基本的隐喻，并归纳出诸多基本隐喻，如“争论是战争”（ARGMENT IS WAR），“时间是金钱”（TIME IS MONEY），“生命是旅程”（LIFE IS A JOURNEY），“死亡是离去”（DEATH IS DEPARTURE），等等。这些基本隐喻，每一个都可以派生出很多表达方法。从修辞批评的角度看，莱柯夫和约翰逊对隐喻的洞见，不仅为批评者指明了研究方向，也为批评者对话语的分析提供了方法论的指导。比如，批评者可以考察修辞话语中的基本隐喻种类，并探讨以其为核心的隐喻簇（clusters of metaphors），从而阐释修辞者劝说听众的方式。

应该说，隐喻修辞批评的主要学术背景是语言学，尤其是认知语言学界对隐喻的研究。从这个角度说，隐喻修辞批评主要是修辞学与语言学，特别是认知语言学交叉融合的结晶。综观隐喻修辞批评实践，就隐喻理论来说，批评者参考最多的是莱柯夫和约翰逊的《我们赖以生存的隐喻》。就如在认知语言学里一样，他们的观点已经在修辞学中深深地扎下根来，正如福斯所说：

> 与隐喻作为装饰的观点形成对照的是，隐喻现在被视为建构现实的主要方式。我们不是看到现实然后才去阐释它并赋予其意义的，而是我们通过描写现实的语言去体验现实：我们把现实描写得怎么样它就是怎么样的。隐喻是符号建构现实的基本方式，它起结构原则的作用，在凸显现象的某些特征的同时也隐蔽其他特征，因此，每个隐喻

都产生了与相同现实不同的描写。①

第三节 隐喻修辞批评的理论基础：隐喻的功能观

在传统修辞学里面，隐喻只是用于对语言表达的装饰、美化。如果说它对劝说、影响他人有作用，那主要是因为它易激起人的情感，仅此而已。至于隐喻本身对说服他人，诱发他人合作所起的核心作用，则没有得到正确的认识，甚至被完全忽略了。应该说，传统修辞学只认识到隐喻的次要或边缘性作用。这不是隐喻修辞批评所持的隐喻观。正确的修辞批评隐喻观应该与上述主流修辞观相配，即隐喻，除了能为语言增添美好色彩外，更重要的是还能使人形成态度、加强态度，甚至改变人的态度，诱发听众与修辞者一样思、言、行。隐喻的修辞功能体现在多个方面。

一 情感激发功能

隐喻作为语言形式，其组成要素是本体与喻体。从心理学上说，隐喻会产生刺激—反应周期。② 作为刺激物，隐喻通过一个通常表示完全不同东西的事物来描述另一个事物；作为一种反映形式，隐喻涉及两个事物：一个来自于刺激符号的通常所指，另一个来自于一个特定情景下的所指。这两种阐释物的互动构成了隐喻的刺激—反应周期。人们要经过联想才能获得隐喻的意义，但这个联想受人的体验所限制。本体与喻体之间的语义距离越远，或者说，两者之间的关联度越不确定，那么要把不同的两者放置在一起就需要更大的努力。伯克在《永恒与变化》中指出，用另一事物来看某一事物要将一个术语从一个领域挪到另一个不同的领域，会涉及不同程度的不协调"③。因此，在理解一个崭新或极端的隐喻时，人的心里会有一个高度的紧张。当传达的意义被理解时，该紧张会突然得到解除，隐喻试图表达的意义也就因此深深地烙印在了人的心里。这种心理的紧张与放松能够激发人们的情感并影响其行为和态度。

更重要的是，隐喻能产生亲和力，导致修辞者与听众之间的同一。如

---

① Sonja K. Foss, *Rhetorical Criticism: Exploration & Practice*, p. 300.

② Michael M. Osborn & Douglas Ehnigher, "The Metaphor in Public Address," *Speech Monographs*, 29 (1962): 226.

③ Kenneth Burke, *A Grammar of Motives*, p. 504.

前文所述，隐喻涉及两个思想的互动。亚里士多德曾指出，若要说服人，修辞者就要把听众引入适当的心境之中。隐喻能帮助修辞者使听众进入适当的心境之中，以便认可修辞者的观点、态度、价值。泰德·科恩（Ted Cohen）在其《隐喻与亲和力的培养》一文中指出，隐喻的亲和力来自隐喻发出者和接受者的合作，具体包括三个步骤①：

1. 隐喻的作者通过隐喻向读者发出一种隐含的邀请；
2. 隐喻的读者付出额外的努力以接受这一邀请；
3. 这一发出—接受过程最终形成对某种群体形式的认可。

泰德·科恩所说的亲和力发生的过程与伯克所说的“同一”不谋而合。修辞者，也即隐喻发出者，通过隐喻向听众提出一个谜题，并期望后者做出同情回应。当听众输入正确的密码、正确接上联络暗号时，就会产生亲和感从而进入作者的领地。换言之，当听众在知识、信念、意图或态度等方面与修辞者具有共同点时，他们就会感到有亲和力并因此容易认可对方。这正是伯克所谓的“无意识‘同一’”所产生的巨大修辞威力。隐喻在修辞者与隐喻接受者之间的互动中制造一种“无意识的同一”，从而导致心灵的交融并对诱发合作发挥重要作用。

当这种无意识的同一体现在修辞者与听众的生活体验中时，更能激发听众的情感，从而影响他的判断、观点和行为，因为“我们感到快乐和对人友好时的判断与我们感到痛苦和怀有敌意时的判断是不一样的”。如前文所述，隐喻把两个不同的事物放置在一起，把本属于 A 事物的特征或属性硬是转移到 B 事物上，这使得隐喻的接受者必须做出一番智力上的努力，把 A 事物的含义系统与 B 事物的含义系统进行比较，从中寻找某种相似。这个比较，或者相似性寻找、创造的过程，是一个根基于隐喻接受者（也即听众）先前体验的含义筛选和特征匹配过程。因此，如果修辞者的隐喻使用得当，听众可能会“浮想联翩”，“往事历历在目”，情感便会油然而生。这种情感的变化多少会对其态度、行为产生影响。情感的变化会造成人们在判断上的变化，而态度的改变可能意味着推翻一种决定，转而支持其他事物。② 正因为对隐喻的理解必定会经过对人的体验的

① 参见张沛《隐喻的生命》，北京大学出版社 2004 年版，第 82—86 页；原文见 Ted Cohen, “Metaphor and the Cultivation of Intimacy,” *Critical Inquiry*, 1 (1978): 3-12.

② 参见 E. Garver, *Aristotle's Rhetoric: An Art of Character* (Chicago: The University of Chicago Press, 1994), pp. 115-116.

联想，隐喻激发了人们无意识的情感联想，影响人们赋予思想和信念的价值，所以它能影响人的行为。这种效果是通过把对各种源词语所作的积极或消极的联想转移到隐喻的目标词上而获取的。[①] 伯克曾指出：

> 若人们相信某事物，诗人可利用该信念获得一种效果。譬如，若他们憎恨背信弃义，诗人则可描述一个叛徒从而唤起他们的憎恨心理。若他们赞赏自我牺牲，诗人则描述一个自我牺牲的壮举从而激起他们的敬仰之情。若他们认为地球是宇宙的中心，诗人则可把人的尊严根基于自我中心论……[②]

伯克的话道出了情感诉诸与含义联想之间的关系。其实，这种情感诉诸也是伯克所说的“同一”过程，因为修辞者通过把两个不同的事物联系、放置在一起，使听众/读者在这两个事物的含义联系中领悟出其中的信念、态度、价值等。当他们认同修辞者的隐喻时，他们也就在信念、态度、价值等方面同一了。

就纯粹的一种美学形式而言，毋庸赘言，隐喻对修辞者影响听众也有作用。古罗马修辞学、隐喻替代论的代表人物昆体良曾指出，修辞者青睐隐喻的主要原因是它为语篇添辉增彩，通过诉诸感觉并以一种本身就愉悦的方式刺激大脑思维过程，使得听众感到快感。因此，隐喻有助于具体事物，因为在给人愉悦的感觉中，隐喻也使人对其更加关注，使我们对给予我们愉悦的人产生感激之情，从而使我们接受他的观点。[③] 作为一种与众不同的语言形式，隐喻能打动人，因为“人喜欢打动他们心灵的东西，因此也能被特殊的东西所打动”[④]。其实，隐喻对“人品诉诸”也起着重要作用。由于隐喻把两个本质上不同的事物放置在一起，其形式不仅给人一种不同的美感，更体现了隐喻创造者的一种智慧或机智。这就是为什么亚里士多德说隐喻是天才的象征，它不是能够教会的。[⑤] 可见，修辞者的

---

① Kenneth Burke, *Counter-Statement* , p. 16.

② J. Charteris-Black, *Politicians and Rhetoric*: *The Persuasive Power of Metaphor* (Palgrave: Macmillan, 2005), p. 14.

③ John Waite Bowers & M. M. Osborn, “Attitudinal Effects of Selected Types of Concluding Metaphors in Persuasive Speeches,” *Speech Monograph*, 33 (1986): 147-148.

④ Aristotle, *Rhetoric*, p. 167.

⑤ Ibid. , p. 168.

隐喻能在听众心中为其树立良好的形象。如果修辞者树立一种“友善、智慧、正直”的形象，听众就容易被说服，因为人们有一个倾向，那就是更愿意相信好人，而不愿相信坏人。①

二　隐喻的认知导向作用

隐喻是在两个事物之间做比较，把属于 A 事物的特征/属性移植到 B 事物上，换言之，用 A 事物的视角去看 B 事物。因此，隐喻实际上是一种视角。在用这种视角去看事物时，人们必须对某些特征“熟视无睹”而聚焦于其他特征。可见，隐喻规定了人的认知导向，就像伯克所说的“术语屏”一样，把事物的某些特征屏蔽掉，只允许其他特征进入修辞者的视野。

隐喻对认知导向的作用在伯克对四个主要辞格的功能论述中得到了清楚的证明。“隐喻”其实相当于视角，因为它是一种用其他事物来看待某个事物的方法，它把“那个事物的这个特点或这个事物的那个特点揭示出来”，因此，“从 B 事物的角度来看 A 事物当然是把 B 事物当作一个看 A 事物的视角”②。从隐喻的组构来看，它是由主体和喻体构成，两者之间是互动的关系：一方面本体要受喻体透视，也就是说，喻体制约本体的认知方向，规定了其被“看”的特征或属性；另一方面本体又限定了喻体的质，制约着认知主体不能随意“发挥主观能动性”，只能在一定的框架或范围内发挥其认知潜能，发现或创造两个事物之间的某种相似性。③喻体好比术语屏，它把某些特征遮蔽掉，只让观察者顺着这种术语屏的设计者（修辞者）所指引的方向去看事物，结果只能看到修辞者所希望看到的。换言之，通过隐喻的作用，修辞者诱发听众与他合作，像他那样看问题，像他那样思、言、行。举例来说。英语系的学生在上《英美概况》课时，老师说：“美国是一个熔炉”，其目的是“劝说”听众（即学生）理解并接受这样的观点：美国是由来自世界各地的移民构成的国家。这个隐喻由本体“美国”和喻体“熔炉”构成。老师为了说服学生接受他的观点，为学生提供了“框架”——美国，其含义项包括：国家、北美地

① Aristotle, *Rhetoric*, p. 24.

② Kenneth Burke, *A Grammar of Motives*, pp. 503-504.

③ 谢之君：《隐喻认知功能探索》，复旦大学出版社 2007 年版，第 27 页。

区、发达国家、军事强国、追求霸权、自由、民主、开放、白人、黑人、英国移民、亚洲移民等；喻体是“熔炉”，其含义项包括炼钢铁、金属制品、大容器、各种金属、熔解、融合成整体、电/火烧等。在学生的脑海里，“国家”概念指引他们去搜寻与之相配的可能含义项，但“熔炉”概念却只能允许看到与其相配的含义，最终只能获得这样的语义搭配链条：美国——各国移民汇集—融合为整体，至于其他含义项，则被压制或隐藏起来，于是学生只能获得这样的理解：美国是由来自世界各地的移民构成的国家，他们起先带有比较鲜明独特的文化特征，但逐渐在这里得到一定程度的同化，形成了具有一定同一性的整体。正如莱柯夫和约翰逊所说：“隐喻使人聚焦一个概念的某一个方面，同时也阻止人们聚焦该概念的与隐喻不相一致的其他方面。”①

隐喻几乎无所不在，语言是隐喻性的，隐喻是思维的方式。人们始终受到隐喻所构成的术语屏的制约，只能透过它去“看”世界，而不能脱离它。伯克精辟地指出：

> 我们必须使用词屏，因为不用术语就无法谈论任何事情；不管我们使用什么术语，这些术语必定会形成一个相应的屏，任何这样的屏都将把人的注意力引向某个领域而不是其他领域。在这个领域里，可能还有不同的屏，每个屏都各有引导注意力的方法，决定观察的范围，因为这个范围蕴含在特定的词汇之中。②

隐喻对认知导向的引导和限制是其修辞功能的重要表现，因为劝说或诱发合作的实质就是引导听众/读者像修辞者那样看问题，相信他所相信的事物，接受他的观点和行为。

三　隐喻的知识生成与现实建构作用

隐喻修辞批评还以这样的隐喻观为基础：隐喻生成知识、建构现实。从修辞学角度看，隐喻说服或诱发听众合作的重要体现是它对知识生成和

---

① George Lakoff & Mark Johnson *Metaphors We Live By* (Chicago: University of Chicago Press, 1980), p. 10.

② Kenneth Burke, *Language as Symbolic Action: Essays on Life, Literature, and Method*, p. 50.

现实建构的作用，这个功能其实与上述的认知导向功能紧密相关。

知识是人类认识世界的成果。说到知识，人们常常会联想到客观主义的知识观。客观主义认为：世界是由不以人的意志为转移的客观事物组成的。这些事物与语言词汇的意义有稳定的对应关系，因此，当人们使用语言中的范畴和概念来理解其所处世界的事物时，便能获得对这些事物的客观知识。此外，人们的言谈可以不依靠隐喻，理性是通往客观性的途径。[①] 客观主义的知识观显然是建立在一种主体和客体相分离的二元论上的。

但是，尼采对传统认识论的批判促使人们看清楚了“客观知识”的漏洞。他认为，现象世界并不是独立于主体且不与主体发生关系的，相反，它是相对于主体而存在并由主体赋予意义的世界。因为只有世界进入人的认识领域才会被赋予意义，而在这个认识过程中，人们的任何概念、判断、表象都是出于他们的需要、激情、本能、倾向，是由非理性的主体加工改造的结果，所以任何认识都不可能是纯粹的，而总与人的某种利益或需要相关，服从人的目的。[②] 马克思主义哲学认为，知识的本质在于它来源于社会实践，社会实践是一切知识的基础和检验知识的标准。知识之所以成为知识，毫无疑问要经过人的认知，必须经过人们之间的修辞互动。著名修辞学者克雷格·R. 史密斯（Craig R. Smith）指出：“修辞具有‘使被获知’的功能”（making known function）[③]，也就是说，人们获知的过程有赖于人际间修辞话语的运作，因为事物没有进入人们的交际，没有进入人们的认识领域，就不可能被赋予意义。既然知识是人对世界认知的结果，那么就离不开认知主体的人；既然知识来自于社会实践，就不可能不经过社会人的“体验”而产生，不可能不经过人际之间的修辞互动。社会现实是符号化的产物，人关于现实世界的知识是来自于修辞运作的，而隐喻是修辞运作的基本方式。“知识”意味着人对现实世界的认知，在这个过程中，认知者总怀有目的、兴趣，而目的、兴趣在人们认知各种“发现”的特征的过程中是关键的，因为它们把注意力引向某个/某些事物及其特征，而避开其他事物及其特征，“看意味着不看”（Seeing is not seeing）。伯克曾一针见血地指出：

---

① George Lakoff & Mark Johnson, *Metaphors We Live By*, p. 86.

② 刘放桐：《新编现代西方哲学》，第 53 页。

③ Craig R. Smith, *Rhetoric and Human Consciousness* (Long Grove, Illinois: Waveland Press, 2003), p. 3.

> 我们是否能够意识到我们所说的"现实"绝大多数是由我们的符号系统所建构起来的？把我们的书拿掉，我们对历史、自传甚至对所谓的"实实在在"的事物，如海洋与大陆的相关位置，又有多少了解呢？今天的"现实"是什么，如果不是关于过去的一簇符号与我们主要通过地图、杂志、报纸等关于现在所知道的东西相联系的呢？……不管我们亲身经历的一点现实有多么重要，整个"图画"只不过是我们的符号的建构物。对这个事实进行深思，就像站在事物边上朝最终的深渊里窥视，直到看到它的深刻蕴涵意义。毫无疑问，这就是为什么尽管人是使用符号的动物，他仍然坚持相信一种由符号建构起来的天真的现实，而不去认识人的现实观念中符号所起的作用……词语是连接人与非符号世界的纽带，同样也是把我们与非语言相分离的一种屏幕。①

说知识是语言运作的结果，现实是语言建构的结果，即是说知识是隐喻修辞作用的结果，现实是隐喻的修辞产物，因为隐喻性是语言的基本特征。著名修辞学家埃内斯托·格拉西（Ernesto Grassi）指出："隐喻处于人类世界的根部……对塑造我们这个世界的结构产生着关键的作用。"②隐喻在知识生成过程中的关键作用，也得到了来自认知语言学的佐证。认知语言学研究表明，人们对事物的认知必须以其先前的经历为基础，这种"以己度物"，从已知到未知、从感性到理性的螺旋式的认知过程，依靠的正是隐喻。

从语言的发展来看，隐喻是语言发展的途径，语言是通过隐喻延伸（metaphorical extension）而获得发展的，先是从身体的、有形的、可触摸的领域，通过类比借用到非身体的、无形的、不可触及的领域。语言的概念、语言的范畴，都是通过隐喻建立起来的。语言的隐喻性是认知的需要，因为语言的"隐喻比逻辑更有效。隐喻是生产性的，它帮助我们看到我们所没有看到的。隐喻是开放性的、启发性的、引发性的。逻辑是决定性的：它帮助我们更清晰地看到我们已经看到的"③。莱柯夫和约翰逊曾指出，世

---

① Kenneth Burke, *Language as Symbolic Action*: *Essays on Life*, *Literature*, *and Method*, p. 5.

② Ernesto Grassi, *Rhetoric as Philosophy* (University Park, PA: The Pennsylvania State University Press, 1980), p. 159.

③ 刘大为：《比喻、近喻与自喻》，上海教育出版社 2001 年版，第 67 页。

上没有客观真理，因为真理总是与那些在很大程度上是由隐喻决定的概念系统相关联，而大多数隐喻是在文化中经过很长时间发展而来的，不少隐喻甚至是被有权力的人强加的，所以，通过隐喻而产生的知识、通过隐喻而建构的现实，肯定不可能是客观的、绝对的、永恒的。[①] 伯克一针见血地指出："我们的兴趣决定了我们对事物的感知（看法）。"[②]

从隐喻的运作机理来看，隐喻生产知识、隐喻建构现实的观点也站得住脚。对世界的理解离不开类概念。古希腊哲人普罗泰戈拉指出："人是万物的尺度。"初民是通过以己度物创造想象的概念来认识外界的。隐喻的关键特征是相似性（当然，这种相似性也是建构的产物）。初民把自身或经历过的事物的特征投射到其他事物上，以非逻辑的"体验"方式隐喻地表达了"想象性真实"，同时又通过隐喻把"体验"得来的认知图式提升为概念、范畴等理性思维形式，从而产生了"逻辑"。当他们面临全新的事物时，又以这种先前来源于隐喻的"逻辑"，根据类比的思路去理解它，因此，从已知（自身或体验之物）到未知，再从已知（想象性真实）到未知，这样螺旋式的认知上升始终以隐喻为驱动力，也就是说，隐喻具有建立概念、建构逻辑、建构现实的认知功能，它帮助人不断拓展认知的领域和维度。[③] 正如莱柯夫和约翰逊所说："隐喻可以为我们创造现实，尤其是社会现实。"[④]

隐喻生成知识、建构现实，真正体现了隐喻使用者或修辞者在听众/读者心里形成观点，或诱发其与自己的观点、态度、观念、价值一致的修辞过程。一言以蔽之，隐喻导致了语言中的基本概念、基本范畴，通过它们，修辞者诱发听众"发现"或"创造"事物之间的相似性，从而创立事物之间的联系或者"逻辑"，使大千世界按照修辞者的意愿，以一种能被接受的方式展现给听众/读者，使其"看"到修辞者所希望他看到的东西。这种结果是源于从隐喻中比较的一面出发而对目标域的新洞见，源于隐喻在认知过程中所起的关键作用。

举例来说，教师为了使毕业班学生接受"继续努力拼搏"的观点，对他们说："从今天开始，你们又迈上了新的长征。"毕业后的生活到底怎

① George Lakoff & Mark Johnson, *Metaphors We Live By*, p. 159.

② Kenneth Burke, *Permanence and Change: An Anatomy of Purpose*, p. 214.

③ 参见张沛《隐喻的生命》，第 214—226 页。

④ George Lakoff & Mark Johnson, *Metaphors We Live By*, p. 156.

样？有多少艰苦、曲折？需要付出多少努力？这里，作为修辞者的教师，把“毕业后的人生”（A）比作“长征”（B）。按照布莱克的隐喻互动论，“毕业后的人生”是本体（或曰主旨），“长征”是喻体（或曰媒介），前者为隐喻提供了框架，限定了听众的认知领域，后者则充当了隐喻的“聚焦点”，要求听众/读者把目光聚焦于后者的某些特征上。喻体“长征”的含义系统包括红军、瑞金、反围剿、遵义、雪山、草地、艰苦、曲折、漫长等，这里的意义都是修辞者和听众耳熟能详的，因为他们拥有相同的文化和受过良好的教育，对举世闻名的长征应该不会陌生。这些意义经过选择、压缩、强调、组合后投射到“主体”之上，而听众则将喻体的诸多含义予以“过滤”或“筛选”，最后将“艰苦”、“曲折”、“漫长”、“需要毅力”的特征与主体相配起来，也就是说，修辞者通过隐喻，把听众/读者带入互动的过程，使其认知到未来生活道路曲折、漫长、艰苦，需要坚强的意志和努力拼搏，这种认识正是作为修辞者的教师所希望的结果，即是说，修辞者劝说听众像他那样看问题，持相同的态度、观点，与修辞者“合作”。毕业生对未来生活的“知识”正是隐喻运作的结果。

四　隐喻的论题建构作用

亚里士多德认为，人是理性的动物。隐喻作为一种说服、诱发合作的修辞行为，必须也是一种“以理服人”的形式。“以理服人”的重要体现是：隐喻具有建构论题的作用。①

隐喻不仅提供了一种认知世界的方法，也在论辩中发挥着重要作用。这主要表现在两方面：（1）隐喻本身构成一个论题；（2）隐喻作为论题的重要部分。首先，隐喻本身就构成一个独立的论题。它把两个不同的事物“错位”地放置在一起，“迫使”听众/读者从两者中间发现或创造某种相似性。倘若修辞者与听众/读者的社会文化背景相同或相似，这两者之间的相似性是不难发现或创造的。这样，喻体的含义项就会在本体的框架指引或限制下被“过滤”或“筛选”，并与主体的含义项搭配起来，一旦两者之间的相似性建立起来，本体（A）与喻体（B）的关系方程就被

① 根据图尔明的观点，一个论题由三个核心要素组成：“资料/事实”、“理由”和“主张”；一个充分展开的论题除了这三个核心要素外，还有“支持”、“反证”和“限制”。鉴于前文多处提及图尔明的论题结构，此处不再赘述。

建立起来了：A（本体）=B（喻体）。这样，相似性成了连接两者的桥梁。从论题的角度看，本体与喻体是论题的资料，本体与喻体的关系方程（A=B）即是论题的主张，而听众/读者在本体与喻体之间发现或创造的相似性就是“理由”（如图 11.1 所示）。

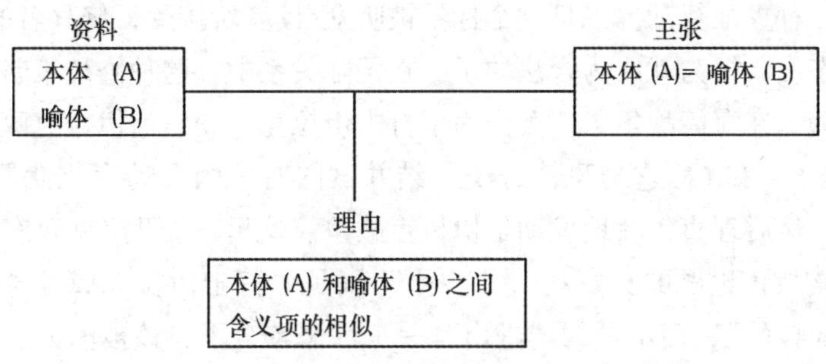

图 11.1 作为独立论题的隐喻

资料来源：邓志勇：《隐喻修辞批评的理论与操作方法》，《外语与外语教学》2013 年第 2 期。

以上是从微观层面看隐喻建构论题的结果。但是，隐喻不仅是为了其本身的论题，更重要的是，它的建构是服务于更宏观的论题结构的。通常，修辞者把整个隐喻作为一个论题的资料，从而使听众/读者被说服接受修辞者的观点、态度或者行为（如图 11.2 所示）。

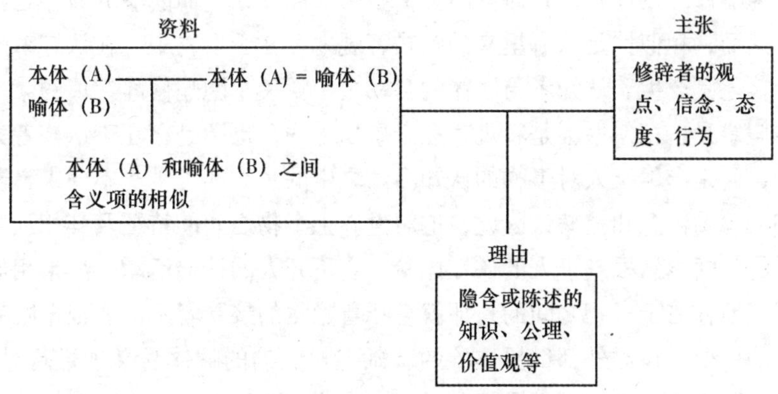

图 11.2 作为论题支撑部分的隐喻

当“理由”是不言而喻的时候，或者说，当修辞者认为听众/读者一定知道或认可时，它可以被省略。这样，该大论题表层上只包含作为论题“资料”的隐喻以及作为论题“主张”的作者的观点、信念、态度、行为等。

在上述第二种情况下，隐喻的建构就像伯克所说的给事物贴标签或命名，是一种象征行动。一旦这个标签被听众/读者所接受，修辞者的观点、信念、态度、行为就成为合法的了。在国际关系中，这种修辞策略比比皆是。譬如，在海湾战争中，美国为了打击伊拉克，先是给伊拉克政府贴上“恐怖分子”（宣称它与恐怖分子勾结并试图对美国发动生化武器袭击）的标签，然后理直气壮地发动了伊拉克战争。这里，“伊拉克政府是恐怖分子”构成该论题的“资料”，“主张”则是“打击伊拉克或推翻伊拉克政府是应该的”，而论题的“理由”——“恐怖分子应该被消灭”——则是公理性的东西，故可以省略不说。再如，美国前总统布什在位期间为了延伸反恐战线，千方百计想惩罚、打击被美国视为眼中钉的伊拉克、伊朗、朝鲜，把它们贴上“邪恶轴”（Axis of Evil）的标签。如果人们认为“邪恶轴”应该被拔除掉的话，实际上就等于授权美国对这些国家采取惩罚或打击行动。至于这些国家是不是“邪恶轴”，那就要麻烦人们去证明其真伪了。

第四节　隐喻修辞批评的基本哲学假定

隐喻修辞批评当然是对修辞话语中隐喻的评论，而隐喻的核心是相似性。然而，相似性是从哪里来的？是客观地存在于事物中，在认知者的大脑中，还是产生于认知者与客体的互动之中？关于隐喻修辞批评的第一个基本假定是：相似性不是客观存在于事物中的，也不是存在于认知者大脑中的，而是产生于人对事物的认知活动之中的。人的思维离不开来自于其认知体验的概念和范畴，因此，他对世界上事物之间的特征及其相互之间关系的判断显然根基于人的认知体验，离不开人的社会活动。如果相似性是客观地存在于事物之间的，那就意味着隐喻的接受者不需要根据隐喻所提供的框架，在对外部世界体验的基础上对隐喻的喻体含义项进行过滤、筛选。隐喻的理解离不开语境这个事实表明：不同政治、文化、经济、教育等各种背景的人对隐喻的理解可能不同，即是说，在理解隐喻的含义时，人不是像从海绵中挤水一样把存在里面的意义取出来，而是要把自己对世界的体验掺入其中，以自己的经历为参照，建构一种与自己经历相连贯或一致的解释。这是一个积极的、能动的创造过程，而不是一种观看存在于大自然中一块石头的发现过程。

隐喻修辞批评的第二个假定是：意义来源于人的认知体验，来自于主体与客体的互动，而不是客观地存在于外部世界，就如一座山或一块石头那样等待人去发现。语言符号是任意性的，符号的任意性意味着同一个意义可以用不同形式来表示，或不同的事物可能会具有相同的意义。意义不是附加在语言符号中的，而是在语言运用即言语中的，也就是说，意义是由语境决定的，词语只有在言语交流中才有意义，而不是存在于词典里。语言的存在主义意义就在于它的使用，词的意义就在其用法之中，因为，交流只有对那些能够把当前的使用与之前使用的经验联系起来加以理解的人才有意义；语用决定了意义。这与著名哲学家维特根斯坦的名言“意义既用法”的道理相同。[①] 哲学家奥格登与理查斯在其合著的《意义之意义》中认为，意义与符号之间没有必然的联系，意义来源于符号在语境中的运用，与语言使用者的经历息息相关。譬如，符号“狗”对不同的人有不同的意义：被狗咬过的人认为它是可怕的动物；没有这种经历的人可能认为它是可爱的宠物。而且，即使就物理特征来说，“狗”在不同的人那里唤起的图像也不一样：毛发、大小、长相等都可能不一样。正是基于意义来源于人的认知体验，来自于主体与客体的互动，才会产生隐喻赖于成立的不同事物之间的相似性。

隐喻修辞批评的第三个假定是语言与思维、隐喻与语言的不可分性。伯克曾把人定义为“使用符号、误用符号的动物”[②]。这就是说，人之所以是人，使用语言符号是他的标志。既然人必须使用语言符号，而作为理性动物的人（亚里士多德的观点）的思维就不能离开语言符号。“思维不仅仅用言语来表达，思维是通过言语才开始产生并存在的”[③]。同样，隐喻与语言也不能分开。应该说，语言本身就是隐喻性的，因为语言的作用机制是用一套符号系统（A）指涉另一套非符号的系统（B），包括具体

① 王晓升：《走进语言的迷宫：后期维特根斯坦哲学概述》，社会科学文献出版社 1999 年版，第 91 页。

② Kenneth Burke, *Language as Symbolic Action: Essays on Life, Literature, and Method*, p. 3.

③ 维果茨基：《思想与语言》，北京大学出版社 1997 年版，第 163—164 页。

物质和抽象的观念、思想等，即用语言说 B。语言的发展始终离不开隐喻，其发展的基本路径是类比延伸，语言的概念、范畴的建立都以隐喻为驱动器。语言能以有限的符号言说无限的世界，关键靠隐喻（包括类比），否则，大千世界就会成为一团乱麻，一团混沌。

隐喻修辞批评的第四个假定是：语言与价值、意识形态不可分。人是语言的动物，更是修辞的动物、伦理的动物，也即亚里士多德所说的“政治的动物”。人的语言必须是修辞性的，是饱蘸伦理价值的，其基本功能是调节社会关系。首先，从语言的材料来看，词汇必定带有明显的价值取向。正如申小龙教授所指出的那样，一种语言反映了操该语言的民族的人文精神，因为人是：

> 按照他的语言来接受世界的。这种接受形式决定了他的思维、感情、知觉、意识的格局……语言本质上不是一种与人的主体相分离的客观形式系统，而是一套价值系统和意义系统。语言带给人一种对于世界的特定的态度和关系。当人们掌握自己的母语时，也就是同时接受了它所包含的文化意义和价值意义。①

其次，作为修辞动物的人对语言的使用，其话语也不可避免地充满着话语者的偏见或价值观。人的话语不可能不带任何偏见，如果你说 A，实际上就是在回避 B；如果你选择用 A 表达法，实际上就是拒绝用 B 表达法。在 A 、B 之间的选择反映了你的价值取向。即使最简单的一个事实表述都隐含了修辞动机，语言形式“跳跃着态度”②，看似客观的语言形式其实也不是客观的，而是带有主观色彩的、具有偏见的，是劝说性的。莱柯夫和约翰逊指出：

> 为了理解这个世界，并在这个世界上生存，人们必须使用对我们有用或有意义的方式把我们接触到的事物分类……范畴是辨别一种事物的自然的方法，这种方法就是突出某些事物的特征，同时忽视其他特征，甚至隐藏其他的特征……在做一个陈述时，我们是在对范畴做

① 申小龙：《中国句型文化》，东北师范大学出版社 1988 年版，第 492 页。

② Kenneth Burke, *The Philosophy of Literary Form: Studies on Symbolic Action*, p. 9.

> 出选择，因为我们在突出某些特征的同时肯定忽视了其他特征。因此，每一个真实的陈述必须撇开被范畴所忽视或隐藏的东西……因为范畴的自然方面（如感知、功能等）都是来自于人们与世界的互动，这些方面所赋予的特征并不是事物本身所具有的特征，而是在人的感知官能的基础上与外界互动的特征，因此，用人类的范畴做所谓真实的陈述并没有断言事物本身的特征，而是断言了与人类功能相关的互动的特征。作真实的陈述时，我们必须选择描述的范畴，但那种选择涉及了我们在特定情景下的感知和目的。①

范畴概念是基于人的体验而建立的，这说明了人的言语饱蘸伦理价值。总之，不论是语言系统还是语言的使用都与价值、意识形态不可分割，语言是“说教性的”。

第五节 隐喻修辞批评的基本操作方法与程序

根据上述修辞批评的目的以及基本理论，隐喻修辞批评操作的一个总的原则是：从修辞的角度分析和评论隐喻在实现修辞者劝说听众/读者，影响其行为、态度，诱发其合作中的作用。鉴于此，修辞批评在内容上聚焦于以下几个方面：

第一，修辞者是如何用隐喻引导听众/读者走向他所希望的方向的？由于隐喻对认知的引导意味着突出事物的某些特征，同时也压制、隐藏另外某些特征，修辞批评需要对修辞话语进行分析，考察修辞者是如何通过隐喻对事物进行“过滤”的，从而突出其希望听众/读者看到的东西，同时让听众/读者的注意力远离他不希望他们看到的东西。隐喻就如伯克所说的“术语屏”，不仅洞开人的思维空间，也堵塞了我们的感觉；不仅规定着思考的方向，也改变了人的思考方向。②

第二，隐喻是如何帮助修辞者建构对他有利或他希望展现在听众面前的“现实”，并使听众/读者信以为真的？这样做的动机如何？为了建构现实，修辞者往往在修辞话语中使用一系列的隐喻，比如一个根隐喻

① George Lakoff & Mark Johnson, *Metaphors We Live By*, pp. 163-164.

② 谭学纯、朱玲：《广义修辞学》，安徽教育出版社 2001 年版，第 59—63 页。

(root metaphor) 拥簇了众多的分支隐喻，它们组成一个系统，构建起一幅统一、连贯的“现实”图景，并使听众/读者认为这样的图景合乎情理。同样，修辞批评者也要考察隐喻的知识建构作用，因为知识的产生是修辞者劝说听众/读者接受某种信念并信以为真的过程。

第三，隐喻在修辞话语中如何建构论题？其理性的威力有多大？修辞的劝说离不开论题的建构。尽管人的判断会受到情感的影响，但毕竟人是理性的动物。因此，劝说必须晓之以理。隐喻不仅本身构成论题，也可以作为论题的一个或几个部分，有时会出现内嵌现象。在修辞话语中，由三个基本成分（资料、理由、主张）组成的论题可以充分展开为六个成分的论题结构（如图 11.3 所示）。

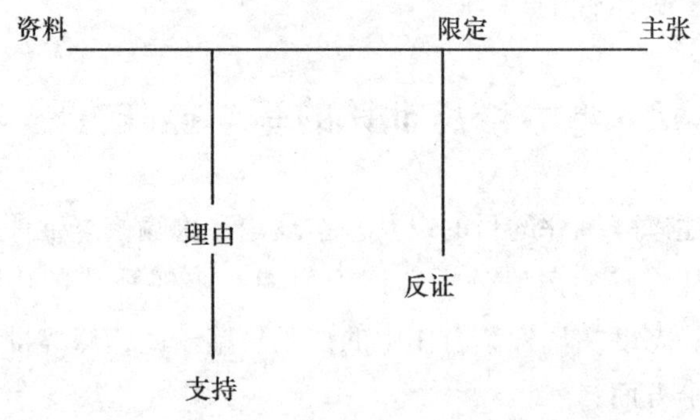

图 11.3　论题的宏观结构

所谓“支持”是对“理由”的证明；“反证”是指该论题可能出现的漏洞或可能受到攻击的地方；“限定”是一种缓冲器，它考虑到论题可能存在例外，因此需要一个词语来缓冲语气，避免显得太绝对。

第四，隐喻在激发听众/读者的情感，从而影响他的态度、行为方面如何起作用？俗话说，晓之以理，动之以情。修辞的劝说也离不开对情感、价值的诉诸，一方面是因为语言与情感、价值、意识形态是分不开的，另一方面是因为劝说也必须依靠情感、价值、意识形态的作用。乔伊特和奥唐奈 (Jowett & O'Donnell) 指出：

因为人们不愿意改变自己的态度、信念、价值，因此，要说服他

> 们改变，劝说者就必须将它与他们已经相信的东西联系起来。这叫作“锚”，因为它是已经被劝说者接受的并将用来锚定新的态度与行为的。一个“锚”是变化的起点，因为它代表了潜在被劝说者已经广为接受的东西。①

如前所述，隐喻的根本在于相似性，而相似性则取决于人的认知体验。所以，修辞者在使用隐喻时必定会掀起听众/读者的情感浪花，为劝说打下基础。乔伊特和奥唐奈的上述言语揭示了情感诉诸的激发手段。依照上述学者关于情感激发的洞见，隐喻修辞批评者需要考察隐喻中哪些事物与当前话语相联系，哪些事物在隐喻中被“锚”定。任何情感都是针对事物的一种态度、一种反应，因此，批评者有必要阐释隐喻在激发听众/读者情感时，他的态度、信念、价值等是怎样的。

从程序上看，隐喻修辞批评分以下几个步骤：首先，对修辞话语产生的语境进行考察，这涉及修辞话语产生的时间、地点，国内国际形势，修辞话语的听众/读者，修辞话语的传播方式等。其次，寻觅和甄别隐喻，尤其要关注那些显要的隐喻形式，并将隐喻分类，其主要依据是隐喻的本体和喻体，也就是说，可以按照隐喻的本体分类，也可以按照隐喻的喻体分类。分类的目的是看修辞者的隐喻会形成什么样的体系，这为阐释隐喻如何建构现实、建构怎样的现实做好了铺垫。最后，修辞批评者形成了一个阐释该修辞话语中的隐喻框架，也即提出自己理解隐喻在修辞话语中帮助修辞者实现其目的的一种见解，这就像写作文先要形成一个主题陈述句一样。一旦形成对修辞话语中隐喻的系统观点，修辞批评者就应该就上述方面对此展开论证②，因为修辞话语是针对他者的话语（addressed discourse），是针对特定的听众/读者、为了特定的目的、在特定的情形下发生的行为。对修辞情景的分析，其核心是对听众/读者的分析。

第六节 结语

隐喻修辞批评是基于把隐喻看作劝说、诱发听众合作的行为的批评，

① Garth Jowett & Victoria O' Donnell, *Propaganda and Persuasion*, pp. 22-23.

② 参见 Sonja K. Foss, *Rhetorical Criticism: Explorations and Practice*, p. 304.

就其理论基础而言，这是一种跨学科性质的批评分析，它涉及修辞学、语言学、心理学、哲学、认知学等学科。在批评分析中，隐喻修辞批评者不仅要甄别修辞话语中的隐喻及其系统，尤其对那些明显的、有重要意义的隐喻，更要阐释其是如何实现修辞者影响听众的目的的。但就批评实践来看，隐喻修辞批评较少关注那些诸如“桌腿”、“山腰”、“针眼”之类的“死隐喻”（dead metaphor）。

第十二章　意识形态修辞批评

意识形态是后现代的一个重要术语，不仅在政治学和文艺学领域，在修辞学领域也一样。

1980 年，著名修辞学家麦吉在权威杂志《言语季刊》上发表了《意符：修辞与意识形态的纽带》一文，标志着意识形态真正登上了修辞批评的舞台。与之相呼应的是，1984 年，美国著名学者菲利普·万德（Philip Wander）在修辞学领域提出了意识形态转向问题，引起了广大修辞学者的热烈反响。在西方修辞学领域，意识形态转向是一个与哲学领域的语言转向、与后现代主义密切相关的重要事件。几十年过去了，在当前的修辞批评领域，意识形态仍然是一个重要的话题[①]，意识形态与修辞学之间的血肉联系已经成为修辞学领域的常识。

第一节　意识形态修辞批评的含义

一　意识形态的概念

"意识形态"（ideology）这个术语有一段悠久而复杂的历史。该词源于希腊语 idea（观念）和 logos（学问），原意是观念的学问，也即追溯观念产生于对外界事物的认识的学问。[②]自其形成之时起，这个概念就与想象领域相联系，有人认为是通过颠倒社会生活的形象来反映现实，因而将其比喻为照相机的"obscura"（暗箱、投像器）。[③] 譬如，哲学家哈贝马

① 当代修辞批评谈论的话题主要围绕三个方面展开：一是修辞学领域的意识形态转向；二是修辞学的认知性；三是修辞学的范畴。详见 Dale Cyphert, "Ideology, Knowledge and Text: Pulling at the Knot in Ariadne's Thread," *Quarterly Journal of Speech*, 87 (2001): 378-395.

② 冯契、徐孝通：《外国哲学大辞典》，第 893 页。

③ John Thompson, *Studies in the Theory of Ideology* (Cambridge: Polity Press, 1984), p. 16.

斯就曾试图找到一个不受支配的“理想的话语情景”，设想一种真正能获得共识的话语情景来解放公共领域的话语[①]，可见，他把意识形态与真理对立起来。但也有人持不同态度，认为意识形态也有积极的一面，因为它有助于社会整合。[②]

“意识形态”这个术语指涉两个根本不同的概念：一是指诸如“思想体系”、“信念体系”等纯描述性的、中立的概念；二是指对维持不对称的权利关系起重要作用的、有偏见的思想、信念体系，这是一个带有批评性意味的概念。[③] 不管是褒义还是贬义，“意识形态”的核心要素乃“思想或信念体系”。

著名学者塞利杰（Seliger）给意识形态下了一个比较权威的定义：“用价值句、鼓动句及解释句表达的信念群和非信念群……意识形态形成的目的是在道德常规和一定量的事实以及自我意识到的与理性一致的基础上，长期替一群人为确保某一秩序的维持、改革、摧毁甚至重建的那些实施手段和规定进行辩护”[④]。他的定义蕴含了意识形态的内涵、实质及功能。

二 意识形态修辞批评的定义

“意识形态批评”，顾名思义是对修辞话语或行为中的意识形态的分析与评论，这是受伦理或政治原因驱动的批评。由于伦理与政治因素都与价值有关，因此“意识形态批评”也是一种对话语中价值的评论，即对修辞话语所蕴含的价值对听众产生影响的评论。从历史上看，意识形态修辞批评与女性争取平等、权利，与黑人和移民在美国争取平等、权利，与被社会底层阶级争取权利等社会现象息息相关，故它往往带有政治色彩。按此理解，意识形态修辞批评不是只有一种，而是有多种，但是它们的差异并不掩盖这样的事实：所有的批评方法都揭示了意识形态在修辞运作中的作用。在意识形态修辞批评看来，修辞用沉默的和通常是不经意的方

---

① David J. Sholle, “Critical Studies: From the Theory of Ideology to Power / Knowledge,” *Critical Studies in Mass Communication*, 5 (1988): 16-41, 24.

② John Thompson, *Studies in the Theory of Ideology*, p. 174.

③ Ibid., p. 3.

④ Ibid., p. 79.

法，透过相关的权利和知识，既掩盖也显露信息。[①] 显然，意识形态修辞批评具有解构主义的革命精神，正如莫斯科（Mosco）所指出的："批评研究把社会上那些表面上看来不相关的力量所编织起来的厚密的网络展现出来。"[②] 如果意识形态修辞批评聚焦于意识形态所造成的霸权，那么它的目的就是要揭示其运作机理，最终达到摧毁其在社会关系中的作用的目的。弗雷泽（Fraser）指出："如果权利在日常普通的社会实践和社会关系中实施，那么要摧毁或改变它的制度，就必须解决那些实践和关系。"[③] 当然，意识形态修辞批评的目的也可能因人而异。麦吉（1980）认为修辞批评家要分析意识形态对自由、权利和意识控制的影响，而菲利普·万德（Philip Wander）则认为要揭露蕴含意识形态的话语和社会实践，从而促进人类的解放。[④]

第二节　意识形态修辞批评的理论基础：意识形态的功能观

意识形态修辞批评毫无疑问必须依赖一种关于意识形态的理论。这种意识形态理论可以表述为：意识形态是一个价值或观念的系统，它影响甚至支配人们的思想和行为。意识形态是行为倾向的信念体系，它们形成连贯的系统，规定了什么是对、什么是错，规定了人们如何遵守、如何调整以适应环境。人们依靠意识形态来设计、支持具体的政治行为，制定日常政治事物的有关政策。[⑤] 在意识形态修辞批评里，意识形态并不是对社会关系的一种错误或歪曲的表达，而是一种真实的关系，也就是通过这种关系，人们与世界的关联得以体现。

---

① 参见 C. West, " Marxist Theory and the Specificity of Afro-American Oppression," In C. Nelson & L. Crossberg (eds.), *Marxism and the Interpretation of Culture* (Urbana, Il: University of Illinois Press, 1988), p. 18.

② V. Mosco, "Critical Research and the Role of Labor," *Journal of Communication*, 33 (1983): 239.

③ N. Fraser, "Foucault on Modern Power: Empirical Insights and Normative Confusions," *Praxis International*, 1 (1981): 280.

④ 参见 Anne Makus, "Stuart Hall's Theory of Ideology: A Frame for Rhetorical Criticism," *Western Journal of Speech Communication*, 54 (1990): 496.

⑤ John B. Thompson, *Studies in the Theory of Ideology* (Polity Press, 1984), pp. 78-79.

一 意识形态与语言的关系

意识形态与语言不可分，主要体现在两方面：一是意识形态以语言符号，尤其是以意符为载体，语言是意识形态的基本表现形式，意识形态的功能必须通过符号，尤其是语言的运作来实现。意识形态本质上是意义系统，它必须由符号来承载。二是语言由于是社会人的产物，所以不可避免地要承载意识形态。麦吉认为：

> 语言是人们所说的话……有了语言，“人”进入并安身于我们体内，使我们每一个人都成为“人”的一个例子。我们的母语使内心最深处的我们被社会化，正因为这个原因，严格地说，每一个个体的人都属于社会。他可以逃离其出生和成长的地方，但在逃离中，这个社会不可阻挡地伴随着他，因为他体内携带着它。这就是“人是社会的动物”这个命题所拥有的真正含义。①

人是社会的动物、伦理的动物、政治的动物、价值的动物，因此也是意识形态的动物。修辞是象征行为，其语言符号行为尤其如此。意识形态代表了蕴含的信念系统和价值系统，并与群体的正常社会和语言行为交织在一起，因此也与修辞交织在一起。就某一特定修辞行为来说，修辞者是意识形态的代言人，或许，与其说人“言说”意识形态，不如说意识形态“使用”人，正如意识形态理论家斯图亚特·霍尔（Stuart Hall）所说：“我们被意识形态所召唤，被招募为它们的‘作者’、它们本质上的主体，言说者反过来又受制于他们在界定某种情况或事件时所预设的意识形态结构。”② 意识形态是人的社会产物，它一旦产生，社会的个体人就成为其代言人，也即霍尔所说的“作者”。

意识形态修辞秉承的语言观是：语言是符号系统，它具有构建社会现实的功能。语言学家索绪尔指出：

---

① Michael McGee, “The Ideograph: A Link Between Rhetoric and Ideology,” *Quarterly Journal of Speech*, 66 (1980): 8.

② 转引自 Anne Makus, “Stuart Hall's Theory of Ideology: A Frame for Rhetorical Criticism,” *Western Journal of Speech Communication*, 54 (1990): 500.

我们的思想，除了在著作中表达之外，只是一个无形的、分辨不清的混沌……如果没有符号的帮助，我们就不能在两个思想之间进行清晰、一致的区分。没有语言，思想是一个模糊的、未知的星云。没有先于语言而存在的思想，只有语言出现后事物才变得清晰起来。①

既然是语言赋予了事物的形态，语言也成了我们与外界打交道及应对外界的典型方式，甚至可以说，它形成了人的典型特征。若再推而广之，也可以说语言建构了人类现实的典型结构②。在意识形态修辞批评里，语言被赋予了本体论的地位，语言不仅仅是表达思想的工具，也是人性之体现。语言与意识形态不可分，语言是意识形态的基本展现形式。正如拉克劳和默菲（Laclau & Mouffe）所说："每一个事物都是以话语的物体形式组构起来的，因为没有任何事物能够在话语条件之外给定。"③

二 意识形态与意符的关系

意识形态必须通过各种形式表现出来，其中最重要的是"意符"。所谓"意符"④，是"对一种倾向（orientation）的术语式的总结，是用来象征人们所追求的最简练的论题线（line of argument）的'上帝'或'最终'术语"⑤。"意符"的含义在其英文表达（"ideograph"）的构词法（ideo-graph）中可见一斑："ideo-"是指"观念/思想"，"-graph"是指"图画"，两者合并则意味着"思想图"，也即象征思想的图或符号，正如汉字中的象形文字象征其意义一样。可见，"意符"是比较抽象、比较概括化的术语，就如"胶囊"，它把意识形态包含其中。一些诸如"法制"、

① F. D. Saussure, *Course in General Linguistics* ed. Charles Bally & Albert Sechehaye (New York: McGraw-Hill Book Company, 1966), pp. 111-112.

② Hawkes 语，转引自 Michael Devitt & Kim Sterelny, *Language and Reality: An Introduction to the Philosophy of Language* (Orxford: Basil Blackwell, 1999), p. 215.

③ E. Laclau & C. Mouffe, *Hegemony and Socialist Strategy: Towards a Radical Democratic Politics* trans. W. Moore & P. Cammack (London: Verso, 1985), p. 107.

④ 更准确地说，"ideograph"应译为"意图"，但恐"意图"与日常所说的表述目的的"意图"相混淆，故本书取"意符"这个汉译。

⑤ Michael McGee, "The Ideograph: A Link Between Rhetoric and Ideology," *Quarterly Journal of Speech*, 66 (1980): 7.

“自由”等的术语就是包含意识形态的意符。从麦吉关于“意符”的定义中可以看出，“意符”不仅包含了意识形态，而且也暗示了对这种独特意识形态的信奉。比如“法制”这个意符，它不仅蕴含了法律的各种条文，更暗示了人们对其的信奉，象征了支持某种社会秩序的一系列命题，有点像伯克所说的“动机”（motive）。在伯克的修辞学体系中，“动机”是“对情景的速写式的总结”。伯克认为，修辞情景决定了修辞行为，换言之，动机驱动了人的行为。同理，意符也驱动了人的行为，因为意符包含了人们对意识形态的信奉。

意符具有以下几个特征。首先，意符不是专业术语，而是一个普通的日常词汇，它经常出现在公众媒体如电视、广播、报纸、日常谈话等中。其次，意符是比较抽象化、概括化的词语，因此从语义上说它的边界比较模糊。比如，“自由”这个意符，它的语义张力很大，外延很广，可以用在很多不同的场合；但是，离开具体语境，这个意符却没有什么认知上的重要意义。另外，意符暗示了行为倾向甚至权利的使用，因为它蕴含了价值。譬如，“平等”这个意符，如果与当下中国关于收入差距的话语联系起来，则暗示了要采取消除行业垄断以及缩小城乡差距的措施，因为众所周知，行业垄断和城乡差距是导致社会不公平的重要原因。最后，意符与文化相关联，不同的文化可能具有不同的意符，相同的意符在不同的文化里可能有不同的含义，当然也不可否认有些意符存在于所有文化之中。意符与文化的关联也体现在某一文化群体成员以掌握该群体的意符词汇作为融入它的先决条件。①

著名学者安妮·马库斯（Anne Makus）指出：“当语码（codes）在很大程度上变得相当自然时，当习惯性使用的语码发展为与其所指成为对应物而可以被一眼识别时，意识形态的时刻便到来了。”② 意识形态的产生意味着它对社会产生影响的开始。

三　意识形态修辞功能的表现方式

作为社会人的产物，意识形态不仅是一种思想、信念群，更重要的是

① Ronald Lee, "Ideographic Criticism," In Jim A. Kuypers (ed.), *The Art of Rhetorical Criticism*, pp. 318-319.

② Makus, Anne, "Stuart Hall's Theory of Ideology: A Frame for Rhetorical Criticism," *Western Journal of Speech Communication*, 54 (1990): 499.

它对社会发挥着重要作用，尤其表现在它生产社会知识和真理上。意识形态不是错误的、负面的认识或信念，而是生产性的、积极的东西。里克尔(Ricoeur)指出，意识形态不仅是一种反映，而且也是一种证明事物合理的行为。[①] 也就是说，意识形态由于蕴含了一种倾向，它可以成为论辩的手段，说服群体成员认为其想做的事情是对的，同时也使那些与该倾向不相容的事物被否决掉，用修辞学的行话来说，意识形态以一种巧妙的、不易察觉的方式劝说、影响着人们接受与该倾向一致的事物，同时也压制、抵制不一致的事物。从某种程度上说，意识形态是对行为的一种呼唤，就如修辞情景呼唤相应的修辞话语一样。

四 意识形态的修辞运作

（一）意符与修辞的关联

修辞，用当代修辞学泰斗伯克的话说，是用符号诱发合作的行为。意识形态与修辞的关系体现在：意识形态作为“场景”，制约、影响了修辞的方方面面，不仅制约了修辞者选择可说的话（the sayable），也影响了听众选择不说什么，以及如何应对修辞者话语的方式。作为高度浓缩的意识形态“胶囊”，意符在修辞话语中充当了一种支持修辞者所主张的行为的理由，用图尔明的论辩模式来说，它为修辞者的行为、观念、主张提供了“证据”和“理由”。在修辞交际中，修辞者不是强迫听众接受自己的观点、态度、主张或行为，而是通过意符唤起一种代表社会观念的逻辑和证据。[②] 社团/社会群体中的每一个成员都在意符所蕴含的意识形态中与人交往并受其制约，由意符所蕴含的意识形态是“投入社会怀抱中”的先决条件，即是说，意识形态是修辞行为的先决条件，是修辞的“情景”(situation)。修辞不能在真空之中，而是在无所不在的、由意符所蕴含或承载的思想体系、信念体系的肥沃土壤之中。意符不仅与修辞紧密相关，也与权利相关，因为权利需要通过语言的修辞运作得以建立、维持，没有先天的权利。正如麦吉所指出的那样：“这种意符支持使用权力，为那些原本看作是古怪的或反社会的行为和信念进行开脱，把行为和信念引入一

---

① Paul Ricour, *Hermeneutics and Human Sciences* (Cambridge: Cambridge University Press, 1981), p. 227.

② John B. Thompson, *Studies in the Theory of Ideology*, pp. 84-85.

种很容易被团体认为可接受、值得称赞的渠道。”① 福柯在论及权力和话语的关系时指出：

> 真理并不存在于权利之外……真理是世界上的一种事务：它是通过多种制约形式而产生的，并且也经常导致权利的产生；每一个社会都有真理的制度，具有真理的“一般的政治”，也就是说，具有那些它接受并使其运作起来被认为是真的种种话语；具有使人区分真假陈述的机制和事例以及每一种被认可的方式；具有在获取真理的过程中被赋予价值的各种技能和程序；具有赋予哪些人有权说所谓的真话的地位。②

福柯的话不仅揭示了语言与话语的关联，也揭示了意识形态与修辞的关系，更为我们考察意符的修辞运作指明了方向。意识形态不像一幢人们能够随时进出的房子，而是与人共生共存的东西，人能做的只是如何装修它或改建它。

（二）意符的修辞运作

意识形态的运作离不开语言，它是以决定现实语言行为的方式来运作的。意识形态不是通过单个的思想发挥作用，而是在话语链条、词汇簇、语义场、话语结构中发生作用的，它们构成了类似伯克所说的术语屏，制约、影响着人的认知和行为。关于意符的修辞运作方式，著名意识形态理论家霍尔认为③，意识形态

> 就像那些想当然的文化法则，将概述的具体场合下的知识染上意识形态的色彩。……意识形态使其主体和消费者识别已知的东西，并赋予现实以一种想当然的地位。意识形态……把取决于历史条件的社会关系展现成自然的、不可避免和永恒的真理。……意识形态也把其前提伪装成为已知的事实。当事件和实践活动表达得好像它们是非历史性

---

① Michael McGee, “The Ideograph: A Link Between Rhetoric and Ideology,” *Quarterly Journal of Speech*, 66 (1980): 15.

② Raymin E. McKerrow, “Critical Rhetoric: Theory and Praxis,” *Communicatin Monographs*, 56 (1989): 100.

③ 转引自 Anne Makus, “Stuart Hall's Theory of Ideology: A Frame for Rhetorical Criticism,” *Western Journal of Speech Communication*, 54 (1990): 499-500.

的真理（即永恒真理）时，有问题的事件和情况会塑造成为没有问题的、以社会中的“自然”的术语描绘的现象。

上述意识形态的作用方式也是意符的作用方式，它揭示了人们是如何建立与其环境之间的关系的。这是一个修辞劝说的过程。意符的修辞运作可以描述为：在意识形态修辞情景的制约、影响下，修辞者通过意符这个符号手段，诉诸其蕴含的意识形态，使修辞者的观点、主张或行为与该意识形态一致起来，这样，听众就面临着要么支持修辞者的观点、主张或行为，要么冒违背该意识形态而受社会谴责或惩罚的风险，通常听众会选择前者。在这个劝说过程中，修辞者与听众在意符所蕴含的意识形态中获得了共识，也就是说，修辞者通过意符诱使听众与他那样所思、所言、所行（如图 12.1 所示）。

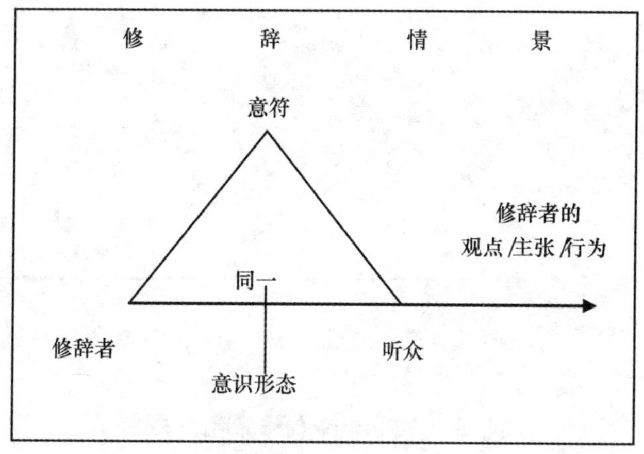

图 12.1　意识形态/意符的同一修辞模式

图 12.1 是意识形态/意符修辞运作的总体方式，具体来说，意识形态/意符的修辞作用主要通过以下几个方式体现出来：使事物自然化、一致化、普世化、常规化、工具化和霸权化。①

① 参见 M. Alvesson & S. Deetz, *Doing Critical Management Research*, Sage, 2000, p. 84；Chris Hackley, “‘We Are All Customers Now’ …Rhetorical Strategy and Ideological Control in Marketing Management Texts,” *Journal of Management Studies*, 40 (2003): 1325-1352.

意识形态是信念或价值的系统，它必须与其他事物相联系，因为信念是关于某个事物的思想状态，价值是关于事物的评价。所谓“自然化”，是指修辞者通过蕴含意识形态的意符使听众觉得修辞者的观点、主张或行为是理所当然的。这种劝说方式经常发生在共有意识形态的人们之间，也就是说，当修辞者与其听众来自相同文化背景、政治背景或意识背景时，这种说服显得尤其自然，听众似乎想当然地就应该接受修辞者所说、所思、所行，而不会质疑它、怀疑它。所谓“一致化”，是指修辞者把其观点主张与某种意识形态或意符联系起来，使用包含、承载意识形态的话语或意符，尤其是在社会中处于支配地位的意识形态，从而“迫使”听众，尤其是那些与修辞者持不同意见的人不得不在当下的问题上支持修辞者，否则就要冒因违背该意识形态而受到某种谴责或惩罚的危险。在这种情况下，修辞者实际上成了该意识形态的代言人或化身，与其说是修辞者在劝说听众，不如说是该意识形态通过修辞者的话语在劝说听众（如图 12. 2 所示）。

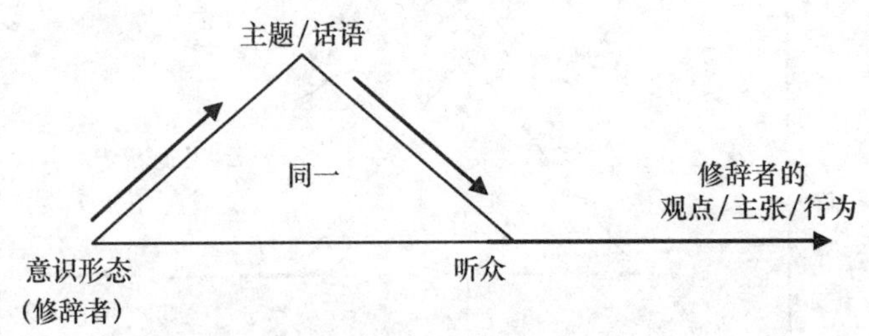

图 12. 2　意识形态的修辞运作方式

意识形态/意符的“普世化”的修辞作用方式也是如此。对修辞者而言，其话语的成功与否在很大程度上取决于其成功影响听众的多少，被影响的人越多，修辞效果就越好，因为支持修辞者的观点、主张、行为的人就越多。普世化的基本理念，一言以蔽之，就是“多多益善、越广越好”。普世化的过程说到底就是一致化过程的终极目标或结果。“常规化”是从时间维度来说的，其基本理念与“普世化”相似。意识形态的“常规化”修辞功能意味着修辞者通过诉诸某种意识形态，把其观念、主张与该意识形态或意符挂上钩，“迫使”听众接受它并将其维持下去。比如，修辞者为了劝说听众支持或接受其要求改革资源分配的主张，把这个观点与意符“公平、正义、平等”挂上钩，认为是资源分配制度导致了社会贫困，社会的两极分化意味着社会不公平、不平等。至此，修辞者把要听众支持其改革资源分配的措施/主张引向了要听众接受对“公平、正义、平等”这个意符的支持。一种比较大的可能性是：听众别无选择，只能支持修辞者提出的措施/主张，否则就有悖于宪法精神，除非听众内心深处能够证明资源分配制度与社会贫困问题没有关系（这是不大可能的）。

譬如，修辞者为了把献血常态化，就诉诸意符“爱”，即把献血与“爱”这个普世的价值挂钩，认为献血是“爱”的体现，而“爱”不是一种一时的行为，而是要始终秉承的一个价值，换言之，献血必须常规化。如果听众接受“爱”这个普遍价值，那就等于把对这个价值的坚持转移到对献血常态化的支持上。又如当前社会掀起了为贫困民众募捐的活动，修辞者为了发动更多的人为贫困人员或灾区民众捐钱捐物，就诉诸普世价值“爱”，这种爱，不管是年轻人还是年长的人，不管是富人还是穷人都应该奉献，有钱捐钱有物捐物，捐多捐少不重要，只要捐就献出了爱。正是通过把捐钱物与普世价值“爱”联系在一起，把它看作“爱”的一种体现，修辞者可以动员全社会的人行动起来，为穷人或灾民捐钱捐物，并使这种行为也成为一种普世化、常态化的行为。

意识形态修辞运作的另一种重要表现是“霸权化”。所谓“霸权化”是指在多种意识形态并存的社会中，必然有一种占支配地位的意识形态，而这种“霸权”地位的意识形态赋予某些人话语权，同时“剥夺”其他人的话语权，也就是说，意识形态导致了话语的“出现”和“缺失”。一旦某人或某些人获得了“霸权”地位，他/他们又会诉诸该种意识形态，从而维持其“霸权”地位，换言之，放弃了该“霸权”赖以存在的意识形态，该霸权也就难以维持了。“霸权”的基本运作是排除异己，边缘化异己，或使异己丧失话语权，使异己在社会上“缺失”。就意识形态与“霸权”的关联来看，它是通过修辞主体在意识形态的支配下选择性地建构社会现实的过程，一个呈现与遮蔽的过程，在这个过程中，那些体现修辞者的观点、信念、行为的，与其所持意识形态一致的东西被呈现出来，同时那些与其不一致的东西被“缺失”或屏蔽。用伯克的话说，修辞者使用体现意识形态的话语构成一个“术语屏”，限制了听众的认知方向，使其只能像他那样看问题，赞成他的观点、主张、信念及行为。

第三节 意识形态修辞批评的基本哲学假定

意识形态修辞批评旨在阐释意识形态对人们的说服、影响作用，并常常涉及权利、霸权的运作，它的一个最基本的哲学假定是：在一个特定的社会里，必然存在两种甚至多种意识形态，其中一种处于支配或核心地位，其他的处于被支配或边缘地位，也就是说，不同的意识形态在社会上的显现方式是不一样的。在意识形态修辞批评看来，社会权利及霸权运作的一个基本方式是准许某些与社会上处于支配地位的意识形态一致的话语出现，同时“剥夺”与之不同甚至完全相反的话语，因此出现“在场”与“缺失”；在场体现了霸权，缺失体现了被支配。从说服、影响的角度来看，这种“在场”通过给予人们或听众以“术语屏”，规定、制约了人们（或听众）的认知导向，从而使他们像修辞者那样思、言、行。修辞批评者必须解构这种霸权的运作机理，揭示意识形态对人们的影响是如何实现的。从批评的角度来说，“缺实”与“出现”同等重要，两者互为参照。①

意识形态修辞批评的第二个基本哲学假定是：所有意识形态都是在一种赞同与惩处的物质母体之中，这个母体决定了它们之间的关系。② 既然社会存在着不同的意识形态，既然修辞者诉诸主流或支配地位的意识形态，那么意识形态修辞的一个关键就是听众对赞同与惩罚的掂量，如果听从修辞者的话，也即按照修辞者所诉诸的支配意识形态去思、言、行，他（们）就可能会受到社会的认可。如果逆修辞者所诉诸的意识形态而行之，也就是说，违背居社会支配地位的意识形态而行之，他（们）就可能会受到某种程度、某个方面的惩处。意识形态修辞的成功与否，关键在于听众对“赞同”与“惩罚”的掂量及其取舍。

意识形态修辞批评的第三个哲学假定是：意识形态与社会阶级及阶级意识紧密关联。在马克思主义看来，经济基础决定上层建筑。一个社会存

① Raymin E. McKerrow, “Critical Rhetoric: Theory and Praxis,” *Communication Monographs*, 56 (1989): 107.

② Göran Therborn, *The Ideology of Power and the Power of language* (London: Verso Editions and NLB, 7, 1980), p. 32.

在不同的社会阶层甚至阶级，因此也存在着与不同阶层/阶级相对应的不同意识形态。“任何一种生产方式都需要特殊经济地位的意识形态，任何剥削性的生产方式都需要特殊的意识形态。”① 处于统治或支配地位的阶层/阶级，需要一种相应的意识形态为其服务，其功能体现在为这种阶级进行辩护和支持从而使其得以维持和巩固上。

第四节 意识形态修辞批评的基本操作方法

如上文所述，意识形态修辞批评的基本目的是寻求并分析话语中所蕴含的意识形态，揭示并评论其影响人的基本运作方式。麦吉指出：“一个社团的意识形态是在特定的修辞话语中使用这些意符而形成的，因为这些意符的使用形成了那些人的具体行动和信念的理由。”② 麦吉的灼见隐约提示了意识形态修辞批评的基本方法。既然意识形态是以语言或符号的形态出现的，这种基本表现形式就是“意符”。所以，意识形态修辞批评必须聚焦于意符。

意识形态修辞批评的第一个基本步骤是考察修辞话语，鉴别其中的意符。对意符的考察，涉及历时和共时的两个方面。就某一个意符而言，它的历时结构建立了其意义的参数项和类别，这就要求考察该意符的发展与变化。著名修辞学者康迪特和卢卡特斯（Condit & Lucaites）认为：“一个意符的历时结构代表了它在某个特定修辞文化中的全部使用范围和历史。”③除了对意符的历时结构进行考察外，还要对其进行共时分析，也就是要对特定情景下的意符之间的共时关系进行特征描述。对意符的历时与共时的描述，为阐释特定的人类环境（也即现实）与修辞话语中所投射的环境之间的关系奠定了基础。对意符的共时分析与描写，本质上是一种结构主义的方法，其基本理念是：修辞话语中的一个意符必须与其他意符相关联并从中获得其意义。所以，共时的意符分析其实是一个寻求修辞话语中的意符簇（cluster of ideographs）并对此做出分析与评论的过程。

① Göran Therborn, *The Ideology of Power and the Power of language*, pp. 38, 41.

② Michael McGee, "The Ideograph: A Link Between Rhetoric and Ideology," *Quarterly Journal of Speech*, 66 (1980): 16.

③ Dana L. Cloud, "The Rhetoric of 'Family Values': Scapegoating, Utopia, and the Privatization of Social Responsibility," *Western Journal of Communication*, 62 (4) (1998): 392.

克劳德（Cloud）在对“家庭价值”（family values）进行意符批评时说道：

> 从方法上来说……我首先研读政治与历史语境之下的文本，并勾勒出语义延续与变化。这种研读使我发现意符簇以及它们之间的意义和意识形态上的关联。然后，我描述所观察到的意识符号与其各种不同的修辞用法之间的关系。……根据这种指导原则，批评者可以获知这些口号为什么可以赢得支持、为什么它们可以影响我们的集体生活的原因。①

从克劳德的经验中我们可以获得这样的基本信息：对修辞话语中的意符进行历时和共时的考察有助于解密为什么修辞话语能够依靠意符的运作劝说、影响听众。朗埃克和沃尔克（Longaker & Walker）提出与克劳德的意识形态分析方法相通的四种方法②：（1）寻求稳定的预设体系；（2）关注为什么一套预设与同一个论题中的另一个套预设相重叠、互动；（3）寻求这些预设是否延伸到其他论题中；（4）发现一种意识形态与单个论题（individual arguments）之间的关系。

上述学者的经验之谈表明，考察修辞话语中的意符网络系统及其延伸是非常重要的，因为它构成了修辞者的术语屏。现以意符“自由”（liberty）为例，在修辞话语中，它可以与众多术语或事物连接起来，“因为决定意识形态的因素不是唯一的一种，如经济因素，而是众多原因构成的网络系统，包括经济、宗教、教育机构、个人的习惯、社会道德、语言规范，等等”③。

意符（自由）具有很强的张力，表现为在它能与众多其他的意符或概念挂上钩。例如，它可以和“捍卫自由”、“奉献”（为了创造自由、捍卫自由）、“自由的固有性”（因为它是上帝创造的；因为人人都有）、“自由意味着进步”（因为它摆脱了专制）等概念挂钩；“自由”意味着

---

① Dana L. Cloud, “The Rhetoric of ‘Family Values’: Scapegoating, Utopia, and the Privatization of Social Responsibility,” *Western Journal of Communication*, 62 (4) (1998): 394.

② Mark Garrett Longaker & Jeffrey Walker, *Rhetorical Analysis: A Brief Guide for Writers* (New York: Longman, 2011), p. 188. 他们认为意识形态是话语底下的预设。——笔者

③ 参见 Mark Garrett Longaker & Jeffrey Walker, *Rhetorical Analysis: A Brief Guide for Writers*, p. 197.

“交通自由、贸易自由、信教自由、言论自由”；“自由”意味着“摆脱压迫、摆脱残忍、摆脱危险”等。在修辞话语中，修辞批评者可以找出核心意符与其他意符或概念之间的意义关联，并发现该核心意符与之相关的事物之间的论题或联系。

第二个步骤是对意符及其网络进行共时考察，这是非常关键的一个步骤，因为修辞话语中的意符簇决定了修辞者的修辞动机和劝说导向。第三个重要步骤是阐释意符网络所蕴含的论题系统，也就是说，分析、阐释修辞话语所蕴含的意符系统的理性说服的作用机制。朗埃克和沃尔克指出，修辞话语中“存在一个意符，并支持多个论题”，因此，“对意识形态的修辞分析需要研究论辩中的思想，尤其需要关注两件事：人们通常共享的预设以及这些支持个体论题的预设，要从更广的范围考察理性诉诸”[①]。克里斯·哈克利（Chris Hackley）也指出，意识形态批评要解释意识形态控制的主要词汇需要，也就是说，要阐释意识形态的词汇网络对人的影响。[②] 比如，中国当下的热门话题“贫困”可从两个方面来审视：一是聚焦于贫困者自身原因，如教育程度低、家庭问题、钱财管理问题；二是聚焦于政治、经济体制，如分配制度不公、行业垄断等问题。第一个视角主张解决贫困要从提高贫困者自身条件入手，如提高教育程度、提高技能、提供咨询等，而第二个视角则主张从改革体制和完善制度入手，使资源分配合理公平，打破行业垄断等。前者常与主张“市场”、“能力”、“机会”、“竞争”等话语相关联，而后者往往与“平等对待”、“剥削”、“投机”、“怜悯”等话语相关联。[③]

法国哲学家路易·阿图塞（Louis Althusser）认为，意识形态决定/影响着人的性格和理解，它“称呼你什么你就是什么，要你怎样理解事物你就怎样理解事物，叫你怎样为人处世你就如何为人处世”[④]。他的话道出了意识形态的巨大力量。意符代表了对那些经过公众论辩所支持行为的

---

① Mark Garrett Longaker & Jeffrey Walker, *Rhetorical Analysis: A Brief Guide for Writers*, p. 188. 这里的“意符”是指最基本、最宏观的意符。——笔者

② Chris Hackley, “ ‘We Are All Customers Now…’ Rhetorical Strategy and Ideological Control in Marketing Management Texts,” *Journal of Management Studies*, 40 (2003): 1331.

③ Ronald Lee, “Ideographic Critiism,” In Jim A. Kuypers (ed.), *The Art of Rhetorical Criticism*, p. 308.

④ 转引自 Mark Garrett Longaker & Jeffrey Walker, *Rhetorical Analysis: A Brief Guide for Writers*, p. 187.

合法性信奉。鉴于此，修辞批评者应该分析、考察意符在修辞论题中的结构作用，这其实也是考察意符对意义的建构功能。根据霍尔的观点，自然的共识是不存在的，意义是社会建构的。一个意识形态主张的合法性，取决于那个能充当全部真理的部分，取决于这些具体的不公正的建构物被认为是自然的、真实的现象，也即对意符的劝说、影响听众的作用方式的描述，涉及意识形态是如何使事物自然化、一致化、普世化、常规化、工具化和霸权的（参见前文对意识符号功能表现方面的论述）。

综上所述，意识形态修辞批评的基本操作方法可如图 12. 3 所示。

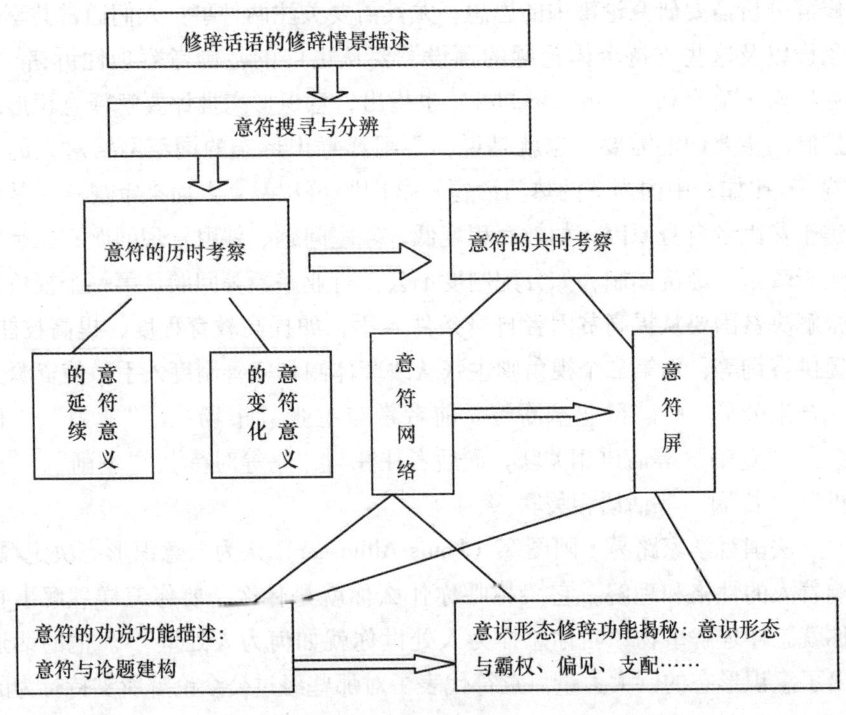

图 12. 3　意识形态修辞批评的基本操作方法

第五节　结语

意识形态修辞批评是对修辞话语中意识形态及其劝说、影响听众的功能和运作机制进行分析与评论，其目的是揭示意识形态对实现修辞者的劝说目的所起的作用，这个过程的关键是对意识形态的基本载体即意符的分析与评论。意识形态之所以具有说服、影响人的修辞功能，是因为意识形态的象征体——“意符”——体现了社会文化群体成员对其的认同和信奉。在论题的建构中，意符承载了社会价值，因此成为修辞者的诉诸对象，也构成了论题的支撑部分。意识形态的基本修辞功能是使事物自然化、常规化、普适化、霸权化。意识形态修辞批评的关键所在是揭示意识形态、符号的修辞运作机制。①

在当前全球化背景下，在国际交流日益频繁的今天，意识形态修辞批评具有重大的现实意义。由于中西政治、经济及意识形态的差异，西方往往戴着有色眼镜看中国，站在所谓的“道德高地”对中国评头论足，不仅偏见地报道中国的事件，甚至有意诋毁中国。他们向西方世界介绍的所谓关于中国的“客观事实”，其实是他们用一套西方的词汇通过修辞的运作而建构起来的象征世界。作为中国的学人，尤其是从事修辞学研究的学者，必须了解西方修辞的运作机制，揭示西方宣传的修辞策略，从而使广大民众洞察、知晓西方报道中所谓的“事实”或“真理”的修辞成因，为中国在国际交流与对话中争得更多的话语权，树立和维护中国良好的国际形象。

① 本章主要探讨基于意符的意识形态修辞批评。事实上，意识形态的体现有多种方式，比如句法结构、隐喻的使用等。在批评实践中，批评者可以意符分析为主，以其他意识形态表现形式的分析为辅。

参考文献

Alvesson, Mats & Deetz, Stanley. *Doing Critical Management Research.* London: Sage Publications, 2000.

Anderson, K. & Clevenger, T. "A Summary of Experimental Research in Ethos." *Speech Monograph*, 30 (1963): 59-78.

Ankersmit, Franklin R. *Narrative Logic. A Semantic Analysis of the Historian's Language.* Den Haag: Nijhoff, 1983.

Andrews, James R. *The Practice of Rhetorical Criticism.* New York: Macmillan Publishing Company, 1983.

Andrews, James R. "Coercive Rhetorical Strategy in Political Conflict: A Case Study of the Trent Affair." *Central States S Journal*, 24 (1973): 253-261.

Andrews, James R. "The Passionate Negation: The Chartist Movement in Rhetorical Perspective." *Quarterly Journal of Speech*, 59 (1973): 196-208.

Andrews, James R. "The Rhetoric of Coercion and Persuasion: The Reform Bill of 1832." *Quarterly Journal of Speech*, 56 (1970): 187-95.

Antoine, Thomas J. St. et al. "Fantasy-Theme Analysis." In Jim A. Kuypers (ed.). *The Art of Rhetorical Criticism.* Boston: Pearson Education, Inc. 2005: 212-241.

Aristotle. *Rhetoric*, trans. W. Rhys Roberts. New York: Randon House, 1954.

Aristotle. *Topics.* eBooks@ Adelaide, 2007. http://ebooks.adelaide.edu.au/a/aristotle/a8t/index.html.

Arnesen, Kindra. "A Voice of Courage amidst a Disaster." Retrieved from http://open.salon.com/blog/catherine_forsythe/2010/06/06/kindra_arnesen_-_a_voice_of_courage_amidst_a_disaster (06/06/2010, 15: 40).

Arnesen, Kindra. "Speech at the Gulf Emergency Summit." Retrieved from http: //projectavalon. net/lang/en/kindra_ arnesen_ gulf_ emergency_ summit _june_19_2010_en. html . 19/06/2010.

Arnhart, Larry. *Aristotle on Political Reasoning*. Dekalb, Illinois: Northern Illinois University Press, 1981.

Bakhtin, Mikhail M. *Speech Genres and Other Late Essays*, trans. Vern W. McGee, ed. Caryl Emerson & Michael Holquist. Austin : University of Texas Press, 1986.

Bales, Robert F. *Personality and Interpersonal Behavior*. New York: Holt, Rinehart, and Winston, 1972.

Baumlin, James S. & Baumlin, Tita French. "Psyche/Losgos: Mapping the Terrains of Mind and Rhetoric." *College English* , 51 (1989): 245-261.

Beauvoir, Simone de. *La Deuxième Sexe*. Paris: Gallimard, 1949.

Beniot, William. "Generic Rhetorical Criticism." In Jim A. Kuypers (ed). *The Art of Rhetorical Criticism*. Boston: Pearson Education, Inc. , 2005: 85-105.

Benoit, William. "Beyond Genre Theory: The Genesis of Rhetorical Action. *Communication Monographs*, 2 (2000): 178-192.

Benoit, William. "Isocrates and Aristotle on Rhetoric." *The Rhetoric Society of America*, 20 (1990): 251-259.

Benoit, William et al. "Fantasy Theme Analysis of Political Cartoons on the Clinton-Lewinsky-Starr Affair." *Critical studies in Media Communication*, 18 (2001): 377-394.

Benoit, William & Smythe, Mary Jeanette. "Rhetorical Theory as Message Reception: A Cognitive Response Approach to Rhetorical Theory and Criticism." *Communication Studies*, 54 (2003): 96-114.

Benson, Thomas W. *Landmark Essays in Rhetorical Criticism*. Davis, CA: Hermagoras Press, 1993.

Berlin, James A. *Rhetoric and Reality: Writing Instruction in American Colleges, 1900-1985*. Carbondale: Southern Illinois University Press, 1987.

Bernard, Brock et al. *The Art of Rhetorical Criticism*. Boston: Pearson Education, Inc. 2005.

Bhatia, Vijay K. *Analyzing Genre: Language Use in Professional Settings*. London: Longman, 1993.

Birdsell, David S. " Ronald Reagan on Lebanon and Grenada: Flexibility and Interpretation in the Application of Kenneth Burke's Pentad." *Quarterly Journal of Speech*, 73 (1987): 267-279.

Bishop, Ronald. "The World's Nicest Grown-up: A Fantasy Theme Analysis of News Media Coverage of Fred Rogers." *Journal of Communication*, 53 (2003): 16-31.

Bitzer, Lloyd F. " The Rhetorical Situation." *Philosophy and Rhetoric*, 1 (1968), 1-14.

Bitzer, Lloyd & Black Edwin (eds.). *The Prospect of Rhetoric: Report of the National Development Project*. Englewood Cliffs, NJ: Prentice-Hall, 1971.

Black, Edwin. *Rhetorical Criticism: A Study in Method.* New York: Macmillan Company, 1965/ 1978.

Black, Max. *Models and Metaphors.* Itaka: Cornell University Press, 1962.

Black, Max. " More about Metaphor." In A. Ortony (ed.). *Metaphor and Thought.* Cambridge: Cambridge University Press, 1979: 19-43.

Blankenship, Jane et al. "The 1980 Republican Primary Debates: The Transformation of Actor to Scene." *Quarterly Journal of Speech*, 69 (1983): 25-36.

Bowers, John Waite & Osborn, M. M. " Attitudinal Effects of Selected Types of Concluding Metaphors in Persuasive Speeches." *Speech Monograph*, 33 (1986): 147-155.

Bormann, Ernest G. "The Southern Senators' Filibuster on Civil Rights." *Southern Speech Communication Journal*, 27 (1962), 183-194.

Bormann, Ernest G. "Fantasy and Rhetorical Vision: The Rhetorical Criticism of Social Reality." *Quarterly Journal of Speech*, 58 (1972): 396-407.

Bormann, Ernest G. "The Eagleton Affair: A Fantasy Theme Analysis." *Quarterly Journal of Speech*, 59 (1973): 143-159.

Bormann, Ernest G. "A Fantasy Theme Analysis of the Television Coverage of the Hostage Release and the Reagan Inaugural." *Quarterly Journal of Speech*, 68 (1982): 133-145.

Bormann, Ernest G. "Fantasy and Rhetorical Vision: Ten Years Later." *Quarterly Journal of Speech*, 68 (1982): 288-305.

Bormann, Ernest G. "Symbolic Convergence Theory: A Communication Formulation." *Journal of Communication*, 35 (1985): 128-138.

Bosmajian, Hamila (ed.). *The Rhetoric of the Civil Rights Movement.* New York: Randon House, 1969.

Bradley, Bert E. & Tarver, Jerry L. "John C. Calhoun's Argumentation in Defense of Slavery." *Southern Speech Communication Journal*, 35 (1969), 163-175.

Brandes, Paul D. *The Rhetoric of Revolt.* Englewood Cliffs, New Jersey: Prentice Hall, 1971.

Brembeck, Winston L. & Howell, William Smiley. *Persuasion: Means of Social Control.* New York: Prentice-Hall, 1952:

Brock, Bernard L. et al. *Methods of Rhetorical Criticism: A Twenty-Century Perspective.* Detroit: Wayne State University Press, 1980 / 1990.

Brock, Bernard L. et al. *Making Sense of Political Ideology, the Power of language in Democracy.* Lanham, Maryland: Rowman & Littlefield Publishers, 2005.

Brummett, Barry & Duncan, M. Carlisle. "Toward a Discursive Ontology of Media." *Critical Studies in Mass Communication*, 9 (1992), 229-249.

Bruner, J. "The Narrative Construction of Reality." *Critical Inquiry*, 18 (1991): 1-14.

Bryan, Donald. "Rhetoric: Its Function and Scope." *Quarterly Journal of Speech*, 39 (1953): 401-424.

Burgchardt, Carl R. (ed.). *Readings in Rhetorical Criticism.* State College, Penn.: Strata Publishing Company, 1995.

Burgess, Parke G. "The Rhetoric of Black Power: A Moral Demand?" *Quarterly Journal of Speech*, 54 (1968): 122-133.

Burke, Kenneth. *Counter-Statement.* Los Altos, California: Hermes Publications, 1931.

Burke, Kenneth. *Permanence and Change: An Anatomy of Purpose.* Berkeley: University of California Press, 1935.

Burke, Kenneth. "The Rhetoric of Hitler's Battle." *The Southern Review*, 5 (1939): 1-21.

Burke, Kenneth. *The Philosophy of Literary Form: Studies on Symbolic Action.* Berkeley: University of California Press, 1941.

Burke, Kenneth. *A Grammar of Motives.* Berkeley: University of California Press, 1945.

Burke, Kenneth. *A Rhetoric of Motives.* Berkeley: University of California Press. 1950.

Burke, Kenneth, *The Rhetoric of Religion: Studies in Logology.* Berkeley: University of California Press, 1961.

Burke, Kenneth. *Attitudes Toward History.* Boston: Beacon Press, 1961.

Burke, Kenneth. *Language as Symbolic Action: Essays on Life, Literature, and Method.* Berkeley: University of California Press, 1966.

Burke, Kenneth. *On Human Nature: A Gathering While Everything Flows.* (ed.) William H. Rueckert & Angelo Bonadonna. Berkeley: University of California Press, 2003.

Burks, Don M. *Rhetoric, Philosophy, and Literature: An Exploration.* West Lafayette: Purdue University Press, 1978.

Butler, Judith. *Gender Trouble: Feminism and the Subversion of Identity.* New York: Routledge, 1990.

Campbell, George. *The Philosophy of Rhetoric.* Carbindale: Southern Illinois University Press, 1963.

Campbell, Karlyn Kohrs. *Critiques of Contemporary Rhetoric.* Wadsworth, California: Wadsworth Publishing Company, 1972.

Campbell, Karlyn Kohrs. "The Rhetoric of Women's Liberation: An Oxymoron." *Quarterly Journal of Speech*, 59 (1973): 74-86.

Campbell, Karlyn Kohrs & Jamieson, Kathleen Hall. *Form and Genre: Shaping Rhetorical Action.* Leesburg Pike, Virginia: Speech Communication Association, 1978.

Carlson, Cheree A. "Narrative as the Philosopher's Stone: How Russel H. Conwell Changed Lead into Diamonds." *Western Journal of Speech Communication*, 53 (1989): 342-355.

Carpenter, Ronald H. "America's Tragic Metaphor: Our Twentieth-century Combatants as Frontiersmen." *Quarterly Journal of Speech*, 76 (1990): 1-22.

Carter, Kathryn & Spitzack, Carole (eds.). *Doing Research on Women's Communication: Perspectives on Theory and Method.* Norwood, NJ: Ablex, 1989.

Casmir, Fred L. "An Analysis of Hitler's January 30, 1941 Speech." *Western Speech*, 30, (1966): 96-106.

Cathcart, Robert S. "Movements: Confrontation as Rhetorical Form." In Bernard L. Brock et al. (eds.), *Methods of Rhetorical Criticism: A Twenty-Century Perspective* (3rd ed.). Detroit: Wayne State University Press, 1972: 361.

Cathcart, Robert S. "New Approaches to the Study of Movements: Defining Movements Rhetorically." *Western Speech*, 36 (1972): 82-88.

Charteris-Black, Jonathan. *Politicians and Rhetoric: The Persuasive Power of Metaphor.* New York: Palgrave Macmillan, 2005.

Charteris-Black, Jonathan. *Corpus Approaches to Critical Metaphor Analysis.* New York: Palgrave Macmillan, 2004.

Chesebro, James W. *Extensions of the Burkeian System.* Tuscaloosa: University of Alabama Press, 1993.

Chesebro, James W. *Analyzing Media: Communication Technologies as Symbolic and Cognitive Systems.* New York: The Guilford Press, 1980.

Cicero, *De Inventione*, *De Optimo Genere Oratorum*, *Topica*, Trans. H. M. Hubbell. London: Harvard University Press, 2006.

Cicero, *De Oratore.* Cambrdige, Mass.: Harvard University Press, 1942.

Cloud, Dana L. "The Rhetoric of 'Family Values': Scapegoating, Utopia, and the Privatization of Social Responsibility." *Western Journal of Communication*, 62 (1998), 387-419.

Cohen, Ted. "Metaphor and the Cultivation of Intimacy." *Critical Inquiry*, 1 (1978): 3-12.

Cooper, D. E. *Metaphor.* Oxford: Basil Blackwell, 1986.

Corbett, Edward P. J. & Connors, Robert. *Classical Rhetoric for the Modern Student* (2nd ed). New York: Oxford University Press, 1971.

Coughlin, Elizabeth M. & Coughlin, Charles E. "Convention in Petticoats: The Seneca Falls Declaration of Women's Rights." *Today's Speech*, 21, No. 4 (1973): 17-23.

Cragan, John F. &. Shields, Donald C. *Symbolic Theories in Applied Communication Research: Bormann, Burke, and Fisher.* Cresskill, NJ: Hampton Press, 1995.

Crandell, Judson. "The Beginning of a Methodology for Social Control Studies in Public Address." *Quarterly Journal of Speech*, 33 (1947): 36-39.

Crowley, Sharon & Hawhee, Debra. *Ancient Rhetorics for Contemporary Students.* New York: Pearson Education, Inc. 2004.

Crystal, David. & Davy, Derek. *Investigating English Style.* London: Longman, 1969.

Cyphert, Dale. "Ideology, Knowledge and Text: Pulling at the Knot in Ariadne's Thread." *Quarterly Journal of Speech*, 87 (2001): 378-395.

Daly, Mary. *Gyn/Ecology: The Metaethics of Radical Feminism.* Boston: Beacon, 1978.

Darsey, James. " Barack Obama and America's Journey." *Southern Communication Journal*, 74 (2009) : 88-103.

Daughton, Suzanne M. "Metaphorical Transcendence: Images of the Holy War in Franklin Roosevelt's First Inaugural." *Quarterly Journal of Speech*, 79 (1993): 427-446.

Davis, R. E. "Billy Sunday: Preacher-Showman." *Southern Speech Communication Journal*, 32, (1966), 83-97.

Devitt, Michael & Sterelny, Kim. *Language and Reality: An Introduction to the Philosophy of Language.* Oxford: Basil Blackwell, 1999.

Dick, Robert C. "Negro Oratory in the Anti-Slavery Societies: 1830-1860." *Western Speech*, 28 (1964): 5-14.

Dixon, Peter. *Rhetoric.* London: Methuen & Co. Ltd. , 1971.

Dow, Bonnie J. "Fixing Feminism: Women's Liberation and the Rhetoric of Television Documentary." *Quarterly Journal of Speech*, 90 (2004): 66-67.

Dow, Bonnie J. & Tonn, Mari Boor. " 'Feminine Style' and Political Judgment in the Rhetoric of Ann Richards." *Quarterly Journal of Speech*, 79

(1993): 286-302.

Downey, Sharon D. "The Evolution of the Rhetorical Genre of Apologia." *Western Journal of Communication*, 57 (1993), 42-64.

Drummond, A. M. & Evert, Hunt (ed.). *Studies in Rhetoric and Public Speaking in Honor of James A. Winans*. New York: The Century Co., 1925.

Ehninger, Douglas et al. "Report of the Committee on the Scope of Rhetoric and the Place of Rhetorical Studies in Higher Education." In Lloyd Bizter & Edwin Black (eds.). *The Prospect of Rhetoric: Report of the National Development Project*. Englwood Cliffs, NJ: Prentice-Hall, 1971: 208-219.

Ehninger, Douglas et al. *Principles and Types of Speech Communication* (8th ed). Glenview, Ill.: Scott Foresman, 1978.

Endres, Thomas G. "Rhetorical Visions of Unmarried Mothers." *Communication Quarterly*, 37 (1989): 134-150.

Enos, Richard Lee. "Classical Rhetoric and Rhetorical Criticism." *Rhetoric Review*, 25 (2006): 361-365.

Enos, Richard Lee & Agnew, Lois Peters (eds.). *Landmark Essays on Aristotelian Rhetoric*. New Jersey: Lawrence Erlbaum Associates, Publishers, 1997.

Erickson, Keith V. (ed.). *Aristotle: The Classical Heritage of Rhetoric*. Metuchen, N. J.: The Scarecrow Press, 1974.

Feehan, Michael. "Kenneth Burke's Contribution to a Theory of Language." *Semiotica*, 76 (1989): 245-266.

Firth, John R. *Papers in Linguistics, 1934-1951*. London: Oxford University Press, 1957.

Fishelov, David. *Metaphors of Genre: The Role of Analogies in Genre Theory*. University Park, PA: Pennsylvania State University Press, 1993.

Fisher, Walter R. "Toward a Logic of Good Reasons." *Quarterly Journal of Speech*, 62 (1978): 376-384.

Fisher, Walter R. "Genre: Concepts and Applications in Rhetorical Criticism." *The Western Journal of Speech Communication*, 44 (1980): 288-299.

Fisher, Walter R. (ed.). *Rhetoric: A Tradition In Transition*. Ann Arbor:

Michigan University Press, 1974.

Fisher, Walter R. "Rationality and the Logic of Good Reasons." *Philosophy and Rhetoric*, 13 (1980): 211-130.

Fisher, Walter R. "Technical Logic, Rhetorical Logic, and Narrative Rationality." *Argumentation*, 1 (1987): 3-21.

Fisher, Walter R. "Narration as a Human Communication Paradigm: The Case of Public Moral Argument." *Communication Monographs*, 51 (1984): 1-23.

Fisher, Walter R. "The Narrative Paradigm: An Elaboration." *Communication Monographs*, 52 (1985a): 347-367.

Fisher, Walter R. *Human Communication as Narration: Toward a Philosophy of Reason, Value, and Action.* Columbia: University of South Carolina Press, 1987.

Fleming, David. " Rhetoric as a Course of Action." *College English*, 1 (1987): 169-191.

Fogarty, Father Daniel. *Roots for a New Rhetoric.* New York: Teachers College Press, Columbia University, 1959.

Fortenbaugh, William W. "Aristotle's Rhetoric on Emotions." In Keith V. Erickson (ed.). *Aristotle: The Classical Heritage of Rhetoric.* Metuchen, N. J.: The Scarecrow Press, 1974: 204-234.

Foss, Sonja K. et al. *Contemporary Perspectives on Rhetoric. Prospect Heights.* Illinois: Waveland Press, Inc., 1985/ 2002.

Foss, Sonja K. *Rhetorical Criticism: Exploration & Practice.* Long Grove, Illinois: Waveland Press, 2004.

Foss, Karen A. & Littlejohn, Stephen W. "The Day After: Rhetorical Vision in an Ironic Frame." *Critical Studies in Mass Communication*, 3 (1986): 317-336.

Fotheringham, Wallace. *Perspectives on Persuasion.* Boston: Allyn & Bacon, 1966.

Fowler, Alatair. *Kinds of Literature: An Introduction to the Theory of Genres and Modes.* Cambridge, Mass.: Harvard University Press, 1982.

Fox-Genovese, Elizabeth. *Feminism without Illusions: A Critique of Individual-*

ism. Chapel Hill, NC: University of North Carolina Press, 1991.

Fraser, Nancy. "Foucault on Modern Power: Empirical Insights and Normative Confusions." *Praxis International*, 1 (1981): 272-287.

Friedan, Betty Chuban. *A Feminine Mystique.* New York: Bantam, 1963.

Gaonkar, Dilip Parmeshwar. "Introduction: Contingency and Probability." In Walter Jost & Wendy Olmsted (eds.). *A Companion to Rhetoric and Rhetorical Criticism.* Malden, MA: Blackwell Publishing, 2004: 5-21.

Garner, Roberta & Tenuto, John. *Social Movement Theory and Research: An Annotated Bibliographical Guide.* Pasadena, Calif.: The Scarecrow Press, Inc., 1997.

Garrett, Mark & Walker, Jeffrey. *Rhetorical Analysis: A Brief Guide for Writers.* New York: Longman, 2011.

Garver, Eugene. *Aristotle's Rhetoric: An Art of Character.* Chicago: The University of Chicago Press, 1994.

Gearhart, Sally Miller. "The Womanization of Rhetoric." *Women's Studies International Quarterly*, 2 (1979): 195-201.

Grassi, Ernesto. *Rhetoric as Philosophy.* University Park, PA: The Pennsylvania State University Press, 1980.

Griffin, Leland M. "The Rhetoric of Social Movement." *Quarterly Journal of Speech*, 38 (1952): 184-188.

Griffin, Leland M. "The Rhetorical Structure of Historical Movements." *Central States Speech Journal*, 38 (1967): 9-17.

Gronbeck, Bruce E. "Rushing, Frentz and the Matter of Psychological Rhetorical Criticism." *Southern Communication Journal*, 71 (2006): 159-163.

Gross, Alan G. *The Rhetoric of Science.* Cambridge, Massachusetts: Harvard University Press, 1990.

Gusfield, Joseph (ed.). *Protest, Reform and Revolt: A Reader in Social Movements.* New York: John Wiley, 1970.

Hackley, Chris. " 'We Are All Customers Now…' Rhetorical Strategy and Ideological Control in Marketing Management Texts." *Journal of Management Studies*, 40 (2003): 1325-1352.

Hah, F. Dan & Gonchar, Ruth. "Studying Social Movements: A Rhetorical

Methodology." *Speech Teacher*, 20 (1971): 44-52.

Halliday, Michael. *Explorations in the Functions of Language.* London: Edward Arnold, 1973.

Halliday, Michael. *Language as a Social Semiotic.* London: Edward Arnold, 1978.

Halliday, Michael. *An Introduction to Functional Grammar.* London: Edward Arnold. 1985.

Halliwell, Stephen "Philosophical Rhetoric or Rhetorical Philosophy: The Strange Case of Isocrates." In Rrenda Deen Schildgen (ed.). *The Rhetoric Canon.* Detriot: Wayne State University Press, 1997: 107-126.

Halloran, Michael. "Aristotle's Concept of Ethos, or if not His Somebody Else's." *Rhetoric Review*, 1 (1982): 58-63.

Hart, Roderick P. & Suzanne, M. D. *Modern Rhetorical Criticism* (3rd ed). Boston: Pearson Education, 2004/ 2005.

Hauser, Gerard. *An Introduction to Rhetorical Theory.* Harper & Row, Publishers, Inc., 1986.

Herrick, James A. *The History and Theory of Rhetoric: An Introduction.* Boston: Allyn and Bacon, 1998/2007.

Hill, Forbes. "Conventional Wisdom—Traditional Form—The President's Message of November 3, 1969" *Quarterly Journal of Speech*, 58 (1972): 373-386

Hill, Lisa L. "Stephen Toulmin." In Michael G. Moran & Michelle Ballif (eds). *Twenty-century Rhetorics and Rhetoricians: Critical Studies and Resources*, Westport, Connecticut: Greenwood Press, 2000: 331-333.

Hoey, Michael. *Textual Interaction: An Introduction to Written Discourse.* London: Routledge, 2001.

Holland, Virginia. "Rhetorical Criticism: A Burkeian Method." *Quarterly Journal of Speech*, 39, (1953): 444-450.

Holland, Virginia. *Counterpoint: Kenneth Burke and Aristotle's Theories of Rhetoric.* New York: Philosophical library. 1959.

hooks, bell. *Feminist Theory: From Margin to Center.* Cambridge, MA: South End Press, 1984.

hooks, bell. *Feminism is for Everybody: Passionate Politics.* Cambridge, MA: South End Press, 2000.

Hymes, Dell H. *Foundations in Sociolinguistics: An Ethnographic Approach*, London: Routledge, 1977.

Indurkhya, B. *Metaphor and Cognition—An Interactionist Approach.* Boston : Kluwer Academic Publishers, 1992.

Isocrates. *Antidosis* (trans. G. Norlin). Cambridge, MA: Harvard University Press, 1956.

Ivie, Robert L. "Presidential Motives for War." *Quarterly Journal of Speech*, 60 (1974): 337-345.

Ivie, Robert L. "Images of Savagery in American Justifications for War." *Communication Monographs*, 4 (1980): 279-294.

Ivie, Robert L. "Metaphor and the Rhetorical Invention of Cold War' Idealists." *Comunication Monographs*, 54 (1987) : 165-182.

Jamieson, Kathleen Hall & Campbell, Karlyn Kohrs. "Rhetorical Hybrids: Fusions of Generic Elements." *Quarterly Journal of Speech*, 68 (1982): 146-157.

Jamieson, Kathleen Hall. "The Metaphoric Cluster in the Rhetoric of Pope Paul VI and Edmund G. Brown, Jr." *Quarterly Journal of Speech*, 66 (1980): 51-72.

Jensen, Richard J. "Interdisciplinary Perspectives on Rhetorical Criticism: Analyzing Social Movement Rhetoric." *Rhetoric Review*, 25 (2006): 372-275.

Johannesen, R. L. et al. (ed). *Language Is Sermonic: Richard M. Weaver on the Nature of Rhetoric.* Baton Rouge: Luisana State University Press, 1970.

Johannesen, R. L. (ed). *Contemporary Theories of Rhetoric: Selected Readings.* New York: Harper & Row Publishers, 1971.

Jordan, Jay, "Dell Hymes, Kenneth Burke's 'Identification,' and the Birth of Sociolinguistics," *Rhetoric Review*, 2005 (24): 264-279.

Jowett, Garth S. & O'Donnell, Victoria. *Propaganda and Persuasion* (2nd ed.). Newbury Park, CA: Sage Publications, 1992.

Kelley, Colleen E. "The 1984 Campaign Rhetoric of Representative George Hansen: A Pentatic Analysis." *Western Journal of Speech Communication*, 51

(1987): 204-217.

Kendall, Kathleen E. & Fisher, Jeanee Y. "Francis Wright on Women's Rights: Eloquence Versus Ethos." *Quarterly Journal of Speech*, 60 (1974): 58-68.

King, Andrew A. "Booker T. Washington and the Myth of Heroic Materialism." *Quarterly Journal of Speech*, 60 (1974): 323-327.

Kinneavy, James L. *A Theory of Discourse.* Englewood Cliffs, NJ: Prentice-Hall, Inc., 1971.

Kinneavy, James L. "William Grimaldi—Reinterpreting Aristotle." In Richard Leo Enos & Lois Peters Agnew (eds.). *Landmarks Essays on Aristotelian Rhetoric.* New Jersey: Lawrence Erlbaum Associates, Publishers, 1998.

Kirsch, Gesa & Roen, Duane H. (eds.). *A Sense of Audience in Written Communication.* Thousand Oaks: Sage Publications, Ins., 1990.

Kramer, Cheris. "Women's Speech: Separate but Unequal?" *Quarterly Journal of Speech*, 60 (1974): 14-24.

Kray, Susan "Orientation of an 'Almost White' Woman: The Interlocking Effects of Race, Class, Gender and Ethnicity in American Mass Media." *Critical Studies in Mass Communication*, 10 (1993). 349-366.

Kuhn, Thomas S. *The Structure of Scientific Revolution.* Chicago: The University of Chicago Press, 1962.

Kuhn, Tim. "The Discourse of Issues Management: A Genre of Organizational Communication." *Communication Quarterly*, 3 (1997): 188-210.

Kushner, H. W. *Encyclopedia of Terrorism.* Thousand Oaks: Sage Publications, Inc., 2003.

Kuypers, Jim A. (ed.). *The Art of Rhetorical Criticism.* Boston: Pearson Education, Inc., 2005.

Laclau, E. & Mouffe, C. *Hegemony and Socialist Strategy: Towards a Radical Democratic Politics* (trans. W. Moore & P. Cammack). London: Verso, 1985.

Lakoff, George & Johnson, Mark. *Metaphors We Live By.* Chicago: The University of Chicago Press, 1980.

Lakoff, George & Turner, M. *More than Cool Reason: A Field Guide to Poetic*

Metaphor. Chicago: The University of Chicago Press, 1989.

Lee, Ronald. " Ideographic Criticism. " In Jim A. Kuypers (ed.). *The Art of Rhetorical Criticism.* Boston: Pearson Education, Inc., 2005: 305-344.

Lewis, W. David. "Three Religious Orators and the Chartist Movement." *Quarterly Journal of Speech*, 43 (1957): 62-68.

Lindemann, Erika. *A Rhetoric for Writing Teachers.* New York: Oxford University Press, 1982.

Ling, David. "A Pentadic Analysis of Senator Edward Kennedy's Address to the People of Massachusetts, July 25, 1969." *The Central States Speech Journal*, 21 (1970): 81-86.

Littlejohn, Stephen W. *Theories of Human Communication.* Belmont, California: Wadsworth Publishing Company, 1983.

Longaker, Mark Garrett & Walker, Jeffrey. *Rhetorical Analysis: A Brief Guide for Writers.* New York: Longman, 2011.

Lucaites, John. L. et al. (ed). *Contemporary Rhetorical Theory: A Reader.* New York: The Guilford Press. 1999.

Malinowski, B. "The Problem of Meaning in Primitive Language." Supplement I in G. K. Ogden & I. A. Richards, *The Meaning of Meaning.* London: Routledge & Kegan Paul, 1923.

Makus, Anne. "Stuart Hall's Theory of Ideology: A Frame for Rhetorical Criticism." *Western Journal of Speech Communication*, 54 (1990): 495-514.

Maslow, Abraham H. *Motivation and Personality.* New York: Harper & Row Publishers, Inc., 1970.

McBurney, James H. "The Place of the Enthymeme in Rhetorical Theory." In Keith V. Erickson (ed.). *Aristotle: The Classical Heritage of Rhetoric.* Metuchen, N. J.: the Scarecrow Press, 1974: 117-141.

McCroskey, James C. *An Introduction to Rhetorical Communication* (5th ed). Englewood Cliffs, N. J.: Prentice-Hall, 1968.

McCroskey James C. & Dunham, R. E. "Ethos: A Confounding Element in Communication Research." *Speech Monograph*, 32 (1966): 456-463.

McGee, Michael C. "The Ideograph: A Link between Rhetoric and Ideology." *Quarterly Journal of Speech*, 66 (1980): 1-16.

McGee, Michael C. "In Search of 'The People': A Rhetorical Alternative." *Quarterly Journal of Speech*, 61 (1975): 235-250.

McKerrow, Raymin E. "Critical Rhetoric: Theory and Praxis." *Communication Monographs*, 56 (1989) : 91-111.

McLaughlin, Barry. *Studies in Social Movements.* Englewood Cliffs, N. J.: Prentice-Hall, 1973.

Medhurst, Martin J. (ed). *Landmark Essays on Public Address.* Anaheim, California: Hermagoras Press, 1993.

Miller, Carolyn R. "Genre as Social Action." *Quarterly Journal of Speech.* 70 (1984), 151-167.

Miller, Katherine. *Communication Theories: Perspectives, Processes, and Contexts* (2nd ed). New York: McGraw-Hill, 2005.

Mohrmann, G. P. "An Essay of Fantasy Theme Criticism." *Quarterly Journal of Speech*, 68 (1982): 109-132.

Mohrmann, G. P. et al. (ed). *Explorations in Rhetorical Criticism.* University Park, Penn: The Pennsylvanian State University Press, 1973.

Mohrmann, G. P. & Leff, Michael C. "Lincoln at Cooper Union: A Rationale for Neo-Classical Criticism." *Quarterly Journal of Speech*, 60 (1974): 459-467.

Moran, Michael G. & Ballif, Michelle. "Introduction." In Michael C. Moran and Michelle Ballif (eds.). *Twenty-century Rhetorics and Rhetoricians: Critical Studies and Resources.* Westport, Connecticut: Greenwood Press, 2000: 8.

Mosco, V. "Critical Research and the Role of Labor." *Journal of Communication*, 33 (1983): 237-248.

Mullican, James S. "A Burkean Approach to Catch 22." *College Literature*, 8 (1981): 42-52.

Mumby, D. K. "The Political Function of Narrative in Organizations." *Communication Monographs*, 54 (1987): 113-127.

Murphy, James J. "The Age of Codification: The Hermagoras and the Pseudo-Ciceronian *Rhetorica ad Herennium.*" In James J. Murphy (ed.). *A Synoptic History of Classical Rhetoric.* Hermagoras Press, 1983: 77-89.

Natanson, Maurice. "The Limits of Rhetoric." *Quarterly Journal of Speech*, 4 (1955): 133-139.

Nichols, Marie Hochmuth. "Lincoln's First Inaugural." In W. M. Parrish & M. Hochmuth (eds.). *American Speeches*. New York: Longman, 1954: 21-71.

Nichols, Marie Hochmuth. *A History and Criticism of American Public Address*. New York: New Century Co., 1954.

Nilsen, Thomas. "Criticism and Social Consequences." *Quarterly Journal of Speech*, 42 (1956): 173-178.

Nudd, Donna M. & Schriver, Kristina L. "Feminist Analysis." In Kuypers, Jim A. ed. *The Art of Rhetorical Criticism*. Boston: Pearson Education, Inc., 2005: 270-304.

Ogden, C. K., & Richard, I. A. *The Meaning of Meaning*. New York: Harcourt Brace Jovanovich, 1923.

Orban, Donald K. "Billy James Hargis: Auctioneer of Political Evangelism." *Central States Speech Journal*, 20 (1969): 83-91.

Ortony, A. (ed). *Metaphor and Thought*. Cambridge: Harvard University Press, 1993.

Osborn, Michael M. "Archetypal Metaphor in Rhetoric: The Light-Dark Family." *Quarterly Journal of Speech*, 33 (1967): 115-126.

Osborn, Michaele M. & Ehnigher, Douglas. "The Metaphor in Public Address." *Speech Monograph*, 29 (1962): 223-234:

Overington, Micheal A. "Kenneth Burke and the Method of Dramatism." *Theory and Society*, 4 (1977): 131-156.

Peirce, Charles S. *The Collected Papers of Charles Sanders Peirce*. Cambridge: Harvard University Press, 1931.

Perelman, Chaim. *The Realm of Rhetoric* (trans. William Kluback). Notre Dame: University of Notre Dame Press, 1982.

Perelman, Chaim & Olbrechts-Tyteca, L. *The New Rhetoric: A Treatise on Argumentation*. Notre Dame: University of Notre Dame Press, 1969.

Pier, John & Landa, José Àngel Garcia (eds.). *Theorizing Narrativity*. Berlin: Walter de Gruyter, 2008.

Plato, *Phraedrus*, Cambridge: Cambridge University Press, 1952.

Plato, *Gorgias*. http://classics. mit. edu//Plato/gorgias. html.

Prince, G. "Narrativehood, Narrativeness, Narrativity, Narratability." In John Pier & José Angel Garcia Landa (eds.). *Theorizing Narrativity*. Berlin: Walter de Gruyter, 2008: 19-27.

Renegar, Valerie R. & Sowards, Stacey K. "Liberal Irony, Rhetoric, and Feminist Thought: A Unifying Third Wave Feminist Theory." *Philosophy and Rhetoric*, 36 (2003): 330-352.

Richards, I. A. *The Philosophy of Rhetoric*. London: Oxford University Press, 1936.

Riches, Suzanne Volmar & Sillars, Malcolm O. "The Status of Movement Criticism." *The Western Journal of Speech Communication*, 44 (1980): 275-287.

Ricour, Paul. *Hermeneutics and Human Sciences*. Cambridge: Cambridge University Press, 1981.

Rohman, D. Gordon. "Pre-writing: The Stages of Discovery in the Writing Process." *College Composition and Communication*, 16 (1965): 106-112

Rorty, Richard. *Contingency, Irony, and Solidarity*. New York: Cambridge University Press, 1989.

Rowland, Robert C. "Narrative Mode of Discourse or Paradigm?" *Communication Monographs*, 54 (1987): 264-274.

Rowland, Robert C. "The Narrative Perspective." In J. A. Kuypers (ed.). *The Art of Rhetorical Criticism*. US: Dartmouth College Press, 2005: 131 160.

Rueckert, William H. (ed). *Kenneth Burke and Drama of Human Relations*. Berkeley: University of California Press, 1969.

Rushing, Janice Hocker. "Ronald Reagan's 'Star Wars' Address: Mythic Containment of Technical Reasoning." *Quarterly Journal of Speech*, 72 (1986): 415-433.

Rybacki, Karyn & Rybacki, Donald. *Communication Criticism: Approaches and Genres*. Belmont, California: Wadsworth Publishing Company, 1991.

Saussure, F. D. *Course in General Linguistics* (ed. Charles Bally & Albert Sechehaye). New York: McGraw-Hill Book Company, 1966.

Sawhill, John Alexander. *The Use of Athletic Metaphors in the Biblical Homilies of St. John Chrysostom*. Princeton: Princeton University Press, 1928.

Schildgen, Rrenda Deen, ed. *The Rhetoric Canon*. Detriot: Wayne State University Press, 1997.

Scott, Robert. "On Viewing Rhetoric as Epistemic." *Central States Speech Journal*, 18 (1967): 9-17.

Scott, Robert & Smith, Donald K. "The Rhetoric of Confrontation." *Quarterly Journal of Speech*, 55 (1969): 1-8.

Scruton, Roger. *A Short History of Modern Philosophy: From Descartes to Wittgenstein* (2nd ed.). New York: Routledge, 1995.

Sholle, David J. "Critical Studies: From the Theory of Ideology to Power / Knowledge." *Critical Studies in Mass Communication*, 5 (1988): 16-41.

Sillars, Malcolm. "The Rhetoric of the Petition in Boots (Industrial 'Coxey' Army Movement of 1894)." *Speech Monograph*, 39, No. 2 (1972), 92-104.

Sillars, Malcolm & Gronbeck, Bruce E. *Communication Criticism: Rhetoric, Social Codes, Cultural Studies*. Long Grove, Illinois: Waveland Press, 2001.

Sills, David L. (ed.). *International Encyclopedia of Social Sciences* (vol. 7). New York: The Macmillan Company, 1968.

Simons, Herbert W. "Requirements, Problems, and Strategies: A Theory of Persuasion for Social Movements." *Quarterly Journal of Speech*, 56 (1970): 1-15.

Simons, Herbert W. et al. *Persuasion in Society*. Thousand Oaks, California: Sage Publications, 2001.

Smith, Craig R. *Rhetoric and Human Consciousness*. Long Grove, Illinois: Waveland Press, 2003.

Smith, Ruth C. & Eisenberg, Eric M. "Conflict at Disneyland: A Root-metaphor Analysis." *Communication Monographs*, 54 (1987): 367-380.

Southwell, S. B. *Kenneth Burke and Martin Heidegger*. Madison: University of Wisconsin Press, 1987.

Spitzack, Carole & Carter, Kathryn. "Women in Communication Studies: A Typology for Revision." *Quarterly Journal of Speech*, 73 (1987): 401-423.

Stansell, Christine. "Girlie, Interrupted: The Generational Progress of Feminism." *The New Republic* , 223 (2001) : 23-30.

Stelzner, Hermann G. "Analysis by Metaphor." *Quarterly Journal of Speech*, 51 (1965) : 52-61.

Stewart, Charles J. "Historical Survey: Rhetorical Criticism in Twentieth Century America." In G. P. Mohrmann et al. (eds.). *Explorations in Rhetorical Theory.* University Park: The Pennsylvanian State University Press, 1973: 1-26.

Stewart, Charles J. et al. *Persuasion and Social Movements* (5th ed.). Long Grove, Illinois: Waveland Press, 2007.

Stillar, Glenn F. *Analyzing Everyday Texts: Discourse, Rhetoric and Social Perspectives*, Thousand Oaks, California: Sage Publications, 1998.

Stuckey, M. E. "Anecdotes and Conversations: The Narrational and Dialogic Styles of Modern Presidential Communication." *Communication Quarterly*, 40 (1992): 45-55.

Swales, John M. *Research Genres: Explorations and Applications.* London: Cambridge University Press, 2004.

Therborn, Göran. *The Ideology of Power and the Power of Language.* London: Verso Editions and NLB, 7, 1980.

Thompson, John B. *Studies in the Theory of Ideology.* Cambridge: Polity press, 1984.

Thonssen, Lester & Baird, Albert Craig. *Speech Criticism: The Development of Standards for Rhetorical Appraisal.* New York: Ronald Press Company, 1948.

Tonn, Mari Boor et al. "Hunting and Heritage on Trial: A Dramatistic Debate over Tragedy, Tradition, and Territory." *Quarterly Journal of Speech*, 79 (1993): 165-181.

Toulmin, Stephen. *The Uses of Argument.* Cambridge: Cambridge University Press. 1958.

Trenholm, Sarah. *Human Communication Theory.* Prentice-Hall, 1986.

Ungerer, Friednich & Schmid, Hans-Jorg. *An Introduction to Cognitive Linguistics.* Foreign Language Teaching and Research Press, 2008.

Utterback, E. "An Appraisal of Psychological Research in Speech." *The Jour-*

nal of Speech, xxiii (1937): 175-182.

Walker, Jeffrey. "The Body of Persuasion: A Theory of The Enthymeme." *College of English*, 56 (1994): 46-65.

Walzer, Arthur. "Aristotle's Rhetoric, Dialogism, and Contemporary Research in Composition." *Rhetoric Review*, 16 (1997): 45-57.

Wander, Philip. "The Ideological Turn in Modern Criticism." *Southern States Speech Journal*, 34 (1983): 1-18.

Wander, Philip. "The Savage Child: The Image of the Negro in the Pro-Slavery Movement." *Southern Speech Communication Journal*, 37 (1972): 335-360.

Wang, Bo. "Breaking the Age of Flower Vases: Liu Yin's Feminist Rhetoric." *Rhetoric Review*, 28 (2009): 246-264.

Warnick, Barbara. "Persuasive Communication: Theory and Application." *Communication*, 10 (1981): 1-10.

Warnick, Barbara. "The Narrative Paradigm: Another Story." *Quarterly Journal of Speech*, 73 (1987): 172-182.

Weaver, Richard. "Language Is Sermonic." In R. L. Johannesen et al. (ed.). *Language Is Sermonic: Richard M. Weaver on the Nature of Rhetoric.* Baton Rouge: Luisana State University Press, 1970: 7-30.

West, C. "Marxist Theory and the Specificity of Afro-Americam Oppression." In C. Nelson & L. Crossberg (eds.). *Marxism and the Interpretation of* Culture. Urbana, Ⅱ: University of Illinois Press, 1988.

White, Hayden & Brose, Margaret. *Representing Kenneth Burke.* Baltimore: The Johns Hopkins University Press, 1982.

Wichelns, Herbert A. "The Literary Criticism of Oratory." In Alexander M. Drummond (eds.), *Studies in Rhetoric and Public Speaking in Honor of James Albert Winans.* New York: The Century Co., 1925: 181-216.

Widdowson, Henry G. *Teaching Language as Communication.* Shanghai Foreign Language Education Press, 1999.

Wilkinson, Paul. *Social Movements.* New York: Praeger, 1971.

Willard, Thomas & Brown, Stuart C. "The One and the Many: A Brief History of the Distinction." In Gesa Kirsch & Duane H. Roen (eds.). *A Sense of*

Audience in Written Communication. Thousand Oaks, California: Sage Publications, 1990: 40-57.

Windt, Theodore Otto Jr. "The Diatribe: Last Resort for Protest." *Quarterly Journal of Speech*, 58 (1972): 1-14.

Winterowd, W. Ross (ed.). *Contemporary Rhetoric: A Conceptual Background with Readings.* New York: Harcourt Brace Jovanovich, 1975.

Winterowd, W. Ross (ed.). "The Main Trends." In Edward V. Stackpoole, & W. Ross Winterowd (eds.). *The Relevance of Rhetoric.* Boston: Allyn and Bacon, 1966.

Wolin, R. *The Rhetorical Imagination of Kenneth Burke.* Columbia, SC: University of South Carolina Press, 2001.

Yoos, George E. "A Revision of the Concept of Ethical Appeal." *Philosophy and Rhetoric*, 12 (1979): 41-58.

Young, Richard E. & Becker, Alton L. " Toward a Modern Theory of Rhetoric: A Tagmemic Contribution." In W. Ross Winterowd (ed.). *Contemporary Rhetoric: A Conceptual Background with Readings.* Harcourt Brace Jovanovich, Inc., 1975: 123-143.

Zacharias, Greg W. "Young Milton's Equipment for Living: L'Allegro and Il Penseroso." *Milton Studies*, 1988 (24): 3-15.

Zander, James W. Vander. *Sociology: A Systematic Approach* (2nd ed). New York: The Ronald Press Company, 1970.

Zarefsky, David. "President Johnson's War on Poverty: The Rhetoric of Three 'Establishment' Movements." *Communication Monographs*, 44 (1977): 352-373.

Zulick, Margaret D. "The Agon of Jeremiah: On the Dialogic Invention of Prophetic Ethos." *Quarterly Journal of Speech*, 78 (1992): 125-148.

Zappen, James P. "Mikhail Bakhtin." In Michael G. Moran & Michelle Ballif (eds.). *Twenty-century Rhetorics and Rhetoricians: Critical Studies and Resource.* 2000: 8-9.

伯特·阿波特:《剑桥叙事学导论》，北京大学出版社 2007 年版。

陈嘉明:《知识与确证：当代知识论引论》，上海人民出版社 2003 年版。

陈望道:《修辞学发凡》，上海教育出版社 1997 年版。

大卫·宁：《当代西方修辞学：批评模式与方法》，常昌富、顾宝桐译，中国社会科学出版社 1998 年版。

道格拉斯·凯尔特、斯蒂文·贝斯特：《后现代理论批评性的质疑》，张志斌译，中央编译出版社 1999 年版。

邓志勇、徐显静：《修辞学视域下的体裁观》，《外国语文》2013 年第 3 期。

邓志勇：《修辞批评的戏剧主义范式略论》，《修辞学习》2007 年第 2 期。

邓志勇：《叙事、叙事范式与叙事理性——关于叙事的修辞学研究》，《外语教学》2012 年第 4 期。

邓志勇：《叙事修辞批评：理论、哲学假定和方法》，《当代修辞学》2012 年第 3 期。

邓志勇、杨涛：《隐喻修辞批评的理论与操作方法》，《外语与外语教学》2013 年第 3 期。

邓志勇：《修辞学深刻蕴涵初探——从修辞学与古典辩证法之关系谈起》，《外语研究》2009 年第 5 期。

邓志勇：《伯克辞格理论的解构思想及其对修辞学的意义》，《外语学刊》2011 年第 4 期。

邓志勇：《西方“修辞学转向”理论探源》，《外国语文》（原《四川外国语学院学报》）2009 年第 4 期。

邓志勇：《修辞三段论及其修辞运作模式》，《外国语言文学》2003 年第 1 期。

邓志勇：《伯克与亚里士多德：差异及“血脉”关联——从修辞学的定义、功能和范畴来看》，《修辞学习》2009 年第 6 期。

邓志勇、杨永春：《美国修辞批评：范式与理论》，《天津外国语学院学报》2007 年第 3 期。

邓志勇：《修辞理论与修辞哲学——关于修辞学泰斗肯尼思·伯克的研究》，学林出版社 2011 年版。

邓志勇、王懋康：《女性主义修辞批评：理论与操作》，《外语与外语教学》2008 年第 8 期。

邓志勇：《英语修辞学与写作研究》，吉林人民出版社 2002 年版。

邓志勇：《修辞学视域下的体裁观》，《外国语文》2013 年第 3 期。

冯契、徐孝通：《外国哲学大辞典》，上海辞书出版社 2000 年版。

郭贵春、殷杰:《在“转向”中运动: 20 世纪科学哲学的演变及其走向》,《哲学动态》2000 年第 8 期。
郭亨杰、宋月丽:《心理学教程》, 南京师范大学出版社 1995 年版。
何伟棠:《王希杰修辞学论集》, 广东高等教育出版社 2000 年版。
黄希庭:《心理学导论》, 人民教育出版社 1991 年版。
胡曙中:《英汉修辞比较研究》, 上海外语教育出版社 1993 年版。
华生:《行为主义》, 李维译, 浙江教育出版社 1998 年版。
康文久:《实用新闻写作》, 新华出版社 1996 年版。
肯尼斯·博克等:《当代西方修辞学: 演讲与话语批评》, 常昌富译, 中国社会科学出版社 1998 年版。
黎锦熙:《序言》, 张弓:《现代汉语修辞学》, 天津人民出版社 1963 年版。
李秀明、缪俊:《“修辞学的转向”——复旦大学首届修辞学沙龙综述》,《修辞学习》2006 年第 1 期。
李银河:《女性权利的崛起》, 文化艺术出版社 2003 年版。
林红:《试析性别理论的核心思想及其学术价值——从性别概念的形成谈起》,《福建论坛》(人文社会科学版) 2004 年第 1 期。
林书武:《国外隐喻研究综述》,《外语教学与研究》1997 年第 1 期。
刘大为:《比喻、近喻与自喻》, 上海教育出版社 2001 年版。
刘放桐编著:《新编现代西方哲学》, 人民出版社 2006 年版。
刘永涛:《语言作用与社会建构主义》,《国际问题论坛》2004 年第 36 期。
刘亚猛:《西方修辞学史》, 外语教学与研究出版社 2008 年版。
骆小所:《现代修辞学》, 云南人民出版社 1994 年版。
彭聃龄:《普通心理学》, 北京师范大学出版社 2004 年版。
申小龙:《中国句型文化》, 东北师范大学出版社 1988 年版。
谭学纯、朱玲:《广义修辞学》, 安徽教育出版社 2001 年版。
王希杰:《修辞学导论》, 浙江教育出版社 2000 年版。
王晓升:《走进语言的迷宫: 后期维特根斯坦哲学概述》, 社会科学文献出版社 1999 年版。
维果茨基:《思维与语言》, 北京大学出版社 1997 年版。
温科学:《二十世纪西方修辞学理论研究》, 中国社会科学出版社 2006 年版。

谢之君:《隐喻认知功能探索》,复旦大学出版社 2007 年版。
姚大志:《现代之后》,东方出版社 2000 年版。
伊丽莎白·赖特:《拉康与后女性主义》,王文华译,北京大学出版社 2005 年版。
袁影、蒋严:《论“修辞情境”的基本要素及核心成分》,《修辞学习》2009 年第 4 期。
张弓:《中国修辞学》,南开华英书局 1926 年版。
张弓:《现代汉语修辞学》,天津人民出版社 1963 年版。
张沛:《隐喻的生命》,北京大学出版社 2004 年版。
张会森:《修辞学通论》,上海教育出版社 2002 年版。
宗廷虎:《中国现代修辞学史》,浙江教育出版社 1990 年版。

后　记

我对修辞批评研究的兴趣始于2005年。在此之前，我主要致力于西方修辞学理论与英语写作教学的研究。2005—2006年，我有幸获得国家留学基金委的资助，赴美国匹茨堡大学访学，期间不仅旁听了该校传播系为博士生开设的多门修辞学与修辞批评课程，还广泛研读了有关修辞学泰斗肯尼思·伯克的著作，耳闻目睹了美国修辞学界关于伯克研究的热潮，更对当代美国修辞批评的全貌有了初步的了解。一年后我回国，幸运地入选上海市浦江人才计划并获经费资助，为撰写第二部专著《修辞理论与修辞哲学——关于修辞学泰斗肯尼思·伯克的研究》奠定了基础，也为转向修辞批评研究创造了条件。在该项目的资助下，我参加了美国伯克研究会于2008年举办的研讨会，从中不仅了解到伯克的理论在西方修辞学界的地位，也感悟到修辞批评的重要性。从此，在研究伯克理论的同时，也关注修辞批评的研究动态，对美国修辞批评的整体认识逐渐清晰起来。作为具有外语专业背景的中国修辞学者，我深感国内修辞学与西方修辞学的差异所在，相比西方修辞学，中国的修辞批评学科还没有建立起来，更没有什么公认的批评范式。这进一步激发了我对修辞批评研究的动力和兴趣。

2010年，我以当代美国修辞批评研究为主题申报国家社科项目并获得成功。应该说，没有这个项目的推动，我就不会有精力、有毅力去完成一个宏大的研究课题。在项目的资助下，我先后参加了国外三次学术会议，零距离地与国外著名修辞学者进行了交流，直接感受到美国当代修辞批评研究的广度和深度。2012年，我第二次获得国家留学基金委的资助，再度赴美访学，这一次是在德克萨斯大学传播系，一个享誉修辞学界的修辞学研究重地。在那里，我再次集中研读了修辞批评领域里的有关著作，并与该校著名学者探讨了有关修辞问题，解决了研究课题中所遇到的一些难题。

修辞批评是一个十分广阔的领域，不仅时间跨度大，而且涉及多个学科，要在短短几年里完成这样的项目的确是一个巨大的挑战。面临的难题之一是创新问题。如何将各种修辞批评范式有机地串联起来？比如，女性主义修辞批评和意识形态修辞批评，如何与戏剧主义修辞批评、叙事修辞批评等有机地串联起来？综观修辞批评界，人们虽然谈论女性主义修辞批评或其他的“修辞”批评，但对这些批评范式之间的共性却讨论不多，对其具体操作方法的讨论还没有达到应有的程度。比如说，对戏剧主义的“五位一体”修辞批评，修辞学界一般讨论比较多的是，通过这个方法挖掘修辞动机，但我认为这还不够。对动机与修辞劝说之关联阐释的不足，反映了对这种批评方法操作的描绘还未达应有的清晰度。另外，本书研究的最终成果将面对国内的读者，他们可能并不十分熟悉西方修辞学的元语言，因此，这就要求对各种批评模式进行比较系统、全面的探讨，并详细勾勒出它们的操作方法（尽管这样做可能会冒“武断”、“片面”甚至“错误”之险）。本书研究的另一个挑战是广度和深度。梳理、论证各种修辞批评范式并描绘它们的操作方法，必将涉及哲学、社会学、心理学、语言学、文艺学、符号学、传播学等多学科，这是一项十分浩瀚的工程。而且，有些方面的问题还鲜有人探讨。在修辞批评范式理论基础的论述方面，我尽可能呈现系统性，不仅描述批评范式所产生的社会及学术背景，而且从修辞理论到修辞哲学两个层面对批评范式进行阐释。为了给中国读者一个更加形象、直观的印象，我尽可能用图表展现各种修辞批评的操作方法，这或许是本书研究与现有相关论著的一个比较明显的不同之处。

另一个需要解决的问题是，若以诱发合作为红线梳理修辞批评范式，那就必须将亚里士多德的修辞学理论与当代主流修辞学理论有效地调和或者融合起来，换言之，要对古典的劝说与当代的诱发合作做一种贯通。我寻求到的突破口是对亚氏的修辞定义进行当代意义上的新阐释。这其实并非易事。尽管人们普遍认为当代修辞学继承了古典修辞学的精华，但这种继承如何体现，修辞学界的讨论似乎还不够。具有同样挑战性的问题是如何将“诱发合作”这个概念纳入女性主义修辞批评，如何将其与话语中的性别歧视或一般意义上的压迫、偏见和霸权有机地整合起来，这是比较艰难的工作，需要开拓性的思维和创新。

为了达到预定目标，使研究具有理论意义和实践参考价值，我以诱发合作为基本理念，先从概念界定出发，然后详细探讨批评范式产生的社会背景和理论背景，进而论述其理论基础及相关哲学假定，在这个基础上描绘范式的具体操作方法。不过，需要指出的是，这些批评范式的操作因批评者的取向及修辞文本而异，故笔者勾勒的只是一般意义上的方法，而不是绝对的。本书主要内容是笔者国家社科结项成果，由于篇幅所限，该结项成果各章中的案例分析一部分没有纳入本书之中。

在内容排列顺序上，本书将每一种批评模式单独成章，而不将它们按照类别分章，一方面，这样简单明了，篇幅上也比较协调；另一方面，也可避免按分类排列可能带来的麻烦。当代修辞批评界对戏剧主义修辞批评的分类意见比较一致，一般将“五位一体”批评、幻想主题修辞批评及叙事修辞批评归于戏剧主义修辞批评一类，但对女性主义修辞批评及意识形态修辞批评的分类存在着分歧。本书中的各章并非完全严格依照时间顺序来安排，尽管有些章的顺序能够大致反映其产生的时间顺序，然而严格地说，它们产生的具体时间是难以确定的，因为一种批评范式从孕育到被学术界广泛认同和接受需要一个过程。从这个角度来说，各种批评范式的产生时间是模糊的。在本书中，心理修辞批评安排在新亚里士多德修辞批评范式之后，这是因为它是转型期的范式，而且它的流行期相对较短，严格地说，它比戏剧主义修辞批评出现得晚。另外，幻想主题修辞批评和叙事修辞批评被安排在伯克创立的戏剧主义“五位一体”修辞批评之后，主要是因为这三种模式一般都划归为戏剧主义批评之类，尽管从时间上说其他批评范式可能出现得更早。

在内容的详略上，本书对新亚里士多德修辞批评和伯克的戏剧主义修辞批评的论述要详于对其他批评范式的论述，这主要是基于这样的考虑：对两者进行深入细致的论述，有助于对后续批评范式的讨论，或者说，为后续批评范式的讨论做理论上的铺垫。西方修辞学的源流在亚里士多德的修辞学之中，当代修辞学虽与古典修辞学存在着巨大差异，但其内涵实质是一致的。以亚氏理论为基石的古典修辞学理论在当代的修辞批评实践中仍然具有不可替代的作用，事实上，古典修辞学理论常常为其他修辞批评提供词汇表或元语言。伯克常被誉为当代的亚里士多德，其理论已成为公认的、能代表西方当代修辞学体系的理论。伯克的修辞学，说到底是当代修辞批评的主要元语言。对修辞学习者来说，谁掌握了伯克的修辞学体系，谁就掌握了当代美国修辞学的核心，就对当代美国修辞学有了更深刻的理解。对戏剧主义之基础的伯克修辞学理论进行深度阐释无疑有助于阐释其他修辞批评范式，也有助于读者更好地理解和掌握其他修辞批评范式。

因为涉及面广，本研究遇到资料匮乏的困境，虽然笔者有幸在两次国外访学中收集到一些相关资料，但远远不够。随着研究深度和广度的增加，很多先前没有预料到的问题不断涌现，需要对之做出认真详细的探讨。国内修辞学者大多都有这样的体会，即中西修辞学存在着巨大差异，汉语修辞学还没有发展出修辞批评分支学科。现有的汉语修辞学文献虽然丰富，但对美国修辞批评的范式研究相关度很小，参考价值因此有限。除了资料匮乏外，还有其他困难和问题，值得庆幸的是，在过去几年的项目研究中我得到过很多人的关心和帮助。

在此我要感谢三位美国著名修辞学家：德克萨斯传播系主任巴里·布鲁梅特（Barry Brummett）教授，克拉拉多大学传播系索尼娅·K. 福斯（Sonjia K. Foss）教授，匹茨堡大学传播系原主任约翰·莱恩（John Lyne）教授，他们为本项目研究提供了宝贵的资料和信息方面的帮助。

在本书研究期间，我调入上海大学外国语学院，得到学院领导及同事的关心和帮助。尤其值得一提的是，在学院的支持下，我们成立了国内第一个修辞批评研究中心：上海大学修辞批评研究中心，这为本研究提供了条件，也为课题组成员的学术活动搭建了一个平台。对此，我表示衷心的感谢！

当然，我要感谢国家社会科学规划办批准为本研究项目立项，没有这个项目的支持和推动，就没有我对修辞批评系统、深入的探讨，也没有呈现在眼前的这部研究专著。

最后我要感谢家人一直以来的默默奉献。

由于精力和时间有限，本研究项目在广度和深度上尚显欠缺，书中也难免存在着其他不足之处，敬请各位专家学者批评指正。

上海大学修辞批评研究中心
邓志勇
2015 年 5 月 18 日